U0928274

高等政法院校必修课程学习指导丛书

# 国际私法学习指导

（第二版）

撰稿人：袁瑾 张碧青

中国政法大学出版社

# 第二版说明

《高等政法院校必修课程学习指导丛书》出版至今已经一年有余，在这一年多的时间里，我国法学理论界和实务界有不少新的研究成果问世，国家也相继颁行和修订了一些重要的法律、法规和司法解释。在这期间，我们也收到了许多热心读者的邮件和电话，有些读者对本套丛书的不足之处提出了宝贵的意见和建议，有些读者对本套丛书给予了充分地肯定和赞扬，还有些读者对本套丛书的修订或再版充满了期待。面对法学研究和立法的客观形势以及广大读者的信赖和需求，我们决定对本套丛书进行全面修订。

在修订过程中，我们本着延续初版优良之处、紧扣时代发展步伐的原则，着力突出该套丛书的新颖性、实用性和针对性。修订后的丛书具有如下主要特点：

1. **新颖性**。修订后的丛书更加关注最新法学知识动态，删除了过时的表述和理论观点，代之以在学界已经形成通说的、新的理论观点；根据立法实际的变化，采纳了最新的法律、法规和司法解释；增加了初版遗漏或未予重视的部分重要知识点；更新了配套习题及相关参考答案的内容。

2. **实用性**。一套好的教辅用书应当有助于读者日常学习和应对考试。本套丛书根据法学专业最新的教学动态对基础知识图解和重点知识讲解的内容做了调整，力求突出各法学学科的重点内容；丛书的配套习题部分涵盖了法学专业学生课程考试、司法考试和研究生入学考试三类考试的题型和题目，能够帮助读者达到“一练三考”的效果。

3. **针对性**。本套丛书的结构与高等学校法学专业核心课程教材的结构相一致，对于课堂学习具有较强的针对性，便于读者随学随练，夯实基础。

希望也相信本套丛书能够成为广大学子学好法学专业知识的良师益友。不足之处，欢迎批评指正！

《高等政法院校必修课程学习指导丛书》编写组

2008 年 12 月

# 出版说明

《高等政法院校必修课程学习指导丛书》是一套针对国家教育部规定的法学专业必修课程策划的,以法学基础知识精解、学习方法、配套习题为主要内容的同步学习指导用书。目的在于帮助学生掌握“基本概念、基本原理、基础知识”,从某种角度讲,本丛书可以说是一套简明法学教材。

目前,全国接受不同层次法学教育的人数众多,且法学教材种类繁多、形式多样。面对各类篇幅大、内容广的法学教材,不少人学习时抓不住重点,考试时摸不着方向,确实下了工夫,却因不得要领而事倍功半。编者认为,不管使用何种教材,不管内容篇幅多大,万变不离其宗,我们只要紧紧抓住“基本概念、基本原理、基础知识”这个关键内容,其他问题就会迎刃而解。

本丛书完全从“基本概念、基本原理、基础知识”出发,总结、归纳、整理概念、原理之下的相关知识点,为在校生期末考试、研究生入学考试、国家司法考试提供知识体系保障。我们坚信,掌握了这些最基本的概念、原理和知识,就相当于掌握了教科书中最基础、最精华的部分,面对各种考试,就能应对自如,顺利过关。本丛书的特色主要包括:

**1. 名师与你分享学习心得。**工欲善其事,必先利其器。方法和手段对于法学学习至关重要。中国政法大学名师张晋藩、刘金国、焦洪昌、张树义、刘心稳、李永军、张今、李东方、宋朝武、阮齐林、刘玫、宣增益、杜新丽、赵威等教授亲自撰文讲述学习方法,帮你获得事半功倍的学习效果。

**2. 基础知识助你触类旁通。**加紧学习,抓住中心,宁精勿杂,宁专勿多。本丛书理论知识部分包括基础知识图解、重点知识讲解两部分。

**基础知识图解**以图表的形式归纳、总结基本概念和基本原理,条理清晰、框架鲜明,真正做到用最简洁的语言表达最完整的内容,解决学习过程中总结笔记的烦恼。

**重点知识讲解**针对图表中重要知识点进行深入解析,内容全面、考点突出,体现与基础知识图解的内在关联性,抓住中心,宁精宁专,避免舍本逐末。

**3. 配套习题帮你举一反三。**题在精不在多,因此,无论是针对**期末考试**的习题，还是**考研、司考真题**，本丛书旨在“一题一提示，一题一解析，题题设考点，题题高质量”。无论是基础记忆题，还是引申案例题，都将帮你举一反三，夯实基础。除每章的同步习题外，本丛书还将整个学科的综合测试题奉献给读者，以供自测。

本套丛书的出版，凝结了很多人的辛勤劳动。丛书编写组的作者和中国政法大学出版社的编辑为了本套丛书的出版，付出了艰辛的努力。希望这些劳动和努力可以为各位同学提供帮助。不足之处欢迎读者和同仁不吝赐教、批评指正！

《高等政法院校必修课程学习指导丛书》编写组

2007 年 6 月

【名师指导】

# 如何学好国际私法

杜新丽

**杜新丽**，中国政法大学教授、博士生导师。国际私法研究所所长，中国国际私法学会副会长，中国国际经济贸易仲裁委员会仲裁员。杜新丽教授长期从事国际私法教学，有丰富的教学经验，善于将国际私法理论体系梳理有序，授课重点突出，能理论联系实际讲解难点，便于学生全面掌握学科知识，教学效果很好，是深受学生欢迎的资深教授。主要著作：《国际私法学》、《国际私法》、《国际私法教学案例》、《国际民事诉讼和商事仲裁》等。

国际私法学是法学的一个分支，以涉外民事法律关系为研究对象，探讨国际民商事交往过程中法律选择和法律适用的方法或规律。国际私法是教育部规定的高等教育法学专业学生必修的核心课程之一，在法学体系中占有重要位置。特别是我国加入 WTO 后，国际民商事交往日益频繁，国际私法的实际应用价值日益凸显，具有极强的现实意义。

《国际私法》这门课程的教学内容可分为三部分。第一部分是国际私法的基本理论，主要包括：国际私法的范围和定义；国际私法的渊源；国际私法学说发展史；冲突规范适用中的几种制度；国际私法的主体和外国人民事法律地位。第二部分是冲突规范在司法实践中的具体应用，以民法体系为纲，包括民事能力、物权、知识产权、合同、侵权、婚姻家庭、继承等领域的法律适用。第三部分是国际民事诉讼程序和国际商事仲裁程序，即解决国际民商事纠纷的程序性规则和制度，包括国际民事案件的管辖权、司法协助（域外送达和域外取证）、国际商事仲裁程序以及法院判决和仲裁裁决跨国界的承认与执行问题。三部分内容相互独立又相互联系，前一部分是学习后一部分内容的基础，后一部分内容是前一部分学习的目的，任何一部分都不能偏废。

## 一、学习国际私法遇到的困难

尽管国际私法结构清晰、体系完整，但是在学习过程中是一门难度比较大的课程，究其原因主要包括以下三点：

### （一）我国缺乏国际私法发展的法律传统

国际私法产生的基础是国际民商事交往，调整的对象是国际民商事法律关系。由于我国封建社会长期闭关锁国，建国初期严格限制国际交往，因此改革开放前真正意义上的国际民商事关系非常有限。另外，计划经济时期人们的思维缺乏商品经济意识和全球经济观念，很难将外国法律置于平等适用的地位。

### （二）国际私法需要一定的法学基础

国际私法是法律学科的边缘学科，学习国际私法必须具备民法、合同法、经济法、民事诉讼法、国际公法等法学基础和比较法的理论思维，因此，对法学基础理论知识有一定要求。

（三）国际私法内容抽象

国际私法与其他法学课程相比，一个突出的特点是它的每一个问题几乎都没有定论，常常需要理解不同的理论、不同国家的立法与实践，容易产生困惑。而且国际私法的很多基本概念和制度是其特有的，相对陌生，理解上存在一定困难。

## 二、学习国际私法的方法

对国际私法学习过程中存在的困难完全不需要有任何心里负担，尽管学习国际私法存在一定难度，但是只要正确认识国际私法的规律，掌握科学的学习方法，国际私法的学习会很轻松并富有乐趣。

（一）掌握国际私法的总体框架结构

国际私法内容繁多，很容易产生混淆，应当了解国际私法大纲和教材的体系结构，从宏观上、整体上把握国际私法这门课程。学习中可以通过阅读教材目录了解国际私法的基本结构，在头脑中事先形成国际私法的整体框架和完整思路，明确学习的方向。国际私法三大部分之间的内容相互联系，第一部分相当于总论，是学习国际私法的基础，只有掌握这部分的基本概念和制度，才能学好后面的相关知识；第二部分是涉外民事法律关系的各种法律适用规则，是国际私法的核心内容，也是国际私法的主体部分，特别应当掌握我国的冲突法规则与制度；第三部分关于涉外民事程序问题，是学习国际私法的最终落脚点，应当深入理解涉外程序的特殊规定和国际司法协助的主要公约。

（二）加深对基本理论、基本概念及基本制度的理解

准确掌握法学基本理论、基本概念和基本制度是学好法学的关键。国际私法是理论性很强的学科，其基本概念及基本制度，如冲突规范、识别、反致、法律规避、公共政策保留、外国法的查明等，非常复杂而且生僻，因而初学时应对这些基本理论加以全面、透彻的理解。学习过程中不能死记硬背，重要的是理解概念，弄清概念之间的区别，理解制度的意义。例如，冲突规范是国际私法的核心概念，理解冲突规范应当重点掌握冲突规范的定义、特征，理解不同种类冲突规范的特点和作用，特别注意现代国际私法中冲突规范的发展趋势。对于国际私法中的基本制度，如识别、反致、公共政策保留等，应当从制度的产生发展入手，深刻理解制度存在的原因，进而正确认识国际私法中基本制度的现实意义。因此，尽管国际私法理论性强，概念、制度陌生，而且在许多问题上并不存在统一的观点，但仍应多花费些精力把它吃透、弄懂，否则，在学习后面章节的具体规则时，往往只能是一知半解。

（三）注意知识的系统性、连贯性，做到融会贯通

学习要循序渐进，一个问题一个问题地学，但是不能因此而忽略知识的系统性、连贯性，忽略知识之间的内在联系。例如，国际私法是解决国际民商事交往中产生的法律冲突的法律。法律冲突是国际私法的核心和主线，国际私法的基本理论是解决法律冲突的前提，冲突规范是解决法律冲突的主要方法，国际民事诉讼和国际商事仲裁是解决法律冲突的司法或准司法程序。学习国际私法的每个理论问题，或者涉及到每个具体的法律关系的法律适用问题时，应始终抓住法律冲突这条主线，从为什么发生冲突到如何解决法律冲突的全过程来理解和学习国际私法。因此，应当仔细阅读教材，逐章、逐节、逐点地学习教材，了解和掌握每章的内容结构，同时注意不同章节之间的逻辑联系。只有这样，才能全面系统地掌握国际私法中的具体内容。

（四）注意理论联系实际

法学是一门理论性和实践性都比较强的学科。许多法律规定和法学原理都是从实践中得出来的,同实践的联系十分密切。特别是国际私法的很多概念和制度非常复杂和陌生,较为抽象,因此学习国际私法一定要注意理论联系实际,注意联系国际社会的立法司法实践。一方面,应当把法条作为主要学习材料,明确法律规定,在法学理论的指导下,深入地分析、研究立法规定,理解、掌握立法精神。如果学习仅限于教材,忽略法律的规定,就不能达到学习目的。因此,必须掌握我国法律及最高人民法院司法解释中规定的国际私法条款。另一方面,国际私法中的许多内容非常抽象,例如识别、反致、公共政策保留等制度单纯从概念入手无法完全理解其真正含义,学习时应结合一些具体案例学习,通过学习我国及其他国家司法实践中的具体做法深化国际私法的学习。

（五）适当区分重点非重点

国际私法涉及内容较多,包括总则和分则,既有基础理论知识,又有具体冲突规范,还包括国际民事诉讼和国际商事仲裁程序。在冲突规范中涉及到民商事法律关系的所有领域,不仅不同领域冲突规范适用不同,而且不同国家不同时期在同一领域的冲突规范也不一致,因此在学习教材时,应强调全面阅读,对不同的章节,不同的内容要区别对待,建议集中精力掌握重点内容。例如,国际私法应着重掌握有关冲突法的基本理论和基本制度。冲突法既是国际私法的重点,也是其难点。如果学好了冲突法的基础性内容,那么有关物权、债权、知识产权、婚姻家庭、继承等具体领域的冲突规范学起来就水到渠成。而对于国际私法发展史的内容,有关理论多种多样,比较繁琐和凌乱,对每个学说的掌握达到知道学说的创始人及基本内容即可。当然,必须指出,强调区分重点和非重点内容,并不是说可以忽视非重点内容,而是要求在全面阅读教材的基础上对重点章节内容予以更多关注,正确掌握国际私法的学习规律,达到事半功倍的效果。

## 三、学习国际私法的资源

国际私法内容复杂而且陌生,学习过程中应当积极主动利用学习资源,关键是把握课堂学习时间,提高课堂学习效率,认真做好笔记,特别注意领会老师讲课中的重点、要点问题。同时,课后应重视自学,做到:

（一）认真阅读教材和笔记

通过回忆老师课堂讲授的内容,在理解的基础上强化记忆,注意在阅读全文的同时,重点掌握老师课堂提示的重点和难点。

（二）多阅读相关教材和案例

以课堂用书为主,课后可以阅读其他教材、教辅用书的相关内容作为辅助资料,在加深理解的同时扩大知识面。另外,注意搜集案例,通过分析具体案例,理解国际私法的具体运用。

（三）适当作练习题

阅读教材和相关案例是国际私法学习的储备阶段,通过做适当的练习题,可以检查学习效果,及时查缺补漏,做到举一反三,融会贯通。

综上所述,学习国际私法并不困难,只要正确掌握国际私法的学习规律和学习方法,根据国际私法的体系结构循序渐进,把握各部分之间的内在联系,在全面学习的基础上重点掌握,特别注重国际私法基本概念和基本制度的学习,国际私法的学习就会很轻松。

# 目　录

# 第一章　国际私法的概念

## 内容提示

国际私法是调整涉外民商事法律关系的部门法。国际私法的概念一章对国际私法的基本概念、基本理论进行阐述。通过本章的学习,应掌握国际私法的调整对象、调整范围、调整方法;了解国际私法的性质、渊源、定义以及名称。

## 基础知识图解

### 一、国际私法的调整对象

<table>
<tr><td rowspan="10">国际私法的调整对象</td><td rowspan="2">涉外民商事法律关系</td><td>产生</td><td>(1)国际经济关系的产生和发展是涉外民商事关系产生的前提<br>(2)一国法律保护外国人的合法权益,承认外国人的民事法律地位</td></tr>
<tr><td>特征</td><td>(1)民事法律关系主体、客体或法律事实三项因素中至少有一项与外国发生联系,具有涉外性<br>(2)民事法律关系涉及内容广泛<br>(3)民事法律关系多在国际交往中产生,具有国际性</td></tr>
<tr><td rowspan="2">法律冲突</td><td>概念</td><td>在涉外民事关系中由于其涉外因素导致有关国家的法律在适用效力上的冲突</td></tr>
<tr><td>产生原因</td><td>(1)在同一个涉外民事关系中有关国家的法律对同一个问题的规定不同<br>(2)一个国家法律的域内效力与另一个国家的域外效力同时出现在一个法律关系时,便出现不同国家法律效力的冲突<br>(3)受案法院在一定条件下承认外国法律的域外效力</td></tr>
<tr><td rowspan="3">调整方法</td><td>间接调整</td><td>(1)冲突法调整,即在国内立法或国际条约中指定法律适用规则,规定在什么情况下适用内国法,什么情况下适用外国法以及何国法,然后根据所指定的那个国家的实体法,具体确定当事人的权利义务<br>(2)利用冲突规范进行调整具有局限性:①当事人无法预见法律行为的后果;②根据冲突法指引确定实体法的过程复杂,要受到反致、转致、法律规避、公共秩序保留、外国法内容的查明等制度的限制</td></tr>
<tr><td>直接调整</td><td>(1)实体法调整,即指定统一实体规范直接规定当事人的权利与义务<br>(2)利用统一实体规范进行调整具有局限性:①统一实体法仅约束缔约国当事人;②有些公约适用于法律关系的某个方面,涵盖不全面,其他方面仍须利用冲突法调整;③有些公约允许当事人排除适用,而国际惯例须要当事人选择才能适用;④缔约国可以对公约内容提出保留,则保留问题可能需要适用冲突规范调整</td></tr>
<tr><td>两者关系</td><td>(1)解决同一涉外民事关系,两者相互排斥,即只能使用其中一种,有统一实体规范就要适用统一实体规范,在没有统一实体规范的情况下才适用冲突规范<br>(2)解决涉外民事关系的法律适用,两者相辅相成</td></tr>
</table>

## 二、国际私法的范围和定义

<table>
<tr><td rowspan="2">国际私法的范围和定义</td><td>范围</td><td>即国际私法调整对象的范围，也是指国际私法规范的组成范围，具体包括以下四类：①外国人的民事法律地位规范；②涉外民事关系的法律适用规范；③统一实体规范；④国际民事诉讼和国际商事仲裁程序规范</td></tr>
<tr><td>定义</td><td>国际私法是以涉外民事关系为调整对象，以确定外国人民事法律地位为前提，以解决法律适用问题为核心，以司法保护为目的，包括规定外国人民事法律地位规范、冲突规范、统一实体规范、国际民事诉讼和国际商事仲裁程序规范在内的一个独立的法律部门</td></tr>
</table>

## 三、国际私法的渊源

<table>
<tr><td rowspan="7">国际私法的渊源</td><td>概念</td><td colspan="2">即法源，指赋予国际私法规范以法律效力的法律文件的表现形式</td></tr>
<tr><td>特点</td><td colspan="2">(1)两重性，即国际私法的渊源既有国际性又有国内性<br>(2)多样性，即国际私法渊源的表现形式是多方面的</td></tr>
<tr><td rowspan="5">表现形式</td><td>国内立法</td><td>国际私法渊源的最早表现形式，表现方式有三种：①散见式；②专章专编式；③法典式</td></tr>
<tr><td>国内判例</td><td>(1)在英美法系国家，权威性、有代表性的判决经过整理汇集后，具有拘束力<br>(2)在大陆法系国家，当法律没有明确规定时，法院以司法判例作为判决依据。我国不承认判例具有法律约束力</td></tr>
<tr><td>国际公约</td><td>国际私法的主要渊源，包括四方面：①规定外国人民事法律地位规范；②统一冲突规范；③统一实体规范；④国际民事诉讼和国际商事仲裁程序规范</td></tr>
<tr><td>国际惯例</td><td>在国际交往中经过长期反复实践逐步形成的具有确定内容、为世人所公知的行为规则，由当事人选择适用</td></tr>
<tr><td>学说</td><td>权威学者学说不具有法律拘束力，学说只有变成法律、总结成为判例，才能作为国际私法的渊源</td></tr>
</table>

## 四、国际私法的基本原则

<table>
<tr><td rowspan="2">国际私法的基本原则</td><td>概念</td><td>即制定实施国际私法规范，进行涉外民事活动和解决涉外民事争议时所必须遵守的原则</td></tr>
<tr><td>基本原则</td><td>(1)尊重国家主权原则，即国家之间应相互尊重对方国家的立法及司法管辖权，当事人在涉外民事活动中应既维护本国主权又尊重他国主权<br>(2)平等互利原则，即主权国家不分大小、强弱在法律上一律平等，在经济关系中相互有利，当事人法律地位一律平等，任何一方不能享有特权<br>(3)遵守国际条约和参照国际惯例原则，即缔约国必须遵守条约，其当事人必须服从，如果国内立法和国际条约没有规定的可以参照国际惯例<br>(4)重点保护弱方当事人合法权益的原则，即着重关注发展中国家当事人的权益，以及涉外民事关系中弱方当事人的利益，如夫妻关系中的妻子一方、抚养关系中的被抚养人、产品责任中的消费者、雇佣合同中的受雇人</td></tr>
</table>

## 五、国际私法学

<table>
<tr><td rowspan="8">国际私法学</td><td rowspan="2">含义名称</td><td>含义</td><td>以国际私法本身为研究对象的法学学科，其任务在于研究国际私法的理论，以完善国际私法的立法和指导国际私法在实践中的运用</td></tr>
<tr><td>名称</td><td>(1)法则区别说，13 世纪意大利巴托鲁斯提出<br>(2)法律冲突论，17 世纪荷兰罗登博格提出<br>(3)国际私法，19 世纪美国斯托雷提出</td></tr>
<tr><td>国际私法性质</td><td colspan="2">争论的中心为国际私法是属于国际法性质还是国内法性质，并由此形成国内法学派和国际法学派，以及具有两重性的二元论：<br>(1)国内法学派又称民族主义学派，代表人物德国沃尔夫、法国巴丹、英国戴赛和戚希尔，他们认为国际私法属于国内法性质，是国内法的一个部门<br>(2)国际法学派又称世界主义学派，代表人物德国萨维尼、意大利孟西尼，他们认为国际私法属于国际法性质，它是国际法的一部分<br>(3)二元论，代表人物德国齐特尔曼、捷克贝斯特里斯基，他们认为不能简单说国际私法是国际法或国内法，它是一个兼有国际法特点与国内法特点的独立的法律部门</td></tr>
<tr><td rowspan="4">国际私法与邻近部门法关系</td><td>与国际公法的关系</td><td>(1)联系：①调整的都是国际交往中产生的社会关系；②均适用国际法的基本原则；③法律渊源均包括国际条约、国际惯例；④都是为国家的对外政策服务<br>(2)区别：①具体调整对象不同，国际私法调整的是不同国家的私人关系，国际公法调整的是主权国家的公法关系；②法律关系主体不同，国际私法的主体是自然人、法人，国际公法的主体是主权国家；③法律渊源不完全相同，国际私法的渊源还包括国内立法、国内判例；④解决争议的方式不同，国际公法解决国家争议主要采取外交途径或到国际法院起诉，国际私法解决私人争议采取商事仲裁或国内民事诉讼</td></tr>
<tr><td>与国内民法的关系</td><td>(1)联系：①调整的主体都是法律地位平等者；②调整的社会关系都属于民事性质；③国际私法的冲突规范援引的准据法是有关国家的国内民法；④争议解决都是通过民事诉讼或商事仲裁<br>(2)区别：①具体调整对象不同，国际私法调整对象具有涉外性；②民事关系涉及的具体内容不同，国际私法调整的是广义民事关系；③法律渊源不完全相同，国际私法渊源除了国内立法和国内判例，还包括国际条约和国际惯例；④具体调整方式不同，国际私法采取间接调整，国内民法采取直接调整；⑤基本原则不相同，除了国内民法、民诉法的总原则，国际私法还要遵守国际关系的基本准则</td></tr>
<tr><td>与区际私法的关系</td><td>(1)联系：①调整的都是广义民事关系；②调整对象都具有涉外因素；③调整方式都包括运用冲突规范；④争议解决方式相同，都包括民事诉讼和商事仲裁<br>(2)区别：①具体调整对象不同，国际私法调整的是不同国家的民事关系，区际私法调整一国境内不同法域的民事关系；②需要遵守的原则不同，区际私法不需要以国际法的基本原则为基础；③运用的法律制度不同，公共秩序保留在区际私法中极少使用</td></tr>
<tr><td>与国际经济法的关系</td><td>(1)联系：①调整对象都涉及不同国家的利益；②均以国际经济关系产生发展为基础；③都要适用国际法的基本原则；④争议解决方式相同，包括诉讼和仲裁<br>(2)区别：①具体调整对象不同，国际经济法调整的经济流转及经济管制关系；②调整的社会关系性质不完全相同，国际经济法除了调整民事关系外，还包括主权国家经济关系；③具体的调整方式不同，国际经济法只有直接调整，不包括间接调整</td></tr>
<tr><td>国际私法学的体系</td><td>概念体系</td><td>对国际私法的调整对象、法律规范，从理论上加以科学分类和排列以便进一步研究运用<br>(1)总论篇，国际私法的基本理论和总则，包括国际私法的概念、历史、主体、外国人的民事法律地位、法律冲突与冲突规范、准据法的确定、冲突规范的运用等<br>(2)法律适用篇，国际私法的分则，包括自然人和法人的行为能力、法律行为和代理关系的法律适用，物权、知识产权、债权的法律适用，破产的法律适用，婚姻家庭关系、继承的法律适用<br>(3)程序篇，即司法保护程序问题，包括国际民事诉讼程序和国际商事仲裁程序<br>(4)区际私法篇，包括区际法律冲突的解决和区际私法协助问题</td></tr>
</table>

## 重点知识讲解

### 法律适用规范

所谓法律适用,其实质就是用什么法律来确定涉外民事关系中当事人的权利义务。在国际民事交往中,当事人之间权利义务的确定,可以依照有关国家的冲突法律,也可以依照有关的国际条约和国际惯例,规范形式具体包括冲突规范和统一实体规范。

(1)冲突规范,又称法律适用规范,指某种涉外民事关系应该适用何国法律来处理的规范。运用的前提条件是有关国家之间没有调整这方面民事关系的国际条约,也没有或者不能适用有关的国际惯例。冲突规范是国际私法中最古老的规范,也是国际私法中最重要最核心的规范。

(2)统一实体规范,指各主权国家之间相互缔结或签订的条约中具体确定当事人权利义务的规范,为了调整涉外民事关系而产生,不包括国内专门调整涉外民事关系的实体法。统一实体规范能够彻底地避免法律冲突,可以准确迅速直接地确定当事人的权利义务。

## 配套习题

### 一、单项选择题

1. 国际私法最早最主要的法律渊源是( )

A. 国内立法　　B. 国际惯例

C. 国际公约　　D. 国内判例

2. 在冲突法的国内立法方式上,我国主要采取的作法是( )

A. 将冲突规范分散规定在民法典的有关章节中

B. 制订单行冲突法

C. 在民法或其他法典中以专编或专章形式比较系统地规定冲突法规范

D. 主要以判例和学说为依据

3. 用冲突规范调整涉外民事关系,其方法属于( )

A. 直接调整　　B. 间接调整

C. 混合调整　　D. 自然调整

4. 国际私法所调整的涉外民事关系中的"涉外",实际上是指( )

A. 含有其他法域的因素

B. 要求涉外民事关系的主体必须含有涉外因素

C. 要求涉外民事关系的主体、客体都必须含有涉外因素

D. 要求涉外民事关系的客体必须含有涉外因素

5. 国际私法特有的法律规范是( )

A. 冲突规范

B. 统一实体规范

C. 国际民事诉讼程序规范

D. 国际商事仲裁规范

6. 国际私法的调整对象是( )

A. 民商事关系　　B. 涉外民商事关系

C. 涉外商事关系　　D. 涉外经济关系

7. 根据国际法有关规则和我国有关法律,当发生我国缔结且未作保留的条约条款与我国相关国内法规定不一致的情况时,下列选项正确的是( )(司考2007年卷一,单选第31题)

A. 如条约属于民事范围,则由全国人民代表大会常务委员会确定何者优先适用

B. 如条约属于民事范围,则优先适用条约的规定

C. 如条约属于民事范围,则由法院根据具体案情,自由裁量,以公平原则确定优先适用

D. 我国缔结的任何未作保留的条约的条款与中国相关国内法的规定不一致时,都优先适用条约的规定

## 二、多项选择题

1. 国际私法的范围包括(　)

A. 外国人的民事法律地位规范

B. 冲突规范

C. 国际统一实体规范

D. 国际民事诉讼与仲裁程序规范

2. 国际私法所调整的涉外民商事法律关系包括涉外的(　)

A. 物权关系　　B. 婚姻关系

C. 票据法关系　　D. 海商法关系

3. 我国国际私法的渊源是(　)(考研西南政法大学 2005 年)

A. 我国的国内立法

B. 我国缔结和参加的国际条约

C. 我国法院的司法判例和权威国际私法学家的学说

D. 国际惯例

4. 以下选项中属于涉外民事法律关系的特征的是(　)

A. 具有一个或一个以上的涉外因素

B. 这种民事关系是广义上的民事法律关系

C. 这种民事关系多数具有国际性

D. 它不包括国际民事诉讼和国际商事仲裁程序关系

5. 以下关于国内法学派的说法正确的是(　)

A. 认为国际私法的渊源主要是国内法,而国际法的渊源主要是国际条约和国际惯例

B. 认为国际私法属于国内法性质,它是国内法的一个部门

C. 认为涉外民事法律关系的争议一般由内国的法院或仲裁机构解决,而不是靠国际会议或国际法院解决

D. 认为国际私法的规范的制定取决于一国的意志,而国际法则是多国意志的体现

## 三、名词解释

1. 法律冲突

2. 国际惯例

## 四、简答题

1. 简述涉外民商事关系的调整方法。

2. 简述我国国际私法的渊源。

## 五、论述题

1. 试述国际私法的基本原则。

2. 论国际私法渊源中的条约。(考研中国政法大学 2004 年)

3. 试论国际私法国际性的表现。(考研中国政法大学 2000 年)

# 参考答案

## 一、单项选择题

1. 答案:A

提示:本题考查的是国际私法法律渊源

解析:国内立法是国际私法渊源的最早表现形式,也是迄今为止最主要的法律渊源,因此 A 项正确。

2. 答案:C

提示:本题考查的是我国对冲突法的国内立法方式

解析:目前大多数国家采用三种不同的立法方式在国内立法中规定冲突规范:①散见式。将冲突规范分散规定在民法典的有关章节中。②法典式。以专门法典或单行法规的形式系统地制定冲突法规范。③专编专章式。在民法典或其他法典中以专篇或专章形式进行比较系统的规定。我国主要采用第三种,即在民法或其他法典中以专编或专章形式对冲突法规范进行比较系统的规定。但同时也在其他法律、法规中,零散地规定有国际私法规范,C 项正确。我国目前并没有制定民法典,A 项不正确。我国到目前为止也还没有单行的冲突法,B 项不正确。我国不承认判例和学说是国际私法的渊源,并且答非所问,D 项不正确。

3. 答案:B

提示:本题考查的是涉外民事关系法律冲突的调解方法

解析:冲突法调整,即在国内立法或国际条约中,制定法律适用原则,规定在什么情况下应该适用内国法,在什么情况下应该适用外国法以及何外国法,然后再按照所指定的那个国家的实体法,具体确定当事人的权利与义务。利用冲突规范进行调整,是国际私法中最主要的调整方法。由于用冲突规范调整涉外民事关系,只能指出有关的民事关系应适用哪一个国家的法律,而没有直接规定当事人的权利义务,因而只起到"间接调整"的作用,所以也叫做间接调整方法,B 项正确。

4. 答案:A

提示:本题考查的是涉外民事关系的含义

解析:国际私法的调整对象是涉外民商事法律关系。涉外民事关系具有一个或一个以上的涉外因素,如民事关系的主体、客体或民事关系的产生、变更或消灭的事实具有涉外因素,但这里的涉外因素,实质上既包括外国,也包括一个国家之内的不同法域,A 项正确。涉外民事关系的涉外性,只需要民事关系的主体、客体或民事关系的产生、变更或消灭的事实中有一个是具有涉外因素的就可以,所以,B、C、D 项不正确。

5. 答案:A

提示:本题考查的是国际私法的规范

解析:国际私法的规范,是指被国家所认可,对当事人有法律约束力的该部门法的总和。国际私法的规范包括:①外国人的民事法律地位规范;②冲突规范;③国际统一实体规范;④国际民事诉讼规范和国际商事仲裁规范。其中冲突规范是国际私法特有的法律规范,因为冲突规范的特点在于,它不是直接确定当事人的权利义务,而只是指出一个法律适用原则,依据该原则去确定一个实体法,冲突规范只有与该实体法相结合,才能最终达到调整涉外民事关系的目的,故 A 项正确。

6. 答案:B

提示:本题考查的是国际私法的调整对象

解析:国际私法的调整对象是涉外民商事关系,即在主体、客体和法律事实方面含有一个或一个以上的涉外因素的民事法律关系。其范围非常广泛,既包括物权、债权、知识产权、继承权等财产关系外,也包括婚姻、家庭、监护等人身财产关系,还包括公司、保险、破产、代理等商事关系,以及有关的国际民事诉讼和商事仲裁程序关系。所以 B 项概括最全面,正确,A 项不正确,因为它没有指出国际私法调整对象的涉外性。

7. 答案:B

提示:本题考查的是国际条约与国内法冲突时的适用规则

解析:我国《民法通则》第 142 条第 2 款规定:"中华人民共和国缔结或者参加的国际条约同中华人民共和国的民事法律有不同规定的,适用国际条约的规定,但中华人民共和国声明保留的条款除外。"因此,B 选项是正确的。一般认为,在民商事范围内,我国缔结的条约与国内法有不同规定的,优先适用条约的规定,但我国缔结该条约时做出保留的条款除外。民商事范围以外的条约,能否在国内直接适用,需要根据与该条约相关的法律规定,结合条约本身的情况才能确定。D 项没有区分条约的范围,笼统的说"任何条约",显然是不正确。至于 A 项,全国人民代表大会常务委员会有决定是否缔结条约的权力,但并没有权力确定何者优先适用。C 项中的说法也没有任何相关法律依据。因此,本题的正确答案是 B 项。

## 二、多项选择题

1. 答案:ABCD

提示:本题考查的是国际私法的范围

解析:我国国际私法的范围具体包括:外国人的民事法律地位规范、冲突规范、国际统一实体规范和国际民事诉讼与商事仲裁程序规范。所以,A、B、C、D 正确。

2. 答案:ABCD

提示:本题考查的是国际私法所调整的涉外民商事法律关系的内容

解析:国际私法的调整对象是涉外民商事法律关系。涉外民事关系具有一个或一个以上的涉外因素,比如民事关系的主体、客体或民事关系的产生、变更或消灭的事实具有涉外因素等,并且这种民事关系不仅包括一般涉外民商事关系,还包括涉外民事诉讼和涉外仲裁。从具体领域来看,涉外物权关系、涉外婚姻关系,涉外票据法关系、涉外海商法关系和涉外继承关系等都属于国际私法所调整的涉外民商事法律关系的内容。所以,A、B、C、D 项正确。

3. 答案:ABD

提示:本题考查的是我国国际私法的渊源

**解析**:国际私法的渊源,是指赋予国际私法规范以法律效力的法律文件的表现形式。我国的国内立法是国际私法的渊源之一,A项正确。根据我国《民法通则》第142条第2款规定:“中华人民共和国缔结或者参加的国际条约同中华人民共和国的民事法律有不同规定的,适用国际条约的规定,但中华人民共和国声明保留的条款除外。”可见,我国遵守“条约必须信守”原则,对于所参加或缔结的国际条约,除声明保留的部分外,都严格遵守,国际条约是我国国际私法的渊源,B项正确。

我国不承认国内判例是法律的渊源,因此,国内涉外民商事案件的判例不能作为国际私法的渊源。判例只能起到参考作用,而不具有法律的约束力,不能作为判案的依据。但值得注意的是,当我国的冲突规范指向了某一个普通法系国家的法律时,则可以适用该国的判例作为判案依据。此外,尽管权威学者的意见和学说常在立法和审判中起到一定的影响,但它们毕竟是个人意见,还没有上升到法律,故不具有法律的拘束力,故学说也不是我国国际私法的渊源,C项不正确。

我国《民法通则》第142条第3款规定:“中华人民共和国法律和中华人民共和国缔结或者参加的国际条约没有规定的,可以适用国际惯例。”国际惯例是我国国际私法的渊源,D项正确。

**4. 答案**:ABC

**提示**:本题考查的是涉外民事法律关系的特征

**解析**:涉外民事法律关系主要有以下三个特征:①具有一个或一个以上的涉外因素,比如民事关系的主体、客体或民事关系的产生、变更或消灭的事实具有涉外因素,A项正确;②不仅包括一般涉外民商事关系,还包括涉外民事诉讼和涉外仲裁,B项正确,D项不正确;③具有国际性,每个涉外民事关系都与两个或两个以上的国家利益相关联,C项正确。

**5. 答案**:ABCD

**提示**:本题考查的是国内法学派的定义和主张理由

**解析**:关于国际私法的性质问题,存在国内法学派、国际法学派和两元论等意见。国内法学派主张国际私法属于国内法性质,它是国内法的一个部门。其理由主要有:①国际私法调整的对象是民事关系,而国际法调整的是主权国家间的政治、外交、经济和军事关系,其性质为公法性质;②国际私法的渊源主要是国内法,而国际法的渊源主要是国际条约和国际惯例;③涉外民事法律关系的争议一般由内国的法院或仲裁机构解决,而国家之间的争议则是通过谈判、斡旋、国际会议或国际法院解决;④国际私法的规范的制定取决于一国的意志,而国际法则是多国意志的体现。所以,A、B、C、D项均正确。

## 三、名词解释

**1. 提示**:应从概念、产生原因、表现形式等方面来回答

**答案**:法律冲突,亦称法律抵触,是指在涉外民事关系中,由于其涉外因素导致有关国家的不同法律在效力上的抵触。其产生的原因主要是:①在同一个涉外民事关系中,有关国家的法律对同一个问题的规定不同;②一个国家法律的域内效力与另一个国家的域外效力同时出现在一个法律关系时,便出现不同国家法律的域内效力和域外效力的冲突;③受案法院在一定条件下承认外国法律的域外效力。法律冲突主要表现为不同国家之间的法律冲突,有人称为国际法律冲突,除此之外,还有区际法律冲突、人际法律冲突和时际法律冲突。

**2. 提示**:应从其概念和种类两方面来回答

**答案**:国际惯例是在国际交往中,经过长期反复的实践,逐步形成具有确定内容、为世人所共知的行为规则。国际私法中的国际惯例有两种:①根据国际法原则,各国所公认的具有法律效力的强制性惯例,如国家及其财产豁免;②在国际经济贸易中经过有关国际机构整理汇编所形成的,它不具有当然的法律效力,只有国家承认和当事人选择适用时,才具有法律约束力。

## 四、简答题

**1. 提示**:参见本章“基本知识图解”中“涉外民商事关系及其调整方法”的相关内容,从涉外民商事关系的概念、调整方法和调整方法之间的关系来回答

**2. 提示**:应从国际私法的渊源的概念、种类、地位等方面来回答

**答案**:国际私法的渊源,是指赋予国际私法规范以法律效力的法律文件的表现形式。我国国际私法的渊源主要包括国内立法、国际条约和国际惯例。权威学说和司法判例不属于我国国际私法的渊源。

(1)国内立法是国际私法渊源的最早表现形式,也是迄今为止最主要的法律渊源。

(2)国际条约,是指在国际民事交往中,主权国

家之间根据国际法的基本原则，在平等互利的基础上，就国际私法的规范所达成的协议。根据我国《民法通则》第142条第2款规定："中华人民共和国缔结或者参加的国际条约同中华人民共和国的民事法律有不同规定的，适用国际条约的规定，但中华人民共和国声明保留的条款除外。"可见，我国遵守"条约必须信守"的原则，对于所参加或缔结的国际条约，除声明保留的部分外，都严格遵守，国际条约是我国国际私法的渊源。

(3)国际惯例是我国国际私法的渊源。国际惯例是在国际交往中，经过长期反复的实践，逐步形成具有确定内容、为世人所共知的行为规则。国际惯例的运用必须经过当事人选用，并得到国家的承认和允许。我国《民法通则》第142条第3款规定："中华人民共和国法律和中华人民共和国缔结或者参加的国际条约没有规定的，可以适用国际惯例。"但国际惯例的适用不得违背我国的公共秩序。

(4)我国不承认国内判例是法律的渊源，因此，国内涉外民商事案件的判例不能作为国际私法的渊源。判例只能起到参考作用，而不具有法律的约束力，不能作为判案的依据。但值得注意的是，当我国的冲突规范指向了某一个普通法系国家的法律时，则可以适用该国的判例作为判案依据。

(5)此外，尽管权威学者的意见和学说常在立法和审判中起到一定的影响，但它们毕竟是个人意见，还没有上升到法律，故不具有法律的拘束力，故学说也不是我国国际私法的渊源。

## 五、论述题

1. **提示**：参见本章"基础知识图解"中"国际私法基本原则"的相关内容，从国际私法的基本原则的概念和具体内容来回答

2. **提示**：应从国际条约的概念，内容和在我国国际私法渊源体系中的地位和作用三方面来论述

**答案**：(1)概念。国际条约是我国国际私法的主要国际渊源。国际条约是指在国际民事交往中，主权国家之间根据国际法的基本原则，在平等互利的基础上，就国际私法的规范所达成的协议。

(2)内容。从国际条约的内容来看，主要包括四个方面：①规定外国人民事法律地位的国际条约；②统一冲突法公约；③统一实体法公约；④国际民事诉讼和国际商事仲裁程序公约。

(3)国际条约在我国的地位和作用。《民法通则》第142条第2款规定："中华人民共和国缔结或者参加的国际条约同中华人民共和国的民事法律有不同规定的，适用国际条约的规定，但中华人民共和国声明保留的条款除外。"《民事诉讼法》第238条也规定："中华人民共和国缔结或者参加的国际条约同本法有不同规定的，适用该国际条约的规定，但中华人民共和国声明保留的条款除外。"可见，我国遵守"条约必须信守"的原则，对于所参加或缔结的国际条约，除声明保留的部分外，都严格遵守，国际条约不但是我国国际私法的渊源，而且在民事法律领域中，国际条约具有优先于国内法适用的地位。并且，我国缔结或参加的民事国际条约，在我国司法实践中可以直接适用。

3. **提示**：从国际私法的调整对象、渊源、诉讼程序和法律适用等方面来论述

**答案**：(1)概念。国际私法是以涉外民事法律关系为调整对象，以确定外国人民事法律地位为前提，以解决法律冲突问题为核心，以司法保护为目的，包括冲突规范、统一实体规范、规定外国人民事法律地位规范以及国际民事诉讼和国际商事仲裁程序规范在内的一个独立的法律部门。

(2)从调整对象看，国际私法的调整对象具有国际性。国际私法的调整对象是涉外民商事法律关系。从涉外民商事法律关系的产生和特征来看，都具有国际性：

第一，涉外民商事法律关系的产生需要两个条件：①经济条件：国际经济关系的产生和发展，是涉外民事法律关系产生的前提；②法律条件：只有一个国家承认外国人在其境内的民事法律地位，才能出现涉外民事法律关系。

第二，涉外民事法律关系的特征具有国际性。①涉外民事关系具有一个或一个以上的涉外因素，比如民事关系的主体、客体或民事关系的产生、变更或消灭的事实具有涉外因素；②这种民事关系不仅包括一般涉外民商事关系，还包括涉外民事诉讼和涉外仲裁；③涉外民事关系虽然形式上表现为不同国家当事人之间的关系，但实质上体现了国家之间的关系，每个涉外民事关系都与两个或两个以上国家的利益相关联，国家在处理这些民事关系时，总要服从国家总的对外政策，要受国家关系的制约。

(3)从渊源上看，国际条约和国际惯例都是国际私法的渊源。国际私法的渊源具有两重性，既有国际渊源，也有国内渊源，而且从发展来看，国际渊源

的数量越来越多,在国际私法中的地位更加重要。

(4)从诉讼程序上看,涉外民事诉讼固然要按照法院地法进行,但国内法院在审理涉外民事案件时,不能同审理国内民事案件一样,完全适用国内程序法,而是适用国际民事诉讼程序或国内诉讼法中专门适用于涉外民事案件的特殊程序规范。

(5)从法律适用上看,涉外民事关系有时适用外国法、国际条约或国际惯例,而国内民事关系仅适用国内法。

# 第二章　国际私法立法与学说的历史发展

## 内容提示

本章主要阐述在国际私法的历史发展中，萌芽、初创、兴盛和蓬勃发展四个阶段的各种理论和学说，介绍统一国际私法的立法和中国国际私法的发展的状况。通过本章的学习，应了解国际私法的立法发展过程；掌握国际私法理论发展的基本规律；理解不同时期主要的国际私法理论的产生背景和观点。

## 基础知识图解

### 一、国际私法的萌芽阶段

<table>
<tr><td rowspan="3">萌芽阶段</td><td>古罗马万民法</td><td>古罗马时期出现调整罗马市民与非罗马市民，以及非罗马市民之间民事法律关系的万民法</td></tr>
<tr><td>欧洲种族法</td><td>西罗马帝国灭亡后，欧洲大陆各民族迁徙频繁，各民族归属各自的民族法，即不以领土来划分，各民族法律只支配本民族人</td></tr>
<tr><td>中国唐律</td><td>唐朝《永徽律》规定，诸化外人同类自相犯者各依本族法，异类相犯者以法律论</td></tr>
</table>

### 二、国际私法的初创阶段——法则区别说时代

<table>
<tr><td rowspan="3">初创阶段★</td><td>意大利法则区别说</td><td>代表人物巴托鲁斯，主张把法则分为三类，每一类都规定一个冲突原则，分别适用不同种类的法律冲突</td></tr>
<tr><td>法国法则区别说</td><td>代表人物杜摩林、达让特莱，杜摩林提出对于契约应依当事人的意思决定适用习惯法，达让特莱采取严格的法律属地主义原则，提出法律适用的法则三分说理论</td></tr>
<tr><td>荷兰法则区别说</td><td>代表人物胡伯，接受达让特莱的法律属地主义原则，并提出解决法律冲突的三原则</td></tr>
</table>

### 三、国际私法的兴盛阶段

<table>
<tr><td rowspan="4">兴盛阶段</td><td rowspan="3">学说史★</td><td>德国学派</td><td>代表人物萨维尼，认为法律关系是冲突法的固有本质，以法律关系本座说代替传统的法则区别说</td></tr>
<tr><td>意大利学　派</td><td>代表人物孟西尼，主张超地域适用属人法，认为国籍、当事人、主权三种因素构成法律选择的基础，其中国籍尤为重要，并提出解决法律冲突的三原则</td></tr>
<tr><td>英美学派</td><td>(1)美国代表人物斯托雷，承袭胡伯的属地主义和国际礼让说，提出解决法律冲突的三原则<br>(2)英国代表人物戴赛，提出既得权理论，并坚持严格的法律属地原则</td></tr>
<tr><td>立法史</td><td colspan="2">这一时期，出现制定成文国际私法的高潮，冲突法也从学说史时期进入制定法时期，其中具有影响的国内立法主要有：①1804 年《法国民法典》；②1865 年《意大利民法典》；③1896 年《德国民法施行法》；④1898 年《日本法例》</td></tr>
</table>

## 四、当代国际私法蓬勃发展阶段

<table>
<tr><td rowspan="3">蓬勃发展阶段</td><td rowspan="2">当代国际私法学说</td><td>现代美国国际私法学★</td><td>(1)库克本地法说<br>(2)柯里政府利益说<br>(3)卡佛斯优先选择原则说<br>(4)艾伦茨威格法院地法说<br>(5)里斯最密切联系说</td></tr>
<tr><td>欧洲大陆国际私法学★</td><td>(1)巴迪福协调说<br>(2)齐特尔曼超过家的国际私法说<br>(3)拉沛尔比较法说<br>(4)佛朗西斯卡斯基法律直接适用说</td></tr>
<tr><td colspan="2">当代国际私法立法的变革与发展</td><td>主要体现在五个方面:①立法数量急剧增多;②调整对象逐渐扩大;③立法形式趋于法典化;④法律适用规范更具合理性;⑤立法内容呈现出趋同化倾向</td></tr>
</table>

## 五、统一国际私法立法史

<table>
<tr><td rowspan="4">统一国际私法立法史</td><td colspan="3">19世纪70年代出现从事统一国际私法工作的有影响的国际组织,致力于通过签订国际条约制定国家间统一的国际私法,国际私法国际化、统一化、趋同化倾向成了现代国际私法的一个重要发展方向</td></tr>
<tr><td rowspan="2">统一国际私法的国际组织</td><td>全球性</td><td>包括:①海牙国际私法会议;②(国际联盟)联合国</td></tr>
<tr><td>区域性</td><td>包括:①美洲国家统一冲突法的组织,召开了利马会议、蒙得维的会议和泛美会议;②斯堪的纳维亚国家;③(欧洲联盟)欧共体</td></tr>
<tr><td>统一实体法的国际组织</td><td colspan="2">(1)罗马统一私法国际协会<br>(2)联合国国际贸易法委员会</td></tr>
</table>

## 六、中国国际私法发展史

<table>
<tr><td rowspan="4">中国国际私法发展史</td><td rowspan="2">立法史</td><td>旧中国</td><td>唐朝《永徽律》、北洋军阀政府颁布的《法律适用条例》</td></tr>
<tr><td>新中国</td><td>1959年《中苏领事条约》、1985年《涉外经济合同法》和《继承法》、1986年《民法通则》、1991年《民事诉讼法》、1994年《仲裁法》以及《合同法》、《公司法》、《票据法》、《收养法》、《海商法》、《民用航空法》、《海事诉讼特别程序法》</td></tr>
<tr><td rowspan="2">学说史</td><td>旧中国</td><td>唐朝《唐律疏义》、1905年《法政粹编》之《国际私法》、1907年《法政讲义》之《国际公私法》、1911年《京师法学堂笔记》之《国际私法》等</td></tr>
<tr><td>新中国</td><td>1981年姚壮、任继圣《国际私法基础》,韩德培《国际私法》等</td></tr>
</table>

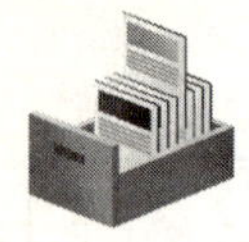

## 重点知识讲解

### 一、意大利法则区别说

意大利法则区别说的代表人物是巴托鲁斯。他主张从法则本身的性质入手，把所有的“法则”分为“物的法则”、“人的法则”和“混合法则”：①“物的法则”是属地的，其适用只能而且必须及于制定者领土之内的物。②“人的法则”是属人的，它不但应用于制定者管辖领土内的属民，而且在它的属民到了别的主权者管辖领土内时，也应适用。③“混合法则”是涉及行为的法则，适用于在法则制定者领土内订立的契约，是既涉及人又涉及物的。他在此基础上提出了许多重要的冲突法规则，如行为能力和权利能力适用属人法；法律行为的方式依行为地法；物权依物之所在地法；诉讼程序依诉讼地法等。

法则区别说作为国际私法学说的最早形态出现在意大利北部，其意义是十分重大的：①纠正了绝对属地主义的弊端，抓住了法律的域内及域外效力这个法律冲突的根本点，首次站在双边的立场上研究法律适用问题，使国际私法后来能真正具有国际性。②当时有利于对外贸易的发展，符合当时历史发展的需要，促进了处于萌芽状态的资本主义因素的成长，具有进步意义。③它所创立的一些基本冲突规范，对后来国际私法的形成和发展产生了重大影响，有些规则至今仍为世界各国所采纳。所以，不少西方学者把巴托鲁斯称为“国际私法之父”。

但是，从根本上讲，一切法律关系都是人与人的关系，在现实生活中并无纯粹关于物和纯粹关于人的法则。因此，巴托鲁斯完全借助于法则的语法结构来划分“人法”与“物法”，是十分牵强的。例如“长子继承不动产”和“不动产归长子继承”表达的含义是一样的，但在法则区别说学者看来，前者是人法，具有域外效力；而后者是物法，没有域外效力，这显然是不科学的。

### 二、法国法则区别说

法国法则区别说的突出代表是杜摩兰和达让特莱。他们分别生活在法国的南方和北方，分别代表着新兴资产阶级的利益和封建主的利益，理论观点截然不同。

杜摩兰主张把法则分为人法、物法和行为法三类，但他认为只有在不依据双方当事人的自主意思而直接取决于法律的强制性时，才有必要作这种划分。他也承认“物法”从物，凡涉及境内之物的应依物之所在地法；而“人法”从人，其效力只及于境内境外自己的属民。不过，他极力主张扩大“人法”的适用范围。特别重要的是，他在《巴黎习惯法评述》一书中，提出了“意思自治”原则。他认为，在契约关系中应该适用当事人自主选择的习惯法，即使当事人于契约中未作明示的选择，法院应推定其默示的意思，以确定应当适用的法律，即根据整个案情的各种迹象来判断双方当事人意思之所在。

杜摩兰的学说代表了新兴商人阶级的利益，在客观上有利于促进贸易的发展和统一市场的形成。因为，按照意思自治原则，双方当事人可以自由选择一个习惯法作为契约的准据法，从而摆脱本地习惯法的束缚，冲破属地原则的禁锢。这样，先进的法国商业中心巴黎的习惯法，就可适用于法国全境。有利于实现法国法律的统一，也促进了当时法国资本主义的发展。杜摩兰的“意思自治”原则，已发展成为国际社会普遍接受的确定契约准据法的首要原则。

与杜摩兰同时代的学者达让特莱是法国北部布列塔尼省的贵族，著有《布列塔尼习惯法释义》和《布列塔尼的历史》二书。他站在杜摩兰的对立面，反对契约当事人实行“意思自治”，极力推崇属地原则。他的主要观点是：①一切习惯法原则上都是属地的，仅在立法者的境内有效。由于主权是属地的，主权只及于它的境内，法律也只及于它的境内，在其境外无效。根据这个原则，他提出物权问题依物之所在地法，不动产的继承依不动产所在地法。②在适用属地原则的条件下也有例外，关于纯属人的身份能力的法律，如规定成年年龄的法则，规定亲权的法则等，可例外地适用属人法。③除了人法和物法之外，还有一种“混合法则”，即同一法则兼及于人和物两个方面。他认为“混合法则”也适用属地法。

达让特莱的思想反映了当时封建势力的要求，他极力推崇具有封建割据性质的地方自治，主张一切法律附着于制定者的领土，由于主权只能而且必须在境内行使，法律也只能而且必须在境内行使。这在法律适用问题上几乎又回到了过去的绝对属地主义立场上，显然阻碍了国际私法的发展。

## 三、荷兰法则区别说

荷兰学派的主要代表人物是胡伯。他在其《论罗马法与现行法》一书第二编中提出了著名的三原则：①任何主权者的法律必须在其境内行使并且约束其臣民，但在境外无效。②凡居住在其境内的人，包括常住的与临时的，都可视为主权者的臣民。③每一国家的法律已在其本国的领域内实施，根据礼让，行使主权权力者也应让它在自己境内保持其效力，只要这样做不致损害自己的主权权力及臣民的利益。这三条原则，前两条讲的是属地原则，它是根据主权者管辖权的划分建立起来的国际公法上的原则；第三条讲的是适用外国法的根据和条件，它才是国际私法原则。所以，人们常把荷兰的法则区别说称为“国际礼让说”。

胡伯继承和发展了达让特莱的学说，他们虽然都主张属地原则，但有着实质的不同。胡伯的学说代表了新兴资产阶级的利益，有一定的进步意义；而达让特莱的学说则主张闭关自守，代表的是封建领土的权益，不利于资本主义经济的发展。

国际礼让说把国家主权思想引入法则区别说，把适用外国法的问题放在国家关系和国家利益的基础上来考察，这是适用外国法理论的进步。它对国际私法的发展产生了深远的影响，有的学者甚至认为它奠定了现代国际私法学的基础。后来，美国学者斯托雷继承了荷兰的礼让说，而英国学者戴赛则接受了他们的主权观念而抛弃了“礼让”说，并发展成为保护既得权的思想。

但是，这种学说自身包含着不可克服的矛盾性，即它一方面要求保护自己的主权；另一方面又主张根据国际商业的要求，借国际礼让使在自己管辖范围内能有效行使的权利，在别的管辖领域也能得到承认。

## 四、德国学派萨维尼

萨维尼是德国柏林大学教授，著名的国际私法学家，也是国际私法的革新家。他创立的“法律关系本座说”是1849年在《现代罗马法体系》第8卷中提出来的。他从一种普遍主义的观点出发，认为应适用的法律，只应是各该涉外民事关系依其本身性质有“本座”所在地的法律。他不讨论法律的域内及域外效力问题，而主张平等地看待内外国法律，以便达到不管案件在什么地方提起，均能适用同一个法律，得到一致的判决的目的。他认为应该承认存在着一个“相互交往的国家的国际法律共同体”，并且存在着普遍适用的各种冲突规则，因为法律关系依其性质总是与一定地域的法律相联系。他把涉外关系分为“人”、“物”、“债”、“行为”、“程序”等几大类，并认为：①住所是人的归属之处，所以人的身份能力应以住所为本座。②物是可感知到的，并且必然占据一定的空间，故物之所在地应为物权法律关系的本座。③债为无体物，并且不占有空间，因而常常需要借助某种可见的外观来表现其形态，故应借助形态而定其本座，而这种外观形态有两个：债的发生地和债的履行地。但履行更适合于表现债权的外观形态，故应以履行地为其本座，因为它是实现债权的场所。④行为方式则不论财产行为或身份行为，均应以行为地为本座。⑤程序问题应以法院地为本座等等。

萨维尼的学说，反映了后起的德国资产阶级要求与其他国家共同参与国际自由贸易，分沾国际经济利益的愿望，并开创了一条解决法律冲突进行法律选择的新路子。在西方，有的学者甚至把萨维尼的理论喻为国际私法中的“哥白尼革命”。其贡献主要表现在以下三个方面：①它在法则区别说统治国际私法理论达数百年之后，在国际私法的方法论上实现了根本性变革；②在荷兰国际礼让说之后，它又在新的基础上回复到国际私法的普遍主义；③它大大地推动了欧洲国际私法成文立法的发展。

不过，他认为，国际社会存在着一种“国际法律共同体”的理论只是一种幻想。而他所说的法律关系的“本座”，把复杂的法律关系过于简单化，也没有明确指出解决法律冲突问题的正确途径。

萨维尼的学说统治德国达四五十年之久，对其他国家的理论也有重要意义。后来的“法律关系重心说”，“最密切联系说”都受到了“法律关系本座说”的影响。

### 五、意大利学派孟西尼

孟西尼是意大利19世纪中叶的一位政治家兼法学派。他于1851年在都灵大学发表了题为《国籍乃国际法的基础》的著名演说，极力主张每个人都适用他本民族的法律。他的学说可归纳为三个主要原则：①民族主义（国籍）原则，即每个人在自己国内有不可剥夺的个人自由权，而每个人都与他所属的民族紧密联系着，他无论到哪里，这种权利都应保留。同一民族的人民，无论到哪里，都只服从其本国的法律，都应按自己国家的法律生活。因此，法院在审理涉外民事关系中有关人的身份能力、亲属关系、继承关系时，都应适用当事人本国法，只有这样，才是尊重民族和国家的主权。②意思自治（自由）原则，按这一原则，即关于合同，均应按照当事人的自由意思适用法律。③公共秩序（属地主权）原则，即如果适用外国法（当事人本国法），或按照当事人意思选择的法律违反本国的公共秩序，就不予适用，而适用法院地法。

意大利本来是国际私法的发源地，后来由于欧洲其他国家特别是法国和荷兰国际私法的发展，意大利的法则区别说逐渐衰落。但孟西尼的学说反映了意大利资产阶级统一国家和维护民族主权的愿望，以及保护居住于外国的本国移民的思想，因此，他的学说在19世纪的意大利占了统治地位。与此同时，他的学说对欧洲其他国家的国际私法也产生了较大的影响，1865年《意大利民法典》、1889年《西班牙民法典》、1896年《德国民法施行法》以及1898年《日本法例》都采用了孟西尼的国籍原则，许多公约也采用了这个原则。

### 六、美国学派斯托雷

斯托雷曾任美国哈佛大学教授，北美合众国高等法院法官。1834年，他发表了《法律冲突法评论》一书，继承了荷兰学派的国际礼让说，并且把属地主义路线作了进一步发展。根据胡伯的三原则，他在自己的学说中也提出了三项类似的原则：①每个国家在它自己的领土内享有一种专属的主权和管辖权，因而每一国家的法律直接对位于其领域的财产，所有居住其上的居民，所有在它那里缔结的契约与所为的行为，具有约束力与效力。②每一国家的法律都不能直接对在其境外的财产发生效力或约束力，也不能约束不在其境内的居民，一个国家的法律能自由地去约束不在其境内的人或事物，那是与所有国家的主权不相容的。③从以上两项原则，得出第三个原则，即一个国家的法律能在另一个国家发生效力，完全取决于另一国家适当的法学理论和礼让以及法律上的明示或默示同意。

其第一项原则综合了胡伯的第一、二项原则，而第二项原则不过是以另一种方式重述了胡伯的第一项原则的最后一句话。第三项原则则明确地把“国际礼让”表述为一种国内法上的规定，从而完全否认国际礼让是习惯国际法加给国家的一种义务。

斯托雷的学说虽然缺少理论的创造性，但其进步性在于：①从发展国家间的贸易交往的需要出发，只要外国法与内国主权不相抵触，就应该推定这个外国法已被法院国所默示接受，亦即只要在内国法不特别禁止适用外国法的场合，根据国际礼让，法院便可以适用外国法。这是斯托雷在法律适用理论上的开明之处。②抛弃了法则区别说把法律分为人法、物法、混合法的传统作法，通过对大量案例的分析，总结出各种不同的涉外民事法律关系，如人的能力、结婚、离婚、监护、法定继承、遗嘱、动产、不动产、合同、管辖权、外国判决的效力等。即根据每类法律关系的性质，来确定法律适用的原则，这无疑是个历史的进步。③从方法论上看，斯托雷把他的学说建立在分析美国各州州际冲突的丰富的判例基础之上，形成了独特的判例分析法，这对以后的国际私法理论产生了很大影响。萨维尼曾对斯托雷的《法律冲突法评论》作了很高的评价，法国的福克斯也承认从斯托雷的著作中受益匪浅，戴赛在完成既得权学说时也采用了斯托雷的方法。所以，斯托雷被誉为美国国际私法的奠基人，其著作被列为英美冲突法著作的经典之一。

## 七、英国学派戴赛

戴赛，牛津大学的法学教授，在 1896 年出版的《法律冲突法》一书中，虽以法律的严格属地性为出发点，但又主张，为了保障合法法律关系的稳定性，对于依外国法有效设定的权利，应该坚决加以维护。他认为：①凡依他国法律有效取得的任何权利，一般都应为英国法院所承认与执行，而非有效取得的权利，英国法院则不应承认与执行（第一原则）；②如承认与执行这种依外国法合法取得的权利与英国成文法的规定、英国的公共政策和道德原则，以及国家主权相抵触，则可作为例外，不予承认与执行（第二原则）；③但是，为了判定某种既得权利的性质，应该依据产生此种权利的该外国的法律（第五原则）；④最后，坚持“意思自治”原则，认为当事人协议选择的法律具有决定他们之间的法律关系的效力（第六原则）。这就是有名的“既得权说”。

这种理论的核心是，法官只负有适用内国法的任务，既不能直接承认或适用外国法，也不能直接执行外国的判决。因此，在上述情况下，法官所做的既不是适用外国法，也不是承认外国法在内国的效力，只不过是保护当事人根据外国法或外国判决已取得的权利。

戴赛的学说，显然是为了调和适用外国法和国家主权之间的矛盾而设想出来的，但不幸的是，他自己陷入了更大的矛盾。许多学者曾一针见血地指出，如果依戴赛所说的一国政府既然负有通过它的法院承认并执行外国法律创设的权利的义务，实际上也就负有适用外国法的义务。英国学者戚希尔原来拥护既得权说，但他后来放弃了这种观点，并转而对它进行批判，他曾说这种学说是为了调和主权原则与适用外国法之间的矛盾，其结果是把国内法理解得过于狭窄。

但必须看到，在国际私法理论的发展史上，既得权说产生过很大影响，戴赛的学说曾得到许多国家法学家的拥护。美国的比尔主持编订的《第一次冲突法重述》（1934 年），就把这个学说作为该书的理论基础。

## 八、库克本地法说

库克于 1942 年出版了《冲突法的逻辑与法律基础》一书，提出并系统论证了“本地法说”。他认为，法院在审理涉外民事案件时总要适用自己的国内法。只是如果该案件中有根据外国法产生的权利，可以把这种权利转化为国内法产生的权利予以承认，即把该外国法“并入”国内法中去。根据这个原则，法院不是使外国法产生的权利具有法律效力，而是使根据本国法产生的权利具有法律效力。这种理论与“国际礼让说”及“既得权说”不同,它主张既不适用外国法,也不承认根据外国法产生的权利,一切按自己的法律,不过使自己的法律与外国的法律十分相似或相同罢了。这实际上是对外国法律采取一概否认的态度。由于他过分夸大了法律的属地性,把国家主权原则与在一定条件下依内国法适用外国法截然对立起来,因此,人们认为他所鼓吹的不过是一种文字游戏,事实上他批评破坏的作用大于正面建设的作用。

但从理论上看,库克确有两个方面的贡献:①彻底批判了“既得权说”,给了它毁灭性的打击;②在研究方法上,主张不要从哲学家或法理学家的逻辑推理中去获取应适用的冲突原则,而应通过考察,总结法院在处理法律冲突时实际上是怎样做的,来得出应适用的规则。他认为某一法律选择之所以正确,并不在于它符合某种“固有的原则”,而在于它代表了过去的司法态度,因而也就可以预示将来应该怎么做。

### 九、柯里政府利益分析说

1963 年柯里教授将以往的一些论文汇编成一本《冲突法论文集》出版,在这些论文中提出了“政府利益分析说”。他认为,解决法律冲突的最好方法,就是对“政府利益”进行分析。他直截了当地把不同国家的法律冲突说成是不同国家的利益冲突,同时他还用“虚假冲突”和“真实冲突”来区分两种不同类型的法律冲突。他发现在现实生活中,绝大多数的冲突法案件都是以“虚假冲突”的形式出现,即在冲突的双方中只有一方有政府利益。所以,在审理涉外案件时,他主张:①如果只有一个国家有合法利益,就应适用这个国家的法律;②如果两个国家有合法利益,而其中一国为法院地国时,则无论如何应适用法院地法,即使外国的利益大于法院地国的利益;③如果两个外国有合法利益,而法院地国家为无利益的第三国时,则可以适用法院地法,也可以适用法院依自由裁量认为应适用的法律。即柯里是赞成尽可能适用法院地法的,而且依这种理论,法院在大多数情况下,也总会认为自己的国家对在案件中适用自己的法律有“合法利益”,这就等于否定冲突法有存在的必要了,动摇了经过几百年发展的国际私法体系。因此,他的学说虽然在美国很有影响,却受到了许多学者的反对。英国学者莫里斯曾指出,柯里“试图抛开法律选择规范的做法,就像要抛出一个自动飞回的飞镖”。

### 十、卡弗斯优先选择原则

卡弗斯于 1933 年在《哈佛大学法学评论》上发表一篇题名《法律选择过程批判》的文章,指责传统的冲突法制度只作“管辖权选择”,而不问所选法律的具体内容是否符合案件的实际情况与公正合理的解决,因而是很难选择到更好的法律的。他主张改变这种只作“管辖权选择”的传统制度,代之以“规则选择”或“结果选择”的方法。他为法律适用的结果提供了两条应遵循的标准:①要对当事人公正;②要符合一定的社会目的。为符合这两条标准,法院在决定是适用本国法还是外国法之前,要考虑三个方面:①要审查诉讼事件和当事人之间的法律关系;②仔细比较适用不同法律可能导致的结果;③衡量这种结果对当事人是否公正以及是否符合社会的公共政策。1965 年,卡弗斯出版了《法律选择程序》一书,提出了七项解决法律冲突案件的“优先选择原则”,完善了他倡导的“公正论”。卡弗斯的这一理论首次提出直接对实体法进行选择的大胆设想,为许多人所接受,但也因其抽象模糊而遭到批评。

### 十一、艾伦茨威格法院地法说

艾伦茨威格通过对冲突法学说史的研究,在分析和考察以往判例的基础上得出结论,即国际私法所赖以建立和发展的基础是优先适用法院地法,而外国法的适用只是一个例外。他认为:

①法律冲突的解决是法院地实体法的解释问题,即可根据对法院地法的解释结果决定应该适用什么法律。②为了防止"挑选法院",还提出了"方便法院"和"适当法院"的理论。③按照他提出的这种国际的和州际的适当法院的司法管辖原则可以防止人们所担心的法院地法的错误适用。艾伦茨威格的理论是本位主义的体现,目的在于扩大法院地法的适用,带有一定的不确定性和不完整性。

## 十二、里斯最密切联系说

目前美国冲突法的理论和实践最有影响,也最有价值的成果是1971年以里斯为报告员出版的《第二次冲突法重述》,它是对美国各种学说的一种折中,一方面力图去反映它们,另一方面又不能完全同意它们,同时在许多矛盾着的学说中,它又不可能完全综合它们。因此,里斯虽然采取了折中的态度,但仍以一种新的面目出现。

里斯以一种比较客观的态度写道,《第二次冲突法重述》"是从一种没有利益要保护的中立法院的角度来写的,它只是寻求适用最恰当的法律。"在这种所谓中立法院的基础上,里斯根据"重力中心地"、"联系聚集地"等观念,提出了一个"最密切联系"或称"最重要关系"的概念,主张法院适用"最密切联系"地的法律,并把这种思想贯穿到了《第二次冲突法重述》之中。

里斯的这种思想从一定意义上讲是美国冲突法学界的共同产物,它从一个较为折中的角度反映了现代美国的冲突法思想,避免了《第一次冲突法重述》那种机械的公式化的法律选择模式。

## 十三、巴迪福协调论

巴迪福是当代法国国际私法的代表人物,他于1956年出版了《国际私法之哲学》一书,提出了冲突法的使命在于尊重各国实体法体系的独立性,其任务是充当不同法律制度的"协调人"。巴迪福反对从各种先验原则出发的演绎方法,主张以系统地考察各种法律为基础,采用经验的、实证的和对比的方法,进行国际协调。其最有影响的代表著作是他和拉加德合著的《国际私法》两卷本,1983年已出至第7版。

## 十四、弗朗西斯卡基斯直接适用的法律

弗朗西斯卡基斯是出生于希腊的著名的国际私法学家,他于1958年用法文发表了《反致理论与国际私法的体系冲突》一文,首次提出了"直接适用的法律"的概念,并在以后的著作中阐述了他的法律直接适用的理论。他认为,随着国家职能的改变及其在经济生活中作用的增加,国家对经济的干预与日俱增。为了使法律在国际经济和民商事交往中更好地维护国家利益和社会经济利益,国家制定了一系列具有强制力的法律规范,用以调整某些特殊的法律关系。这些具有强制力的法律规范在调整涉外民事关系中,可以撇开传统冲突规范的援引,而直接适用于涉外民事法律关系。这种能被直接适用的法律规范,就是"直接适用的法律"。法律直接适用说的问世,给欧洲国际私法理论注入了一股清新的空气,尤其是在方法论上,它引导人们对现代国际法律生活中的一些基本问题进行深思,引起了许多学者对法律直接适用现象的研究,如克格尔称之为"专属规范",德诺瓦提出了"必须适用的法"这一术语,努斯鲍姆认为"空间受调节的规范"这一概念最为恰当,卡弗斯选择了"立法定位法"的叫法,莫里斯则叫做"特殊法律选择条款"。由此可见,该理论还是一种尚待继续研究的学说。

## 配套习题

### 一、单项选择题

1. 在目前从事统一国际私法工作的有影响的国际组织中，最有成效、最富影响的当首推(　)

A. 联合国

B. 海牙国际私法会议

C. 美洲国家国际私法会议

D. 罗马国际统一私法学会

2. 对英国国际私法作出最大贡献，并且以自己的既得权说标志着国际私法新里程碑的英国著名学者为(　)

A. 戴赛　　B. 切希尔

C. 萨维尼　　D. 柯里

3. 国际私法最早起源于下面哪种学说？(　)

A. 法律关系本座说　　B. 本地法说

C. 法则区别说　　D. 国际礼让说

4. 最早提出在契约关系中适用当事人自己选择的法律的学者是(　)

A. 库克　　B. 杜摩兰

C. 巴托鲁斯　　D. 胡伯

5. 美国1971年的《第二次冲突法重述》的报告员是(　)

A. 比尔　　B. 卡弗斯

C. 斯托雷　　D. 里斯

6. 被称为"国际私法之父"的是(　)

A. 巴托鲁斯　　B. 戴赛

C. 萨维尼　　D. 杜摩兰

7. 在历史上，最早以国内立法方式对国际私法作出规定的首推(　)

A.《巴伐利亚法典》　　B. 唐朝《永徽律》

C.《普鲁士法典》　　D.《法国民法典》

8. 里斯主编的《冲突法重述(第二次)》对国际私法的杰出贡献是采纳了(　)(考研中国政法大学2005年)

A. 意思自治原则　　B. 最密切联系说

C. 政府利益分析说　　D. 本地法说

9. 自法则区别说产生以来，最早以当事人的本国法作为属人法的是(　)(考研中国政法大学2005年)

A. 巴伐利亚法典　　B. 普鲁士法典

C. 法国民法典　　D. 德国民法典

### 二、多项选择题

1. 以下各项哪些属于胡伯提出的三原则？(　)

A. 每个主权国家的法律必须在其境内行使，但在境外则无效

B. 主权国家出于礼让，应让另一国家已在本国内有效实施的法律在内国境内保持其效力，只要这样做并不损害本国的利益

C. 只有具有一国国籍的人，才可以视为该主权者的臣民

D. 凡居住在一国境内的人，都可视为该主权者的臣民

2. 以下各项属于意大利法则区别说的内容的是(　)

A. 主张从法则本身的性质入手，把所有的"法则"分为"物的法则"、"人的法则"和"混合法则"

B. "物的法则"是属地的，其适用只能而且必须及于制定者领土之内的物

C. "人的法则"是属人的，它不但应用于制定者管辖领土内的属民，而且在它的属民到了别的主权者管辖领土内时，也应适用

D. "混合法则"是涉及行为的法则，适用于在法则制定者领土内订立的契约，是既涉及人又涉及物的

3. 以下有关政府利益分析说的说法中，正确的有(　)

A. 政府利益分析说是里斯创立的

B. 政府利益分析说将法律冲突分为"虚假冲突"和"真实冲突"两类

C. 冲突法的核心问题实际上就在于如何调和或解决不同州之间的利益冲突

D. 政府利益分析说主张通过分析政府利益来解决法律冲突

4. 关于直接适用的法，下面说法正确的是

（ ）

A. 直接适用的法需要冲突规范的指引

B. 直接适用的法不需要冲突规范的指引

C. 是由弗朗西斯卡基斯首次提出的

D. 直接适用的法是一系列具有强制力的法律规范

## 三、名词解释

1. 法律关系本座说（考研中南财经政法大学2003年、西北政法学院2000年）

2. 海牙国际私法会议（考研中南财经政法大学2003年、武汉大学2002年）

3. Saviny（考研武汉大学2002年）

4. 卡弗斯的优先选择原则说（考研中国政法大学2005年）

## 四、简答题

1. 简评国际礼让说。（考研中国政法大学2000年）

2. 简述本地法说的思想基础。（考研中国政法大学2001年）

# 参考答案

## 一、单项选择题

1. 答案：B

提示：本题考查的是统一国际私法的国际组织

解析：国际私法的统一化，是指国际组织、区域性国际组织统一制定国际私法规范，包括冲突规范、法院管辖权规范和关于法院判决的承认与执行规范等法律规范的活动。19世纪末，出现了一些统一国际私法规范的国际组织，其中，最有影响的是海牙国际私法会议。海牙国际私法会议是设立在海牙的政府间国际组织。我国于1987年成为该组织的成员国。到目前为止，海牙国际私法会议已通过了近40个国际私法公约，受到各国政府和学术界的普遍重视。因此，B项正确。

2. 答案：A

提示：本题考查的是既得权理论

解析：戴赛是英国牛津大学的法学教授，他在1896年出版的《法律冲突法》一书中，提出了著名的“既得权说”。这种理论的核心是，英国法院从不执行外国法，如果说有时执行外国法，那么所执行的不是外国法本身，而是依据外国法所取得的权利。在国际私法理论的发展史上，既得权说产生过很大影响，戴赛的学说曾得到许多国家法学家的拥护。美国的比尔主持编订的《第一次冲突法重述》（1934年），就把这个学说作为该书的理论基础。因此，A项正确。

3. 答案：C

提示：本题考查的是国际私法最早的理论学说

解析：现代意义上的国际私法开始于13世纪的“法则区别说”，其代表人物是巴托鲁斯。他主张从法则本身的性质入手，把所有的“法则”分为“物的法则”、“人的法则”和“混合法则”三类，分别适用于不同种类的法律冲突。因此，C项正确。

4. 答案：B

提示：本题考查的是法国的法则区别说

解析：杜摩兰是法国的法则区别说的突出代表。他在《巴黎习惯法评述》一书中，首先提出了“意思自治”原则。他认为，在契约关系中，应该适用当事人自主选择的习惯法，即使当事人于契约中未作明示的选择，法院应推定其默示的意思，以确定应当适用的法律，即根据整个案情的各种迹象来判断双方当事人意思之所在。所以，B项正确。

5. 答案：D

提示：本题考查的是美国《第二次冲突法重述》

解析：目前，在美国冲突法的理论和实践中，最有影响，也最有价值的成果是1971年以里斯为报告员出版的《第二次冲突法重述》，《第二次冲突法重述》对国际私法的杰出贡献是确立了最密切联系原则。因此，D项正确。

6. 答案：A

提示：本题考查的是法则区别说和巴托鲁斯

解析：参见本章“重点知识讲解”中“意大利法则区别说”的相关内容。

7. 答案：B

提示：本题考查的是最早以国内立法方式对国际私法作出规定的法律

解析：唐朝《永徽律》规定，诸化外人同类自相犯者各依本族法，异类相犯者以法律论。这是最早的国际私法成文法。所以，B 项正确。

8. 答案：B

提示：本题考查的是里斯主编的《冲突法重述（第二次）》

解析：目前美国冲突法的理论和实践中最有影响，也最有价值的成果是 1971 年以里斯为报告员出版的《第二次冲突法重述》，《第二次冲突法重述》对国际私法的杰出贡献是确立了最密切联系原则。因此，B 项正确。

9. 答案：C

提示：本题考查的是最早以当事人的本国法作为属人法的法典

解析：最早以当事人的本国法作为属人法的是 1804 年《法国民法典》。它有如下三个特点：①在属人法方面，把自“法则区别说”以来一直在欧洲实行的住所地法改为国籍国法；②采取单边冲突规范规定什么问题适用法国法；③采取在规定实体民法规范的同时，附带规定相关的冲突规范的立法方式。因此，C 项正确。

## 二、多项选择题

1. 答案：ABD

提示：本题考查的是胡伯提出的国际礼让说

解析：参见本章“重点知识讲解”中“荷兰法则区别说”相关内容。

2. 答案：ABCD

提示：本题考查的是意大利法则区别说的内容

解析：参见本章“重点内容讲解”中“意大利法则区别说”的相关内容。

3. 答案：BCD

提示：本题考查的是政府利益分析说

解析：参见本章“重点知识讲解”中“柯里政府利益分析说”的相关内容。

4. 答案：BCD

提示：本题考查的是直接适用的法

解析：参见本章“重点知识讲解”中“弗朗西斯卡基斯直接适用的法律”的相关内容。

## 三、名词解释

1. 提示：参见本章“重点知识讲解”中“德国学派萨维尼”的相关内容，从法律关系本座说的提出、内容和例外等来回答

2. 提示：应从海牙国际私法会议的性质、发展阶段、对国际私法统一化的贡献等方面来答

答案：海牙国际私法会议是国际间以统一各国冲突法为主要宗旨的政府间组织。海牙国际私法会议的发展经历了两个阶段：①从 1893 年第一届海牙国际私法会议的召开到 1951 年第七届海牙国际私法会议通过《海牙国际私法会议规约》，这一时期的海牙国际私法会议实际上只是一种临时性的国际会议，而不是国际组织。②自《海牙国际私法会议规约》生效起至今，海牙国际私法会议是指设立在海牙的政府间国际组织。我国于 1987 年成为该组织的成员国。到目前为止，海牙国际私法会议已通过了近 40 个国际私法公约，受到各国政府和学术界的普遍重视。

3. 提示：参见本章“重点知识讲解”中“德国学派萨维尼”的相关内容，从萨维尼的学说内容和学说地位等方面来回答

4. 提示：参见本章“重点知识讲解”中“卡弗斯优先选择原则”的相关内容，从优先选择原则说的含义、标准、考虑因素和对该学说的评价等方面来回答

## 四、简答题

1. 提示：参见本章“重点知识讲解”中“荷兰法则区别说”的相关内容，从国际礼让说的创立者、主要内容和评价等方面来回答

2. 提示：参见本章“重点知识讲解”中“库克本地法说”的相关内容，从本地法说的创立者、学说的内容、评价等方面来回答

# 第三章 国际私法的主体

## 内容提示

国际私法的主体一章对涉外民商事关系中享受权利承担义务的法律人格者——自然人、法人、国家、国际组织进行阐述。通过本章学习，理解自然人国籍冲突和住所冲突的产生以及解决方法；掌握法人国籍、住所及营业所的确定标准；了解国家和国际组织在国际民商事交往中的特殊地位。

## 基础知识图解

### 一、自然人

<table>
<tr><td rowspan="7">自然人</td><td rowspan="7">自然人国籍</td><td>概念</td><td colspan="3">国籍是指一个人作为特定国家的成员而隶属于该国的法律资格，区分某一自然人作为内国人或外国人的根本标志</td></tr>
<tr><td>意义</td><td colspan="3">主要包括：①判断某一民事关系是否构成涉外民事关系的标准之一；②确定自然人民事法律地位的重要依据之一；③确定自然人属人法的主要依据之一；④确定涉外民事管辖权的依据之一</td></tr>
<tr><td>确定国籍标准</td><td colspan="3">(1)出生取得：①血统主义，凡本国人所生子女无论其出生在何地都具有本国国籍；②出生地主义，凡在本国领土内出生的人无论其父母如何国籍如何均取得本国国籍；③合并主义即将血统主义与出生地主义结合，或以血统主义为主兼采出生地主义，或以出生地主义为主兼采血统主义<br>(2)传来取得：①外国妇女与本国男子结婚；②外国儿童被本国人收养<br>(3)国籍丧失：①本国妇女与外国男子结婚；②本国儿童被外国人收养</td></tr>
<tr><td rowspan="4">国籍冲突及其解决</td><td rowspan="2">国籍积极冲突</td><td>概念</td><td>一个自然人同时具有两个或两个以上国家的国籍，包括：①自然人同时取得两个或两个以上国家的国籍；②自然人先后取得两个或两个以上国家的国籍</td></tr>
<tr><td>解决方法</td><td>(1)当事人具有两个或两个以上国家的国籍有一个是内国国籍，则国际上通行的做法是内国国籍优先，即内国只承认当事人内国国籍，对其外国国籍不予考虑<br>(2)当事人所具有的两个以上的国籍都是外国国籍，在这种情况下又有几种不同的解决方法：①最后取得的国籍优先；②当事人惯常居所或住所地国籍优先；③与当事人关系最密切国家国籍(或实际国籍)优先</td></tr>
<tr><td rowspan="2">国籍消极冲突</td><td>概念</td><td>一个自然人不具有任何国家的国籍，包括：①自然人出生时即未能取得任何国家的国籍；②自然人原始国籍丧失后未能取得新的国籍</td></tr>
<tr><td>解决方法</td><td>当事人无国籍时，视其具有住所地国国籍，以其住所地法为其本国法；没有住所或住所不能确定，视其具有居所地国国籍，以其居所地法为其本国法</td></tr>
</table>

<table>
<tr><td rowspan="9">自然人</td><td>自然人国籍</td><td>我国规定</td><td colspan="3">(1)父母双方或一方为中国公民且本人出生在中国的具有中国国籍,父母双方或一方为中国公民且本人出生在外国具有中国国籍,但父母双方或一方为中国公民并定居在外国,本人出生时即具有外国国籍的不具有中国国籍,父母无国籍或国籍不明且定居在中国,本人出生在中国的具有中国国籍<br>(2)无国籍人的民事行为能力一般适用其定居国法律,如未定居的适用其住所地国法律<br>(3)有双重或多重国籍的外国人,以其有住所或者与其有最密切联系国家的法律为其本国法</td></tr>
<tr><td rowspan="7">自然人住所</td><td>概念</td><td colspan="3">住所即一个人具有久居意思的事实上居住的地方,包括两方面的因素:①客观因素,即当事人必须在某地有居住的事实;②主观因素,即当事人必须有在该地永久居住的意思</td></tr>
<tr><td>种类</td><td colspan="3">(1)按取得住所的时间可以分为:①现在住所,当事人自己选择或依法律规定取得现在拥有的住所;②最后住所,当事人现在或原有住所中最后取得的住所;③旧时住所,当事人过去拥有的住所;④当时住所,某种法律关系成立时当事人的住所<br>(2)按取得住所的原因可以分为:①原始住所,自然人因出生而取得的住所,一般为其父或母的住所;②选择住所,自然人按照自己的意愿选择取得的住所;③法定住所,依法律规定直接取得的住所</td></tr>
<tr><td rowspan="4">住所冲突及其解决</td><td rowspan="2">住所积极冲突</td><td>概念</td><td>一个人同时在两个或两个以上国家有住所</td></tr>
<tr><td>解决方法</td><td>(1)当事人在内国或外国都有住所时,国际上通行内国住所优先,即内国对当事人在外国的住所不予考虑<br>(2)当事人在内国无住所而在两个以上外国有住所时,一般按照以下原则处理:①如果当事人获得外国住所的时间不同则最后取得的住所优先,即以当事人最后取得的住所为其住所;②如果当事人获得外国住所的时间相同,则依最密切联系原则,以与当事人联系最密切的住所为其住所</td></tr>
<tr><td rowspan="2">住所消极冲突</td><td>概念</td><td>一个人在任何国家都没有住所</td></tr>
<tr><td>解决方法</td><td>当事人无住所或住所不能确定时,应以当事人的惯常居所或居所代替其住所</td></tr>
<tr><td>我国规定</td><td colspan="3">(1)公民以他的户籍所在地的居住地为住所,经常居住地与住所不一致的,经常居住地视为住所,公民经常居住地即公民离开住所地至起诉时已连续居住一年以上的地方<br>(2)当事人住所不明或不能确定的以其经常居住地为住所;当事人有几个住所的,以与产生纠纷的民事关系有最密切联系的住所为住所</td></tr>
<tr><td>公约</td><td colspan="4">1955年《解决本国法和住所地法冲突的公约》,该公约规定如果当事人的住所地国规定适用当事人本国法,而其本国法规定适用住所地法时,凡缔约国均应适用住所地国国内法</td></tr>
</table>

## 二、法人

<table>
<tr><td rowspan="2">法人</td><td rowspan="2">法人的国籍</td><td>概念</td><td>法人隶属于某国的法律资格,区分内国法人与外国法人的根本标志,确定法人民事法律地位和适用法人属人法的主要依据</td></tr>
<tr><td>确定标准</td><td>(1)登记地说,主张依法人章程登记地决定法人的国籍<br>(2)住所地说,依法人开展活动的住所所在地决定<br>(3)资本实际控制说,法人的资本实际上被哪个国家公民所控制,用来为哪个国家的利益服务,该法人就具有那个国家的国籍</td></tr>
</table>

<table>
<tr><td rowspan="13">法人</td><td rowspan="3">法人的国籍</td><td colspan="2">确定标准</td><td>(4)准据法说,法人都是依特定国家的法律规定并经该国许可成立,故法人依哪个国家的法律设立就取得哪个国家的国籍<br>(5)复合标准说,将两种或两种以上的标准结合起来确定法人的国籍</td></tr>
<tr><td colspan="2">国籍冲突解决</td><td>与自然人国籍冲突不同,法人的国籍冲突仅表现为国籍的积极冲突;当法人同时具有两个或两个以上国家的国籍时各国通常只按照本国采用的标准判定该法人究竟是哪个国家的法人</td></tr>
<tr><td colspan="2">我国规定</td><td>(1)中国内国法人的国籍:即在中国境内设立的中外合资经营企业、中外合作经营企业、外资企业,具备法人条件的,依法经工商行政管理机关核准登记,取得中国法人资格<br>(2)外国法人国籍:外国公司是依照外国法律在中国境外设立的公司,其可以在中国设立分支机构,但外国公司在中国境内的分支机构不具有中国法人资格,外国法人以其注册登记地国家的法律为其本国法</td></tr>
<tr><td rowspan="4">法人住所</td><td colspan="2">概念</td><td>法人的住所即法人开展活动的中心,在国际私法中具有重要意义:①确定法人国籍的标志之一;②适用法人属人法的标志之一;③确定司法管辖权的重要因素</td></tr>
<tr><td colspan="2">确定标准</td><td>(1)主事务所所在地或管理中心所在地说,理由是法人主事务所是法人的首脑机构,决定法人活动的大政方针并监督实施<br>(2)营业中心所在地说,理由是成立法人目的是为了营业获利,此目的只有在法人的营业中心才能实现,并且营业地作为住所地最能反映法人与特定地域的真实联系<br>(3)依章程之规定说,理由是法人登记成立时一般都在其章程中规定住所</td></tr>
<tr><td colspan="2">冲突解决</td><td>各国一般依内国标准解决法人住所的冲突,即每个国家都只依本国确定法人住所的标准来判定法人的住所,包括两方面的含义:①任何法人只要依内国确定法人住所的标准在内国有住所,内国便确认其在内国的住所,而对依外国法取得的住所不予考虑;②法人在内国无住所,而在两个以上外国有住所时,内国仍然依据自己的标准来判定住所在哪个国家</td></tr>
<tr><td colspan="2">我国规定</td><td>我国以法人的主要办事机构所在地为其住所</td></tr>
<tr><td rowspan="3">法人营业所</td><td colspan="2">概念</td><td>法人从事经营活动的场所</td></tr>
<tr><td colspan="2">冲突</td><td>(1)积极冲突,即法人拥有两个以上营业所<br>(2)消极冲突,即法人没有设立营业所</td></tr>
<tr><td colspan="2">我国规定</td><td>当事人拥有两个以上营业所的,应以与产生纠纷的民事关系有最密切联系的营业所为准;当事人没有营业所的,以其住所或者惯常居住地为准</td></tr>
<tr><td rowspan="3">外国法人的认可</td><td colspan="2">概念</td><td>即内国在法律上承认外国法人的主体资格,并允许其在内国许可的范围内进行民事活动,包括对外国法人主体资格的认可和对外国法人活动范围的认可</td></tr>
<tr><td rowspan="2">外国法人主体资格的认可</td><td>概念</td><td>内国依据一定方式承认外国法人在内国具有民事主体资格,允许其在内国开展民事活动,享受民事权利承担民事义务</td></tr>
<tr><td>认可方式</td><td>(1)特别认可,内国采取特别批准程序予以认可<br>(2)一般认可,即在外国有效成立的外国法人,无论属于何种性质,一般都被认为具有法律人格,可以在内国成为权利主体<br>(3)相互认可,两个或两个以上的国家根据其所缔结的条约,分别在各自领域内相互承认对方国家法人的民事主体资格<br>(4)分别认可,即内国针对不同性质的外国法人,分别采取不同的认可方式</td></tr>
</table>

<table>
<tr><td rowspan="3">法人</td><td rowspan="3">外国法人的认可</td><td rowspan="3">外国法人活动范围的认可</td><td>概念</td><td>内国通过法律规定以确定外国法人在内国所具有的权利能力和行为能力的范围</td></tr>
<tr><td rowspan="2">认可方式</td><td>(1)直接认可,即在内国立法中明确规定外国法人在内国可以从事哪些民事活动或不得从事哪些民事活动</td></tr>
<tr><td>(2)间接认可,即在内国立法中一般性地规定外国法人享有与内国同类法人相同的权利能力和行为能力,从而决定外国法人在内国的活动范围</td></tr>
</table>

## 三、国家

<table>
<tr><td rowspan="5">国家</td><td>特殊性</td><td colspan="2">(1)名义上,由国家委派的行政机关或政府官员为代表以国家名义进行国际民事活动,活动结果由国家承受<br>(2)责任上,国家参与涉外民事活动以国库来承担民事财产责任<br>(3)地位上,作为涉外民事关系的一方当事人,与对方当事人应平等交往,但仍然享有作为主权者所拥有的特权</td></tr>
<tr><td rowspan="4">国家及其财产豁免权</td><td>含义</td><td>国家及其财产豁免权指在国际民事交往中,一个国家及财产享有不受其他国家管辖与执行措施的权利</td></tr>
<tr><td>内容</td><td>(1)司法管辖豁免,除非一个国家明示同意,其他国家不得受理以该国家为被告的或者以该国家的财产为标的的诉讼<br>(2)诉讼程序豁免,在一个国家放弃司法管辖豁免,主动向其他国家的法院起诉或自愿应诉的情况下,其他国家法院未经该国同意,不得对该国或其财产采取诉讼程序上的强制措施<br>(3)强制执行豁免,即使一个国家主动向其他国家法院起诉或自愿应诉,其他国家法院未经该国同意不得依其判决对该国财产采取强制执行措施</td></tr>
<tr><td>理论及实践</td><td>(1)绝对豁免主义,凡国家的行为和国家的财产,无论其性质如何,在其他国家都当然地享有豁免权,仅国家明示放弃者除外<br>(2)限制豁免主义,亦称职能豁免主义,把国家行为划分为主权行为和非主权行为或者公法行为与私法行为,并主张对国家的主权行为或公法行为给予豁免,而对国家的非主权行为或私法行为不给予豁免<br>(3)废除豁免主义,对绝对豁免和限制豁免都持否定态度,主张加快国内立法和国际立法的步伐,以完全废除国家及其财产的豁免权<br>(4)平等豁免主义,既不承认绝对豁免也反对国家武断地对其他国家的豁免权加以限制,主张从国际民事交往的实际需要出发,在平等基础上对豁免权实行自我限制或自动放弃</td></tr>
<tr><td>中国立场</td><td>我国主张国家之间应当相互承认和尊重对方国家的豁免权,如果外国国家无理地拒绝承认我国享有的豁免权,我国将按照对等原则对该外国采取相应的法律报复措施。我国在外国法院出庭主张豁免的抗辩不得视为接受外国法院管辖</td></tr>
</table>

## 四、国际组织

<table>
<tr><td>国际组织</td><td>种类</td><td>(1)政府间国际组织,国家之间为了实现特定目的,依共同缔结的条约设立的常设性机构,具有独立的国际法律人格<br>(2)非政府间国际组织,由私人或民间社团设立的国际机构,不具有国际法律人格,通常依所在国法律申请成为所在地法人</td></tr>
</table>

| 国际组织 | 政府间国际组织的特殊性 | (1)依国际协议派生出来的主体,国际组织由若干成员为实现特定目的而创设的法律人格,其主体资格来源于有关的国家协议<br>(2)只能在有限范围内进行民事活动,国际组织可以进行哪些民事活动,应由有关国际协议加以规定<br>(3)不受任何国家管辖的独立主体,其一经成立即保持自己的独立性,不隶属于任何国家 |
|---|---|---|
| | 特权与豁免 | 国际组织在国际民事交往中的特权与豁免主要有:①国际组织及其财产享受司法管辖与执行豁免;②国际组织的会所、公文档案不受侵犯;③国际组织的财产和资产免受搜查、征用、没收、侵夺和其他任何形式的干涉等 |

## 配套习题

### 一、单项选择题

1. 我国对外国法人常驻代表机构的认可方式上采取的是( )

A. 一般认可　　B. 概括认可

C. 特别认可　　D. 分类认可

2. 依我国法律规定,当事人有几个住所的,其住所为( )

A. 户籍所在地

B. 与产生民事关系有最密切联系的住所

C. 以最后取得的住所为住所

D. 经常居住地

3. 依据我国法律规定,法人的住所是( )

A. 营业中心所在地

B. 法人的成立地

C. 主要办事机构所在地

D. 依其章程规定

4. 根据我国法律,当事人经常居住地与住所不一致的( )

A. 以与产生纠纷的民事关系有最密切联系的住所为住所

B. 以户籍所在地为住所

C. 以最后取得的住所为住所

D. 以经常居住地为住所

5. 根据我国最高人民法院司法解释,外国法人的本国法是指( )

A. 住所地所在国法

B. 营业地所在国法

C. 注册登记地国法

D. 主要办事机构所在地国法

6. 依据我国现行法,对于外国法人国籍的确定,采取( )

A. 准据法说　　B. 住所地说

C. 登记地说　　D. 复合标准说

7. 根据我国法律,当事人的住所不明或者不能确定的,以其( )为住所

A. 以与产生纠纷的民事关系有最密切联系的住所为住所

B. 经常居住地

C. 以最后取得的住所为住所

D. 由当事人自行选定

8. 依照我国有关司法解释,法人的民事行为能力依其本国法确定。某一外国法人到中国从事商业活动,应以( )为其本国法(律考 2000 年卷一,单选第 26 题)

A. 主要营业地国的法律

B. 主要管理地国的法律

C. 注册登记地国的法律

D. 资本控制国的法律

9. 中国人姜某(女)与甲国人惠特尼婚后在甲国定居,后姜某在甲国生下一女。根据我国《国籍法》,下列选项正确的是( )(司考 2007 年卷一,单选第 30 题)

A. 如姜某之女出生时未获其他国家国籍,可以获得中国国籍

B. 姜某之女一出生就无条件获得中国国籍

C. 如姜某之女出生时已获得甲国国籍,她也可以同时获得中国国籍

D. 姜某之女出生地在甲国，因而不能获得中国国籍

## 二、多项选择题

1. 根据我国有关的司法解释，有双重或多重国籍的外国人，其本国法的确定标准可以是（　）

A. 最密切联系地　　B. 住所地

C. 惯常居所地　　D. 营业地

2. 以下关于国家及其财产豁免权的说法，正确的有（　）

A. 平等豁免主义主张加快国内立法和国际立法的步伐，以完全废除国家及其财产的豁免权

B. 废除豁免主义，对绝对豁免和限制豁免都持否定态度

C. 限制豁免主义主张把国家行为划分为主权行为和非主权行为，对国家的主权行为给予豁免，而对国家的非主权行为则不给予豁免

D. 绝对豁免主义是指凡国家的行为和国家的财产在其他国家都当然地享有豁免权

3. 在当事人所具有两个或两个以上的国籍均为外国国籍时，各国解决国籍积极冲突的做法有以下哪些？（　）（律考2000年卷一，多选第69题）

A. 以当事人最先取得的国籍为准

B. 以当事人最后取得的国籍为准

C. 以当事人住所或惯常居所所在国国籍为准

D. 以与当事人有最密切联系的国籍为准

4. 以下关于国家及其财产豁免权的说法中，正确的有（　）

A. 国家及其财产豁免权指在国际民事交往中，一个国家及财产享有不受其他国家管辖与执行措施的权利

B. 其内容包括司法管辖豁免、诉讼程序豁免和强制执行豁免

C. 司法管辖豁免是指除非一个国家明示同意，其他国家不得受理以该国家为被告的或者以该国家的财产为标的的诉讼

D. 如果一个国家放弃了司法管辖豁免，其他国家法院就可以对该国的财产采取诉讼程序上的强制措施

5. 以下关于我国对当事人住所的说法，正确的有（　）

A. 公民以他的户籍所在地的居住地为住所

B. 经常居住地与住所不一致的，经常居住地视为住所

C. 公民经常居住地即公民离开住所地至起诉时已连续居住6个月以上的地方

D. 当事人住所不明或不能确定的，以其最后居住地为住所

## 三、简答题

1. 简述我国有关出生取得国籍的规定。

2. 简述自然人住所的作用。（考研中国政法大学2004年）

## 四、论述题

属人法的含义以及发展趋势。（考研中国政法大学2003年国际私法专业复试题）

# 参考答案

## 一、单项选择题

1. 答案：C

提示：本题考查的是我国对外国法人常驻代表机构的认可方式

解析：外国法人主体资格的认可，是指内国依据一定方式承认外国法人在内国具有民事主体资格，允许其在内国开展民事活动，享受民事权利承担民事义务。现在世界各国对外国法人的认可程序一般有以下四种：①特别认可，内国采取特别批准程序予以认可；②一般认可，即在外国有效成立的外国法人，无论属于何种性质，一般都被认为具有法律人格，可以在内国成为权利主体；③相互认可，两个或两个以上的国家根据其所缔结的条约，分别在各自领域内相互承认对方国家法人的民事主体资格；④分别认可，即内国针对不同性质的外国法人，分别

采取不同的认可方式。我国《国务院关于管理外国企业常驻代表机构的暂行规定》第2条规定:“外国企业确有需要在中国设立常驻代表机构的,必须提出申请,经过批准,办理登记手续。未经批准、登记的,不得开展常驻业务活动。”并且根据《外国投资管理委员会关于执行〈国务院关于管理外国企业常驻代表机构的暂行规定〉中若干问题的说明》第2条:“‘未经批准、登记的,不得开展常驻业务活动’是指未经批准、登记的,不得以常驻机构人员的身份从事业务活动;并不准在住处设置外国公司、企业等任何标志。未经批准登记设立常驻代表机构,擅自以常驻机构人员的身份进行业务活动的,由工商行政管理部门通知其撤销机构并立即停止业务活动。”由此可见,我国规定外国法人在中国设立常驻代表机构都需要我国有关机关部门的批准登记,我国采取的是特别认可程序。因此,C项正确。

2. **答案**:B

**提示**:本题考查的是当事人的住所

**解析**:《民法通则》第15条规定:“公民以他的户籍所在地的居住地为住所,经常居住地与住所不一致的,经常居住地视为住所。”最高人民法院《关于贯彻执行〈中华人民共和国民法通则〉若干问题的意见(试行)》(以下简称《民通意见》)第183条规定:“当事人的住所不明或者不能确定的,以其经常居住地为住所。当事人有几个住所的,以与产生纠纷的民事关系有最密切联系的住所为住所。”可见,当事人有几个住所的,以与产生纠纷的民事关系有最密切联系的住所为住所。所以,B项正确。

3. **答案**:C

**提示**:本题考查的是法人的住所

**解析**:《民法通则》第39条:“法人以它的主要办事机构所在地为住所。”因此,C项正确。

4. **答案**:D

**提示**:本题考查的是当事人的住所

**解析**:《民法通则》第15条规定:“公民以他的户籍所在地的居住地为住所,经常居住地与住所不一致的,经常居住地视为住所。”《民通意见》第9条规定:“公民离开住所地最后连续居住一年以上的地方,为经常居住地。但住医院治病的除外。公民由其户籍所在地迁出后至迁入另一地之前,无经常居住地的,仍以其原户籍所在地为住所。”可见,如果当事人的经常居住地与住所不一致的,经常居住地视为住所,D项正确。

5. **答案**:C

**提示**:本题考查的是外国法人国籍的确定

**解析**:我国《民通意见》第184条第1款规定:“外国法人以其注册登记地国家的法律为其本国法,法人的民事行为能力依其本国法确定。”可见,我国在外国法人的国籍确定问题上,采用的是法人登记地原则,C项正确。

6. **答案**:C

**提示**:本题考查的是外国法人国籍的确定

**解析**:外国法人国籍的确定,各国一般采用如下几种标准:①登记地说,主张依法人章程登记地决定法人的国籍;②住所地说,依法人开展活动的住所所在地决定;③资本实际控制说,法人的资本实际上被哪个国家公民所控制,用来为哪个国家的利益服务,该法人就具有那个国家的国籍;④准据法说,法人都是依特定国家的法律规定并经该国许可成立,故法人依哪个国家的法律设立就取得哪个国家的国籍;⑤复合标准说,将两种或两种以上的标准结合起来确定法人的国籍。我国《民通意见》第184条第1款规定:“外国法人以其注册登记地国家的法律为其本国法,法人的民事行为能力依其本国法确定。”可见,我国在外国法人的国籍确定问题上,采用的是法人登记地原则,C项正确。

7. **答案**:B

**提示**:本题考查的是当事人的住所不明时的住所确定方法

**解析**:《民通意见》第183条规定:“当事人的住所不明或者不能确定的,以其经常居住地为住所。当事人有几个住所的,以与产生纠纷的民事关系有最密切联系的住所为住所。”《民通意见》第9条规定:“公民离开住所地最后连续居住一年以上的地方,为经常居住地。但住医院治病的除外。”所以,B项正确。

8. **答案**:C

**提示**:本题考查的是法人国籍的确定标准

**解析**:我国《民通意见》第184条第1款规定:“外国法人以其注册登记地国家的法律为其本国法,法人的民事行为能力依其本国法确定。”所以,外国法人到中国从事商业活动,应以注册登记地国的法律为其本国法,C项正确。

9. **答案**:A

**提示**:本题考查的是自然人的国籍取得

**解析**:《中华人民共和国国籍法》第3条规定:

"中华人民共和国不承认中国公民具有双重国籍。"第5条规定:"父母双方或一方为中国公民,本人出生在外国,具有中国国籍;但父母双方或一方为中国公民并定居在外国,本人出生时即具有外国国籍的,不具有中国国籍。"因此,A项正确,B、C、D项均不正确。

## 二、多项选择题

1. **答案**:AB

**提示**:本题考查的是外国人国籍积极冲突的解决

**解析**:《民通意见》第182条规定:"有双重或多重国籍的外国人,以其有住所或者与其有最密切联系的国家的法律为其本国法。"因此,A、B项正确。

2. **答案**:BCD

**提示**:本题考查的是国家及其财产豁免理论

**解析**:关于国家及其财产豁免权的问题,在理论和实践中出现以下不同的主张:①绝对豁免主义,凡国家的行为和国家的财产,无论其性质如何,在其他国家都当然地享有豁免权,仅国家明示放弃者除外,D项正确。②限制豁免主义,亦职能豁免主义,把国家行为划分为主权行为和非主权行为或者公法行为与私法行为,并主张对国家的主权行为或公法行为给予豁免,而对国家的非主权行为或私法行为不给予豁免,C项正确。③废除豁免主义,对绝对豁免和限制豁免都持否定态度,主张加快国内立法和国际立法的步伐,以完全废除国家及其财产的豁免权,B项正确。④平等豁免主义,既不承认绝对豁免也反对国家武断地对其他国家的豁免权加以限制,主张从国际民事交往的实际需要出发,在平等基础上对豁免权实行自我限制或自动放弃。所以,A项的主张其实是废除豁免主义的主张,不正确。

3. **答案**:BCD

**提示**:本题考查的是各国对国籍积极冲突的解决

**解析**:国籍,是指一个人作为特定国家的成员而隶属于该国的法律资格,是区分某一自然人作为内国人或外国人的根本标志。由于不同国家对自然人取得国籍的方式有不同的规定,因而就会导致一个自然人具有双重或多重国籍,这就产生国籍的积极冲突。国际私法中,当事人所具有的两个以上的国籍都是外国国籍时,在这种情况下又有几种不同的解决方法。各国采用以下的解决方法:①最后取得的国籍优先;②当事人惯常居所或住所地国的国籍优先;③与当事人关系最密切的国家的国籍(或实际国籍)优先。所以,B、C、D项正确。

4. **答案**:ABC

**提示**:本题考查的是国家及其财产豁免权

**解析**:国家及其财产豁免权指在国际民事交往中,一个国家及财产享有不受其他国家管辖与执行措施的权利。A项正确。国家及其财产豁免权具体包括以下内容:①司法管辖豁免,除非一个国家明示同意,其他国家不得受理以该国家为被告的或者以该国家的财产为标的的诉讼;C项正确。②诉讼程序豁免,在一个国家放弃司法管辖豁免,主动向其他国家的法院起诉或自愿应诉的情况下,其他国家法院未经该国同意,不得对该国或其财产采取诉讼程序上的强制措施,D项不正确。③强制执行豁免,即使一个国家主动向其他国家法院起诉或自愿应诉,其他国家法院未经该国同意不得依其判决对该国财产采取强制执行措施。故B项正确。

5. **答案**:AB

**提示**:本题考查的是我国法律对当事人住所的规定

**解析**:根据《民法通则》第15条规定:"公民以他的户籍所在地的居住地为住所,经常居住地与住所不一致的,经常居住地视为住所。"因此,A、B项正确。《民通意见》第9条规定:"公民离开住所地最后连续居住1年以上的地方,为经常居住地。但住医院治病的除外。公民由其户籍所在地迁出后至迁入另一地之前,无经常居住地的,仍以其原户籍所在地为住所。"可见,C项中的6个月的说法不正确。《民通意见》第183条规定:"当事人的住所不明或者不能确定的,以其经常居住地为住所。当事人有几个住所的,以与产生纠纷的民事关系有最密切联系的住所为住所。"因此,D项不正确。

## 三、简答题

1. **提示**:参见本章"基础知识图解"中"自然人国籍"相关内容,应从国籍的含义、我国对国籍的出生取得的规定等方面来回答

2. **提示**:应从住所的概念和作用两方面来回答

**答案**:(1)住所即一个人具有久居意思的事实上居住的地方,包括两方面的因素:①客观因素,即当事人必须在某地有居住的事实;②主观因素,即当事人必须有在该地永久居住的意思。

(2)住所的作用。①住所用来判断涉外民事关系中主体是否具有涉外性;②在属人法方面,住所是一个重要的连结点,世界上不少国家都以住所为标志来确定自然人或法人的属人法;③在确定自然人或法人的国籍时,采取住所地说的国家都是以住所为标志来确定当事人的国籍;④在国际民事管辖权方面,大多数国家都承认被告住所地法院对涉外民事案件的管辖权,因此,住所是确定司法管辖权的重要因素。

## 四、论述题

**提示**:应从属人法的概念、自然人属人法的起源、变化、发展趋势和法人属人法的发展几方面来回答

**答案**:(1)属人法,是指关于人的身份和能力所适用的法律,亦即关于人的身份和能力的准据法。国际私法中的身份,是指一个人与民事法律规定的权利与义务有直接联系的法律地位,主要是婚姻关系和亲子关系;能力是指一个人在民事法律上享有权利、履行义务和承担责任的资格,即民事权利能力和民事行为能力。

(2)自然人属人法。国籍和住所是自然人属人法的两个基本连结点。以自然人国籍所属国为连结点的属人法习惯性地被称为当事人的本国法,以自然人住所为连结点的属人法习惯性地被称为当事人的住所地法。

(3)自然人属人法的起源、变化。①自然人属人法起源于14世纪意大利法则区别说的"人法",其原意是指人的住所地所属的法律体系具有属人的性质,即具有追随人之所至的效力,即使他越出国界,仍应适用该住所的法律。因此,最初的属人法实际上是指人的住所地法。②19世纪初,一方面,1804年《法国民法典》用国籍取代了人的住所地作为属人法的连结因素,决定性地改变了属人法。另一方面,以英美为代表的普通法系国家仍坚持以当事人的住所地法为属人法。

(4)自然人属人法的发展趋势。属人法上本国法和住所地法分庭抗礼的对立格局构成了国际私法统一化进程的一大障碍,不利于国际民商事交往的进一步发展。因此,20世纪以后,在国际社会的努力和国际民商事交往发展的推动下,属人法出现了两大发展趋势:

第一,住所地法优先的倾向。主要原因:①二战后,大批亚洲和非洲的公民到欧洲工作和居住,使得当地涉及外国人的民事案件大量增加,所以,与其僵硬坚持本国法的作用,不如把国籍改为以住所为连结因素,这样既能摆脱对当事人国籍国法不了解的困境,也扩大了法院地法的适用范围。②各国经济贸易联系的日益紧密,人员来往频繁,使得欧洲大陆国家不得不再次审视本国法的合理性。

第二,惯常居所地法的出现。惯常居所不要求考查当事人是否有在某地久住的意思,只需认定其是否具有在该地居住的事实,便于法院运作。因此,惯常居所作为当事人事实上的居住地开始逐步取代住所和国籍,成为重要的属人法连结点。原因主要有:①随着人口流动的日趋频繁,国籍和自然人的联系日益松动,经常出现国籍国与当事人之间没有任何关系的情况,导致了住所地法优先倾向的出现。②传统的住所地要求查明永久居住的意思,具有相当的困难,同时,各国法律对住所的认识各异,也在客观上造成了适用住所地法为属人法的连结点的难度。③惯常居所的概念和国籍、住所相比更为灵活,认定起来没有那么严格,能够减轻法院的司法负担。

(5)法人的属人法。①一般情况下,法人属人法即指法人的国籍国法。根据不同国家的判定标准,即为法人成立地法可以分为法人成立地法、主事务所所在地法、营业中心地法等。②但在英美国家,倾向于直接采用成立地或住所地的标准判断法人的属人法,这种方法有利于减少法院再次判定法人国籍国的麻烦,并可以根据不同的情况适用不同的法律。因而更为合理。

# 第四章　外国人的民事法律地位

## 内容提示

本章阐述了外国人民事法律地位的含义，各国赋予外国人民事法律地位的主要原因，以及外国人在中国的民事法律地位状况。通过本章学习，应理解外国人民事法律地位的概念；掌握确定外国人民事法律地位的相关制度；了解外国人在我国民事法律地位的现状。

## 基础知识图解

### 一、外国人民事法律地位概述

<table>
<tr><td rowspan="4">外国人民事法律地位概述</td><td>外国人</td><td>本章所指外国人是不具有内国国籍的人，包括外国自然人、外国法人以及无国籍人，但不包括身居内国的外国外交代表及其同户家属、外国领事官员、不具有内国国籍的政府间国际组织官员</td></tr>
<tr><td>含义</td><td>外国人民事法律地位是指外国人在内国享有民事权利和承担民事义务的实际状况，主要包括：①在内国可以从事哪些民事活动或者不得从事哪些民事活动；②在内国可以享有哪些民事权利或者不得享有哪些民事权利；③在内国应当承担哪些民事义务或者不应承担哪些民事义务；④在内国享受什么样的民事地位待遇<br>外国人民事法律地位要受到多种因素影响：①受到内国人民事法律地位状况的影响；②受到国家之间关系的影响；③受到内国对外政策的影响</td></tr>
<tr><td>立法方式</td><td>(1)直接规定方式，即在有关法律文件中直接规定外国人可以从事哪些民事活动、享有哪些民事权利或必须承担哪些民事义务，或者直接规定外国人不得从事哪些民事活动、不得享有哪些民事权利或不必承担哪些民事义务<br>(2)间接规定方式，即在有关法律文件中对外国人能否从事某种民事活动、是否享有某种民事权利或者应否承担某种民事义务的问题不作直接规定，而只是规定依照某种标准或制度确定外国人的民事法律地位</td></tr>
<tr><td>历史发展</td><td>(1)奴隶制时期，一般把外国视为敌国，将外国人视为敌人，不承认外国人的人格和地位<br>(2)封建制时期，在法律管辖上一般实行严格的属地主义，外国人只有在内国特许情况下才能在内国居住经商，其享有权利的范围受到严格限制<br>(3)资本主义时期，一般都允许外国人享有和内国人大致相同的民事法律地位</td></tr>
</table>

### 二、外国人民事法律地位的几种制度

<table>
<tr><td>外国人民事法律地位的几种制度</td><td>国民待遇</td><td>含义</td><td>各国赋予外国人民事法律地位最主要的制度，即在民事法律地位方面，内国给予外国人以与内国人相同的待遇，实质是保证外国人与内国人之间民事法律地位平等，又被称为平等待遇</td></tr>
</table>

<table>
<tr><td rowspan="13">外国人民事法律地位的几种制度</td><td rowspan="2">国民待遇</td><td>条件</td><td>(1)各国大都规定给予外国人国民待遇须以互惠为条件,即内国给予外国人国民待遇,必须以该外国所属国给予内国人国民待遇为条件<br>(2)互惠的国民待遇在立法上包括两种表现形式:①条约上的相互主义,即外国人在内国享有和内国人相同的民事法律地位,必须以该外国人所属国和内国缔结或者共同参加的国际条约为依据。②法律上的相互主义,即只要外国在法律上允许内国人享有和该外国的国民相同的民事法律地位,内国就允许该外国的国民享有和内国人相同的民事法律地位</td></tr>
<tr><td>范围</td><td>各国从维护自身的独立、主权、安全和利益出发,把国民待遇控制在一定范围内,并非在任何方面都给予外国人以国民待遇,具体方式主要有以下两种:①就某项特定的民事权利规定给予外国人国民待遇;②就一般民事权利规定给予外国人国民待遇,但同时附加一定的限制</td></tr>
<tr><td rowspan="5">最惠国待遇</td><td>含义</td><td>一个缔约国根据条约的规定给予对方缔约国的自然人或法人的待遇,不低于该缔约国已经给予或将要给予任何第三国的自然人或法人的待遇,实质是使不同国籍的外国人之间民事法律地位平等</td></tr>
<tr><td>适用范围</td><td>商品关税、捐税和其他费用的征收,商品进出口、过境、存仓、转换交通工具许可证的发给,海关手续,专利权、商标权和版权的保护,司法协助、外国法院判决和外国仲裁裁决的承认与执行等</td></tr>
<tr><td rowspan="3">种类</td><td>按给予的方法分为互惠的最惠国待遇和非互惠的最惠国待遇:<br>(1)前者指授予国和受惠国之间互相给予对方国家的自然人和法人以最惠国待遇<br>(2)后者指授予国单方面给予受惠国的自然人和法人以最惠国待遇</td></tr>
<tr><td>按给予的范围分为无限制的最惠国待遇和有限制的最惠国待遇:<br>(1)前者指授予国根据最惠国待遇条款把在某一领域内给予第三国自然人和法人的各种优惠待遇,全部给予受惠国的自然人和法人<br>(2)后者指对最惠国待遇的范围加以限制,授予国仅在某种或某些具体权利上给予受惠国的自然人和法人以最惠国待遇</td></tr>
<tr><td>按给予的条件分为附补偿条件的最惠国待遇和无补偿的最惠国待遇:<br>(1)缔约一方给予缔约另一方的自然人和法人以最惠国待遇,必须以该缔约另一方给予某种权利或其他补偿为前提<br>(2)缔约一方将某种优惠给予第三国的自然人或法人时,即应立即无条件地将此种优惠给予缔约另一方的自然人和法人,而不得要求缔约另一方给予任何权利或其他补偿</td></tr>
<tr><td rowspan="2">优惠待遇</td><td>含义</td><td>即一个国家在某些方面给予外国自然人和法人以特殊的权利或优势,且不以内国人享有的权利为依据</td></tr>
<tr><td>立法方式</td><td>(1)在国内立法中作出特别规定<br>(2)在有关国际条约中作出规定</td></tr>
<tr><td rowspan="3">普遍优惠待遇</td><td>含义</td><td>即普惠制,指发达国家对原产于发展中国家和地区的制成品、半制成品单方面给予减免进口关税的优惠制度</td></tr>
<tr><td>特点</td><td>(1)只适用于发展中国家和发达国家之间,发达国家相互之间或发展中国家相互之间不适用<br>(2)非互惠的待遇,发达国家不能要求发展中国家反向优惠<br>(3)应惠及所有发展中国家,不得以政治经济社会制度不同而有所差异</td></tr>
<tr><td>限制</td><td>普惠制的实施涉及发达国家的切身经济利益,因此发达国家对普惠制都有不同程度的限制:①对受惠国的范围加以限制;②对受惠商品的范围加以限制;③对减免关税的幅度加以限制;④严格实行原产国规则和直接运输规则,即受惠商品必须完全产自该发展中国家,或者在该发展中国家经过实质性的加工、制作,并按规定的条件直接运往授予国,才能享受普惠制待遇</td></tr>
<tr><td>不歧视待遇</td><td colspan="2">一国与另一国约定,不把对其他国家的自然人和法人不适用的限制或者仅对个别国家的自然人和法人适用的限制适用于对方国家的自然人和法人,即能够防止不公正待遇的产生</td></tr>
</table>

## 三、外国人在中国的民事法律地位

| 外国人在中国的民事法律地位 | 旧中国 | (1)奴隶制时期,外国人处于无权地位<br>(2)封建制时期,外国人在中国的民事权利能够得到不同程度的保护<br>(3)明末到鸦片战争期间,外国人处于无权地位<br>(4)鸦片战争到新中国成立前,外国人享有特权 |
|---|---|---|
| | 新中国 | 新中国成立后宣布在平等互利的基础上发展与各国的关系,并保护外国人的合法权益,还通过一系列法律法规赋予外国人在中国应有的民事法律地位:<br>(1)宪法性文件对外国人民事法律地位作出相应规定<br>(2)有关民事实体法赋予外国人较广泛的民事权利<br>(3)民事程序法赋予外国人相应的民事法律地位 |

## 配套习题

### 一、单项选择题

1.“在外国人民事法律地位方面,内国给予外国人以与内国人相同的待遇”,这是对下面(　)制度的正确表述

A. 国民待遇　　B. 最惠国待遇

C. 普遍优惠待遇　　D. 不歧视待遇

2. 当代在外国人民事法律地位方面一种非互惠的待遇制度是指(　)

A. 国民待遇　　B. 最惠国待遇

C. 普遍优惠待遇　　D. 不歧视待遇

3. 我国《民法通则》第 8 条第 2 款规定了“本法关于公民的规定适用于在中华人民共和国领域内的外国人、无国籍人,法律另有规定的除外”,这是一条(　)

A. 差别待遇制度的规定

B. 普遍优惠制度的规定

C. 国民待遇制度的规定

D. 最惠国待遇制度的规定

4. 目前,各国普遍采用的是互惠的、有限制的和(　)的最惠国待遇

A. 不歧视的　　B. 无限制的

C. 附补偿条件的　　D. 无补偿条件的

5. 在下述各项中,适用最惠国待遇的是(　)

A. 征收关税

B. 一国给予邻国的特权

C. 边境贸易的特权

D. 经济集团内部成员国之间的优惠

6. 就最惠国待遇制度而言,目前各国普遍采用的是(　)

A. 无限制的最惠国待遇

B. 有限制的最惠国待遇

C. 有限制的最惠国待遇为主,无限制的最惠国待遇为辅

D. 无限制的最惠国待遇为主,有限制的最惠国待遇为辅

### 二、多项选择题

1. 以下对普遍优惠制的说法正确的有(　)

A. 是发达国家单方面给予发展中国家和地区的一种优惠制度

B. 发展中国家之间也可以适用

C. 是一种非互惠的待遇,发达国家不能要求发展中国家反向优惠

D. 应适用于所有的发展中国家

2. 下列事项不属于最惠国待遇通常适用范围的有(　)

A. 一国给予邻国的特权与优惠

B. 基于特殊历史关系特定国家之间的特权与优惠

C. 经济集团内部存在的特权与优惠

D. 边境贸易和运输方面特权与优惠

3. 目前各国普遍采用的最惠国待遇条款是(　)

A. 互惠的最惠国待遇条款

B. 不互惠的最惠国待遇条款

C. 有限制的最惠国待遇条款

D. 无限制的最惠国待遇条款

4. 外国人民事法律地位是指外国人在内国享有民事权利和承担民事义务的实际状况，主要包括(　)

A. 外国人在内国可以从事哪些民事活动或者不得从事哪些民事活动

B. 外国人在内国可以享有哪些民事权利或者不得享有哪些民事权利

C. 外国人在内国享受什么样的民事地位待遇

D. 外国人在内国应当承担哪些民事义务或者不应承担哪些民事义务

5. 以下哪些制度属于对外国人民事法律地位的规定？(　)

A. 国民待遇　　　　B. 不歧视待遇

C. 最惠国待遇　　　D. 普遍优惠待遇

## 三、名词解释

1. 国民待遇

2. 不歧视待遇

3. 最惠国待遇

## 四、简答题

1. 简述外国人民事诉讼地位及其确定的基本法律原则。(考研中南财经政法大学 2004 年)

2. 简述普遍优惠待遇。

# 参考答案

## 一、单项选择题

1. 答案：A

提示：本题考查的是国民待遇

解析：国民待遇原则是各国赋予外国人民事法律地位的最主要的原则，即在民事法律地位方面，内国给予外国人以与内国人相同的待遇，实质是保证外国人与内国人之间民事法律地位平等，又被称为平等待遇。因此，A 项正确。

2. 答案：C

提示：本题考查的是普遍优惠待遇

解析：普遍优惠待遇也叫普惠制，是指发达国家对原产于发展中国家和地区的制成品、半制成品单方面给予减免进口关税的优惠制度。普遍优惠待遇有如下的特点：①只适用于发展中国家和发达国家之间，发达国家之间或发展中国家之间都不适用；②它是一种非互惠的待遇，只能是发达国家单方面对原产于发展中国家的产品给予优惠，发达国家不能要求发展中国家反向优惠；③应惠及所有发展中国家，不得以政治经济社会制度不同而有所差异。因此，C 项正确。

3. 答案：C

提示：本题考查的是国民待遇制度的规定

解析：我国《民法通则》第 8 条第 2 款规定："本法关于公民的规定适用于在中华人民共和国领域内的外国人、无国籍人，法律另有规定的除外。"也就是说，我国公民根据《民法通则》享有的财产权、债权等，除法律另有规定的以外，外国人也同样享有，这是我国民事基本法中关于国民待遇制度的原则性规定，因此，C 项正确。

4. 答案：D

提示：本题考查的是目前最惠国待遇的类型

解析：目前，世界各国最常采用的是互惠的、有限制的和无补偿条件的最惠国待遇原则。最惠国待遇按给予的条件分，可分为附补偿条件的最惠国待遇和无补偿的最惠国待遇：①附补偿条件的最惠国待遇，是指缔约一方给予缔约另一方的自然人和法人以最惠国待遇，必须以该缔约另一方给予某种权利或其他补偿为前提。②无补偿的最惠国待遇，是指缔约一方将某种优惠给予第三国的自然人或法人时，即应立即无条件地将此种优惠给予缔约另一方的自然人和法人，而不得要求缔约另一方给予任何权利或其他补偿。在现代，各国普遍采用的是无补偿条件的最惠国待遇。因此，D 项正确。

5. 答案：A

提示：本题考查的是最惠国待遇的适用范围

解析:最惠国待遇的适用范围主要有商品关税、捐税和其他费用的征收,商品进出口、过境、存仓、转换交通工具许可证的发给,海关手续,专利权、商标权和版权的保护,司法协助、外国法院判决和外国仲裁裁决的承认与执行等。而在一国给予邻国的特权和优惠、边境贸易和运输方面的特权和优惠、经济集团内部成员国之间的优惠和国际协议中特殊规定的优惠等方面,则一般都不属于最惠国待遇的适用范围。因此,B、C、D 项都属于限制最惠国待遇适用的范围,不正确。A 项则可适用最惠国待遇,正确。

6. 答案:B

提示:本题考查的是最惠国待遇制度

解析:目前,世界各国最常采用的是互惠的、有限制的和无补偿条件的最惠国待遇。有限制的最惠国待遇制度是指对最惠国待遇的范围加以限制,授予国仅在某种或某些具体权利上给予受惠国的自然人和法人以最惠国待遇。由于有限制的和无补偿条件的最惠国待遇有利于授予国维护自己的经济利益,因此目前在实践中被广泛采用。因此,B 项正确。

## 二、多项选择题

1. 答案:ACD

提示:本题考查的是普遍优惠制

解析:普遍优惠待遇也叫普惠制,是指发达国家对原产于发展中国家和地区的制成品、半制成品单方面给予减免进口关税的优惠制度。普遍优惠待遇是发达国家单方面给予发展中国家的,A 项正确。普遍优惠待遇有如下的特点:①它只适用于发展中国家和发达国家之间,发达国家之间或发展中国家之间都不适用,B 项不正确。②它是一种非互惠的待遇,只能是发达国家单方面对原产于发展中国家的产品给予优惠,发达国家不能要求发展中国家反向优惠,C 项正确。③应惠及所有发展中国家,不得以政治经济社会制度不同而有所差异,D 项也正确。

2. 答案:ABCD

提示:本题考查的是最惠国待遇的适用范围的限制

解析:有限制的最惠国待遇制度是指对最惠国待遇的范围加以限制,授予国仅在某种或某些具体权利上给予受惠国的自然人和法人以最惠国待遇。各国对最惠国待遇的适用范围的限制一般有以下几类:①一国给予邻国的特权和优惠;②边境贸易和运输方面的特权和优惠;③经济集团内部成员国之间的优惠;④国际协议中特殊规定的优惠;⑤有特殊的历史、政治、经济关系的国家形成的特定地区的特权与优惠。因此,A、B、C、D 项都正确。

3. 答案:AC

提示:本题考查的是最惠国待遇条款的法律类型

解析:最惠国待遇条款按给予的方法可分为互惠的最惠国待遇和非互惠的最惠国待遇,前者是指授予国和受惠国之间互相给予对方国家的自然人和法人以最惠国待遇;后者是指授予国单方面给予受惠国的自然人和法人以最惠国待遇。目前,各国均采用互惠的最惠国待遇,所以 A 项正确,B 项不正确。最惠国待遇条款按给予的范围分为无限制的最惠国待遇和有限制的最惠国待遇:①前者指授予国根据最惠国待遇条款把在某一领域内给予第三国自然人和法人的各种优惠待遇,全部给予受惠国的自然人和法人;②后者指对最惠国待遇的范围加以限制,授予国仅在某种或某些具体权利上给予受惠国的自然人和法人以最惠国待遇。有限制的最惠国待遇有利于授予国维护自己的经济利益,因此在实践中被广泛采用,C 项正确,D 项不正确。

4. 答案:ABCD

提示:本题考查的是外国人民事法律地位的具体含义

解析:外国人民事法律地位具体包括:①外国人在内国可以从事哪些民事活动或者不得从事哪些民事活动;②外国人在内国可以享有哪些民事权利或者不得享有哪些民事权利;③外国人在内国应当承担哪些民事义务或者不应承担哪些民事义务;④外国人在内国享受什么样的民事地位待遇。因此,A、B、C、D 项都正确。

5. 答案:ABCD

提示:本题考查的是规定外国人民事法律地位的制度种类

解析:外国人民事法律地位,是指外国人在内国享有民事权利和承担民事义务的实际状况。用来确定外国人民事诉讼地位的基本法律制度主要有国民待遇制度、最惠国待遇原则、优惠待遇原则、普遍优惠待遇和不歧视待遇。因此,A、B、C、D 项都正确。

## 三、名词解释

1. 提示:参见本章“基础知识图解”中“国民待

遇”的相关内容，从国民待遇的概念、条件和立法表现形式等方面回答

2. **提示**：应从不歧视待遇的概念和对其的理解等方面回答

**答案**：不歧视待遇，是指一国与另一国约定，不把对其他国家的自然人和法人不适用的限制或者仅对个别国家的自然人和法人适用的限制适用于对方国家的自然人和法人，即能够防止不公正待遇的产生。一个国家给予另一个国家的自然人和法人以不歧视待遇，只是保证该另一国家的自然人和法人不处于比其他大多数国家的自然人和法人更不利的地位，而并不意味着一个国家必须给予另一国家的自然人和法人特殊优惠。

3. **提示**：参见本章“基础知识图解”中“最惠国待遇”的相关内容，从最惠国待遇的概念、适用范围和种类等方面回答

## 四、简答题

1. **提示**：应从外国人民事法律地位的概念和用来确定各个外国人民事诉讼地位的基本法律原则几方面来回答

**答案**：(1)外国人民事法律地位，是指外国人在内国享有民事权利和承担民事义务的实际状况。用来确定外国人民事诉讼地位的基本法律制度主要有国民待遇制度、最惠国待遇原则、优惠待遇原则、普遍优惠待遇和不歧视待遇。

(2)国民待遇原则，是各国赋予外国人民事法律地位的最主要的原则，即在民事法律地位方面，内国给予外国人以与内国人相同的待遇，实质是保证外国人与内国人之间民事法律地位平等，又被称为平等待遇。

(3)最惠国待遇原则，是指一个缔约国根据条约的规定给予对方缔约国的自然人或法人的待遇，不低于该缔约国已经给予或将要给予任何第三国的自然人或法人的待遇，实质是使不同国籍的外国人之间的民事法律地位平等。

(4)优惠待遇原则，是指一个国家在某些方面给予外国自然人和法人以特殊的权利或优待。

(5)普遍优惠待遇，也叫普惠制，指发达国家对原产于发展中国家和地区的制成品、半制成品单方面给予减免进口关税的优惠制度。

(6)不歧视待遇，是指一国与另一国约定，不把对其他国家的自然人和法人不适用的限制或者仅对个别国家的自然人和法人适用的限制适用于对方国家的自然人和法人，即能够防止不公正待遇的产生。

2. **提示**：参见本章“基础知识图解”中“普遍优惠待遇”的相关内容，从普遍优惠待遇的概念、特点和发达国家对该制度的限制等方面来回答

# 第五章 冲突规范和准据法

## 内容提示

本章对法律冲突、冲突规范和准据法进行阐述。通过本章学习,应理解法律冲突的含义、种类以及准据法的概念、特征;掌握冲突规范的概念、结构、类型,连结点以及系属公式的概念、类型;了解时际法律冲突、区际法律冲突和先决问题情形下准据法的确定。

## 基础知识图解

### 一、法律冲突

<table>
<tr><td rowspan="4">法律冲突</td><td rowspan="2">法律冲突含义种类</td><td>含义</td><td>内容相互歧异的不同国家的法律竞相要求对同一个涉外民事法律关系实施管辖而形成的法律适用上的矛盾</td></tr>
<tr><td>种类</td><td>(1)依法律冲突的内容为标准可分为:①积极的法律冲突,即对于同一民事关系,有关法律的规定不同并且竞相调整这一社会关系;②消极的法律冲突,即对于同一民事关系,虽然有关法律的规定不同但都不调整这一社会关系<br>(2)依法律冲突的性质为标准可分为:①空间上的法律冲突,即不同地区之间的法律冲突,包括国际法律冲突和区际法律冲突。国际法律冲突就是不同国家之间的法律冲突;而区际法律冲突是一个国家内部不同法域之间的法律冲突。②时际法律冲突是指可能影响同一社会关系的新法与旧法,前法与后法之间的冲突。③人际法律冲突是指适用于不同种族、民族、宗教、部落以及不同阶段的人的法律之间的冲突</td></tr>
<tr><td rowspan="2">国际民事法律冲突</td><td>产生原因</td><td>包括三方面:①内国赋予外国人民事权利,即法律冲突产生的重要前提;②各国政治、经济制度、历史文化不同,立法相互歧异;③内国在一定条件下承认外国法的域外效力,即法律冲突产生的直接原因</td></tr>
<tr><td>解决方法</td><td>(1)只适用本国法,即当冲突法指出某一法律关系应适用本国法时不考虑外国法的适用问题<br>(2)在一定范围内适用外国法,即当冲突法指出某一法律关系应适用外国法时,法院地国在不损害本国利益、不违反本国法律基本原则及公共利益的条件下,可以考虑适用外国法<br>(3)适用统一实体法规范,即适用国际条约、国际惯例中调整涉外民事关系的实体规范</td></tr>
</table>

## 二、冲突规范

| | | | |
|---|---|---|---|
| 冲突规范 | 冲突规范 | 概念 | 即指明某一涉外民商事法律关系应适用何国实体法的规范，又称为法律适用规范或法律选择规范 |
| | | 特点 | (1)法律适用规范，不同于一般的实体法规范，仅指明某种涉外民商事法律关系应适用何种法律，本身并不直接规定当事人的权利与义务<br>(2)法律选择规范，不同于一般的诉讼法规范，不同于以诉讼关系为调整对象的诉讼法规范，其目的在于指导当事人或一国法院如何选择和适用法律<br>(3)间接规范，不同于实体法规范，但作为调整涉外民商事法律关系的一种手段，需要与其所指引的某国实体规范相结合，才能最终确定当事人的权利与义务，起到援用某一实体法的作用<br>(4)特殊的法律规范，其结构不同于一般的法律规范，由范围和系属两部分组成，前者指该冲突规范所要调整的法律关系的类型，后者指调整这一法律关系所应适用的某种法律 |
| | | 结构（由范围和系属组成） | (1)范围，即冲突规范所要调整的民商事法律关系或所要解决的法律问题，通过冲突规范的范围可以判断该规范用于解决哪一类民商事法律关系，例如合同依合同缔结地法，合同即为该冲突规范的范围<br>(2)系属，即规定冲突规范中范围所应适用的法律，指引法院在处理某一具体涉外民商事法律问题时应如何适用法律，例如合同依合同缔结地法，合同缔结地法即为系属<br>系属还可进一步划分为：①连结点即连结因素，把冲突规范的范围和调整该范围的某一特定国家的实体法规范联系起来，起到桥梁作用；②准据法，即冲突规范所援引的，据以确定某涉外民事关系中当事人具体权利与义务的，某特定国家的实体法 |
| | | 类型★ | 根据系属中连结点的不同数量和性质，可以将冲突规范分为以下四类：<br>(1)单边冲突规范，即以一个特定国家的国名为标志，直接指明适用某国法律的规范，它既可以明确指出适用内国法，也可以明确规定适用外国法，还可以明确规定适用某一特定国家的法律<br>(2)双边冲突规范，即指其系属并不直接规定适用内国法或外国法，而只规定一个可推定的系属，再结合实际情况去寻找应适用某一个国家的法律的冲突规范。双边冲突规范所指定的准据法既可能是内国法，也可能是外国法，在法律适用上，它体现了对内外国法律的平等对待<br>(3)重叠适用的冲突规范，即其系属中有两个或两个以上的连结点，它们分别连接着不同国家的实体法，法院必须同时适用这两国或两国以上的法律<br>(4)选择适用的冲突规范，即就是其系属中有两个或两个以上的连结点，分别连接着不同国家的实体法，但法院仅选择其中之一来调整有关的涉外民事法律关系的冲突规范。根据选择法律的不同方式又可以分为两种：①无条件地选择适用的冲突规范，即系属中的连结点是平行的不分主次的，法院可以无条件地选择其中之一；②有条件地选择适用的冲突规范，即指系属中有两个或两个以上的连结点，但只允许依顺序或有条件地选择其中之一来调整某一涉外民事法律关系的冲突规范 |
| | 连结点 | 概念 | 连结点，又称为连结因素，即冲突规范借以确定涉外民事法律关系应当适用什么法律的根据 |
| | | 意义 | 在冲突规范中，连结点的意义表现在两个方面：①从形式上看，连结点起到桥梁或纽带、媒介的作用，把冲突规范中范围所指的法律关系与特定国家的法律联系起来；②从实质上看，这种纽带或媒介又反映了以其为依据确定的准据法与特定国家法律之间存在着内在的、实质的联系或隶属关系 |
| | | 分类 | (1)根据连结点的表现形式，可分为：①客观连结点，主要有国籍、住所、居所、物之所在地、法院地等，即一种客观实在的标志；②主观连结点，主要包括当事人之间的合意和最密切联系地，只不过当事人之间的合意由当事人商定，而最密切联系地由法官决定 |

<table>
<tr><td rowspan="6">冲突规范</td><td rowspan="3">连结点</td><td>分类</td><td>(2)根据连结点所出的状态可分为:①静态连结点,就是固定不变的连结点,它主要指不动产所在地以及涉及过去的行为或事件的连结点,如婚姻举行地、合同缔结地、法人登记地、侵权行为发生地等;②动态连结点,就是可变的连结点,如国籍、住所、居所、所在地、法人的管理中心地等。动态连结点的存在一方面加强了冲突规范的灵活性,另一方面也为当事人规避法律提供了可能</td></tr>
<tr><td>连结点的选择★</td><td>连接点的选择经历以下历史阶段:依客观依据选择——依主观自治确定——软化处理,用开放性的、可供选择的多元连结点代替僵化、单一的封闭性连结点——最密切联系</td></tr>
<tr><td>冲突</td><td>连接点的冲突即由于各国的法律及法律观念不一致,对于同一冲突规范系属中的连结点解释不同导致的冲突</td></tr>
<tr><td rowspan="2">系属公式</td><td>含义</td><td>又称为准据法的表述公式,即把一些解决法律冲突的规则固定化,使其成为大多数国家所采用的固定的处理原则,以便解决同类性质法律关系的法律适用问题</td></tr>
<tr><td>主要的系属公式</td><td>根据冲突规范系属中不同的连结点,常见的系属公式主要有以下几类:<br>(1)属人法,即以法律关系当事人的国籍、住所或惯常居所作为连结点的系属公式,一般用来解决人的身份、能力及亲属、继承关系等方面的民事法律冲突。但国际上对属人法有两种不同的理解,即本国法和住所地法。此外还有法人属人法的概念,一般是指法人的国籍国法,常用来解决法人的成立、解散及权利能力和行为能力等方面的问题<br>(2)物之所在地法,即民事法律关系的客体物所在国家的法律,常用来解决有关物权,特别是不动产物权的法律冲突问题<br>(3)行为地法,即指法律行为发生地所属法域的法律,起源于场所支配行为,由于法律行为的多样性,行为地法又派生出下列一些系属公式,包括合同缔结地法(一般用来解决合同的成立、合同内容的合法性、合同的方式等方面的法律冲突问题)、合同履行地法(一般用来解决合同内容,特别是合同履行方面的法律冲突问题)、婚姻举行地法(一般用以解决涉外婚姻关系尤其是婚姻方式方面的法律冲突问题)、侵权行为地法(一般用来解决涉外侵权行为之债的法律冲突问题)<br>(4)当事人合意选择的法律,即指双方当事人自行选择的那个法域的法律,表明法律承认当事人选择法律的自主权,又称为意思自治原则,主要用来解决涉外合同的法律适用问题<br>(5)法院地法,即是审理涉外民商事案件的法院所在地国家的法律,常用来解决涉外民事诉讼程序方面的法律冲突<br>(6)旗国法,即就是旗帜所属国家的法律,常用来解决船舶、航空器在运输过程中发生纠纷时的法律冲突问题<br>(7)最密切联系地法,即与涉外民事法律关系有最密切联系的国家的法律,其起源可以追溯到萨维尼的法律关系本座说,既是一个法律选择的指导原则,又作为一个系属公式大量出现于冲突规范之中,适用于许多不同性质的涉外民事法律关系,尤其适用于涉外合同关系</td></tr>
</table>

## 三、准据法

<table>
<tr><td rowspan="11">准据法</td><td rowspan="2">准据法★</td><td>概念</td><td colspan="2">国际私法中的特有概念，是指经冲突规范指引用来确定国际民事关系的当事人的权利义务关系的具体实体法规则</td></tr>
<tr><td>特点</td><td colspan="2">(1)必须是能够确定当事人的权利义务关系的实体法<br>(2)必须是经冲突规范所指引的实体法<br>(3)具体的实体法规范或法律文件，而不是非笼统的法律制度或法律体系</td></tr>
<tr><td rowspan="9">确定准据法过程中的几个问题</td><td rowspan="3">时际法律冲突</td><td>概念</td><td>影响同一法律关系的新法与旧法、前法与后法之间的冲突</td></tr>
<tr><td>产生情形</td><td>(1)法院地国的冲突规范在涉外民事法律关系确立后发生了变更<br>(2)法院地国的冲突规范未变，但当事人的国籍、住所或物之所在地等连结点的事实发生了改变<br>(3)法院地国的冲突规范未变，但其指定的准据法发生了改变</td></tr>
<tr><td>解决办法</td><td>(1)冲突规范发生改变，适用新的国际私法的规定<br>(2)连结点的事实发生改变，依不同的法律关系分别采用可变原则与不变原则<br>(3)准据法发生改变可分情形对待：①依新法关于溯及力的规定；②合同当事人曾选择准据法的可以协调，协调不成适用旧法</td></tr>
<tr><td rowspan="3">区际法律冲突</td><td>概念</td><td>一个国家内部不同法域之间的法律冲突</td></tr>
<tr><td>产生</td><td>一国国内存在多个法域</td></tr>
<tr><td>解决办法</td><td>(1)由法院直接依据所适用冲突规范中的连结点，如住所、居所、行为地或物之所在地等，径直适用该具体地点的法律为准据法<br>(2)按被指定为准据法的准据法国的区际私法，即该国用以调整其国内各法域之间法律冲突的法律中的有关规定加以确定</td></tr>
<tr><td rowspan="3">先决问题</td><td>概念</td><td>先决问题，又称附带问题，是指一国法院在处理国际私法的某一项争讼问题时，如果必须以解决另外一个问题为先决条件，便可把该争讼问题称为本问题或主要问题，而把需要首先解决的另一问题称为先决问题或附带问题</td></tr>
<tr><td>构成条件</td><td>(1)按照法院地国的冲突规范，主要问题的准据法是外国法<br>(2)先决问题相对独立于主要问题，可以作为一项单独的争议向法院提出，并且有针对它的冲突规范可以适用<br>(3)依准据法所属国针对先决问题的冲突规范所应适用的法律，与法院地针对先决问题的冲突规范所应适用的法律不同，由二者得出的判决结果不同</td></tr>
<tr><td>解决办法</td><td>对于先决问题准据法的确定，各国在理论与实践上分歧较大，主要有两种主张：①代表人物沃尔夫、罗伯逊，主张依主要问题的准据法所属国的冲突规范来确定先决问题的准据法，因为主要问题准据法所属国与案件最有关联性，能避免把两个有联系的问题人为地割裂开来，并且利于取得一致的判决结果。②代表人物卡麦克、拉佩，主张依法院地国的冲突规范来确定先决问题的准据法，因为先决既然是一个独立问题，就应该与主要问题一样，适用法院地的冲突规则，而且先决问题经常涉及的婚姻，离婚及其他身份问题与法院地关系更为密切</td></tr>
</table>

## 重点知识讲解

### 一、冲突规范的类型

根据系属的不同规定,冲突规范可以分为四种基本类型,如图所示:

**单边冲突规范**

在中国境内履行的中外合资经营企业合同、中外合作经营企业合同、中外合作勘探开发自然资源合同,适用中华人民共和国法律

**双边冲突规范**

抚养适用与被抚养人有最密切联系的国家的法律

**重叠适用冲突规范**

中华人民共和国法律不认为在中华人民共和国领域外发生的行为是侵权行为,不作为侵权行为处理

**选择适用冲突规范**

任意选择——凡遗嘱方式符合成立地法、遗嘱人死亡时本国法、住所地法、经常居住地法,均为有效

依次选择——夫妻财产,依当事人明示选择的法律,无此协议选择的法律时,依结婚时支配婚姻人身效力的法律

### 二、单边冲突规范与双边冲突规范的联系与区别

| 比较<br>类型 | 针对问题 | 内　　容 |
|---|---|---|
| 单边冲突规范 | 特定问题 | 适用特定国家法律 |
| 双边冲突规范 | 普遍问题 | 包含若干个单边冲突规范 |

### 三、连结点选择的历史发展过程

传统——简单概括的客观标志,僵硬呆板

强调法律适用的一致性和稳定性,主要是立法管辖权的选择方法

↓

部分领域采取意思自治原则,注重当事人选择

↓

当代——软化处理连结点,灵活开放

↙　　↓　　↘

采用灵活开放的系属公式
意思自治、最密切联系

增加连结点数量
增加可供选择的法律

划分同类法律关系为不同种属
分割同一法律关系为不同方面

## 四、冲突规范与准据法

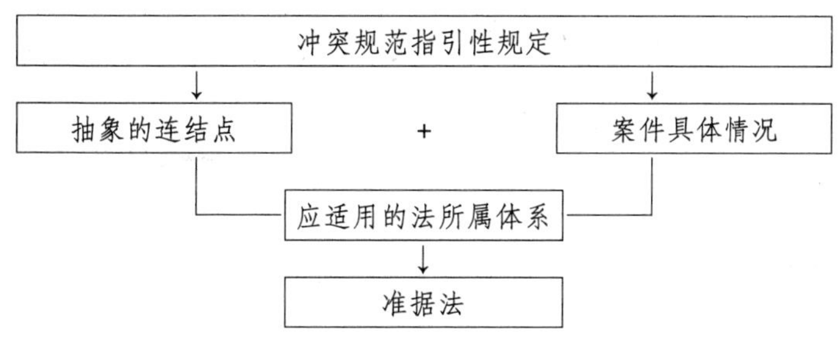

## 配套习题

### 一、单项选择题

1. 我国《民法通则》第145条规定:"涉外合同的当事人可以选择处理合同争议所适用的法律,涉外合同当事人没有选择的,适用与合同有最密切联系国家的法律。"这是一条( )

A. 无条件的选择性冲突规范
B. 有条件的选择性冲突规范
C. 重叠性冲突规范
D. 双边冲突规范

2. 冲突规范所要调整的民事关系或所要解决的法律问题是指冲突规范结构中的( )

A. 连结点 B. 准据法
C. 范围 D. 系属公式

3. "在国外举行的婚姻,其方式依结婚各方的属人法,但已符合婚姻举行地法关于方式的规定亦属有效"是一条( )

A. 双边冲突规范
B. 有条件的选择适用准据法的冲突规范
C. 重叠适用的冲突规范
D. 无条件的选择适用准据法的冲突规范

4. "合同关系依双方当事人合意选择的法律",该冲突规范的连结点是( )

A. 双方当事人的合意
B. 选择
C. 双方当事人的合意选择
D. 当事人合意所选择的法律

5. 最常用来解决涉外民事诉讼程序方面的法律冲突的系属公式是( )

A. 物之所在地法
B. 行为地法
C. 法院地法
D. 最密切联系地法

6. 以法律关系当事人的国籍、住所或惯常居所作为连结点的系属公式,一般表述为( )

A. 属人法
B. 行为地法
C. 当事人合意选择的法
D. 最密切联系地法

7. 我国《中外合资经营企业法实施条例》规定:"合营企业合同的订立、效力、解释、执行及其争议的解决,均应适用中国的法律。"这是一条( )

A. 单边冲突规范
B. 双边冲突规范
C. 重叠适用的冲突规范
D. 选择适用的冲突规范

8. 甲国法律规定:"涉外侵权行为适用侵权行为地法,本国法律不认为在本国领域外发生的行为是侵权行为的,不作为侵权行为处理。"该规则是( )

A. 双边冲突规则
B. 单边冲突规则
C. 有条件的选择适用冲突规则
D. 重叠适用的冲突规则

9. 在"侵权行为的损害赔偿,适用侵权行为地法"这条冲突规范中,"侵权行为地法"是( )

A. 范围 B. 连结点
C. 系属 D. 准据法

10.“在中华人民共和国境内履行的中外合资经营企业合同、中外合作经营企业合同、中外合作勘探开发自然资源合同,适用中华人民共和国法律。”该条款属于下列选项中哪一类型的冲突规范?( )(司考 2003 年卷一,单选第 21 题)

A. 单边冲突规范

B. 双边冲突规范

C. 重叠适用的冲突规范

D. 选择适用的冲突规范

## 二、多项选择题

1.“中华人民共和国公民与外国人结婚,适用婚姻缔结地法”,这是( )

A. 一个法律选择规则

B. 一个由范围和系属两部分构成的规范

C. 一个间接规范

D. 一个实体规则

2. 选项中哪些属于冲突规范中静态的连结点?( )(律考 2000 年卷一,多选第 68 题)

A. 不动产所在地　B. 婚姻举行地

C. 合同缔结地　D. 动产所在地

3. 在国际私法上,准据法的特点有哪些?( )(司考 2002 年卷一,多选第 60 题)

A. 准据法必须是通过冲突规范所指定的法律

B. 准据法是能够具体确定当事人权利义务的实体法

C. 准据法可以是国际统一实体规范

D. 准据法一般是依据冲突规范中的系属并结合国际民商事案件的具体情况来确定的

4. 下面的属于客观连结点的有( )

A. 住所　B. 物之所在地

C. 当事人的合意　D. 最密切联系

5. 根据国际私法的理论,下列哪些选项可以作为当事人属人法的连结点?( )(律考 1999 年卷一,多选第 47 题)

A. 国籍　B. 住所

C. 经常居住地　D. 行为地

6. 根据国际私法理论,下列选项哪些可被认为是行为地法?( )(律考 1999 年卷一,多选第 54 题)

A. 婚姻举行地法

B. 侵权行为地法

C. 当事人选择的法律

D. 法院地法

7. 以下关于先决问题的表述,正确的是( )

A. 先决问题即涉外民事案件(主要问题)的处理所必须首先加以解决的问题

B. 先决问题相对独立于主要问题

C. 可以作为一项单独的争议向法院提出,并且有针对它的冲突规范可以适用

D. 依准据法所属国针对先决问题的冲突规范所应适用的法律,与法院地针对先决问题的冲突规范所应适用的法律不同,由二者得出的判决结果不同

## 三、名词解释

1. 系属公式(考研中国人民大学 2004 年)

2. 属人法(考研中国人民大学 2004 年)

3. 准据法(考研中国政法大学 2004 年、西北政法学院 2002 年)

4. 选择适用的冲突规范(考研西北政法学院 2005 年)

5. 重叠适用的冲突规范(考研西北政法学院 2005 年)

6. preliminary question(考研中国政法大学 2004 年)

7. 客观连接点(考研中南财经政法大学 2003 年)

## 四、简答题

1. 双边冲突规范的概念及其特征。(考研中南财经政法大学 2003 年)

2. 简述单边冲突规范与双边冲突规范的区别和联系。(考研中国政法大学 2001 年、2003 年)

3. 什么是冲突规范?它有哪些种类?(考研武汉大学 2003 年)

4. 简述连接点的法律意义。

# 参考答案

## 一、单项选择题

1. 答案:B

提示:本题考查的是选择性冲突规范

解析:选择适用的冲突规范,是指其系属中有两个或两个以上的连结点,分别连接着不同国家的实体法,但法院仅选择其中之一来调整有关涉外民事法律关系的冲突规范。根据选择法律的不同方式又可以分为两种:①无条件的选择适用冲突规范,即系属中的连结点是平行的不分主次的,法院可以无条件的选择其中之一;②有条件的选择适用的冲突规范,即指系属中有两个或两个以上的连结点,但只允许依顺序或有条件地选择其中之一来调整某一涉外民事法律关系的冲突规范。我国《民法通则》第145条规定,在确定涉外合同的法律适用时,先适用当事人合意选择的法律,如果当事人没有选择的,则适用与合同有最密切联系国家的法律。可见,不同连结点指向的法律适用是有顺序的,所以B项正确。

2. 答案:C

提示:本题考查的是冲突规范的结构

解析:冲突规范的结构包括范围和系属两部分。范围,即冲突规范所要调整的民商事法律关系或所要解决的法律问题,通过冲突规范的范围可以判断该规范用于解决哪一类民商事法律关系。因此,C项正确。

3. 答案:D

提示:本题考查的是冲突规范的类型

解析:选择适用的冲突规范,是指其系属中有两个或两个以上的连结点,分别连接着不同国家的实体法,但法院仅选择其中之一来调整有关的涉外民事法律关系的冲突规范。根据选择法律的不同方式又可以分为两种:①无条件地选择适用的冲突规范,即系属中的连结点是平行的不分主次的,法院可以无条件的选择其中之一;②有条件地选择适用的冲突规范,即指系属中有两个或两个以上的连结点,但只允许依顺序或有条件地选择其中之一来调整某一涉外民事法律关系的冲突规范。本题中,在国外举行的婚姻,其方式依结婚各方的属人法,但也可以依婚姻举行地法关于方式的规定,所以属于无条件选择适用准据法的冲突规范。因此,D项正确。

4. 答案:C

提示:本题考查的是连结点

解析:冲突规范由范围和系属两个部分组成。系属,即规定冲突规范中范围所应适用的法律,指引法院在处理某一具体涉外民商事法律问题时应如何适用法律。系属还可进一步划分为:①连结点即连结因素,把冲突规范的范围和调整该范围的某一特定国家的实体法规范联系起来,起到桥梁作用;②准据法,即冲突规范所援引的,据以确定某涉外民事关系中当事人具体权利与义务的、某特定国家的实体法。在“合同关系依双方当事人合意选择的法律”这个冲突规范中,合同关系是范围,“双方当事人合意选择的法律”是系属,“双方当事人的合意选择”则是连结点。因此,C项正确。

5. 答案:C

提示:本题考查的是系属公式

解析:系属公式又称为准据法的表述公式,即把一些解决法律冲突的规则固定化,使其成为大多数国家所采用的固定的处理原则,以便解决同类性质法律关系的法律适用问题。法院地法就是一个比较常用的系属公式,它是指审理涉外民商事案件的法院所在地国家的法律,常用来解决涉外民事诉讼程序方面的法律冲突。因此,C项正确。

6. 答案:A

提示:本题考查的是系属公式

解析:属人法是常见的系属公式之一,它是以法律关系当事人的国籍、住所或惯常居所作为连结点的系属公式,一般用来解决人的身份、能力及亲属、继承关系等方面的民事法律冲突。所以,A项正确。

7. 答案:A

提示:本题考查的是冲突规范的种类

解析:单边冲突规范,即以一个特定国家的国名为标志,直接指明适用某国法律的规范,它既可以明确指出适用内国法,也可以明确规定适用外国法,还可以明确规定适用某一特定国家的法律。单边冲突规范具体表现为三种形式:①直接指明适用内国法;②直接指明适用外国法;③直接指明适用某一外国法。“合营企业合同的订立、效力、解释、执行及其争议的解决,均应适用中国的法律。”这个冲突规范中,明确规定应适用的法律是中国法,因此,属于单边冲突规范的第一种表现形式,A 项正确。

8. 答案:D

提示:本题考查的是冲突规范的种类

解析:重叠适用的冲突规范,即其系属中有两个或两个以上的连结点,它们分别连接着不同国家的实体法,法院必须同时适用这两国或两国以上的法律。根据“涉外侵权行为适用侵权行为地法,本国法律不认为在本国领域外发生的行为是侵权行为的,不作为侵权行为处理”的规定,法院必须同时重叠适用侵权行为地法和本国法律来确定某一行为是否构成侵权,因此,该冲突规范属于重叠适用的冲突规范。D 项正确。

9. 答案:C

提示:本题考查的是冲突规范的结构

解析:冲突规范的结构包括范围和系属两部分。范围,即冲突规范所要调整的民商事法律关系或所要解决的法律问题,通过冲突规范的范围可以判断该规范用于解决哪一类民商事法律关系。系属,即规定冲突规范中范围所应适用的法律,指引法院在处理某一具体涉外民商事法律问题时应如何适用法律。准据法是指经冲突规范指引用来确定国际民事关系的当事人的权利义务关系的具体实体法规则。准据法和系属的区别就在于系属是冲突规范结构中的一个组成部分,而准据法是独立于冲突规范之外的具体法律。在“侵权行为的损害赔偿,适用侵权行为地法”这条冲突规范中,“侵权行为地法”作为冲突规范中一个抽象的法律概念,只构成该规范的系属部分,需要将它具体化,即把其中的连结点“侵权行为地”与案件的事实情况对应起来,由此导向一个具体的法律,这才是准据法。所以,C 项正确。

10. 答案:A

提示:本题考查的是单边冲突规范

解析:冲突规范可以分为单边、双边、重叠、选择适用的冲突规范。所谓单边冲突规范,即以一个特定国家的国名为标志,直接指明适用某国法律的规范,它既可以明确指出适用内国法,也可以明确规定适用外国法,还可以明确规定适用某一特定国家的法律。单边冲突规范具体表现为三种形式:①直接指明适用内国法;②直接指明适用外国法;③直接指明适用某一外国法。“在中华人民共和国境内履行的中外合资经营企业合同、中外合作经营企业合同、中外合作勘探开发自然资源合同,适用中华人民共和国法律。”这个冲突规范中,明确规定应适用的法律是中国法,因此,属于单边冲突规范的第一种表现形式,A 项正确。

## 二、多项选择题

1. 答案:ABC

提示:本题考查的是冲突规范的特点

解析:冲突规范,是指明某一涉外民商事法律关系应适用何国实体法的规范,又称为法律适用规范或法律选择规范。“中华人民共和国公民与外国人结婚,适用婚姻缔结地法”就是一个冲突规范。冲突规范有以下几个特点:①它是法律适用规范,而不是一般的实体法规范,它仅指明某种涉外民商事法律关系应适用何种法律,本身并不直接规定当事人的权利与义务。故 D 项不正确。②它是法律选择规范,其目的在于指导当事人或一国法院如何选择和适用法律,故 A 项正确。③它是间接规范,需要与其所指引的某国实体规范相结合,才能最终确定当事人的权利与义务,故 C 项正确。④特殊的法律规范,其结构不同于一般的法律规范,由范围和系属两部分组成,前者指该冲突规范所要调整的法律关系的类型,后者指调整这一法律关系所应适用的某种法律,故 B 项正确。

2. 答案:ABC

提示:本题考查的是静态的连接点

解析:根据连结点所处的状态可分为静态连结点和动态连结点:①静态连结点就是固定不变的连结点,它主要指不动产所在地以及涉及过去的行为或事件的连结点,如婚姻举行地、合同缔结地、法人登记地、侵权行为发生地等;②动态连结点就是可变的连结点,如国籍、住所、居所、所在地、法人的管理中心地等。动产所在地是动态的连结点,所以,A、B、C 项正确。

3. 答案:ABD

提示:本题考查的是准据法的特点

解析:所谓准据法,是指经冲突规范援引,用来具体确定民商事法律关系当事人的权利与义务的特定的实体法律。其特征包括:①是按照冲突规范的指定所援引的法律;②是能够确定当事人之间的权利义务内容的实体法;③是依据冲突规范中的系属,并结合具体的国际民商案件情况而确定的法律。所以,A、B、D 项正确;国际统一实体规范是指在国际条约和国际惯例中直接规定当事人权利义务的规范,其本身直接规定当事人的权利义务,可以直接适用,属于国际私法的直接调整方法,而准据法必须经冲突规范的援引后才能适用,属于国际私法的间接调整方法,因此准据法不可能是国际统一实体规范,故C项错误。

4. **答案**:AB

**提示**:本题考查的是客观连结点

**解析**:根据连结点的表现形式,可分为客观连结点和主观连结点:①客观连结点主要有国籍、住所、居所、物之所在地、法院地等,即一种客观实在的标志;②主观连结点主要包括当事人之间的合意和最密切联系地,只不过当事人之间的合意由当事人商定,而最密切联系地由法官决定。因此,A、B项正确。

5. **答案**:ABC

**提示**:本题考查的是属人法

**解析**:常见的系属公式有属人法、物之所在地、行为地等。属人法是以法律关系当事人(包括自然人和法人)的国籍、住所或习惯居所作为连结点的系属公式,主要用于解决有关人的身份、能力、家庭关系以及继承等方面的民事法律冲突。所以,A、B、C项正确,D项行为地是行为地法的连接点,不正确。

6. **答案**:AB

**提示**:本题考查的是系属公式中的行为地法

**解析**:行为地法,即指法律行为发生地所属法域的法律,起源于场所支配行为,由于法律行为的多样性,行为地法又派生出下列一些系属公式,包括合同缔结地法(一般用来解决合同的成立、合同内容的合法性、合同的方式等方面的法律冲突问题)、合同履行地法(一般用来解决合同内容,特别是合同履行方面的法律冲突问题)、婚姻举行地法(一般用以解决涉外婚姻关系尤其是婚姻方式方面的法律冲突问题)、侵权行为地法(一般用来解决涉外侵权行为之债的法律冲突问题)等,故A、B项正确。当事人选择的法律是主要用来解决合同法律适用的系属公式,其连接点是当事人的"意思自治",故C项不正确。法院地法也是与行为地法并列的系属公式之一,是指审理案件依据法院所在地的法律,一般用以解决有关程序问题的法律冲突,因此,D项不正确。

7. **答案**:ABCD

**提示**:本题考查的是先决问题

**解析**:先决问题是指涉外民事案件(主要问题)的处理应必须首先加以解决的问题。故A项正确。其构成条件是:①按照法院地国的冲突规范,主要问题的准据法是外国法;②先决问题相对独立于主要问题,可以作为一项单独的争议向法院提出,并且有针对它的冲突规范可以适用,因此,B、C项正确;③依准据法所属国针对先决问题的冲突规范所应适用的法律,与法院地针对先决问题的冲突规范所应适用的法律不同,由二者得出的判决结果不同。因此,D项正确。

## 三、名词解释

1. **提示**:应从系属公式的概念和种类两方面来回答

**答案**:系属公式又称为准据法的表述公式,即把一些解决法律冲突的规则固定化,使其成为大多数国家所采用的固定的处理原则,以便解决同类性质的法律关系的法律适用问题。根据冲突规范系属中不同的连结点,系属公式主要可分为以下几类:①属人法;②物之所在地法;③行为地法;④当事人合意选择的法律;⑤法院地法;⑥旗国法;⑦最密切联系地法。

2. **提示**:应从属人法概念和适用对象两方面来回答

**答案**:属人法,即以法律关系当事人的国籍、住所或惯常居所作为连结点的系属公式,一般用来解决人的身份、能力及亲属、继承关系等方面的民事法律冲突。但国际上对属人法有两种不同的理解,即本国法和住所地法,前者是指当事人国籍所属国法,后者是指当事人在其领土上拥有住所的那一国的法律。为调和两大法系的矛盾,一些国家采用惯常住所地法取代了本国法和住所地法。此外还有法人属人法的概念,一般是指法人的国籍国法,常用来解决法人的成立、解散及权利能力和行为能力等方面的问题。

3. **提示**:参见本章"基础知识图解"中"准据法"的相关内容,从准据法的概念和特点两方面来回答

4. **提示**:参见本章"基础知识图解"中"选择适用的冲突规范"的相关内容,从选择适用的冲突规范的概念和种类来回答

5. **提示**:应从重叠适用的冲突规范的概念和作用两方面来回答

**答案**:重叠适用的冲突规范,即其系属中有两个或两个以上的连结点,它们分别连接着不同国家的实体法,法院必须同时适用这两国或两国以上的法律。一般在涉及一国重大利益或公共秩序的领域里

才采用重叠适用的冲突规范，并且这类重叠适用的冲突规范所指引的两个准据法中，总有一个是法院地法，以便法院通过控制这类涉外民事法律关系，来维护自己国家的利益。

6. 提示：参见本章“基础知识图解”中“先决问题”的相关内容，从先决问题的概念、构成要件、准据法的确定三方面来回答

7. 提示：应从客观连接点的概念等方面来回答

**答案：**连结点，又称为连结因素，即冲突规范借以确定涉外民事法律关系应当适用什么法律的根据。根据连结点的表现形式，可分为客观连结点和主观连结点。客观连结点主要指国籍、住所、居所、物之所在地、法院地等一系列不以人的意志为转移的客观标志。

## 四、简答题

1. 提示：应从双边冲突规范的概念及特征两方面来回答

**答案：**(1)双边冲突规范，即指其系属并不直接规定适用内国法或外国法，而只规定一个可推定的系属，再结合实际情况去寻找应适用的某一个国家的法律的冲突规范。

(2)特征：①与一般实体规范比较，它具有一般冲突规范的特征：是法律适用规范，是法律选择规范，属于间接规范，是具有特殊结构的法律规范。②与其他冲突规范相比：双边冲突规范所指定的准据法既可能是内国法，也可能是外国法，在法律适用上，它体现了对内外国法律的平等对待；③双边冲突规范从内容上都可以分解为若干个单边冲突规范。

2. 提示：应从单边冲突规范与双边冲突规范的概念、区别和联系等方面来回答

**答案：**(1)概念：单边冲突规范，即以一个特定国家的国名为标志，直接指明适用某国法律的规范，它既可以明确指出适用内国法，也可以明确规定适用外国法，还可以明确规定适用某一特定国家的法律。双边冲突规范的系属也只有一个连结点，它是用一个抽象的地点作为标志的，适用这类冲突规范必须结合具体的案情来推定适用内国法或外国法。双边冲突规范所指定的准据法既可能是内国法，也可能是外国法，在法律适用上，它体现了对内外国法律的平等对待。

(2)二者的区别：①双边冲突规范一般面对一个普遍性的问题，具有普遍的适用性；而单边冲突规范通常只面对一个特定的问题，适用特定国家的法律解决特定的争议。②双边冲突规范的连结点是抽象的，只有结合具体案情才能表明应适用什么地方的法律，这一法律可能是内国法，也可能是外国法，全取决于连结点之所在；而单边冲突规范的连结点是以一个特定国家的国名为标志，或直接指明适用某一具体国家的法律，运用这种冲突规范用不着结合具体案情就能直截了当地适用某一国家的实体法。

(3)二者的联系：从内容上看，一个双边冲突规范都可以分解为若干个单边冲突规范。

3. 提示：参见本章“基础知识图解”中“冲突规范”的相关内容，从冲突规范的概念和种类来回答

4. 提示：参见本章“基础知识图解”中“连结点”的相关内容，从连结点的概念和法律意义两方面回答

# 第六章　冲突规范的运用

## 内容提示

本章就冲突规范运用中的几种制度——识别、反致、公共秩序、法律规避以及外国法的查明进行阐述。通过本章的学习，应理解每种制度的概念、构成要件、形成的原因和背景以及利弊得失；把握运用这些制度的尺度。

## 基础知识图解

### 一、识别

<table>
<tr><td rowspan="4">识别</td><td>概念</td><td colspan="2">识别也称为定性或分类，是指法院在适用冲突规范时，依据一定的法律观念，对有关的事实构成作出定性或分类，将其归入特定的法律范畴，从而确定所要适用的冲突规范</td></tr>
<tr><td rowspan="2">识别冲突</td><td>概念</td><td>是指由于法院地国与有关外国法律对同一事实构成作出不同的分类，或对冲突规范的范围中同一法律概念赋予不同的内涵，采用不同国家的法律观念进行识别就会导致适用不同的冲突规范，最终导致适用不同的准据法</td></tr>
<tr><td>产生原因</td><td>主要包括：①不同国家对同一事实赋予不同的法律性质，因而可能援引不同的冲突规范；②不同国家往往把具有相同内容的法律问题分配到不同的法律部门中去；③不同国家对同一问题规定的冲突规范具有不同的含义；④不同国家有时具有独特的法律概念</td></tr>
<tr><td>识别冲突解决</td><td colspan="2">(1)法院地法说，代表人物康恩、巴丹，即主张以法院地国家的实体法作为识别的标准，理论根据是冲突规范是国内法，且法官熟悉本国法律概念，在解决识别冲突之前，外国法还没有得到适用<br>(2)准据法说，代表人物沃尔夫、德帕涅，主张以解决争议问题的准据法进行识别，理论根据是如果不依解决争议问题的准据法进行识别，尽管内国冲突规范指定适用外国法，结果等于没有适用<br>(3)分析法学与比较法说，代表人物贝克特、拉贝尔，主张按照分析法学的原则和在比较法研究基础上形成的一般法律原则进行识别，理论根据是冲突规范的概念与实体法的概念并不必然同一，由于冲突规范总是涉及不同国家的实体法，必须依在比较研究基础上形成的一般法律原则进行识别<br>(4)个案识别说，代表人物隆茨、克格尔，主张根据每个案件的实际情况和冲突规范的目的，分别确定依法院地法还是依准据法识别才比较合适，理论根据是识别问题实质是冲突规范的解释问题，没有统一的规则<br>(5)折中说，代表人物福尔肯布里奇，即主张法院在最后选择准据法之前应进行一种临时的识别，对任何有可能得到适用的法律规定，法院应该从上下文的联系上考虑，从它们的一致结论中决定应当适用的冲突规范和准据法，理论根据是从法院地法和准据法的一致结论中决定应当适用的冲突规范和准据法</td></tr>
</table>

## 二、反致

<table>
<tr><td rowspan="6">反致</td><td>概念★</td><td colspan="2">即冲突规范本身发生冲突的表现形式之一,广义上反致包括直接反致、转致和间接反致:<br>(1)直接反致,甲国法院按照其本国的冲突规范,应适用乙国法律,而乙国的冲突规范规定,应适用甲国的法律,结果甲国法院最后适用本国的实体法<br>(2)转致,甲国法院按照其本国的冲突规范,应适用乙国法律,而乙国的冲突规范规定,应适用丙国的法律,结果甲国法院最后适用丙国的实体法<br>(3)间接反致,甲国法院按照其本国的冲突规范,应适用乙国法律,而乙国的冲突规范规定,应适用丙国的法律,丙国的冲突规范又规定应该适用甲国法,结果甲国法院最后适用本国的实体法</td></tr>
<tr><td rowspan="2">产生原因</td><td>客观原因</td><td>法院地国与有关国家对同一民事法律关系或法律问题的法律适用作出不同的规定或不同解释,具体包括两种情况:①对同一问题规定不同的连结点;②对同一问题规定相同的连结点,但解释不同</td></tr>
<tr><td>主观原因</td><td>法院国认为本国冲突规范的指引是总括指引,而不是单项指引,即不是直接指向实体法,而是包括冲突法,各国冲突法功能都在于指引法律的,因此导致外国冲突法的再指引</td></tr>
<tr><td>理论争议</td><td colspan="2">对待反致存在两种基本对立的态度,赞成者与反对者各持己见,总结起来双方争论的共同切入点表现为以下五方面:<br>(1)从扩大本国法适用范围:①赞成者认为可以排除外国实体法的适用,使本不适用的本国实体法得到适用,扩大本国法的适用范围;②反对者认为一味地为了扩大本国法的适用范围而排除本该适用的外国法,有悖于法院国冲突规范的初衷<br>(2)从尊重国家主权角度:①赞成者认为采用反致,符合尊重他国主权原则,既然外国冲突规范指定适用他国法律,表明其拒绝适用自己的实体法来调整;②反对者认为尊重国家主权,不仅要尊重他国的主权,更应尊重本国国家主权的要求<br>(3)从保证判决一致性的角度:①赞成者认为,不管案件在哪一个国家法院提起,均可期望适用同一国家的实体法,使判决结果得到统一;②反对者认为,实现各国判决结果一致只有在特定条件下才能实现,因为如果有关国家均采用反致,则案件在哪国审理最终适用的是那个国家的法律<br>(4)从实体规范与冲突规范的关系角度:①赞成者认为一国的实体规范与其冲突规范是连为一体不可分割的;②反对者认为,冲突规范与实体规范彼此间有联系,但作为两种性质不同的法律规定,各自保持自己的独立性,不能混为一谈<br>(5)从技术层面:①赞成者认为从功能和价值的角度来看,有利于增加法律选择的灵活性,有利于找出与案件有最密切联系、最大利益的国家的法律;②反对者认为,采用反致会导致法院负担的加重,给实际工作带来不便</td></tr>
<tr><td>我国规定</td><td colspan="2">法院审理涉外民事案件,应当按照《民法通则》第八章的规定来确定应适用的实体法,故实践中一般认为我国是不采用反致和转致</td></tr>
</table>

## 三、公共秩序

<table>
<tr><td rowspan="2">公共秩序</td><td>概念</td><td>公共秩序保留,又称公共政策、公共秩序、保留条款,是指一国法院依其冲突规范本应适用外国法时,因其适用会与法院地国的重大利益、基本政策、道德的基本观念或法律的基本原则相抵触而排除其适用的一种保留制度</td></tr>
<tr><td>特点</td><td>主要包括:①各国普遍承认和采用的国际私法制度,作用在于排除或限制外国法的适用,维护法院地国根本利益;②本身富于弹性,具体内涵由各国根据不同时期的政策和利益来解释;③不得滥用,否则会影响正常涉外民事关系的稳定,危害国际私法</td></tr>
</table>

| | | |
|---|---|---|
| 公共秩序 | 含义 | 主要包括:①法院地国冲突规范本应适用某外国实体法作为准据法,因其适用与法院地国的重大利益、基本政策、道德的基本观念、法律基本原则相抵触而排除其适用;②法院地国认为自己的某些法律具有直接适用于涉外民事关系的效力,从而也可排除外国法的适用;③法院在被请求承认与执行外国法院判决或外国仲裁机构裁决时,如认为承认与执行将违反法院地国公共秩序,则不予承认与执行 |
| | 功能 | (1)消极功能,即直接的公共秩序,对外国法的防范及否定<br>(2)积极功能,即间接的公共秩序,对内国法的积极肯定 |
| | 立法模式 | (1)间接限制的立法方式,即指出内国某些法律具有绝对强行性,或者是必须直接适用,从而当然排除了外国法适用的可能性<br>(2)直接限制的立法方式,即在国际私法中明文指出,外国法的适用不得违背内国公共秩序,如有违背即不得适用<br>(3)合并限制的立法方式,即在同一法典中兼采直接限制与间接限制两种方式 |
| | 运用中的问题 | (1)主观论与客观论的分歧,即排除外国法的适用,是仅仅因为该外国法的内容与本国公共秩序相抵触,还是因为该外国法的适用效果有违本国的公共秩序<br>(2)依据条约规定的冲突规范应该适用外国法时,可否以公共秩序保留排除该外国法的适用<br>(3)以公共秩序保留排除本应适用的外国法以后,是否只能用法院地法作为代替 |
| | 我国规定 | 根据《民法通则》第150条和最高人民法院《关于审理涉外民事或商事合同纠纷案件法律适用若干问题的规定》第7条(2007年6月11日最高人民法院审判委员会第1429次会议通过,2007年8月8日起施行)的规定,适用外国法律或者国际惯例的,不得违背中华人民共和国的社会公共利益,即表明:①我国采取了直接限制的立法方式,并且采用社会公共利益来表述公共秩序;②对于确定违反公共秩序的标准,我国采取结果说,即外国法的适用结果违反我国社会公共利益予以排除适用;③我国的公共秩序保留条款不仅指向外国法律,还指向国际惯例,这是我国所特有的;④排除外国法之后,适用中国实体法 |

## 四、法律规避

| | | |
|---|---|---|
| 法律规避 | 概念 | 是指涉外民事法律关系的当事人为利用某一冲突规范,故意制造某种连结点的客观事实,以避免本应适用的法律,从而使对自己有利的法律得以适用的行为 |
| | 条件 | 构成法律规避的行为包括以下条件:①从主观上看,当事人是有目的、有意识地规避法律;②从规避的对象上看,被规避的法律必须是依冲突规范本应适用的强制性或禁止性法律;③从行为方式上看,当事人是人为地制造或改变一个或几个连结点来实现;④从客观结果上看,当事人规避法律的目的已经达到,即适用对当事人有利的法律 |
| | 范围 | 存在两种不同主张:①主张规避法律仅指本国法(法院地国)强行性法律和禁止性法律;②主张规避法律既包括规避本国强行性法律和禁止性法律,也包括规避外国的强行性法律和禁止性法律 |
| | 效力 | 法律规避的效力,是指实施规避冲突规范援引应适用的准据法的行为是有效还是无效,其行为能否造成法律适用上的变更。在禁止或限制法律规避的国家中,一般认为法律规避是欺骗行为,根据欺诈使一切归于无效的原则,在发生法律规避的情况下,就应排除当事人希望适用的法律,而适用本应适用的法律。但在各国的具体做法上又因被规避的法律是内国法还是外国法而又不同 |
| | 我国规定 | 最高人民法院《关于贯彻执行〈中华人民共和国民法通则〉若干问题的意见(试行)》第194条规定:"当事人规避我国强制性法律规范或者禁止性法律规范的行为,不发生适用外国法律的效力。"而最高人民法院《关于审理涉外民事或商事合同纠纷案件法律适用若干问题的规定》(2007年6月11日最高人民法院审判委员会第1429次会议通过,2007年8月8日起施行)第6条的规定:"当事人规避中华人民共和国法律、行政法规的强制性规定的行为,不发生适用外国法律的效力,该合同争议应当适用中华人民共和国法律。" |

## 五、外国法内容的查明

<table>
<tr><td rowspan="8">外国法内容的查明</td><td>概念</td><td colspan="2">即指一国法院在审理涉外民商事案件时依本国的冲突规范应适用某一外国实体法，如何查明该外国法的存在和内容</td></tr>
<tr><td>产生原因</td><td colspan="2">主要基于两方面：①世界各国法律千差万别并经常发生变化，任何法官都不可能通晓世界各国的法律；②很多国家的诉讼法在不同程度上都要求把法律与事实分开分别采用不同的程序</td></tr>
<tr><td>查明方法</td><td colspan="2">大致可分为四类：①把外国法看作事实有当事人主张证明；②把外国法看作事实，原则上由当事人负责举证，但法官也可直接认定；③把外国法看作法律由法官依职权查明；④基本上把外国法视为法律，原则上由法官负责查明，必要时也可要求当事人予以协助</td></tr>
<tr><td>解决办法</td><td colspan="2">外国法无法查明时，有下列解决方法：①以法院地法取代应该适用的外国法；②适用同本应适用的外国法相近似或类似法律；③适用一般法理；④驳回当事人的诉讼请求或抗辩</td></tr>
<tr><td rowspan="2">外国法的错误适用</td><td>适用内国冲突规范错误</td><td>(1)即法官依照内国冲突规范的指定，本应适用外国法但却适用内国法，或本应适用内国法却适用了外国法，或本应适用某一外国法却适用了另一外国法<br>(2)一般认为，适用内国冲突规范错误和违反内国法律具有相同性质，并允许当事人依法上诉</td></tr>
<tr><td>适用外国法本身的错误</td><td>(1)法官适用冲突规范正确选择了应该适用的外国法，但在适用过程中发生错误，对外国法的条款或内容作了错误适用或解释，并据此作出错误判决<br>(2)对适用外国法本身错误是否允许当事人上诉，各国理论和实践有两种不同态度：①不允许当事人提起上诉，如法国、德国、瑞士、比利时；②允许当事人上诉，如英国、美国、意大利、奥地利</td></tr>
<tr><td>我国规定</td><td colspan="2">2007年6月11日最高人民法院审判委员会第1429次会议通过，2007年8月8日起施行的最高人民法院《关于审理涉外民事或商事合同纠纷案件法律适用若干问题的规定》第9条、第10条就外国法的查明方法及不能查明的解决办法作出明确规定：①当事人选择或者变更选择合同争议应适用的法律为外国法律时，由当事人提供或者证明该外国法律的相关内容；②人民法院根据最密切联系原则确定合同争议应适用的法律为外国法律时，可以依职权查明该外国法律，亦可以要求当事人提供或者证明该外国法律的内容；③当事人对查明的外国法律内容经质证后无异议的，人民法院应予确认，当事人有异议的，由人民法院审查认定。当事人和人民法院通过适当的途径均不能查明外国法律的内容的，人民法院可以适用中华人民共和国法律。</td></tr>
</table>

# 重点知识讲解

## 一、反致

**反致**

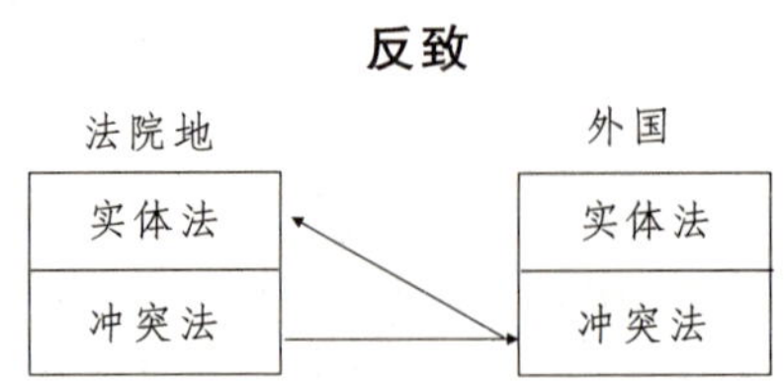

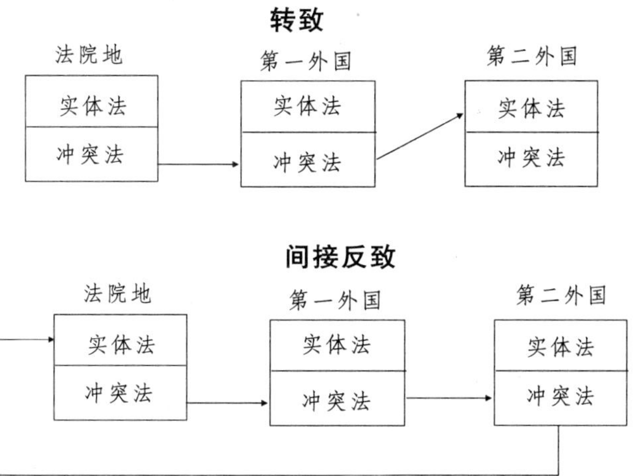


## 二、法律规避与公共秩序的区别

| 项目<br>对象 | 起因 | 保护对象 | 行为性质 | 后果 | 地位 |
| --- | --- | --- | --- | --- | --- |
| 法律规避 | 当事人故意改变某种连结点的事实 | 可以是本国法，也可为外国法，但多为禁止性法律规范 | 私人行为 | 不适用外国法，且当事人可能要负担法律责任 | 主要处于学说阶段，多数国家的立法没有规定 |
| 公共秩序 | 冲突规范指引的外国法的适用结果与法院地公共政策相冲突 | 本国法中的基本原则、基本精神，并非所有的禁止性规范 | 国家相关行为 | 当事人不承担任何法律责任 | 国际私法的一项原则，各国立法均有规定 |

## 配套习题

### 一、单项选择题

1. 1878 年法国最高法院审理的涉及法律规避问题的案件是(　)

A. 福果案　　B. 佛莱案

C. 鲍富莱蒙案　　D. 贝科克诉杰克逊案

2. 国际私法中的识别问题最早是由(　)提出来的

A. 康恩和巴丹　　B. 巴托鲁斯

C. 沃尔夫　　D. 萨维尼

3. 我国法律规定："适用外国法律或者国际惯例的，不得违背中华人民共和国的社会公共利益。"该规定体现了国际私法中的(　)制度

A. 法律规避　　B. 公共秩序保留

C. 外国法查明　　D. 反致

4. 在反致问题上，英国有一个独特的法律制度，称为(　)

A. 反致　　B. 间接反致

C. 转致　　D. 双重反致

5. 识别问题一般依据(　)

A. 法院地法

B. 准据法

C. 分析法学与比较法说

D. 个案识别说

6. 识别的目的在于准确地确定应适用的

(    )

A. 实体法　　　　B. 程序法

C. 准据法　　　　D. 冲突规范

7. 一对夫妇，夫为泰国人，妻为英国人，丈夫在中国逝世后，妻子要求中国法院判决丈夫在中国的遗产归其所有。判断妻子对其夫财产的权利是基于夫妻财产关系的权利还是妻子对丈夫的继承权利的问题在国际私法上被称为(    )(司考2002年卷，单选第20题)

A. 二级识别　　　　B. 识别

C. 法律适用　　　　D. 先决问题

8. 当冲突规范所援引的外国法的内容依照法律规定的方法仍不能查明时，我国法院通常的做法是(    )(律考1999年卷一，单选第11题)

A. 驳回起诉

B. 适用我国法律

C. 适用同本应适用的外国法相近似或类似的其他国家的法律

D. 适用一般法理

9. 甲国公民A(男)与乙国公民B(女)在乙国结婚，因工作关系移居丙国，数年后，A在丙国死亡，其前妻之子女在丙国法院提起了要求继承A在丙国的遗产的诉讼，并认为A与B之间的夫妻关系不成立，否认B的继承权。关于A与B之间夫妻关系的成立，依丙国国际私法的规定应适用乙国法律，但是依乙国法律应适用丈夫本国法，即甲国法律，根据国际私法的理论，丙国法院适用甲国法的行为属于(    )(律考1999年卷一，单选第25题)

A. 反致　　　　B. 间接反致

C. 转致　　　　D. 双重反致

10. 一国法院根据该国冲突规范的规定适用外国法时，如果适用的是该外国的冲突规范，则会发生(    )

A. 识别　　　　B. 法律规避

C. 先决问题　　　　D. 反致

## 二、多项选择题

1. 国际私法上的法律规避，其构成条件一般包括(    )

A. 当事人规避法律必须是出于故意

B. 被规避的法律必须是依冲突规范本应适用的强制性或禁止性法律

C. 当事人是通过人为地制造或改变一个或几个连结点来实现其规避法律的目的

D. 规避法律的目的已经实现

2. 识别冲突产生的原因主要有(    )

A. 不同国家对同一事实赋予不同的法律性质

B. 不同国家对同一问题规定的冲突规范具有不同的含义

C. 不同国家往往把具有相同内容的法律问题分配到不同的法律部门中去

D. 不同国家有时有独特的法律概念

3. 外国法适用的错误包括(    )

A. 适用程序法的错误

B. 适用冲突规范的错误

C. 适用区际私法的错误

D. 适用外国法本身的错误

4. 在反致制度中，最后必然导致法院地国实体法得以适用的是(    )

A. 直接反致　　　　B. 间接反致

C. 转致　　　　D. 外国法院说

5. 对于应当适用的外国法律，我国法院可以通过(    )的途径查明(考研西南政法大学2003年)

A. 由当事人提供

B. 由与我国订立司法协助协定的缔约对方的中央机关提供

C. 由我国驻该国的使领馆提供

D. 由该国驻我国的使领馆提供

6. 我国的公共秩序保留条款(    )

A. 外国法的适用结果违反我国社会公共利益才予以排除适用

B. 只排除外国法的适用

C. 不排除国际惯例的适用

D. 既可排除外国法的适用，也可排除国际惯例的适用

7. 以下关于公共秩序保留含义的叙述正确的有(    )

A. 公共秩序保留制度不得滥用，否则会影响正常涉外民事关系的稳定

B. 排除与法院地国的重大利益、基本政策等相抵触外国法的适用

C. 直接适用法院地国的某些强制性规则

D. 如果被请求承认或执行的外国法院的有效判决或裁决违反法院地国的公共秩序，可不予以承认执行

8. 对于识别，下列说法中不正确的是(　)

A. 识别是解决援用哪一个冲突规范的前提

B. 识别主要是一种限制外国法适用的手段

C. 识别主要在确定法院管辖权时进行

D. 如果两国制定相同的冲突规则，就不会产生识别冲突

## 三、名词解释

1. Evasion of law(考研武汉大学 2002 年)

2. 公共秩序保留(考研西北政法学院 2001 年)

3. 间接反致(考研西北政法学院 2002 年)

4. 反致(考研西北政法学院 2003 年)

## 四、简答题

1. 什么是识别？解决识别冲突的方法主要有哪些？(考研武汉大学 2004 年、西北政法学院 2005 年)

2. 法院地法作为识别根据的可取之处在哪里？(考研中国政法大学 2003 年)

3. 举例说明法律规避的概念以及其构成要件(考研中国政法大学 2001 年)

4. 请比较说明“公共秩序保留”与“法律规避”(考研中国政法大学 2002 年、西北政法学院 2004 年)

5. 简述外国法内容查明的方法。(考研中国人民大学 2003 年、中国政法大学 2004 年)

## 五、论述题

1. 国际私法上有哪些限制冲突规范的制度？请阐述和分析我国对这些制度的态度。(考研北京大学 2003 年、西南政法大学 2005 年)

2. 试述公共秩序保留制度。(考研武汉大学 2002 年、中国人民大学 2005 年)

# 参考答案

## 一、单项选择题

1. 答案：C

提示：本题考查的是法律规避

解析：法律规避，是指涉外民事法律关系的当事人为利用某一冲突规范，故意制造某种连结点的客观事实，以避免本应适用的法律，从而使对自己有利的法律得以适用的行为。法律规避问题开始引起广泛关注和研究是从 1878 年法国最高法院审理的鲍富莱蒙案开始的。因此，C 项正确。

2. 答案：A

提示：本题考查的是识别的提出者

解析：德国法学家康恩和法国法学家巴丹相继于 1891 年、1897 年将识别作为国际私法中一个需要独立解决的问题提出。因此，A 项正确。

3. 答案：B

提示：本题考查的是公共秩序保留的概念

解析：公共秩序保留是指一国法院依其冲突规范本应适用外国法时，因其适用会与法院地国的重大利益、基本政策、道德的基本观念或法律的基本原则相抵触而排除其适用的一种保留制度。我国《民法通则》第 150 条规定：“依照本章规定适用外国法律或者国际惯例的，不得违背中华人民共和国的社会公共利益。”这是我国对公共秩序保留制度的规定。因此，B 项正确。

4. 答案：D

提示：本题考查的是双重反致

解析：双重反致，是英国冲突法中的一种独特做法。它是指当英国法院在处理案件过程中根据英国冲突规范应该适用外国法律时，如果该外国的冲突规范又指向适用英国法，在这种情况下，英国法院就站在该外国法院的立场上决定最后应以哪一个国家的实体法作为准据法，如果该外国是个采用反致制度的国家，英国法院就以该外国的实体法作为准据法，如果该外国是个拒绝采用反致制度的国家，英国法院就以英国的实体法作为准据法。因此，D 项

正确。

5. 答案:A

提示:本题考查的是识别的依据

解析:在识别依据问题上,比较有影响的有法院地法说、准据法说、分析法学与比较法说、个案识别说等。法院地法主张以法院地国家的实体法作为识别的标准,理论根据是冲突规范是国内法,且法官熟悉本国法律概念,在解决识别冲突之前,外国法还没有得到适用。该说是目前各国采用最多的一种识别依据。因此,A 项正确。

6. 答案:D

提示:本题考查的是识别的目的

解析:国际私法中的识别问题,主要探讨法院在确定对涉外案件的管辖权后,用什么标准对案件事实进行定性或分类,从而解决应援引哪一条冲突规范的问题。因此,D 项正确。

7. 答案:B

提示:本题考查的是识别

解析:识别,又称归类或定性,是指依据一定的法律观念对待决案件有关事实情况或问题进行分析定性、归类,将其归入一定的法律范畴,从而确定应援用的冲突规范。本题中要判断妻子对其丈夫财产享有的权利,其性质是所有权还是继承权?这就需要对该法律关系进行定性分类,如果将其定性为夫妻财产关系,则应当援引有关夫妻财产关系的冲突规范,如果将其定性为继承关系,则应当援用调整继承关系的冲突规范,因此,这是一个识别问题,B 项正确。所谓先决问题又称为“附随问题”,是指在处理涉外民事案件的主要问题时所必须首先加以解决的问题。“二级识别”是英国学者提出的识别理论,该理论将识别分为“一级识别”和“二级识别”,前者依据法律的范围对事实进行归类,后者是指准据法的界定和适用。

8. 答案:B

提示:本题考查的是外国法无法查明的解决办法

解析:我国《民通意见》第 193 条规定:“对于应当适用的外国法律,可通过下列途径查明:①由当事人提供;②由与我国订立司法协助协定的缔约对方的中央机关提供;③由我国驻该国使领馆提供;④由该国驻我国使馆提供;⑤由中外法律专家提供。通过以上途径仍不能查明的,适用中华人民共和国法律。”另外,2007 年 8 月 8 日起施行的最高人民法院《关于审理涉外民事或商事合同纠纷案件法律适用若干问题的规定》第 9 条规定:“当事人选择或者变更选择合同争议应适用的法律为外国法律时,由当事人提供或者证明该外国法律的相关内容。人民法院根据最密切联系原则确定合同争议应适用的法律为外国法律时,可以依职权查明该外国法律,亦可以要求当事人提供或者证明该外国法律的内容。当事人和人民法院通过适当的途径均不能查明外国法律的内容的,人民法院可以适用中华人民共和国法律。”由此可见,我国在外国法无法查明时,则适用我国法律,故 B 项正确。

9. 答案:C

提示:本题考查的是转致

解析:转致,是指甲国法院按照其本国的冲突规范,应适用乙国法律,而乙国的冲突规范规定,应适用丙国的法律,结果甲国法院最后适用丙国的实体法。本题中,案件在丙国提起诉讼,丙国法院依据该国冲突规则适用乙国法律,而依据乙国法律本案应适用甲国法律,法院最后适用甲国法律,这种情形图示为:丙国(法院地)——乙国——甲国(最后适用法律),此为转致,C 项正确。

10. 答案:D

提示:本题考查的是反致的发生条件

解析:产生反致的原因主要有两点:①法院地国与有关国家对同一民事法律关系或法律问题的法律适用作出不同的规定或不同解释,具体包括对同一问题规定不同的连结点或者对同一问题规定相同的连结点,但解释不同。②法院国认为本国冲突规范的指引是总括指引,而不是单项指引,即不是直接指向实体法,而是包括冲突法在内,并且只适用其中的冲突法。所以,D 项正确。

## 二、多项选择题

1. 答案:ABCD

提示:本题考查的是法律规避的构成条件

解析:要构成法律规避,应具备以下几个要件:①从主观上看,当事人是有目的、有意识地规避法律。即当事人规避某种法律必须是出于故意,也就是说当事人有逃避适用某种法律的意图;②从规避的对象上看,被规避的法律必须是依冲突规范本应适用的强制性或禁止性法律。如果排除适用的是任意性规范,则不构成法律规避;③从行为方式上看,当事人是通过人为地制造或改变一个或几个连结点来实现的;④从客观结果上看,当事人规避法律的目的已经达到,也就是说,法律规避必须是既遂的,不存在未遂的法律规避。除了以上四点外,还有一点关系到法律规避案件的提出,即当事人为利用冲突规范而创造了条件以后,他与该冲突规范的所属国家或地区仍然存在某种联系。综上,A、B、C、D项都正确。

2. **答案:**ABCD

**提示:**本题考查的是识别冲突产生的原因

**解析:**识别冲突,是指由于法院地国与有关外国的法律对同一事实构成作出不同的分类,或对冲突规范的范围中同一法律概念赋予不同的内涵,采用不同国家的法律观念进行识别就会导致适用不同的冲突规范,最终导致适用不同的准据法。识别冲突的产生,是由于存在下述几种情况:①不同国家对同一事实赋予不同的法律性质,因而可能援引不同的冲突规范;②不同国家往往把具有相同内容的法律问题分配到不同的法律部门中去;③不同国家对同一问题规定的冲突规范具有不同的含义;④不同国家有时有独特的法律概念。因此,A、B、C、D项都正确。

3. **答案:**AD

**提示:**本题考查的是外国法适用错误的含义

**解析:**外国法适用错误主要包括如下两种情况:①适用内国冲突规范错误。即法官依照内国冲突规范的指定,本应适用外国法但却适用了内国法,或本应适用内国法却适用了外国法,或本应适用某一外国法却适用了另一外国法。一般认为,适用内国冲突规范错误和违反内国法律具有相同性质,并允许当事人依法上诉。②适用外国法本身的错误。即法官适用冲突规范正确选择了应该适用的外国法,但在适用过程中发生错误,对外国法的条款或内容作了错误适用或解释,并据此作出错误判决。因此,A、D项正确。

4. **答案:**AB

**提示:**本题考查的是反致制度

**解析:**直接反致,是根据法院地国的冲突规范指引应适用他国的法律,而根据他国的冲突规范本案又应适用法院地国的法律,最后法院适用了本国的实体法,A项正确。间接反致是指对某一案件,受理案件法院根据本国或者本地区的冲突规范指引应适用他国或地区的法律,但依该国或者地区的冲突规范的指引应适用第三国或地区的法律,而依第三国或地区的冲突规范的指引却应适用法院地国或者地区的法律,结果法院适用了本国的实体法,B项也正确。转致是指甲国法院按照其本国的冲突规范,应适用乙国法律,而乙国的冲突规范规定,应适用丙国的法律,结果甲国法院最后适用丙国的实体法,因此它最后导致的是适用第三国的实体法,所以C项不正确。双重反致又称"完全反致",是英国冲突法中的一种独特的做法,其含义为英国法院法官在处理某一案件时,如果依英国法而适用外国法,应假定将自己置身于该外国法律体系,像该外国法官依据自己的法律来裁判案件一样,再依该外国法对反致所抱态度,最后决定应适用的法律。它有可能适用英国法,也可能适用该外国法,所以,D项不正确。

5. **答案:**ABCD

**提示:**本题考查的是外国法的查明

**解析:**《民通意见》第193条规定:"对于应当适用的外国法律,可通过下列途径查明:①由当事人提供;②由与我国订立司法协助协定的缔约对方的中央机关提供;③由我国驻该国使领馆提供;④由该国驻我国使馆提供;⑤由中外法律专家提供。通过以上途径仍不能查明的,适用中华人民共和国法律。"因此,A、B、C、D项正确。

6. **答案:**AD

**提示:**本题考查的是我国对公共秩序保留的规定

**解析:**《民法通则》第150条规定:"依照本章规定适用外国法律或者国际惯例的,不得违背中华人民共和国的社会公共利益。"该条表明,在公共秩序保留问题上:①我国采取了直接限制的立法方式,并且采用社会公共利益来表述公共秩序;②对于确定违反公共秩序的标准,我国采取结果说,即外国法的适用结果违反我国社会公共利益才予以排除适用;③我国的公共秩序保留条款不仅指向外国法律,还指向国际惯例,这是我国所特有的;④排除外国法之后,适用中国实体法。因此,A、D项正确。我国公共秩序保留条款不但排除外国法,而且也适用于国际惯例,因此,B、C项不正确。

7. **答案:**BCD

**提示:**本题考查的是公共秩序保留的含义

**解析:**公共秩序保留主要有三重含义:①法院地国冲突规范本应适用某外国实体法作为准据法,因其适用与法院地国的重大利益、基本政策、道德的基本观念、法律基本原则相抵触而可排除其适用;②法院地国认为自己的某些法律具有直接适用于涉外民事关系的效力,从而也可排除外国法的适用;③法院在被请求承认与执行外国法院作出的发生法律效力的判决或外国仲裁机构作出的裁决时,如认为承认与执行将违反法院地国公共秩序,则不予承认与执行。因此,B、C、D项正确。而A项是公共秩序保留的特点,不符合题意。

8. 答案:BCD

提示:本题考查的是识别

解析:识别也称为定性或分类,是指法院在适用冲突规范时,依据一定的法律观念,对有关的事实构成作出定性或分类,将其归入特定的法律范畴,从而确定所要适用的冲突规范。所以识别是解决援用哪一个冲突规范的前提,A项正确,不选。在利用识别制度援用冲突规范,进而确定准据法之前,外国法是否会得到适用并不确定,因此,识别并不是限制外国法适用的手段,B项不正确,应选。识别是在法院确定了管辖权之后发生的,所以C项不正确。识别冲突的产生原因主要有四个:①有不同国家对同一事实赋予不同的法律性质,因而可能援引不同的冲突规范;②不同国家往往把具有相同内容的法律问题分配到不同的法律部门中去;③不同国家对同一问题规定的冲突规范具有不同的含义;④不同国家有时有独特的法律概念。所以即使两国制定相同的冲突规则,识别冲突仍可能产生,D项不正确。

## 三、名词解释

1. 提示:参见本章“基础知识图解”中“法律规避”的相关内容,从法律规避的概念和适用条件两方面来回答

2. 提示:参见本章“基础知识图解”中“公共秩序保留”的相关内容,从公共秩序保留的概念和其含义来回答

3. 提示:应从间接反致的概念、特点等方面来回答

答案:间接反致,是指对某一涉外民事关系的调整,甲国法院按照其本国的冲突规范去适用乙国法律,而乙国的冲突规范规定,应适用丙国的法律,丙国的冲突规范又规定应该适用甲国法,结果甲国法院最后适用本国的实体法。间接反致的过程始于法院地国的冲突规范而终于法院地国的实体法规范。在间接反致中,虽然适用的法律从一个国家转变到另一个国家,但审理案件的法院只是一个国家的法院。

4. 提示:应从反致的概念、特点等方面来回答

答案:反致问题是在适用冲突规范选择准据法的过程中发生的一个问题,是冲突规范本身发生冲突的表现形式之一。广义上反致包括直接反致、转致和间接反致。狭义的反致也称为直接反致,它是指甲国法院按照其本国的冲突规范,应适用乙国法律,而乙国的冲突规范规定,应适用甲国的法律,结果甲国法院按此规定,最后适用了本国的实体法的情况。反致的过程始于法院地国的冲突规范而终于法院地国的实体法规范。在反致中,虽然适用的法律从一个国家转变到另一个国家,但审理案件的法院只是一个国家的法院。

## 四、简答题

1. 提示:参见本章“基础知识图解”中“识别”的相关内容,从识别的概念、识别的冲突和解决识别的方法几方面来回答

2. 提示:应从识别的概念、法院地法识别的含义和理由等方面来回答

答案:(1)识别也称为定性或分类,是指法院在适用冲突规范时,依据一定的法律观念,对有关的事实构成作出定性或分类,将其归入特定的法律范畴,从而确定所要适用的冲突规范。

(2)法院地法说,代表人物康恩、巴丹,即主张以法院地国家的实体法作为识别的标准。该学说得到许多国家司法实践的支持和采纳,是目前各国采用最广泛的一种识别依据。

(3)将法院地法作为识别根据的可取之处在于:①国际私法作为国内法的组成部分,其冲突规范和它的内国法规则是同一法律体系的构成部分,其使用的名词或概念只能依其所属国家的法律,亦即法院地法进行解释。②由于法官熟悉自己国家的法律概念,依法院地法识别简单明确,不需要外国专家证明。③识别是法官适用冲突规范之前的思维活动,是使用冲突规范的先决条件,在没有解决识别冲突之前,外国法还没有获得适用,因此,除法院地法外,不可能有其他法律作为识别的依据。④如果依外国法作为识别的依据,即允许用外国法来决定法院地国家的某一冲突规范在何种情况下被适用。这样,法院地国家就丧失了对自己冲突规范的控制,同时也破坏了法院地国家法律体系的完整性。⑤如果用外国法识别,有损法院地国家的司法主权。

3. **提示**:应从法律规避的概念、构成要件和举例说明来回答

**答案**:(1)法律规避是指涉外民事法律关系的当事人为利用某一冲突规范,故意制造某种连结点的客观事实,以避免本应适用的法律,从而使对自己有利的法律得以适用的行为。

(2)法律规避的构成要件:①从主观上看,当事人是有目的、有意识地规避法律。即当事人规避某种法律必须是出于故意,也就是当事人有逃避适用某种法律的意图。②从规避的对象上看,被规避的法律必须是依冲突规范本应适用的强制性或禁止性法律。如果排除适用的是任意性规范,则不构成法律规避。③从行为方式上看,当事人是通过人为地制造或改变一个或几个连结点来实现的。具体可分为两种情况:改变事实情况,比如,在内国有关冲突规范以住所为连结点的情况下,为规避住所地法在结婚或离婚方面的禁止规定而有意改变住所;改变法律状况,例如,通过归化而加入另一国国籍,来规避原国籍所属国法律中在结婚、离婚方面的禁止性规定。④从客观结果上看,当事人规避法律的目的已经达到,也就是说,法律规避必须是既遂的,不存在未遂的法律规避。

(3)除了以上四点外,还有一点关系到法律规避案件的提出,即当事人为利用冲突规范而创造了条件以后,他与该冲突规范的所属国家或地区仍然存在某种联系。

(4)举例:甲国一女子欲与其丈夫(甲国人)离婚而嫁给一乙国人,但甲国不允许离婚,该女子为达到离婚的目的,便来到允许离婚的丙国,取得了丙国国籍,并在丙国取得了离婚判决,然后与该乙国人结婚,并继续在甲国居住。

4. **提示**:应从公共秩序保留和法律规避的概念、区别和相同点等方面来回答

**答案**:(1)公共秩序保留,是指公共秩序保留,又称公共政策、公共秩序、保留条款,是指一国法院依其冲突规范本应适用外国法时,因其适用会与法院地国的重大利益、基本政策、道德的基本观念或法律的基本原则相抵触而排除其适用的一种保留制度。

(2)法律规避,是指涉外民事法律关系的当事人为利用某一冲突规范,故意制造某种连结点的客观事实,以避免本应适用的法律,从而使对自己有利的法律得以适用的行为。

(3)两者的区别主要有:①起因不同。法律规避是当事人故意改变某种连结点的事实;而公共秩序保留是冲突规范指引的外国法的适用结果与法院地公共政策相冲突。②行为性质不同。法律规避是私人行为;而公共秩序保留是国家相关行为。③保护对象不同。法律规避的保护对象可以是本国法,也可为外国法,但多为禁止性法律规范;而公共秩序保留保护的对象是本国法中的基本原则、基本精神,并非所有的禁止性规范。④后果不同。法律规避导致的是不适用当事人企图适用的外国法,且当事人可能要对其法律规避行为负担法律责任;而因公共秩序保留而不适用冲突规范援引的外国法后,当事人不需要承担任何法律责任。⑤地位不同。法律规避主要处于学说阶段,多数国家的立法没有规定;而公共秩序保留是国际私法的一项原则,各国立法均有规定。⑥目的不同。法律规避的目的对当事人来讲是将对其不利的法律通过改造连结点的行为使该法不会对其适用,同时促使对其有利的法律得以适用,这是当事人为其自身利益所作出的选择;而公共秩序保留则是以国家、社会的整体利益为出发点的,表现为国家为维护其公共利益的需要而对有悖于此的外国法的适用所给予的否定,并不是针对某个具体的当事人。

(4)两者的相同点在于两者都被视为是排除外国法适用的手段,是冲突法上的重要制度。

5. **提示**:参见本章“基础知识图解”中“外国法内容查明”的相关内容,从外国法内容查明的概念、方法、无法查明时的解决和我国的规定等方面回答

## 五、论述题

1. **提示**:应从反致、公共秩序保留、法律规避与外国法内容的查明的概念和我国对这些制度的立法态度等方面来回答

**答案**:(1)运用冲突规范解决法律冲突是国际私法的主要任务,但由冲突规范所指向适用的法律,可能是内国法,也可能是外国法,如果是内国法,内国法院自然予以适用而一般不成问题,但如果是外国法,内国法院有时就会借助冲突法中特有的一些制度,来限制或排除外国法的适用。这些制度是反致、公共秩序保留、法律规避与外国法内容的查明。

(2)反致是冲突规范本身发生冲突的表现形式之一,广义上反致包括直接反致、转致和间接反致:①直接反致,甲国法院按照其本国的冲突规范,应适用乙国法律,而乙国的冲突规范规定,应适用甲国的

法律，结果甲国法院最后适用本国的实体法；②转致，甲国法院按照其本国的冲突规范，应适用乙国法律，而乙国的冲突规范规定，应适用丙国的法律，结果甲国法院最后适用丙国的实体法；③间接反致，甲国法院按照其本国的冲突规范，应适用乙国法律，而乙国的冲突规范规定，应适用丙国的法律，丙国的冲突规范又规定应该适用甲国法，结果甲国法院最后适用本国的实体法。

(3)公共秩序保留，又称公共政策、公共秩序、保留条款，是指一国法院依其冲突规范本应适用外国法时，因其适用会与法院地国的重大利益、基本政策、道德的基本观念或法律的基本原则相抵触而排除其适用的一种保留制度。

(4)法律规避，是指涉外民事法律关系的当事人为利用某一冲突规范，故意制造某种连结点的客观事实，以避免本应适用的法律，从而使对自己有利的法律得以适用的行为。其要件为：①从主观上看，当事人是有目的、有意识地规避法律；②从规避的对象上看，被规避的法律必须是依冲突规范本应适用的强制性或禁止性法律；③从行为方式上看，当事人是人为地制造或改变一个或几个连结点来实现；④从客观结果上看，当事人规避法律的目的已经达到，即适用对当事人有利的法律。除了以上四点外，还有一点关系到法律规避案件的提出和发展，即当事人为利用冲突规范而创造了条件以后，他与该冲突规范的所属国家或地区仍然存在某种联系。

(5)外国法内容的查明，是指一国法院在审理涉外民商事案件时依本国的冲突规范应适用某一外国实体法，如何查明该外国法的存在和内容。

(6)我国对这些制度的立法规定和态度：

第一，对于反致：我国法律规定法院审理涉外民事案件，应当按照民法通则第八章的规定来确定应适用的实体法，故实践中一般认为我国是不采用反致和转致的。

第二，对于公共秩序的保留：我国法律规定依照民法通则的规定适用外国法律或者国际惯例的，不得违背中华人民共和国的社会公共利益，即表明：①我国采取了直接限制的立法方式，并且采用社会公共利益来表述公共秩序；②对于确定违反公共秩序的标准，我国采取结果说，即外国法的适用结果违反我国社会公共利益才予以排除适用；③我国的公共秩序保留条款不仅指向外国法律，还指向国际惯例，这是我国所特有的；④排除外国法之后，适用中国实体法。

第三，关于法律规避：我国法律规定，当事人规避我国强制性或者禁止性法律规范的行为，不发生适用外国法律的效力。

第四，对于外国法内容的查明，我国目前的主要法律依据为2007年8月8日起新施行的最高人民法院《关于审理涉外民事或商事合同纠纷案件法律适用若干问题的规定》(以下简称《规定》)第9条和第10条以及《民通意见》第193条。综合这些规定可知，如果是涉外民事或商事合同纠纷案件的外国法查明问题，则遵循《规定》的下列原则："①当事人选择或者变更选择合同争议应适用的法律为外国法律时，由当事人提供或者证明该外国法律的相关内容；②人民法院根据最密切联系原则确定合同争议应适用的法律为外国法律时，可以依职权查明该外国法律，亦可以要求当事人提供或者证明该外国法律的内容；③当事人对查明的外国法律内容经质证后无异议的，人民法院应予确认，当事人有异议的，由人民法院审查认定。当事人和人民法院通过适当的途径均不能查明外国法律的内容的，人民法院可以适用中华人民共和国法律。"如果是合同以外的纠纷的外国法的查明，则仍适用《民通意见》第193条的规定，即：①外国法的查明，可由当事人提供，或由与我国订立司法协助协定的缔约对方的中央机关提供，或由我国驻该国使领馆提供，或由该国驻我国使馆提供，或由中外法律专家提供；②外国法律不能查明时，适用中华人民共和国法律。

2. 提示：参见本章"基础知识图解"中"公共秩序保留"的相关内容，从公共秩序保留制度的概念、特点、含义、功能、立法模式和我国的规定等方面来回答

# 第七章 民事身份和能力的法律适用

## 内容提示

本章主要就自然人、法人的民事权利能力和民事行为能力的法律冲突和法律适用进行阐述。通过本章的学习，应了解民事身份与能力的法律冲突及其产生的原因；掌握解决民事权利能力和民事行为能力法律冲突的规则。

## 基础知识图解

### 一、自然人民事权利能力和行为能力的法律冲突

<table>
<tr><td rowspan="7">自然人民事权利能力和行为能力的法律冲突</td><td rowspan="5">权利能力</td><td>概念</td><td colspan="2">即自然人享有民事权利和承担民事义务的法律资格，是自然人成为民事权利主体的前提，始于出生，终于死亡，非法律规定不得剥夺</td></tr>
<tr><td>法律冲突</td><td colspan="2">(1)权利能力的开始，各国对出生的理解与规定有很大差异<br>(2)权利能力的终止，各国对何时为死亡以及对于生理死亡的标志和宣告死亡的规定及实践存在较大分歧<br>(3)权利能力的范围，各国有关自然人可以成为哪些民事法律关系主体的规定不同</td></tr>
<tr><td>法律适用</td><td colspan="2">各国立法和司法实践大致有三种做法：①适用有关法律关系准据法所属国的法律；②适用法院地法；③适用当事人的属人法；大多数国家适用当事人的属人法</td></tr>
<tr><td rowspan="2">涉外失踪死亡宣告</td><td>管辖权</td><td>对于涉外失踪或死亡宣告案件的管辖权主要有以下三种主张：①由当事人国籍国管辖；②由当事人住所地国宣告；③原则上由失踪者本国法院管辖，但在一定条件下和一定范围内，可由其住所地国或居所地国管辖。大多数国家采取第三种观点</td></tr>
<tr><td>法律适用</td><td>对于涉外失踪或死亡宣告的法律适用，各国立法和实践原则上均适用失踪人属人法；但视失踪人国籍、住所、财产情况有以下不同主张：①适用失踪人的本国法；②有些国家主张适用失踪人住所地法；③原则上适用失踪人本国法，但内国法院对死亡宣告有管辖权时适用法院地法；④原则上适用失踪人本国法，但涉及在内国的不动产时例外；⑤原则上适用失踪人本国法，但失踪外国人在内国有财产及应依内国法设立的法律关系，或者涉及内国利害关系人的利益时，适用内国法</td></tr>
<tr><td rowspan="2">行为能力</td><td>概念</td><td colspan="2">即法律确认自然人能够以自己的行为行使民事权利和承担民事义务的法律资格，是自然人有效地进行民事活动的前提，自然人行为能力的取得主要取决于年龄因素和生理心理因素</td></tr>
<tr><td>法律冲突</td><td colspan="2">(1)关于法定的成年年龄的规定不同，成年年龄是划分完全行为能力人、限制行为能力人和无行为能力人的重要标志，各国民法中均有规定，但差异很大<br>(2)关于禁治产制度的规定不同，禁治产制度是为了保护虽达到成年年龄，但由于先天或后天原因造成其能力低下的人的利益而禁止其经营自己财产的制度，各国对宣告禁治产的原因和法律效力的规定不同</td></tr>
</table>

<table>
<tr><td rowspan="5">自然人民事权利能力和行为能力的法律冲突</td><td rowspan="5">行为能力</td><td>法律适用</td><td colspan="2">国际上通行的一般原则是依当事人属人法,但对于属人法的理解又有所不同,大陆法系国家主张依本国法而英美法系国家主张依住所地法<br>但是适用属人法确定自然人行为能力存在两个例外:①处理不动产的行为能力适用物之所在地法;②有关商事活动的当事人的行为能力可以适用行为地法</td></tr>
<tr><td>我国规定</td><td colspan="2">(1)我国《民法通则》规定,中华人民共和国公民定居国外的,他的民事行为能力可以适用定居国法律<br>(2)《民通意见》对此又做了进一步的解释:①定居国外的我国公民的民事行为能力,如其行为是在我国境内所为,适用我国法律;在定居国所为,可以适用其定居国法律。②外国人在我国领域内进行民事活动,如依其本国法律为无民事行为能力,而依我国法律为有民事行为能力,应当认定为有民事行为能力。③无国籍人的民事行为能力,一般适用其定居国法律;如未定居的,适用其住所地国法律</td></tr>
<tr><td rowspan="3">涉外禁治产宣告</td><td>管辖权</td><td>(1)由被宣告禁治产者的本国法院管辖<br>(2)由被宣告禁治产者的居所地国的法院管辖,但各国对此行使管辖权的标准又有所不同:①主张只要外国人在内国有住所或居所内国法院就有权对其管辖;②主张除外国人在内国有住所或居所外,还需以其本国法有禁治产的原因存在且为内国承认,内国法院才能管辖;③主张本国法院在一定期限内不作出宣告时,内国法院就有权进行宣告</td></tr>
<tr><td>法律适用</td><td>国际上主要有以下作法:①依法院地法;②依禁治产人本国法;③依禁治产人的住所地法;④禁治产原因依其本国法,禁治产宣告的效力依法院地法。禁治产宣告同死亡宣告一样,一般都属于本国的公法行为,为维护内国人的利益,各国在司法实践中一般适用内国法</td></tr>
<tr><td>国际条约</td><td>1905 年海牙《禁治产及类似保护措施公约》,公约规定:①宣告某人为禁治产者的管辖权属于其国籍国,并且不论其住所和居所位于何处,宣告禁治产的条件,概依其本国法决定;②但其所在地国家,为保护其人身和财产,在依其本国法已具备宣告条件时,可以采取必要的临时措施,并及时通知其本国有关方面,一旦其本国采取充分措施则临时措施即行终止;③只有其本国表示不愿予闻或于6个月内不作答复时,居住国才可以作正式的禁治产宣告</td></tr>
</table>

## 二、法人民事权利能力和行为能力的法律冲突

<table>
<tr><td rowspan="3">法人民事权利能力和行为能力的法律冲突</td><td>概念</td><td>法人权利能力是指,法人享受民事权利和承担民事义务的法律资格,能够参与民事关系的前提;法人行为能力是指法人通过其自身行为实现民事权利和履行民事义务的资格</td></tr>
<tr><td>特点</td><td>法人的权利能力和行为能力同时产生同时终止,并且一个法人具有什么样的权利能力通常也就具有什么样的行为能力,两者范围基本一致</td></tr>
<tr><td>法律冲突</td><td>(1)权利能力和行为能力的产生,各国规定具备法人条件并依法取得法人资格的组织,才享有权利能力和行为能力,但是哪些组织可以取得法人资格以及按照什么程序取得法人资格,各国规定不同<br>(2)权利能力和行为能力的消灭,法人的权利能力和行为能力随法人的存在而存在,随法人的终止而消灭,但法人在什么情况下终止以及按照什么程序终止,各国规定有所差异<br>(3)权利能力和行为能力的范围,法人是为了实现特定目的而成立的,各国有关法人可以享有哪些民事权利和应该承担哪些民事义务的规定不同,即法人权利能力的范围不同;而行为能力通常与权利能力在范围上是一致的,但在某些国家,二者也可能不一致<br>(4)行为能力的行使,法人的行为能力由法人代表的活动来实现,对于法人代表以及法人代表的权限范围,各国规定有所不同</td></tr>
</table>

| | | |
|---|---|---|
| | 法律适用 | 国际上通行的原则是依法人的属人法，但是各国确定属人法的标准不一致，因此该原则的适用又有以下情况：①依法人设立或登记地国法律；②依法人住所地国法律；③依法人主要事务所在地或管理中心所在地国法律；④依法人营业所所在地国法律 |
| | 我国规定 | 外国法人以其注册登记地国家的法律为其本国法，法人的民事行为能力依其本国法确定，外国法人在我国领域内进行的民事活动，必须符合我国的法律规定 |

## 配套习题

### 一、单项选择题

1. 我国公民定居国外的，他的民事行为能力可以适用（　）法律

A. 惯常居所地法　　B. 住所地法

C. 定居国法　　D. 法院地国法

2. 外国人在我国领域内进行民事活动，如依其本国法律为无民事行为能力，而依我国法律为有民事行为能力，则下列说法正确的是（　）

A. 该外国人在我国没有民事行为能力

B. 该外国人在我国有民事行为能力

C. 该外国人在我国是否有民事行为能力看我国与该国之间是否有条约规定

D. 以上各项都不正确

3. 根据我国法律规定，无国籍人的民事行为能力，一般适用其（　）法律

A. 惯常居所地法　　B. 居所地法

C. 定居国法　　D. 法院地国法

4. 根据我国法律规定，无国籍人的民事行为能力，如其未定居的，适用其（　）法律

A. 惯常居所地法　　B. 住所地法

C. 定居国法　　D. 法院地国法

5. 某国公民杰克逊18岁，在上海某商店购买一款手机，价值4000元人民币。三天之后，杰克逊在另一商店发现该款手机的价格便宜许多，便到前一商店要求退货，被拒绝。杰克逊遂向上海某法院起诉，理由是根据其本国法，男子满20岁为成年人，自己未届成年，购买手机行为应属无效。对此，下列说法是正确的是（　）（司考2005年卷一，单选第37题）

A. 认定杰克逊的行为无效，手机可以退货

B. 认定杰克逊的行为有效，手机不能退货

C. 认定杰克逊为限制行为能力人，但因本案所涉金额不大，判购买行为有效

D. 法院应根据1980年《联合国国际货物销售合同公约》处理该案

6. 根据我国法律规定，外国法人的民事行为能力依（　）确定

A. 主事务所所在地法

B. 营业中心所在地法

C. 住所所在地法

D. 注册登记地法

### 二、多项选择题

1. 各国在适用自然人的行为能力依其属人法这一冲突规范时的例外或限制有（　）

A. 处理不动产的行为能力

B. 缔结婚姻的行为能力

C. 立遗嘱的行为能力

D. 有关商业活动当事人的行为能力

2. 甲国公民汤姆19岁，1989年在我国境内购买了一件民间工艺品，价值1500元，现汤姆以其本国法满20岁为成年才具有行为能力为由，要求解除合同。我国法院在审理此案时应如何处理？（　）（司考2002年卷一，多选第62题）

A. 汤姆的行为无效，可以解除合同，买卖不成立

B. 汤姆的行为有效

C. 法院可以适用1980年《国际货物买卖合同公约》处理该案

D. 合同成立

3. 如果一个在中国为民事行为的外国人依

其本国法为无行为能力,而依中国法为有行为能力,则下列说法不正确的是(  )

A. 应遵循该外国人的本国法

B. 该外国人在中国具有民事行为能力

C. 应遵循中国法

D. 该外国人在中国不具有民事行为能力

4. 根据我国法律对无国籍人民事行为能力的规定,下列说法不正确的是(  )

A. 适用出生地法律

B. 适用定居国法律

C. 适用当事人自行选择的法律

D. 适用法官认为合理的法律

5. 关于自然人权利能力的法律适用,各国的立法和司法实践做法主要有(  )

A. 适用有关法律关系准据法所属国的法律

B. 适用法院地法

C. 适用当事人的属人法

D. 适用当事人合意选择的法律

## 三、简答题

简述我国有关法律对自然人民事行为能力法律适用的规定。

# 参考答案

## 一、单项选择题

1. 答案:C

提示:本题考查的是自然人民事行为能力的法律适用

解析:《民法通则》第143条规定:"中华人民共和国公民定居国外的,他的民事行为能力可以适用定居国法律。"因此,A项正确。

2. 答案:B

提示:本题考查的是外国人的民事行为能力

解析:《民通意见》第180条规定:"外国人在我国领域内进行民事活动,如依其本国法律为无民事行为能力,而依我国法律为有民事行为能力,应当认定为有民事行为能力。"因此,B项正确。

3. 答案:C

提示:本题考查的是无国籍人的民事行为能力

解析:《民通意见》第181条规定:"无国籍人的民事行为能力,一般适用其定居国法律;如未定居的,适用其住所地国法律。"因此,C项正确。

4. 答案:B

提示:本题考查的是无国籍人的民事行为能力

解析:《民通意见》第181条规定:"无国籍人的民事行为能力,一般适用其定居国法律;如未定居的,适用其住所地国法律。"因此,B项正确。

5. 答案:B

提示:本题考查的是外国人的民事行为能力的确定

解析:《民通意见》第180条规定:"外国人在我国领域内进行民事活动,如依其本国法律为无民事行为能力,而依我国法律为有民事行为能力,应当认定为有民事行为能力。"尽管杰克逊依据其本国法并不具有民事行为能力,但我国《民法通则》第11条规定:"18周岁以上的公民是成年人,具有完全民事行为能力,可以独立进行民事活动,是完全民事行为能力人"。所以,杰克逊根据我国法律规定,具有民事行为能力,其在我国领域内进行的民事行为有效,所以,B项正确。

6. 答案:D

提示:本题考查的是外国法人的民事行为能力

解析:《民通意见》第184条规定:"外国法人以其注册登记地国家的法律为其本国法,法人的民事行为能力依其本国法确定。外国法人在我国领域内进行的民事活动,必须符合我国的法律规定。"可见,外国法人的民事行为能力根据其本国法,也就是其注册登记地国家的法律确定,所以,D项正确。

## 二、多项选择题

1. 答案:AD

提示:本题考查的是自然人行为能力的法律适用

解析:自然人行为能力的法律适用,国际上通行的一般原则是依当事人属人法,但是适用属人法确定自然人行为能力存在两个例外:①处理不动产的行为能力适用物之所在地法;②有关商事活动的当事人的行为能力可以适用行为地法。

2. 答案:BD

提示:本题考查的是自然人行为能力的法律适用

解析:《民通意见》第180条规定:“外国人在我国领域内进行民事活动,如依其本国法律为无民事行为能力,而依我国法律为有民事行为能力,应当认定为有民事行为能力。”根据我国《民法通则》第11条规定:“18周岁以上的公民是成年人,具有完全民事行为能力,可以独立进行民事活动,是完全民事行为能力人。”所以,汤姆根据我国法律规定,具有民事行为能力,其在我国领域内进行的民事行为有效,B、D项正确。

3. 答案:AD

提示:本题考查的是外国人的民事行为能力的确定

解析:《民法通则意见》第180条规定:“外国人在我国领域内进行民事活动,如依其本国法律为无民事行为能力,而依我国法律为有民事行为能力,应当认定为有民事行为能力。”因此,如果一个依其本国法为无民事行为能力人的外国人在中国为民事行为,只要根据中国法,其满足我国关于民事行为能力的规定,他就应当被认定为有民事行为能力。所以,A、D项不正确,为本题的答案。

4. 答案:ACD

提示:本题考查的是无国籍人民事行为能力的法律适用

解析:《民通意见》第181条规定:“无国籍人的民事行为能力,一般适用其定居国法律;如未定居的,适用其住所地国法律。”因此,对于无国籍人的民事行为能力,其法律适用的连结点一般是其定居国,如未定居,则适用其住所地,所以,A、C、D项都不正确。

5. 答案:ABC

提示:本题考查的是自然人权利能力的法律适用

解析:关于自然人权利能力的法律适用,各国立法和司法实践大致有三种做法:①适用有关法律关系准据法所属国的法律;②适用法院地法;③适用当事人的属人法,所以A、B、C项正确。

## 三、简答题

提示:参见本章“基础知识图解”中“自然人民事行为能力”的相关内容,列举回答我国关于自然人民事行为能力法律适用的规定

# 第八章　民事法律行为、民事代理及时效的法律适用

## 内容提示

本章就民事法律行为、民事代理及时效的法律适用进行阐述。通过本章的学习，应了解民事法律行为法律冲突的产生及解决办法，涉外代理的内部关系、外部关系与代理权的法律适用；掌握有关国际公约的相关规定；重点掌握确定民事法律行为形式要件准据法的主要方法。

## 基础知识图解

### 一、民事法律行为

<table>
<tr><td rowspan="6">民事法律行为</td><td rowspan="2">概述</td><td>概念</td><td>即民事主体以设立、变更或终止民事权利义务为目的，以意思表示为要素的一种法律事实，是个人创设法律关系的最主要的方式</td></tr>
<tr><td>要件</td><td>民事法律行为的成立及生效通常须具备实质和形式两方面的要求：<br>(1)实质要件是指当事人须有相应的行为能力，须意思表示真实，标的须合法、可能及确定<br>(2)形式要件是指行为人意思表示须符合一定的方式，如书面形式、口头形式，有时甚至还须符合特定的形式，如登记、公证等</td></tr>
<tr><td rowspan="2">法律冲突</td><td>实质要件</td><td>(1)当事人行为能力，各国对于民事主体享有何种行为能力的年龄限制以及对某些特定行为主体范围限定存在差异<br>(2)各国对于意思表示的立法歧异主要表现在：①意思表示内容的确定，有的采意思主义、有的采表示主义，有的采折中主义；②意思表示的生效，有的采投邮生效发信主义，有的采接受生效收信主义；③意思表示错误的处理，有的规定为无效，有的规定为可撤销<br>(3)行为标的，各国对行为标的的合法、可能及确定的具体要求不同</td></tr>
<tr><td>形式要件</td><td>各国对形式要件的立法差异主要表现在：①意思表示的形式一般为书面和口头，但哪些行为应以书面为之，哪些行为可以口头为之，各国规定不一致；②对于要式和不要式行为的范围各国的划分不同；③对于特定类型的民事法律行为，各国采用的具体形式不同；④对于不遵守法定形式的民事行为的效力即无效的范围，各国规定不同</td></tr>
<tr><td rowspan="2">法律适用</td><td>实质要件</td><td>对于实质要件通常是根据国际民事法律关系的不同性质和种类，依照调整各类法律关系的冲突规则来确定其准据法</td></tr>
<tr><td>形式要件</td><td>对于形式要件的法律适用原则主要有：①依据场所支配行为的原则适用行为地法；②选择适用民事法律行为本身的准据法和行为地法，或以行为地法为主以准据法为辅，或以准据法为主行为地法为辅；③依尽量使之有效的原则，选择适用多种规范</td></tr>
</table>

## 二、民事代理

<table>
<tr><td rowspan="8">民事代理</td><td rowspan="2">概述</td><td>概念</td><td>即代理人在代理权限内，以被代理人的名义，向第三人为意思表示或接受意思表示，其效力直接及于被代理人的民事法律行为</td></tr>
<tr><td>特点</td><td>主要包括：①被代理人和代理人或者代理人和第三人具有不同国家的国籍或在不同国家有住所；②代理人根据被代理人的委托，在另一国家和地区实施代理行为</td></tr>
<tr><td>法律冲突</td><td colspan="2">各国民法和国际私法很少有国际代理的规定，而各国有关国内代理的实体法规定又不尽一致，因此在国际代理实践中客观上存在着法律冲突，集中表现在：<br>(1)代理制度的理论基础，大陆法系的代理制度以将委任与代理权严格区别开来的区别论为基础；普通法系代理的理论基础则是本人与代理人等同的等同论<br>(2)代理的立法体例，大陆法系国家一般将代理作为民法或商法的调整对象，在民法典或商法典中加以规定，但关于代理的立法体例也不一致；普通法系国家，代理法自成一体，除有大量的代理的判例规则外还有单行法规<br>(3)代理的分类及代理法的调整范围，大陆法系强调代理人须以本人的名义实施代理行为，所以在大陆法系直接代理才属于代理的范畴，而间接代理不属代理法的调整范围；普通法则没有直接代理和间接代理的划分。另外大陆法根据代理权产生的依据不同将代理划分为法定代理和意定代理，普通法上的代理主要是指契约性代理即委托代理<br>(4)代理制度的具体内容，即在代理关系的产生和终止、代理关系当事人之间的相互关系等方面，各国的规定存在着较大的区别</td></tr>
<tr><td rowspan="4">法律适用</td><td>代理内部关系</td><td>(1)即被代理人与代理人关系，一般基于合同建立委托合同关系，适用合同法律选择的冲突法原则决定其准据法，在立法或实践中多以当事人意思自治作为首要原则，而在当事人未选择法律时，则有的主张依代理关系成立地法，有的主张依代理人为代理行为地法，有的主张应依代理人营业地法，有的主张依最密切联系原则加以确定<br>(2)被代理人与代理人关系的准据法即代理合同的准据法，其主要用于解决代理关系的成立、代理人的权限、被代理人与代理人的权利义务、代理关系的终止，以及无权代理情况下代理人的责任</td></tr>
<tr><td>代理外部关系</td><td>(1)即被代理人与第三人的关系，属合同法调整范围，适用确定合同准据法的原则，即外部关系完全由第三人与本人或与代理人之间订立的合同的准据法支配<br>(2)但在下列情况下，被代理人与第三人之间的关系一般应单独确定其准据法：①复代理，即指代理人为处理其权限内事务的全部或部分，而另选他人为代理行为的代理；②表见代理，即本属于无权代理，但因本人与无权代理人之间的关系，存在有授予代理权的假象，致使相对人信其有代理权而与其发生法律行为，法律使之发生与有权代理相同的法律效果；③隐名代理，即代理人未透露其代理身份径直以自己的名义实施代理行为；④有关不动产物权的代理行为；⑤船长的代理权</td></tr>
<tr><td>代理人与第三人的关系</td><td>一般情况下，代理人与第三人因代理行为产生的法律关系的权利义务由被代理人享有和承担，但在下列情况下，代理人与第三人之间的关系仍会产生法律适用问题：①代理人因实施代理行为而构成对第三人的侵权，对此各国一般适用侵权行为地法；②代理人无权代理或超越代理权，且根据支配被代理人与第三人关系的准据法，被代理人不承担任何责任时，各国规定不同，有的主张适用无权代理人实施代理行为地法律，有的主张适用支配代理人与第三人缔结的合同的法律，有的主张适用代理人属人法或代理人营业所所在地法</td></tr>
<tr><td>代理权</td><td>代理权作为代理内部关系和外部关系的交叉点，关系到代理权的设立、行使及其效力各国的立法和司法实践有不同的法律适用规则：①适用被代理人住所地法或调整被代理人与代理人内部关系的法律；②适用主要合同的准据法，即适用代理人与第三人所缔结的主要合同的准据法；③适用代理人行为地法，即适用代理人与第三人缔结合同地的法律；④适用代理人营业地法</td></tr>
<tr><td>公约</td><td colspan="2">1978 年《海牙代理法律适用公约》★</td></tr>
</table>

### 三、时效

| | | |
|---|---|---|
| 时效 | 概念 | 即指一定事实状态持续存在一定时间后发生法律后果的法律制度 |
| | 种类 | 一般分为两类:①取得时效或称占有时效,即以占有他人财产持续达到一定时间而发生取得该财产权的法律后果的制度;②消灭时效或称诉讼时效,即因权利人不行使权利持续到一定时间而发生权利消灭或财产权不受法律保护的法律后果的制度 |
| | 性质 | 主要有两种观点:①大陆法系国家认为时效属实体法范畴;②普通法系国家认为时效属程序法范畴 |
| | 法律冲突 | 主要表现在:①时效的具体内容;②时效的期间及效力、适用范围和法院是否主动适用时效;③时效的中止、中断、延长 |
| | 法律适用 | (1)适用时效所属民事法律关系的准据法,即案件的准据法<br>(2)以适用案件准据法为主,辅以适用法院地法<br>(3)区分取得时效和消灭时效分别适用不同法律 |
| | 公约 | 1980年《国际货物销售时效期限公约》★ |

## 重点知识讲解

### 一、1978年《代理法律适用公约》

海牙国际私法会议于1978年通过《代理法律适用公约》,公约就适用范围、被代理人与代理人之间的关系,以及被代理人与第三人之间的关系的法律适用作出规定。公约的主要内容如下:

1. 适用范围。公约主要适用于具有国际性质的商事行为代理,但并不排除适用于代理人负责以他人名义接受和传达意思表示,或者与第三人进行谈判等场合。但排除下列事项的适用:①当事人的行为能力;②形式方面的要求;③家庭法、夫妻财产制或继承法上的法定代理;④根据司法机关或准司法机关决定的代理,或在这类当局直接监督下的代理;⑤关于司法程序上的代理;⑥船长执行其职务上的代理。

2. 被代理人与代理人之间的关系。被代理人与代理人之间的关系适用当事人选择的法律,但当事人的选择必须是明示的,或者是从当事人之间的协议或案件事实中合理必然推定出的;在当事人没有选择时,则适用代理关系成立时代理人营业所所在地法律,没有营业所的适用代理人惯常居所地法律,如果被代理人在代理人主要活动地设有营业所,或虽无营业所但在该国设有惯常居所的,则适用代理人主要活动地法律。

被代理人与代理人之间关系的准据法适用于以下事项:①代理关系的成立及其效力;②双方当事人的义务;③履行的条件;④不履行的后果以及此项义务的消灭。但是如果代理关系因雇佣合同而产生时则不适用被代理人与代理人之间关系的准据法。

3. 被代理人与第三人之间的关系。被代理人与第三人之间,代理权的存在、范围以及代理人行使或打算行使其权限所产生的效力,应适用实施代理行为时的营业所所在地法律,但在下列情况下则适用代理人实施代理行为地法律:①被代理人在该国境内设有营业所,或虽无营业所但设有惯常居所,且代理人以被代理人名义进行活动的;②第三人在该国境内设有营业所,或虽无营业所但设有惯常居所的;③代理人在交易所或拍卖行实施代理行为的;④代理人无营业所。

4. 代理人与第三人之间的关系。被代理人与第三人之间关系的法律也适用于代理人与第三人之间因代理人行使其代理权、超越代理权或无权代理所产生的关系。

5. 法律规避问题和公共秩序保留问题。公约规定如果根据与案件有重大联系的任何国家的法律规定，该国强制性规范必须适用的，则无论该国国际私法规则规定应适用何国法律，该强制性规范都必须予以适用。另外，公约规定应适用的法律只有在其适用会明显与公共政策相抵触时才可拒绝适用。

## 二、1980 年《国际货物销售时效公约》

联合国国际贸易法委员会于 1969 年开始研究时效公约的问题，1974 年向外交会议提交《国际货物销售时效公约》草案获得通过，1980 年为使该公约与《国际货物销售合同公约》一致，进行修改并签订《国际货物销售时效期限公约议定书》，公约主要内容如下：

1. 适用范围，公约适用于国际货物销售合同直接当事人之间的相关请求权行使的时效期限问题，不适用于解决下列货物的买卖：①供私人和家庭使用的货物；②拍卖；③根据法律执行令状或其他令状进行的行为；④股票、投资证券、流通票据或货币的买卖；⑤船舶或飞机的买卖；⑥电力的买卖；⑦供货方义务为提供劳务或其他服务的买卖和来料加工买卖。公约也不适用于下列事由的请求权：①任何人的死亡或人身伤害；②由所卖货物造成的损害；③财产的留置权、抵押权或其他担保利益；④法律程序中所做的判决或裁决；⑤依照请求执行所在地法律，能够据以获得直接执行的文件；⑥汇票、支票和本票。

2. 时效期限及其开始，公约规定时效期限为 4 年，且当事人不得通过任何声明和协议的方式变更或影响时效期限，时效期限自请求权产生之日起算。

3. 时效中断，公约规定发生以下相关的行为则时效中断：①提起司法诉讼或在已开始的司法诉讼中坚持请求行为；②开始仲裁；③债权人就破产和遗嘱问题提出请求。

4. 时效期限届满的后果，公约规定任何请求权在时效期限届满后开始进行的任何法律程序中，均不得予以承认或执行；即使时效期限已经届满，但在特定条件下，当事人一方仍可以凭借其请求权对他方当事人所提出的请求权进行抗辩或抵销；如果债务人在实效期限届满后履行债务，即使他偿还时不知期限已届满，也不因此有权请求收回。

# 配套习题

## 一、单项选择题

1. 根据我国法律规定，涉外民事法律关系的诉讼时效，依(　)确定

A. 财产所在地法

B. 以法院地法为主，涉外民事法律关系的准据法为辅

C. 法院地法

D. 涉外民事法律关系的准据法

2. 对于代理人与本人的关系，各国一般首先适用(　)

A. 本人的属人法

B. 代理人的属人法

C. 最密切联系原则

D. 当事人意思自治原则

3. 1978 年海牙《代理法律适用公约》适用范围很广，在下列各项中，唯一不适用的是(　)

A. 隐名代理

B. 商业代理

C. 有关代理的形式要件

D. 临时代理

4. 大陆法系国家认为时效属(　)范畴，应适用(　)

A. 程序法，法院地法

B. 实体法，案件的准据法

C. 程序法，案件的准据法

D. 实体法，法院地法

## 二、多项选择题

1. 依照我国的司法解释，关于涉外民事诉讼法律关系的诉讼时效，下面各项关于其法律适用的表述中，错误的是（　）

A. 应适用法院地法

B. 应适用原告住所地法

C. 应适用被告住所地法

D. 应适用冲突规范确定的民事法律关系的准据法

2. 海牙国际私法会议于1978年通过的《代理法律适用公约》不适用于（　）

A. 具有国际性质的商业代理

B. 以船长身份从事的代理

C. 关于司法程序上的代理

D. 当事人的行为能力

3. 各国关于民事法律行为形式要件的法律适用原则，下列说法正确的有（　）

A. 依据场所支配行为的原则适用行为地法

B. 选择适用民事法律行为本身的准据法和行为地法

C. 依尽量使之有效的原则，选择适用多种规范

D. 以上说法都正确

4. 关于代理人的代理权是否存在问题，各国具有代表性的做法是适用（　）

A. 代理人行为地法

B. 被代理人住所地法

C. 主要合同的准据法

D. 调整被代理人与代理人内部关系的法律

## 三、论述题

试述1978年《代理法律适用公约》的主要内容。

# 参考答案

## 一、单项选择题

1. 答案：D

提示：本题考查的是涉外民事法律关系的诉讼时效的法律适用

解析：《民通意见》第195条规定："涉外民事法律关系的诉讼时效，依冲突规范确定的民事法律关系的准据法确定。"因此，D项正确。

2. 答案：D

提示：本题考查的是代理的法律适用

解析：代理人与本人的关系即代理人与被代理人关系，一般适用合同法律选择的冲突法原则决定其准据法，在立法或实践中多以当事人意思自治作为首要原则。因此，D项正确。

3. 答案：C

提示：本题考查的是海牙《代理法律适用公约》的适用范围

解析：1978年海牙《代理法律适用公约》主要适用于具有国际性质的商行为代理，公约既适用于显名代理，也适用于隐名代理，既适用于常设代理，也适用于临时代理。但排除下列事项的适用：①当事人的行为能力；②形式方面的要求；③家庭法、夫妻财产制或继承法上的法定代理；④根据司法机关或准司法机关决定的代理，或在这类当局直接监督下的代理；⑤关于司法程序上的代理；⑥船长执行其职务上的代理。所以，C项不正确。

4. 答案：B

提示：本题考查的是时效的法律适用

解析：大陆法系国家认为时效属实体法范畴，应适用案件的准据法，即时效所属的民事法律关系的准据法。因此，B项正确。

## 二、多项选择题

1. 答案：ABC

提示：本题考查的是涉外民事法律关系的诉讼时效的法律适用

解析：《民法通则意见》第195条规定："涉外民事法律关系的诉讼时效，依冲突规范确定的民事法律关系的准据法确定。"所以，A、B、C项都错误。

2. 答案：BCD

提示:本题考查的是《代理法律适用公约》

**解析**:《代理法律适用公约》主要适用于具有国际性质的商行为代理,不排除适用于代理人负责以他人名义接受和传达意思表示,或者与第三人进行谈判等场合。但排除下列事项的适用:①当事人的行为能力;②形式方面的要求;③家庭法、夫妻财产制或继承法上的法定代理;④根据司法机关或准司法机关决定的代理,或在这类当局直接监督下的代理;⑤关于司法程序上的代理;⑥船长执行其职务上的代理。因此,B、C、D 项正确。

3. 答案:ABCD

提示:本题考查的是民事法律行为形式要件的法律适用

**解析**:对于民事法律行为形式要件的法律适用,各国采用的原则主要有以下几种:①依据场所支配行为的原则适用行为地法;②选择适用民事法律行为本身的准据法和行为地法,或以行为地法为主以准据法为辅,或以准据法为主行为地法为辅;③依尽量使之有效的原则,选择适用多种规范。因此,选项,A、B、C、D 项都正确。

4. 答案:ABCD

提示:本题考查的是代理权证明的法律适用问题

**解析**:在证明代理权是否存在问题上,各国一般采用以下法律适用原则:①适用被代理人住所地法或调整被代理人与代理人内部关系的法律;②适用主要合同的准据法,即适用代理人与第三人所缔结的主要合同的准据法;③适用代理人行为地法,即适用代理人与第三人缔结合同地的法律;④适用代理人营业地法。因此,A、B、C、D 项都正确。

## 三、论述题

提示:参见本章"重点知识讲解"中"1978 年《代理法律适用公约》"的相关内容,从该公约的适用范围、被代理人与代理人之间关系的法律适用、被代理人与第三人之间关系的法律适用、代理人与第三人之间关系的法律适用和公约对法律规避问题和公共秩序保留的规定等几方面来回答

# 第九章　物权的法律适用

## 内容提示

本章主要论述涉外物权的法律适用问题，也对国有化措施及其补偿原则以及国有化法令的效力和信托的法律适用进行阐述。通过本章的学习，应了解物之所在地法原则的产生和发展以及物之所在地的确定，信托的法律适用；理解国有化措施的补偿原则；掌握物之所在地法原则的适用范围和例外以及我国有关物权法律适用的规则和对国有化问题的立场。

## 基础知识图解

### 一、物之所在地法原则

<table>
<tr><td rowspan="3">物之所在地法原则</td><td>法律冲突</td><td colspan="2">各国关于物权方面的法律冲突主要表现在以下几个方面：<br>(1)物权客体的范围，各国法律对于外国人在内国取得物权的客体范围的具体规定不同<br>(2)物权客体的划分，主要是指动产与不动产的划分，各国法律对于哪些财产属于动产以及哪些财产属于不动产的规定很不相同，导致适用的冲突法及实体法不同，判决结果也大相径庭<br>(3)物权的取得、转移、变更和消灭的条件，各国具体规定互不相同<br>(4)物权的种类和内容，物权有哪些种类以及对物的占有、使用、收益和处分的权利由法律来规定的，在不同的历史时期和不同国家的法律中是不同的<br>(5)物权的保护方法，物权受到侵害时物权人可以寻求何种内容的法律保护，各国法律规定不一</td></tr>
<tr><td rowspan="2">物之所在地法原则</td><td>产生发展</td><td>物之所在地法，即物权关系客体物所在地的法律，普遍适用于涉外物权关系，其产生可追溯到13、14世纪意大利的法则区别说。巴托鲁斯提出不动产物权适用物之所在地法，动产物权则适用当事人属人法。随着资本主义经济和国际商品流转的进一步发展，物之所在地法原则逐渐由异则原则向同则原则发展过渡，即物之所在地法只适用于不动产物权的纠纷而动产则适用当事人属人法(异则原则)，逐渐发展为物之所在地法不仅适用于不动产的物权冲突也同样适用于动产的物权冲突(同则原则)</td></tr>
<tr><td>理论依据</td><td>(1)主权说，认为根据属地优越权一国对位于其境内的物尤其是不动产享有支配权，适用物之所在地法是主权原则的体现<br>(2)法律关系本座说，认为物权关系的本座在标的物所在地，任何人要取得、占有、使用或处分某物，就必须受制于该地区所实施的法律<br>(3)利益需要说，认为法律是为了集体利益而制定的，适用物之所在地法是集体利益和全人类利益的需要<br>(4)方便说和控制说，认为物之所在地是第三人可以合理地寻求确定物权的客观而易于确定的连结因素，且物之所在地国能对财产进行有效控制，适用物之所在地法具有稳定性和统一性利于判决的承认与执行</td></tr>
</table>

<table>
<tr><td rowspan="4">物之所在地法原则</td><td rowspan="3">物之所在地法原则</td><td>物之所在地的确定</td><td>(1)不动产的处所固定,容易确定其所在地<br>(2)动产可以移动其处所常带有短暂性和偶然性,不易确定,在实践中一般采取以下两种方法:①在冲突规范中对动产所在地加以时间上的限定;②在冲突规范中对一些特殊的动产物权关系的法律适用作例外规定,即不适用物之所在地法</td></tr>
<tr><td>适用范围</td><td>物之所在地法的适用范围主要包括:①动产与不动产的区分;②物权客体的范围;③物权的种类和内容;④物权的取得、转移、变更和消灭的方式及条件;⑤物权的保护方法</td></tr>
<tr><td>适用例外</td><td>(1)运送中物品一般适用送达地法或发送地法或适用提单或其他权利证书转让的准据法<br>(2)船舶、飞行器等运输工具一般适用登记注册地法或旗国法<br>(3)外国法人终止或解散时有关物权关系一般适用法人属人法<br>(4)外国国家财产适用财产所属国的法律<br>(5)与人身关系密切的动产一般适用有关的属人法</td></tr>
<tr><td>我国规定</td><td colspan="2">(1)关于不动产法律适用:土地、附着于土地的建筑物及其他定着物、建筑物的固定附属设备为不动产,不动产的所有权、买卖、租赁、抵押、使用等民事法律关系适用不动产所在地法律<br>(2)关于动产法律适用:①船舶所有权的取得、转让和消灭以及抵押权适用船旗国法,但船舶在光船租赁以前或租赁期间设立抵押权的则适用原船舶登记国法,船舶的优先权适用受理案件的法院所在地法。②民用航空器所有权的取得、转让和消灭以及抵押权适用其国籍登记国法,民用航空器的优先权适用受理案件的法院所在地法</td></tr>
</table>

## 二、国有化问题

<table>
<tr><td rowspan="4">国有化</td><td>含义</td><td colspan="2">是指主权国家或政府依据本国法律,将某些原属私人包括外国自然人和法人所有的某些财产和权利收归国有,由国家或其机构加以控制使用并予以一定补偿的一种法律措施</td></tr>
<tr><td rowspan="3">国有化法令的效力问题</td><td>对本国人在国外财产的效力</td><td>国有化法令对本国人在外国的财产的效力通常有两种情况:<br>(1)实行国有化的国家将国内被国有化的财产通过贸易转移到国外,该财产的原所有人主张对财产的权利向外国法院提起返还财产所有权之诉,外国法院就面临着是否承认外国国有化法令的域外效力,对此资本主义国家为了维护本国的利益往往采取实用主义的态度,承认外国国有化的域外效力<br>(2)一国的国有化法令对被国有化的本国企业位于国外的财产是否有效,对此资本主义国家往往否认别国国有化法令的域外效力<br>总的来看,否定外国国有化法令域外效力的理由大致如下:①外国国有化法令或措施是惩罚性的,其效力不及于国外;②违反公共政策;③以物权适用物之所在地法来否定国有化法令的域外效力;④以有关外国未被承认为由,拒绝承认其国有化措施的效力</td></tr>
<tr><td>对外国人在本国财产的效力</td><td>关于国有化法令或措施对外国人在本国境内的财产和效力,原来各国依习惯国际法上禁止征收外国人财产的规则拒绝承认,但随着国家主权原则受到广泛的尊重以及国际合作不断的增强,各国一般倾向承认外国国有化法令对位于其境内的外国人的财产的效力,但要求所在国给予一定的补偿。对于补偿问题各国做法不同,归结起来大致有以下三种:①不予补偿;②给予充分、有效、及时的补偿;③给予适当、合理的补偿。适当、合理的补偿已被一系列国际文件和国际实践确认,逐渐成为各国普遍接受的一项国际法原则</td></tr>
<tr><td>我国规定</td><td>我国对外资企业不实行国有化和征收,在特殊情况下根据社会公共利益的需要,对外资企业可以依照法律程序实行征收,并给予相应的补偿</td></tr>
</table>

## 三、信托

| | | |
|---|---|---|
| 信托 | 概念 | 即委托人将财产权转移于受托人,受托人依信托文件规定,为受益人或特定目的而管理或处分信托财产的法律制度,其起源于英美衡平法 |
| | 特征 | (1)所有权与利益相分离,即受托人享有财产所有权,可以管理处分财产并与第三人交易,但不能为自己的利益使用信托财产<br>(2)信托财产的独立性,信托的有效设立使信托财产从委托人、受托人以及受益人的财产中分离,独立运作仅服从于信托目的<br>(3)有限责任,在信托处理过程中,只要受托人没有违反信托并恪尽职守,即使未能取得信托利益或造成信托财产损失,也不以自己的财产承担责任<br>(4)信托管理的连续性,主要表现在:①不因受托人的欠缺影响其成立;②已成立的信托不因受托人变更影响其存续;③除以上两方面连续性,公益信托还具有特殊联系性,即其所定目的不能实现或无意义时,只要委托人在信托文件中有将全部财产用于公益事业的一般性意思,则公益信托并不终止 |
| | 法律冲突 | 信托制度在英美法系形成后也被大陆法系国家采用,但两大法系在以下几个方面存在着差异:<br>(1)信托理论基础不同,英美法系对物的价值采双重理解,构筑双重所有权,受托人享有法律上的所有权,受益人享有衡平法上的所有权;大陆法系基于所有权一元观念否认受益权作为物权存在<br>(2)信托定义的区别,英美法采用目的导向或结果导向模式,侧重于描述信托的法律效果,将信托作为财产法制度否定信托的契约性;大陆法系则是要件导向思维模式,侧重于规定信托的成立要件,将信托建构于合同基础上<br>(3)信托财产权的构成不同<br>(4)信托制度内容不同,主要体现在委托人的地位、信托管理人的设计、受托人责任等方面<br>(5)信托的生效要件不同,当事人的意思表示、委托人占有瑕疵等处理亦不同 |
| | 法律适用 | 对于涉外信托关系的法律适用,早期由于信托主要是关于土地的,物之所在地法规则占有支配地位。在20世纪上半期之前英国、加拿大满足于单纯适用物之所在地法或委托人的住所地法。第二次世界大战之后,情况发生很大变化,主要标志是信托关系适用法律灵活化,尤其是信托关系吸收了来自契约法律适用上的自体法理论,即信托关系通常适用当事人选择的法律,如无此项选择时则适用与信托有最密切、最真实联系的法律 |
| | 公约 | 1985年《关于信托的法律适用及其承认的公约》★ |

## 重点知识讲解

### 1985年《关于信托的法律适用及其承认的公约》

为解决国家间有关信托制度存在的法律问题,海牙国际私法会议1980年制定了《关于信托的法律适用及其承认的公约》并于1985年通过,公约主要内容如下:

1. 公约的适用范围。公约界定信托是当财产为受益人的利益或为了特定目的而置于受托人控制之下时,财产授予人设定的在其生前或身后发生效力的法律关系,公约适用于自愿设立并以书面证明的信托和特定法定信托的准据法的确定及其承认,包括普通法系的信托制度和大陆法系的类似制度。但不明确排除适用于以下问题:①与据以转移财产与受托人的遗嘱及其他行为的有效性有关的先决问题;②法律未对信托或未对有关的信托所属的类别作出规定的。

2. 准据法及其适用范围。公约首先适用意思自治原则确定信托准据法,但是如果当事人选择的法律没有就有关的信托或该种信托的类别作出规定则选择无效;如果当事人没有选择或选择无效时,应特别考虑下列因素适用与信托有最密切联系的国家的法律:①委托人指定的信托管理地;②信托财产所在地;③受托人的居住地或营业地;④信托目的及其目的的实现地。

公约规定信托准据法适用于以下方面:①受托人的委派、辞职或撤换,作为受托人的行为能力,受托人职责的转移;②受托人相互间的权利义务;③受托人将其义务的履行或权力行使全部或部分的委托给他人的权利;④受托人管理或处分信托财产,在信托财产上设定担保利益或取得新的财产权利;⑤受托人进行投资的权利;⑥对信托存续时间以及积累信托收益的权利的限制;⑦包括受托人对受益人的个人责任在内的受托人和受益人之间的关系;⑧信托财产的分配;⑨信托的变更和终止;⑩受托人报告管理情况的义务。另外,如果信托的事项特别是管理事项可分割,则可以采用分割制适用不同的法律。

3. 信托的承认。公约规定依照其规定的法律所设立的信托应被承认为信托,即意味着信托财产为独立的资金,受托人可以受托人身份起诉、在公证人和任何其他履行官方职务的人面前以该身份出现或行事。但是如果与信托有最密切联系国家没有信托制度,对信托可以不予承认。

4. 其他规定。公约一般条款中对一些特殊事项,如尊重各国强制规则、排除反致、公共秩序等问题做了规定。公约规定尽管有法律选择和承认规则的存在,法院地强制规则仍应适用;公约中的法律是指一国有效的除其冲突法规则外的法律规则,排除反致的适用;如果公约条款的适用明显地与公共秩序不相一致,则可不加考虑。

## 配套习题

### 一、单项选择题

1. 依我国法律规定,船舶所有权的取得、转让和消灭,适用(　)

A. 合同履行地法　　B. 法院所在地法
C. 合同签订地法　　D. 船旗国法

2. 依我国法律规定,不动产的所有权,适用(　)法律

A. 法院地法　　B. 不动产所在地法
C. 属人法　　D. 当事人选择的法律

3. 依我国法律规定,不动产的租赁、抵押、使用等民事关系,应适用(　)法律

A. 法院地法　　B. 不动产所在地法
C. 合同签订地法　　D. 当事人选择的法律

4. 依我国法律规定,民用航空器抵押权适用(　)法律

A. 法院地
B. 民用航空器所在地
C. 民用航空器国籍登记国
D. 抵押合同签订地

5. 依我国法律规定,民用航空器优先权适用(　)

A. 法院地法
B. 当事人选择的法律
C. 民用航空器国籍登记国法
D. 最密切联系地法

6. 依我国法律规定,民用航空器所有权的取得、转让和消灭,适用(　)法律

A. 合同签订地的法律
B. 最密切联系地法
C. 民用航空器国籍登记国
D. 法院地法

7. 依我国法律规定,船舶抵押权适用(　)法律

A. 合同履行地法　　B. 法院所在地法
C. 合同签订地法　　D. 船旗国法

8. 根据我国法律规定,船舶在光船租赁以前或者光船租赁期间,设立船舶抵押权的,适用(　)的法律

A. 承租人住所地　　B. 法院所在地
C. 出租人住所地　　D. 原船舶登记国

9. 所谓“动产附骨”法谚,乃指动产物权适

用（ ）

A. 物之所在地法

B. 法院地法

C. 当事人合意选择的法律

D. 所有人或者占有人的住所地法

10. 英国学者戴赛和莫里斯认为，对于无体动产所在地的确定，总的原则应是（ ）

A. 法院所在地

B. 所有人的住所地

C. 当事人合意选择的地方

D. 该项财产能被追索或被执行的地方

11.《关于信托的法律适用及其承认公约》规定，涉外信托的准据法，首先适用（ ）

A. 当事人自主选择的法律

B. 与信托有最密切联系国家的法律

C. 信托管理地国家的法律

D. 信托财产所在地国家的法律

12. 中国南方某航运公司将其所有的一艘悬挂巴拿马国旗的远洋货轮转让给印度一家航运公司，该船舶所有权的转让应适用下列哪国法律？（ ）（司考 2003 年卷一，单选第 22 题）

A. 中国法律　　B. 巴拿马法律

C. 印度法律　　D. 船舶所在地国法律

## 二、多项选择题

1. 属于物之所在地法原则适用例外的情况包括（ ）

A. 运送中物品

B. 飞行途中的飞机

C. 动产与不动产的识别

D. 物权客体的范围

2. 物之所在地法的适用范围一般包括（ ）（考研中国政法大学 2006 年）

A. 物权客体的范围　　B. 物权的种类

C. 物权的保护方法　　D. 物权的取得

3. 根据最高人民法院的司法解释，我国对（ ）适用不动产所在地法律（考研中国政法大学 2005 年）

A. 不动产所有权　　B. 不动产买卖

C. 不动产抵押　　D. 不动产使用

4. 物之所在地法原则不适用于（ ）（考研中国政法大学 2005 年）

A. 船舶物权

B. 房屋物权

C. 在途货物的物权

D. 外国国家财产的物权

5. 在一般情况下，外国法人终止或解散时其财产的归属问题不适用（ ）

A. 法院地法　　B. 当事人合意选择的法律

C. 物之所在地法　　D. 该法人的属人法

6. 关于船舶、飞行器等运输工具之涉外物权关系，下面说法错误的是（ ）

A. 适用物之所在地法

B. 适用注册地法或者旗国法

C. 适用当事人意思自治的法律

D. 适用法院地法

7. 根据我国《海商法》关于船舶物权问题的规定，下列表述中（ ）是正确的（司考 2004 年卷一，多选第 71 题）

A. 船舶抵押权适用抵押地法律

B. 船舶优先权适用受理案件的法院所在地法律

C. 船舶所有权的取得、转让和消灭适用行为地法律

D. 船舶在光船租赁期间设立船舶抵押权的，适用原船舶登记国法律

8. 以下（ ）属于确定有体物动产所在地的方法

A. 在冲突规范中对动产所在地加以时间上的限定

B. 对运输中的物体以目的地为其所在地

C. 以该项财产能被追索的地方

D. 船舶、飞行器等运输工具一般以其登记地或注册地为其所在地

## 三、名词解释

物之所在地法（考研中国人民大学 2005 年）

## 四、简答题

1. 请回答动产与不动产在法律适用上的异同。（考研中国政法大学 2001 年）

2. 简述物之所在地法的适用范围。

# 参考答案

## 一、单项选择题

1. 答案:D

提示:本题考查的是船舶所有权的法律适用

解析:《海商法》第 270 条规定:“船舶所有权的取得、转让和消灭,适用船旗国法律。”因此,D 项正确。

2. 答案:B

提示:本题考查的是不动产所有权的法律适用

解析:《民法通则》第 144 条规定:“不动产的所有权,适用不动产所在地法律。”因此,B 项正确。

3. 答案:B

提示:本题考查的是不动产的法律适用

解析:《民通意见》第 186 条规定:“土地、附着于土地的建筑物及其他定着物、建筑物的固定附属设备为不动产。不动产的所有权、买卖、租赁、抵押、使用等民事关系,均应适用不动产所在地法律。”因此,B 项正确。

4. 答案:C

提示:本题考查的是民用航空器抵押权的法律适用

解析:《民用航空法》第 186 条规定:“民用航空器抵押权适用民用航空器国籍登记国法律。”因此,C 项正确。

5. 答案:A

提示:本题考查的是民用航空器优先权

解析:《民用航空法》第 18 条规定:“民用航空器优先权,是指债权人依照本法第 19 条规定,向民用航空器所有人、承租人提出赔偿请求,对产生该赔偿请求的民用航空器具有优先受偿的权利。”《民用航空法》第 187 条规定:“民用航空器优先权适用受理案件的法院所在地法律。”因此,A 项正确。

6. 答案:C

提示:本题考查的是民用航空器所有权变动的法律适用

解析:《民用航空法》第 185 条规定:“民用航空器所有权的取得、转让和消灭,适用民用航空器国籍登记国法律。”因此,C 项正确。

7. 答案:D

提示:本题考查的是船舶抵押权的法律适用

解析:《海商法》第 271 条规定:“船舶抵押权适用船旗国法律。船舶在光船租赁以前或者光船租赁期间,设立船舶抵押权的,适用原船舶登记国的法律。”因此,D 项正确。

8. 答案:D

提示:本题考查的是船舶抵押权的法律适用

解析:《海商法》第 271 条规定:“船舶抵押权适用船旗国法律。船舶在光船租赁以前或者光船租赁期间,设立船舶抵押权的,适用原船舶登记国的法律。”因此,D 项正确。

9. 答案:D

提示:本题考查的是动产物权法律适用的历史发展

解析:动产物权,直到 19 世纪末,各国普遍都以适用当事人住所地法为原则。因为,依据当时长期流行的“动产附骨”、“动产随人”和“动产无场所”等理论,动产位于何地纯属偶然,通常随人之去处而定,故动产物权应适用当事人住所地法。直到 19 世纪以后,由于动产物权适用当事人住所地法具有日益突出的不合理性和不便利性,从而在动产物权的法律适用上,越来越多的国家开始用物之所在地法取代了当事人住所地法。因此,D 项正确。

10. 答案:D

提示:本题考查的是无体动产所在地的确定原则

解析:无体物由于不像有体物那样有一个自然的、物理的存在地点,因此,为了适用物之所在地法,实践中需要根据一些客观因素赋予无体物以人为的存在场所。英国学者戴赛和莫里斯认为,无体动产所在地在一般情况下,应认为是在该项财产能被追索或被执行的地方。所以,D 项正确。

11. 答案:A

提示:本题考查的是《关于信托的法律适用及其承认公约》

解析:对于如何确定信托的准据法,《关于信托的法律适用及其承认公约》首先适用意思自治原则确定信托准据法,但是如果当事人选择的法律没有就有关的信托或该种信托的类别作出规定则选择无效;如果当事人没有选择或选择无效时,应特别考虑下列因素,从而适用与信托有最密切联系的国家的法律:①委托人指定的信托管理地;②信托财产所在地;③受托人的居住地或营业地;④信托目的及其目的实现地。所以,A 项正确。

12. **答案**:B

**提示**:本题考查的是船舶物权问题的法律适用

**解析**:我国《海商法》第 270 条规定:"船舶所有权的取得、转让和消灭,适用船旗国法律。"本题中,由于船舶悬挂的是巴拿马的国旗,因此其所有权转让应适用巴拿马的法律。B 项正确。

## 二、多项选择题

1. **答案**:AB

**提示**:本题考查的是物之所在地法原则的适用范围和例外情形

**解析**:以下情形一般不适用物之所在地法:①运送中物品一般适用送达地法或发送地法或适用提单或其他权利证书转让的准据法;②船舶、飞行器等运输工具一般适用登记注册地法或旗国法;③外国法人终止或解散时有关物权关系一般适用法人属人法;④外国国家财产适用财产所属国的法律;⑤与人身关系密切的动产一般适用有关的属人法。因此,A、B 项属于物之所在地法原则适用的例外情形,正确。物之所在地法的适用范围包括以下方面:①动产与不动产的区分;②物权客体的范围;③物权的种类和内容;④物权的取得、转移、变更和消灭的方式及条件;⑤物权的保护方法。所以,C、D 项属于物之所在地法的适用情形,不正确。

2. **答案**:ABCD

**提示**:本题考查的是物之所在地法原则的适用范围

**解析**:物之所在地法的适用范围包括以下方面:①动产与不动产的区分;②物权客体的范围;③物权的种类和内容;④物权的取得、转移、变更和消灭的方式及条件;⑤物权的保护方法。因此,A、B、C、D 项正确。

3. **答案**:ABCD

**提示**:本题考查的是不动产的法律适用

**解析**:《民通意见》第 186 条规定:"土地、附着于土地的建筑物及其他定着物、建筑物的固定附属设备为不动产。不动产的所有权、买卖、租赁、抵押、使用等民事关系,均应适用不动产所在地法律。"因此,A、B、C、D 项都正确。

4. **答案**:ACD

**提示**:本题考查的是不适用物之所在地法的情形

**解析**:以下情形一般不适用物之所在地法:①运送中物品一般适用送达地法或发送地法或适用提单或其他权利证书转让的准据法;②船舶、飞行器等运输工具一般适用登记注册地法或旗国法;③外国法人终止或解散时有关物权关系一般适用法人属人法;④外国国家财产适用财产所属国的法律;⑤与人身关系密切的动产一般适用有关的属人法。因此,A、C、D 项正确。我国《民法通则》第 144 条规定:"不动产的所有权,适用不动产所在地法律。"所以房屋物权适用物之所在地法原则,B 项不正确。

5. **答案**:ABC

**提示**:本题考查的是外国法人终止或解散时其财产归属问题的法律适用

**解析**:外国法人终止或解散时其财产的归属问题一般适用法人属人法,而不适用物之所在地法原则,也不适用法院地法或当事人合意选择的法律。所以,A、B、C 项正确。

6. **答案**:ACD

**提示**:本题考查的是船舶、飞行器等运输工具之涉外物权的法律适用

**解析**:船舶、飞行器等运输工具一般适用登记注册地法或旗国法。《海商法》第 270 条规定:"船舶所有权的取得、转让和消灭,适用船旗国法律。"《民用航空法》第 185 条规定:"民用航空器所有权的取得、转让和消灭,适用民用航空器国籍登记国法律。"所以,本题中,A、C、D 项说法错误,应选。

7. **答案**:BD

**提示**:本题考查的是船舶物权的法律适用

**解析**:《海商法》第 270 条规定:"船舶所有权的取得、转让和消灭,适用船旗国法律。"所以,C 项错误。第 271 条规定:"船舶抵押权适用船旗国法律,船舶在光船租赁以前或者光船租赁期间,设立船舶抵押权的,适用原船舶登记国的法律。"所以,A 项错误,D 项正确。第 272 条规定:"船舶优先权,适用受理案件的法院所在地法律。"所以,B 项正确。

8. **答案**:ABD

**提示**:本题考查的是确定动产所在地的方法

**解析**:动产可以移动,其处所常带有短暂性和偶然性,不易确定,在实践中一般采取以下两种方法:①在冲突规范中对动产所在地加以时间上的限定;②在冲突规范中对一些特殊的动产物权关系的法律

适用作例外规定：一是对运输中的物体，现在多主张以目的地为其所在地；二是船舶、飞行器等运输工具一般以其登记地或注册地为其所在地。因此，A、B、D项正确。而C项代表了英国学者对无体物所在地确定方式的主张，不正确。

## 三、名词解释

**提示**：应从物之所在地法的概念、地位和产生发展等方面来回答

**答案**：物之所在地法，是指物权关系客体物所在地的法律。以物之所在地法作为涉外物权关系的准据法，是当今各国解决物权法律冲突采用的基本原则。物之所在地法的产生可追溯到13、14世纪意大利的法则区别说。巴托鲁斯提出不动产物权适用物之所在地法，动产物权则适用当事人属人法。随着资本主义经济和国际商品流转的进一步发展，物之所在地法原则逐渐由异则原则向同则原则发展过渡，即物之所在地法只适用于不动产物权的纠纷而动产则适用当事人属人法（异则原则），逐渐发展为物之所在地法不仅适用于不动产的物权冲突也同样适用于动产的物权冲突（同则原则）。

## 四、简答题

1. **提示**：应从动产与不动产物权在法律适用上的相同和不同来分别回答

**答案**：(1)动产物权，是指以能够移动的财产为客体的物权；不动产物权是以土地、房屋等不动产为客体的物权。

(2)两者在法律适用上的相似处和联系主要有：①在法律适用的基本原则上相同。目前，物之所在地法已经成为解决与动产物权和不动产物权有关的法律冲突的基本原则。②所适用的物之所在地法的调整范围相似。主要适用于物权客体范围，物权的种类和内容，物权的取得、变更和消灭的方式和条件、物权的保护方法及对动产物权和不动产物权的划分。

(3)两者存在三方面的不同：

第一，两者采用"物之所在地法"作为法律适用原则的历史发展不同。13、14世纪意大利的法则区别说。巴托鲁斯提出不动产物权适用物之所在地法，动产物权则适用当事人属人法。随着资本主义经济和国际商品流转的进一步发展，物之所在地法原则逐渐由异则原则向同则原则发展过渡，即指从物之所在地法只适用于不动产物权的纠纷而动产则适用当事人属人法（异则原则），逐渐发展为物之所在地法不仅适用于不动产的物权冲突也同样适用于动产的物权冲突（同则原则）。

第二，物之所在地的确定方式不同。由于不动产与其地点有着固定不变的联系，所以直接以其自然的、物理的存在地点为其所在地；但是动产可以移动，其处所常带有短暂性和偶然性，不易确定，在实践中一般采取以下两种方法：①在冲突规范中对动产所在地加以时间上的限定；②在冲突规范中对一些特殊的动产物权关系的法律适用作例外规定，即不适用物之所在地法。

第三，当事人的行为能力的法律适用原则不同。对于不动产物权，物之所在地法同样适用于不动产物权关系中当事人的行为能力；而对于动产物权，当事人行为能力则受属人法调整。

2. **提示**：参见本章"基础知识图解"中"物之所在地法"中的相关内容，从物之所在地法的概念、物之所在地的确定和物之所在地法适用范围三方面来回答

# 第十章　知识产权国际保护的法律适用

## 内容提示

本章就知识产权包括专利权、商标权和著作权的法律适用进行阐述。通过本章的学习，应了解知识产权法律冲突产生的原则；掌握专利权、商标权和著作权的法律适用；重点掌握保护知识产权的国际公约的相关规定。

## 基础知识图解

### 一、知识产权概述

| | | |
|---|---|---|
| 知识产权 | 概念 | 个人或集体对其在科学、技术、文学艺术领域里创造的精神财富依法享有的专有权，是一种无形的财产权，包括以下两大类：①工业产权，具体又包括专利权（发明、实用新型和工业品外观设计）和商标权（商业商标、服务商标和制造商标）；②著作权，即版权，主要包括作者对文学、艺术、音乐、美术、摄影等方面的专有权以及由此派生出的邻接权 |
| | 分类 | 依主体取得的权利与义务的内容和性质不同可以分为以下两种：①人身权，即名誉权，与人身不可分割的权利，只能由权利人自己享有，不能转让、赠与和继承；②财产权，经过物化过程并经过实施能产生一定物质财富，不仅专有权人可以享有，其他相关人也可依法享有，能够转让、赠与和继承 |
| | 法律特点 | (1)专有性，即独占性或垄断性，除权利人以外任何人不得使用，未经权利人允许而使用其知识产权就构成侵权行为<br>(2)时间性，即法律对知识产权有一定的保护期，超过保护期限专有权就停止，智力成果就变成人类社会的共同财富<br>(3)地域性，即依某国法律而取得的某项专利权，只在该国境内有效，受该国法律保护，在其他国家无效，其他国家没有保护的义务，除非有条约规定 |
| | 国际保护 | 是指在一国取得的某项知识产权如何得到有关外国的法律保护，具体包括：①外国人如何在内国取得知识产权以及对外国人的知识产权的保护应依据什么法律；②内国人的知识产权如何在外国得到保护 |

### 二、保护知识产权的冲突法原则

| | | | |
|---|---|---|---|
| 保护知识产权的冲突法原则 | 知识产权法律冲突 | | 知识产权法律冲突产生的原因主要有：①知识产权的地域性逐渐为实践所改变，在有关国际条约的影响下缔约国之间相互承认和保护他国的知识产权；②有关知识产权的公约规定知识产权国际保护的原则，但具体问题如权利的取得、丧失、保护等仍由各国实体法规定。知识产权的法律冲突具体表现为各国有关专利权、商标权和著作权的法律规定不同 |
| | 专利及专利权 | 概念 | 专利，是指经一国的有关机构依照法定程序审查批准受专利法保护的发明创造。专利权，是指专利的所有人或持有人或者他们的继受人在一定期限内依法享有的对该专利的制造、销售或使用的独占权 |

| | | | |
|---|---|---|---|
| 保护知识产权的冲突法原则 | 专利及专利权 | 法律冲突 | 各国对专利权保护的分歧主要表现在以下方面:<br>(1)专利权的客体,即指专利权主体的权利和义务所共同指向的对象,或者说是专利法所保护的对象,如除了发明外,专利权客体是否包括实用新型和外观设计以及不授予专利的例外规定有哪些等<br>(2)授予专利的实质条件,各国一般规定授予专利的发明和实用新型,应当具有新颖性、创造性和实用性,但在具体标准上有所不同:①新颖性,判断新颖性的具体标准包括时间标准和地域标准。时间标准包括以发明技术所完成的时间为标准以及以申请时间为标准。地域标准包括世界新颖性、国内新颖性以及混合新颖性。②创造性,各国技术发展水平不同,对创造性的判断标准也不同。③实用性,有的国家规定,有的国家对此无明确规定<br>(3)授予专利的优先顺序,即指两个或两个以上的申请人分别就同一发明申请专利且都符合授予条件的如何授予<br>(4)专利的申请,对外国国民在内国申请专利各国一般实行国民待遇,但仍存在一定差别,有的国家要求存在条约关系或互惠关系,有的国家则实行无条件的国民待遇;对于本国国民向外国申请专利,有些国家并无特殊规定,有些国家则规定必须首先在本国申请<br>(5)专利的审查,国际上有三种不同的制度,即形式审查或登记制、实质审查制和早期公开延迟审查制,不同国家的审查制度可能不同<br>(6)专利的保护期限,各国对专利的保护期限的规定差异在于:①保护期限长短;②保护期限的计算方法;③关于是否允许续展的规定 |
| | | 法律适用 | 关于专利权的法律适用主要有以下主张:①适用专利授予国法,专利权必须依据授予国法律提出申请且得到其批准才能获得,因此专利权的创立、变更、效力及内容都应当符合授予国法律;②适用被请求国法,专利权具有地域性,在原始国取得的专利权要想在另一国得到保护必须依照被请求国法律;③适用行为地法,即专利权实施地或侵权行为地法;④分割适用法律,即主张依据专利权的权能进行分割,不同方面适用不同法律 |
| | | 我国规定 | (1)关于外国人在我国依法取得专利权问题:在我国没有经常居所或者营业所的外国人、外国企业或者外国其他组织申请专利的,依其所属国同我国签订的协议或共同参加的国际条约,或者依照互惠原则办理<br>(2)关于外国人在我国申请专利所享受的优先权问题:适用《巴黎公约》的规定,即成员国国民或在成员国有住所的人就同一项发明或者实用新型在其他成员国第一次提出专利申请之日起12个月内,外观设计6个月内,又在我国提出申请的,可以凭在其他成员国第一次提出申请的证明文件,在我国享有优先权,即依第一次申请之日为申请日<br>(3)关于内国人向外国申请专利的问题:单位或个人将其在国内的发明创造向外国申请专利的,应当首先向我国专利局申请并经国务院有关主管部门同意后,委托国务院指定的专利代理机构办理 |
| | 商标及商标权 | 概念 | 商标,是指区别不同企业商品的一种专用标记,通常由文字、图形以及文字和图形组合构成。商标权则是指商标注册人对其注册商标所享有的独占使用权 |
| | | 法律冲突 | 各国对商标权保护的分歧主要表现在以下方面:<br>(1)商标权的取得,对此国际上有三种不同原则:①使用在先原则,即商标权授予首先使用这种商标的人;②注册在先原则,即根据商标注册的先后来确定商标权的归属;③混和原则,即商标的专有权原则上授予商标的首先注册人,但商标的首先使用人可以在规定的期间内提出异议,要求予以撤销<br>(2)商标审查,各国均规定对商标的注册申请要进行审查,有的国家只审查申请文件和手续是否完备即可,也就是只进行形式审查,有的国家则还要审查商标的内容是否具有显著性以及是否符合该国法律规定,即还要进行实质审查 |

<table>
<tr><td rowspan="11">保护知识产权的冲突法原则</td><td rowspan="3">商标及商标权</td><td></td><td>(3)外国人在内国申请和取得商标注册的待遇,各国法律均规定国民待遇原则,有的国家规定无条件的国民待遇,有的国家则规定须以条约或互惠关系存在为前提<br>(4)商标的保护期限与续展,各国对注册商标的保护期限长短不一</td></tr>
<tr><td>法律适用</td><td>关于商标权的法律适用主要有以下主张:①适用商标注册国法律,一般为在商标权的取得上实行注册在先原则的国家所采取;②适用商标首先使用国法律,一般为在商标权的取得上实行使用在先原则的国家所采用;③商标权的保护,适用被请求保护国的法律;④商标权的侵权诉讼,适用侵权行为地法</td></tr>
<tr><td>我国规定</td><td>(1)关于外国人在我国的商标注册问题:外国人或者外国企业在我国申请商标注册的,应当按照其所属国和我国签订的协议或者共同参加的条约办理,或按照对等原则办理,但是外国人和外国企业应当委托我国认可的具有商标代理资格的组织代理<br>(2)关于外国人在我国注册商标所享有的优先权问题:适用《巴黎公约》的规定,即已向任何一个成员国提出商标注册申请,其后在我国就同一商标在相同商品上提出注册申请的,可以从第一次申请后6个月内要求享有优先权,但须提出书面声明以及在其他成员国第一次申请的副本和有关文件<br>(3)关于内国人在外国的商标注册问题:我国出口商品须在国外注册的,应依照《巴黎公约》和《马德里协定》或根据对等原则,以及对方国家规定的无条件国民待遇原则,首先在我国工商管理机关注册,并委托中国国际商会代理在外国申请注册</td></tr>
<tr><td rowspan="4">著作权</td><td>概念</td><td>即版权,是指作者及其他著作权人依著作权法对文学、艺术和科学作品所享有的各项专有权利</td></tr>
<tr><td>法律冲突</td><td>(1)著作权的保护对象:①关于著作权的主体,有的国家认为首先是作为自然人的作者,法人、国家及国家的代表或作者之外的其他自然人可以通过著作权的转让而成为著作权的主体;另一些国家则认为既可以是作者,也可以是作者之外的著作权所有人,包括自然人和法人。②关于著作权的客体,各国立法的差异在于关于著作权客体的范围以及著作权客体所包含的具体内容规定<br>(2)著作权的取得方式,有的国家规定随着作品被创作完成自然获得,有的国家规定作品必须体现在有形物上才能获得,有的国家规定作品发表并带有一定标记才能获得<br>(3)著作权的保护期限,各国对保护期限的长短以及起算日期的规定不同</td></tr>
<tr><td>法律适用</td><td>关于著作权的法律适用主要有以下主张:①适用作品来源国法,即适用作品最初发表地国家的法律,如果作品未发表则适用作者的属人法;②适用作品保护国法,即适用被请求对某国作品给予域外保护的国家的法律;③兼用作品来源国和作品保护国法,对于权利的产生和存续问题适用作品来源国法,对权利的行使问题适用作品的保护国法</td></tr>
<tr><td>我国规定</td><td>我国对著作权的国际保护采取双国籍国民待遇原则,即中国的公民、法人和其他组织的作品,不论其在境内还是境外,也不论是否发表,均作为中国作品受中国著作权法的保护;外国人或无国籍人的作品,首先在中国境内出版的也视为中国作品,受中国著作权法的保护;如果外国人或无国籍人的作品在中国境外首先出版,30天内也在中国境内出版的,视为在中国境内首先出版,也作为中国作品受法律保护</td></tr>
</table>

## 三、保护国际知识产权的国际公约与国际组织

<table>
<tr><td rowspan="6">保护国际知识产权的国际公约与国际组织</td><td>国际公约★</td><td colspan="3">保护知识产权的国际公约主要有:①1883 年《保护工业产权巴黎公约》;②1970 年《专利合作条约》;③1971 年《商标国际注册马德里协定》;④1886 年《保护文学艺术作品伯尔尼公约》;⑤1952 年《世界版权公约》;⑥1993 年《与贸易有关的知识产权协议》</td></tr>
<tr><td rowspan="5">国际组织</td><td rowspan="4">世界知识产权组织</td><td>成立</td><td>根据 1967 年斯德哥尔摩《成立世界知识产权组织公约》成立的政府间国际组织,定名为世界知识产权组织,1974 年成为联合国的一个专门机构,总部设在日内瓦,我国是该组织的成员国</td></tr>
<tr><td>宗旨</td><td>通过各国间的合作,并与其他有关国际组织配合,促进在全世界保护知识产权,保证各联盟之间的行政合作</td></tr>
<tr><td>职权</td><td>(1)鼓励缔结新的国际条约,协调各国立法,给予发展中国家以法律、技术援助,搜集并传播情报,以及办理国际注册或成员间的其他合作事宜<br>(2)将各知识产权同盟的行政工作集中于日内瓦国际局<br>(3)就技术转让、起草知识产权的立法、建立专利和专利文献机构、培养专业工作人员等事项向发展中国家提供援助</td></tr>
<tr><td>组织</td><td>世界知识产权组织有四个机构:①大会,最高权力机构;②成员国会议;③协调委员会,保证各同盟之间的合作;④国际局,秘书处,常设办事机构</td></tr>
<tr><td>世界贸易组织</td><td colspan="2">根据 1994 年摩洛哥马拉喀什《世界贸易协定》成立,截至 2004 年 4 月共 147 个成员国,是关贸总协定乌拉圭回合谈判取得的重大成果之一。世贸组织是 1947 年关贸总协定的继续和发展,是一个在关贸总协定基础上发展成立的正式的国际组织,我国于 2001 年 12 月加入该组织</td></tr>
</table>

## 重点知识讲解

### 一、1883 年《保护工业产权的巴黎公约》

《保护工业产权的巴黎公约》简称《巴黎公约》,于 1883 年缔结,1884 年生效,截至 2004 年已有 168 个成员国,我国于 1984 年加入该公约。《巴黎公约》以其历史悠久、成员众多、影响大而成为保护工业产权的最主要的公约。公约经过 6 次修订,目前绝大多数国家执行的是 1967 年斯德哥尔摩文本。

公约规定了缔约国之间相互保护工业产权的基本原则,主要是:

1. 国民待遇原则,缔约国必须把其依法给予本国国民在工业产权方面的保护,也同样给予其他缔约国国民,不论他们在该国境内是否有永久住所和营业所。如果非缔约国国民在某缔约国内有住所或真实地具有实际效果的工商营业所,也必须给予相同的国民待遇。

2. 优先权原则,成员国的国民就一项发明、实用新型、外观设计和商标首先在某个成员国提出申请,自该项申请提出之日起在一定期限内(发明、实用新型为 12 个月,外观设计和商标为 6 个月),以同一项内容向其他成员国提出申请,应以第一次申请的日期为以后提出申请的日期,在优先权期限内,即使有任何第三者就相同的内容提出申请,专有权仍授予缔约国的申请人。

3. 强制许可原则,每一成员国有权采取立法措施,规定在一定条件下可以核准强制许可证,以防止专利权人可能对专利权的滥用。但是依强制许可证而实施该项专利的被许可人,仅具有

使用权，不得把强制许可证转让给他人，被许可人还要向专利权人支付一定的使用费。

4. 独立性原则，同一发明在不同国家所获得的专利权彼此无关，即各缔约国独立地按本国的法律规定给予、拒绝、终止或撤销某项专利权，不受该项专利权在其他成员国的影响。

除此之外，公约还专门规定了对商标权的国际保护：

1. 商标的独立性，如果一项商标没能在本国获得注册，或在本国的注册被撤销，不得影响它在其他成员国的注册申请被批准。但如果一项商标在其本国已获得合法注册，在一般情况下，在其他成员国的申请就不应当被拒绝，此为商标独立性的例外。

2. 不得因商品的性质而影响商标的注册。在任何情况下都不允许成员国以商品的性质为由拒绝给该商品注册商标，以避免用商品的销售活动来影响商标的注册。

3. 对驰名商标的保护，各成员国必须在国内法中规定禁止使用、注册与其他成员国已经驰名的商标相同或近似的标记。

4. 对厂商名称、假标记、不正当竞争的规定，厂商名称应在一切成员国受到保护，无须申请和注册。成员国对一切非法的带有在该国受法律保护的商标或厂商名称的商品，在海关应予扣押。对带有假冒原生产地和生产者的标记的商品进口时可予以扣押，成员国必须对各该国国民保证予以取缔不正当竞争行为。

5. 禁止当作商标使用的标记，公约规定两种标记禁止当作商标使用：①外国及成员国的国徽或其他象征国家的标记；②公约成员国政府间国际组织的旗帜、徽记、名称和缩略语。

### 二、1970年《专利合作条约》

《巴黎公约》没有解决专利权的国际申请，因此为了简化专利申请和审批的手续，加强国际间的专利合作，1970年制定并通过了《专利合作条约》，1978年生效，截至2004年4月已有123个国家加入该条约。该条约是在《巴黎公约》原则指导下订立的国际专利申请公约，只有《巴黎公约》的成员国才能参加，其主要宗旨是统一和简化缔约国之间的专利申请和审批手续。我国于1993年加入该公约，1994年该公约对我国生效。

公约规定，任何成员国的居民或国民都可以提出国际申请，在此之前应先向本国专利局提出申请，同时指明拟在哪些成员国获得该项专利权。由本国专利局将此申请转交世界知识产权组织国际局，由国际局转交国际专利合作同盟任命的美国、英国、日本、俄罗斯、奥地利、瑞典、中国、澳大利亚、西班牙等国家的专利局及欧洲专利局之一，委托其进行国际检索，上述被任命的检索单位也可由申请人选定。被委托的专利局对发明是否具有新颖性提出检索报告，并进行国际初步审查。然后将申请书、国际检索和初审报告一并转交被选定的国家专利局，再由其依据国内法的规定进行实质性审查，决定是否授予专利权。

公约的优点有：①简化成员国之间申请专利的手续，使原来的分别申请变为一次统一性的申请；②减轻成员国专利局的工作量，统一的国际检索、初审报告可供各成员国利用；③靠国际检索、国际初审可以提高专利审查的质量；④延长申请人可以享有的优先期。

### 三、1971年《国际商标注册马德里协定》

《国际商标注册马德里协定》于1891年签订，后经过6次修改，现行文本为1971年斯德哥尔摩文本，补充规定《巴黎公约》中商标的国际保护，简化了商标国际注册的手续，节省了费用，但只有《巴黎公约》的成员国才能参加，截止到2004年已有74个成员国。我国于1989年递交加入书，同年生效。

公约规定，凡成员国国民，或在成员国内有住所或营业所的非成员国国民，必须先在本国商标注册机关申请并取得商标注册，然后通过该国的商标注册机关向世界知识产权组织的国际局提出国际申请，选定拟在哪些成员国取得该商标注册权。经国际局审查批准后即予以公布并通知被选定的成员国。如果成员国1年内没有提出拒绝保护声明，即认为注册自动生效；如果被指定国有异议，应在1年内提出并附批驳理由，则此视为拒绝注册。被拒绝后申请人还可以向拒绝国家的主管法院提出申诉。公约还规定商标的统一保护期为20年，可以无限续展，每次续展期仍为20年；商标注册生效后5年内如果在原始注册国失效，则在其他成员国也同样失效。

### 四、1886年《保护文学艺术作品伯尔尼公约》

《保护文学艺术作品伯尔尼公约》于1886年签订，1887年生效，截至2004年共有155个国家参加公约。我国于1992年加入，同年生效。公约自生效以来经过7次修订和补充，共8个文本，比较有影响的是1971年文本。

公约确定了以下基本原则：

1. 双国籍的国民待遇原则，双国籍是指作者国籍和作品国籍，即如果作者为一成员国国民，不论其作品首次在哪个国家发表，都享有国民待遇；如果作品首次在一成员国发表，不论作者为何国国民，也同样享有成员国的国民待遇；该原则也同样适用于在任何成员国有长期住所的不具有成员国国籍的作者。

2. 自动保护原则，即作者在公约成员国中享受的著作权保护，不需要履行任何手续，只要作品一产生，就自动受到保护，不必登记注册或送交样本，也不必在刊物上刊载任何形式的标记。

3. 最低限度保护原则，公约对著作权保护的对象、范围、程度和期限规定了最低限度的保护。

4. 独立保护原则，即各成员国依本国法律给予其他成员国的作品予保护，不受该作品在原始国保护条件的约束。

### 五、1955年《世界版权公约》

《世界版权公约》于1952年通过，1955年生效，截至1997年已有95个成员国，其中46个国家同时也是《伯尔尼公约》的成员国。我国于1992年加入，同年生效。公约的制定目的在于协调《伯尔尼公约》与美洲国家间的矛盾。

公约规定以下主要原则：

1. 双国籍国民待遇原则。

2. 有条件的自动保护原则，即受保护的作品必须在作品的版权页上印刷版权标记，并应注明初版年份、版权所有者姓名。

3. 独立保护原则，即每一个成员国的作品在其他成员国皆依各该国法律受到保护，而不受作品起源国或其他成员国的影响。

4. 最低限度保护原则，公约对各成员国版权的保护水平规定最低要求：①作品的保护期一般不少于作者有生之年加死后25年，或作品发表之后25年；②受保护的作品范围包括文学、音乐、戏剧、电影、绘画、雕刻、雕塑；③作者享受的经济权利包括复制权、公演权、广播权和翻译权。

### 六、1993年《与贸易有关的知识产权协议》

《与贸易有关的知识产权协议》分别规定了总则和基本原则、知识产权的授予、范围和使用标准、知识产权的执法、获得、维持和相关程序、防止和解决争端、过渡安排、机构和最后条款。

公约的主要内容如下：

1. 宗旨。促进对知识产权的充分有效的保护，保证行使知识产权保护措施与程序不构成对合法贸易的阻碍,使知识产权的保护和行使能促进技术的革新、转让和传播,以利于权利和义务的平衡。

2. 适用范围。适用于以下方面:①版权和邻接权;②商标权;③地理标志权;④工业品外观设计权;⑤专利权;⑥集成电路布图设计权;⑦信息秘密专有权。

3. 基本原则。包括:①国民待遇原则,除公约规定的例外情况,各成员方应为其他成员方的国民提供不低于本国国民的待遇;②最惠国待遇原则,任何一成员就知识产权保护提供给另一成员国国民的利益、优惠或豁免应当立即无条件给予其他成员国国民;③权利用尽原则,即知识产权所有人对其知识产权一次就用尽了,在于保证商品在一国领域内自由流通,防止专有权人滥用权利进行垄断。

4. 实体权利。公约对著作权与邻接权、商标权和地理标志、专利权的权利范围及最低保护标准作出规定。

公约还规定一整套保证执法的程序规则,争端的解决和防止办法以及关于过渡期的安排。

## 配套习题

### 一、单项选择题

1.《伯尔尼公约》在对著作权的保护上采取(　)原则

A. 最惠国待遇

B. 国民待遇

C. 双国籍的国民待遇

D. 附条件的自动保护

2. 甲是一位在中国没有经常居所或者营业所的丙国人,他向乙咨询如何才能在中国申请专利,以下是乙的回答,其中错误的是(　)

A. 可以依据丙国和中国签订的协议办理

B. 可以依据丙国和中国共同参加的公约办理

C. 可以依据互惠原则办理

D. 只能根据丙国和中国共同参加的公约办理

3. 在中国没有经常居所或者营业所的外国人申请和办理专利事务的,应当(　)

A. 委托国务院专利行政部门

B. 委托国务院专利行政部门指定的专利代理机构办理

C. 委托律师办理

D. 委托中国律师办理

4. 如果中国单位或者个人向外国申请专利,以下说法中错误的是(　)

A. 应当先向国务院专利行政部门申请专利

B. 委托国务院专利行政部门指定的专利代理机构办理

C. 可以根据中国参加的有关国际条约提出专利国际申请

D. 必须委托中国律师办理

5.《保护工业产权的巴黎公约》规定,对发明、实用新型、外观设计和商标的申请人给予优先权,该优先权期限为(　)

A. 发明和实用新型为12个月,外观设计和商标为6个月

B. 发明和实用新型为12个月,外观设计和商标为12个月

C. 发明和实用新型和商标为12个月,外观设计为6个月

D. 发明和实用新型为6个月,外观设计和商标为6个月

6. 对版权实行附条件自动保护原则的是(　)

A.《巴黎公约》

B.《保护文学艺术作品的伯尔尼公约》

C.《世界版权公约》

D.《专利合作条约》

### 二、多项选择题

1. 根据我国法律规定,专利申请可以享有优先权,下面说法中正确的是(　)

A. 申请人的发明或者实用新型已经在外国提出

了专利申请

B. 就同一项发明或者实用新型在外国第一次提出专利申请之日起12个月内，又在中国就相同主题提出专利申请的

C. 或者就外观设计在外国第一次提出专利申请之日起12个月内，又在中国就相同主题提出专利申请的

D. 该外国与中国有协议或者共同参加的国际条约，或者两国相互承认优先权

2.《保护文学艺术作品伯尔尼公约》规定的基本原则是（　）

A. 独立保护原则

B. 双国籍国民待遇原则

C. 自动保护原则

D. 最低限度保护原则

3. 关于《世界版权公约》和《伯尔尼公约》所实行的原则，下列说法中正确的是（　）

A. 前者实行双国籍国民待遇原则，后者不实行双国籍国民待遇原则

B. 前者实行附条件自动保护原则，后者不实行附条件自动保护原则

C. 前者实行独立保护原则，后者不实行独立保护原则

D. 两者都实行最低限度保护原则

4. 以下有关我国对著作权的国际保护的说法中，正确的是（　）

A. 中国的公民、法人和其他组织的作品，不论其在境内还是境外，也不论是否发表均作为中国作品受中国著作权法的保护

B. 如果外国人或无国籍人的作品在中国境外首先出版，30天内也在中国境内出版的，视为在中国境内首先出版，也作为中国作品受法律保护

C. 外国人或无国籍人的作品，首先在中国境内出版的也视为中国作品，受中国著作权法的保护

D. 我国对著作权的国际保护采取双国籍国民待遇原则

5. 我国已经加入的保护知识产权的国际公约是（　）

A.《巴黎公约》

B.《伯尔尼公约》

C.《世界版权公约》

D.《与贸易有关的知识产权协议》

6.《保护工业产权巴黎公约》规定的基本原则有（　）

A. 国民待遇原则　　B. 自动保护原则

C. 强制许可原则　　D. 优先权原则

7. 下列各种保护知识产权的公约中，涉及商标保护的是（　）

A.《巴黎公约》

B.《伯尔尼公约》

C.《世界版权公约》

D.《与贸易有关的知识产权协议》

8. 1993年《与贸易有关的知识产权协议》的适用范围包括（　）

A. 版权和邻接权　　B. 地理标志权

C. 商标权　　D. 集成电路布图设计权

9. 下面哪些公约只有《巴黎公约》的成员国才能参加？（　）

A.《保护文学艺术作品的伯尔尼公约》

B.《与贸易有关的知识产权协议》

C.《商标国际注册马德里协定》

D.《专利合作条约》

## 三、名词解释

1. 双国籍的国民待遇原则
2. 强制许可原则

## 四、简答题

简述1883年《保护工业产权的巴黎公约》对工业产权的保护原则。

# 参考答案

## 一、单项选择题

1. 答案:C

提示:本题考查的是《伯尔尼公约》对著作权的保护

解析:《保护文学艺术作品伯尔尼公约》确定了以下基本原则:①双国籍的国民待遇原则。双国籍是指作者国籍和作品国籍,即如果作者为一成员国国民,则不论其作品首次在哪个国家发表,都享有国民待遇;如果作品首次在一成员国发表,不论作者为何国国民,也同样享有成员国的国民待遇;该原则也同样适用于在任何成员国有长期住所的不具有成员国国籍的作者,C项正确。②自动保护原则,《伯尔尼公约》规定的不是附条件的自动保护原则,故D项不正确。③最低限度保护原则。④独立保护原则。

2. 答案:D

提示:本题考查的是我国对外国人在我国依法取得专利权的规定

解析:《专利法》第18条规定:"在中国没有经常居所或者营业所的外国人、外国企业或者外国其他组织在中国申请专利的,依照其所属国同中国签订的协议或者共同参加的国际条约,或者依照互惠原则,根据本法办理。"可见,A、B、C项正确,D项错误。

3. 答案:B

提示:本题考查的是我国对外国人在我国取得专利权的规定

解析:《专利法》第19条规定:"在中国没有经常居所或者营业所的外国人、外国企业或者外国其他组织在中国申请专利和办理其他专利事务的,应当委托国务院专利行政部门指定的专利代理机构办理。"因此,B项正确。

4. 答案:D

提示:本题考查的是我国对中国单位或者个人向外国申请专利的规定

解析:《专利法》第20条规定:"中国单位或者个人将其在国内完成的发明创造向外国申请专利的,应当先向国务院专利行政部门申请专利,委托其指定的专利代理机构办理,并遵守本法第4条的规定。中国单位或者个人可以根据中华人民共和国参加的有关国际条约提出专利国际申请。申请人提出专利国际申请的,应当遵守前款规定。国务院专利行政部门依照中华人民共和国参加的有关国际条约、本法和国务院有关规定处理专利国际申请。"因此,A、B、C项正确,D项错误。

5. 答案:A

提示:本题考查的是《保护工业产权的巴黎公约》

解析:《保护工业产权的巴黎公约》规定了优先权原则,即成员国的国民就一项发明、实用新型、外观设计和商标首先在某个成员国提出申请,自该项申请提出之日起在一定期限内(发明、实用新型为12个月,外观设计和商标为6个月),以同一项内容向其他成员国提出申请,应以第一次申请的日期为以后提出申请的日期,在优先权期限内,即使有任何第三者就相同的内容提出申请,专有权仍授予缔约国的申请人。因此,A项正确。

6. 答案:C

提示:本题考查的是《世界版权公约》

解析:《保护文学艺术作品伯尔尼公约》对版权采用自动保护原则,即作者在公约成员国中享受的著作权保护,不需要履行任何手续,只要作品一产生,就自动受到保护,不必登记注册或送交样本,也不必在刊物上刊载任何形式的标记。《世界版权公约》则采用了有条件的自动保护原则,即受保护的作品必须在作品的版权页上印刷版权标记,并应注明初版年份、版权所有者姓名。因此,C项正确。

## 二、多项选择题

1. 答案:ABD

提示:本题考查的是专利优先权

解析:《专利法》第29条第1款规定:"申请人自发明或者实用新型在外国第一次提出专利申请之日起12个月内,或者自外观设计在外国第一次提出专利申请之日起6个月内,又在中国就相同主题提出专利申请的,依照该外国同中国签订的协议或者共同参加的国际条约,或者依照相互承认优先权的原则,可以享有优先权。"因此,A、B、D项正确,C项应为6个月,不正确。

2. 答案:ABCD

提示:本题考查的是《保护文学艺术作品伯尔尼

公约》的基本原则

**解析**:《保护文学艺术作品伯尔尼公约》确定了以下基本原则:①双国籍的国民待遇原则。双国籍是指作者国籍和作品国籍,即如果作者为一成员国国民,不论其作品首次在哪个国家发表,都享有国民待遇;如果作品首次在一成员国发表,不论作者为何国国民,也同样享有成员国的国民待遇;该原则也同样适用于在任何成员国有长期住所的不具有成员国国籍的作者。②自动保护原则,即作者在公约成员国中享受的著作权保护,不需要履行任何手续,只要作品一产生,就自动受到保护。③最低限度保护原则。④独立保护原则,即各成员国依本国法律对其他成员国的作品进行保护,不受该作品在原始国保护条件的约束。因此,A、B、C、D 项正确。

3. **答案**:BD

**提示**:本题考查的是《世界版权公约》和《伯尔尼公约》的原则

**解析**:1886 年《保护文学艺术作品伯尔尼公约》确定了以下基本原则:①双国籍的国民待遇原则。②自动保护原则,即作者在公约成员国中享受的著作权保护,不需要履行任何手续,只要作品一产生,就自动受到保护。③最低限度保护原则。④独立保护原则。1955 年《世界版权公约》确定的原则是:①双国籍的国民待遇原则。②附条件的自动保护原则,即即受保护的作品必须在作品的版权页上印刷版权标记,并应注明初版年份、版权所有者姓名,这是它与《伯尔尼公约》的不同点。③最低限度保护原则。④独立保护原则。因此,A、C 项不正确,B、D 项正确。

4. **答案**:ABCD

**提示**:本题考查的是我国对著作权的国际保护

**解析**:我国对著作权的国际保护采取双国籍国民待遇原则。《著作权法》第 2 条规定:"中国公民、法人或者其他组织的作品,不论是否发表,依照本法享有著作权。外国人、无国籍人的作品根据其作者所属国或者经常居住地国同中国签订的协议或者共同参加的国际条约享有的著作权,受本法保护。外国人、无国籍人的作品首先在中国境内出版的,依照本法享有著作权。未与中国签订协议或者共同参加国际条约的国家的作者以及无国籍人的作品首次在中国参加的国际条约的成员国出版的,或者在成员国和非成员国同时出版的,受本法保护。"所以,A、C、D 项正确。《著作权法实施细则》第 8 条规定:"外国人、无国籍人的作品在中国境外首先出版后,30 日内在中国境内出版的,视为该作品同时在中国境内出版。"所以,B 项正确。

5. **答案**:ABCD

**提示**:本题考查的是保护知识产权的国际公约

**解析**:保护知识产权的国际公约主要有:①1883 年《保护工业产权巴黎公约》;②1970 年《专利合作条约》;③1971 年《商标国际注册马德里协定》;④1886年《保护文学艺术作品伯尔尼公约》;⑤1952 年《世界版权公约》;⑥1993 年《与贸易有关的知识产权协议》。中国都已经加入上述公约。因此,A、B、C、D 项均正确。

6. **答案**:ACD

**提示**:本题考查的是《保护工业产权巴黎公约》规定的基本原则

**解析**:《保护工业产权巴黎公约》是保护工业产权的最主要的公约。其规定的基本原则有:①国民待遇原则,缔约国必须把其依法给予本国国民在工业产权方面的保护,也同样给予其他缔约国国民。②优先权原则,成员国的国民就一项发明、实用新型、外观设计和商标首先在某个成员国提出申请,自该项申请提出之日起在一定期限内(发明、实用新型为 12 个月,外观设计和商标为 6 个月),以同一项内容向其他成员国提出申请的,应以第一次申请的日期为以后提出申请的日期。③强制许可原则,每一成员国有权采取立法措施,规定在一定条件下可以核准强制许可证,以防止专利权人对专利权的滥用。④独立性原则,同一发明在不同国家所获得的专利权彼此无关,即各缔约国独立地按本国的法律规定给予、拒绝、终止或撤销某项专利权,不受其他成员国法律的影响。因此,A、C、D 项正确。自动保护原则是《保护文学艺术作品伯尔尼公约》的适用原则,故 B 项不正确。

7. **答案**:AD

**提示**:本题考查的是保护知识产权的国际公约

**解析**:保护知识产权的国际公约主要有:①1883 年《保护工业产权巴黎公约》,涉及工业产权和商标权的国际保护,所以,A 项正确;②1970 年《专利合作条约》,该条约是在《巴黎公约》原则指导下订立的国际专利申请公约,其主要宗旨是统一和简化缔约国之间的专利申请和审批手续;③1971 年《商标国际注册马德里协定》,该协定对《巴黎公约》中商标的国际保护进行了补充规定,简化了商标国际注册的手续;

④1886年《保护文学艺术作品伯尔尼公约》，不涉及商标权的保护，故B项不正确；⑤1952年《世界版权公约》，不涉及商标权的保护，所以，C项不正确；⑥1993年《与贸易有关的知识产权协议》，其主要适用于以下方面：版权和邻接权；商标权；地理标志权；工业品外观设计权；专利权；集成电路布图设计权和信息秘密专有权，因此，D项正确。

8. **答案**：ABCD

**提示**：本题考查的是《与贸易有关的知识产权协议》的适用范围

**解析**：1993年《与贸易有关的知识产权协议》的适用范围包括以下方面：①版权和邻接权；②商标权；③地理标志权；④工业品外观设计权；⑤专利权；⑥集成电路布图设计权；⑦信息秘密专有权。因此，A、B、C、D项都正确。

9. **答案**：CD

**提示**：本题考查的是《巴黎公约》、《专利合作条约》和《商标国际注册马德里协定》的相互关系

**解析**：《巴黎公约》的内容涉及工业产权和商标权的国际保护，但没有解决专利权的国际申请问题，因此为了简化专利申请和审批的手续，加强国际间的专利合作，1970年制定并通过了《专利合作条约》。该条约是在《巴黎公约》原则指导下订立的国际专利申请公约，只有《巴黎公约》的成员国才能参加，其主要宗旨是统一和简化缔约国之间的专利申请和审批手续。《国际商标注册马德里协定》则于1891年签订，它补充规定了《巴黎公约》中商标的国际保护，简化了商标国际注册的手续，节省了费用，但只有《巴黎公约》的成员国才能参加。因此，C、D项正确。

## 三、名词解释

1. **提示**：参见本章“重点知识讲解”中“1886年《保护文学艺术作品伯尔尼公约》”的相关内容，从双国籍的国民待遇原则的地位和含义两方面来回答

2. **提示**：参见本章“重点知识讲解”中“1883年《保护工业产权的巴黎公约》”的相关内容，从强制许可原则的地位和含义两方面来回答

## 四、简答题

**提示**：参见本章“重点知识讲解”中“1883年《保护工业产权的巴黎公约》”的相关内容，应从《保护工业产权的巴黎该公约》的地位、对工业产权的保护原则等方面来回答

# 第十一章　合同的法律适用概述

## 内容提示

本章就有关合同准据法的基础知识和确定准据法的基本原则进行阐述。由于合同种类较多,每类合同的法律性质有所差异,在合同法律适用基本原则的指导下,才能进一步理解和掌握不同种类合同的法律适用规则和选择方法。通过本章的学习,熟悉合同准据法的概念和相关理论;理解确定合同准据法的基本原则;了解合同准据法的适用范围及例外;重点掌握我国关于合同法律适用的规定。

## 基础知识图解

### 一、涉外合同的法律冲突

<table>
<tr><td rowspan="4">涉外合同的法律冲突</td><td rowspan="2">涉外合同</td><td>概念</td><td>是指具有外国因素的,平等主体之间设立、变更、终止民事权利义务关系的协议</td></tr>
<tr><td>特点</td><td>主要包括:①具有涉外因素:合同的主体、客体和内容三项因素中至少有一项与外国发生联系;②涉及内容广泛:涉及国际货物买卖、国际货物运输及保险、国际贸易支付和国际技术转让等;③适用法律多样:合同可能要适用外国法、国际条约或国际惯例</td></tr>
<tr><td rowspan="2">涉外合同的法律冲突</td><td>概念</td><td>即合同法律适用的冲突,是指一项合同与内容相互歧异的不同国家的法律发生联系,且这些国家的法律竞相要求支配或不支配该合同而形成的冲突状态</td></tr>
<tr><td>解决途径</td><td>(1)间接调整方法:也叫冲突法途径,即依据冲突规范的指引适用本国或者外国的实体法。统一冲突法条约:1980年《罗马合同公约》、1986年《海牙合同法律适用公约》<br>(2)直接调整方法:也叫实体法途径,即适用国际条约或者国际惯例中的实体规范。统一实体法公约:1980年《联合国国际货物销售合同公约》、1929年《华沙公约》</td></tr>
</table>

### 二、涉外合同法律适用的相关理论与确定原则

<table>
<tr><td rowspan="3">涉外合同法律适用的相关理论和确定原则</td><td rowspan="3">合同准据法</td><td>概念</td><td>即根据冲突规范的指引用以确定涉外合同当事人权利义务的实体法</td></tr>
<tr><td>相关理论</td><td>(1)统一论与分割论:前者主张合同的所有事项包括当事人的缔约能力、合同形式、合同的内容及实质效力等问题均受同一法律支配。后者主张合同所涉事项,如当事人行为能力、合同形式、合同的成立及效力,应分别受不同法律支配<br>(2)主观论与客观论:前者主张由当事人主观选择合同的法律适用。后者主张应依客观连结因素来决定合同的准据法。</td></tr>
<tr><td>历史发展</td><td>(1)第一阶段以缔约地法为主的单纯依空间连结因素决定合同准据法<br>(2)第二阶段以意思自治为主,强调依当事人主观意向决定合同准据法<br>(3)第三阶段以合同自体法为代表的依据更为灵活的冲突规范确定合同准据法</td></tr>
</table>

<table>
<tr><td rowspan="10">涉外合同法律适用的相关理论和确定原则</td><td rowspan="4">确定合同法律适用的基本原则</td><td>意思自治原则★</td><td>即合同当事人在协商一致的基础上可以自主选择某一国家或地区法律来支配他们之间的权利义务关系，如果发生争议，受案法院或仲裁机构应以当事人选择的法律作为合同的准据法</td></tr>
<tr><td>客观标志原则</td><td>即以法律规定的与合同存在某种联系因素的客观标志为依据来确定合同的准据法。一般确定合同准据法的标志主要有：①合同缔结地或合同履行地，行为地法原则；②法院或仲裁机构所在地，法院地法原则；③当事人国籍或住所地，属人法原则；④合同标的物所在地，物之所在地法原则</td></tr>
<tr><td>最密切联系原则与特征性履行原则</td><td>(1)最密切联系原则，指在当事人未选择合同准据法时，以与合同有最密切联系的国家或地区的法律作为合同的准据法★<br>(2)特征性履行原则，指在当事人未选择合同准据法时，按照合同的特征履行性质确定合同的法律适用。在具体应用中分两个步骤：①确定合同的特征履行行为；②找到特征性履行行为地★</td></tr>
<tr><td>合同自体法</td><td>指合同当事人明示或默示选择的法律；在当事人即无明示选择，也不能推定其默示选择法律的意图时，是指与合同有最密切最真实联系的法律，其形式上是意思自治原则与最密切联系原则的混合体</td></tr>
<tr><td rowspan="6">合同准据法的适用范围及例外</td><td>缔约能力</td><td>有的理论及判例支持对缔约能力适用合同准据法，但各国一般在适用当事人属人法时兼采缔约地法</td></tr>
<tr><td>合同形式</td><td>合同形式符合合同准据法、缔约地法或当事人属人法之一的在形式上即为有效，但涉及不动产、遗嘱及收养的除外</td></tr>
<tr><td>合同成立</td><td>合同是否成立适用合同准据法，以假设合同已经有效订立为前提，但在具体细节上如合同成立的时间和地点、要约承诺的效力和瑕疵问题等各国又有所差异</td></tr>
<tr><td>合同合法性</td><td>合同内容是否合法适用缔结地法或合同准据法，但是如果依合同准据法有效，依履行地法或法院地法无效的，合同不具有强制执行的效力</td></tr>
<tr><td>合同效力</td><td>包括两种情况：①合同的效果，即当事人事先预计并发生的，适用合同准据法；②合同的后果，即因法律规定的作用产生的，一般适用合同准据法</td></tr>
<tr><td>合同解释</td><td>包括两种情况：①合同的语言所属国与准据法所属国一致，适用合同准据法；②合同的语言所属国与准据法所属国不一致的，则可能适用该语言所属国法律</td></tr>
</table>

## 三、中国关于合同法律适用的规定

<table>
<tr><td rowspan="2">中国关于合同法律适用的规定</td><td>选择合同准据法的方法</td><td>根据《民法通则》第145条第1款、《合同法》第126条第1款以及最高人民法院《关于审理涉外民事或商事合同纠纷案件法律适用若干问题的规定》第3～5条的规定，合同准据法主要依下列方法确定：①尊重当事人意思自治为首要原则，当事人可以在争议发生前或者争议发生后至一审法庭辩论终结前协商一致以明示方式选择应适用的法律；②如果当事人未选择合同争议应适用的法律，但均援引同一国家或者地区的法律且未提出法律适用异议的，应当视为当事人已经就合同争议应适用的法律作出选择，除此之外则适用与合同有最密切联系的国家或者地区的法律。</td></tr>
<tr><td>确定合同准据法的原则★</td><td>(1)意思自治原则。涉外合同的当事人可以选择处理合同争议所适用的法律，但法律另有规定的除外<br>(2)最密切联系原则与特征履行原则。涉外合同当事人未选择法律时，适用与合同有最密切联系的国家的法律，同时将特征性履行原则作为最密切联系地的界定依据<br>(3)直接适用国际条约原则。即直接依据我国参加或缔结的国际公约处理公约范围内有关的涉外合同争议</td></tr>
</table>

## 重点知识讲解

### 一、意思自治原则

意思自治原则为确定涉外合同准据法的首要原则,但各国国内立法和有关国际条约在采纳的同时分别规定若干限制,其主要表现在:

1. 对选择法律方式的限制。法律选择方式是指合同当事人表达自己选择合同准据法的意向形式,通常包括明示和默示两种。各国对选择法律方式的限制主要表现在是否或如何承认默示选择的方式。我国立法上没有明确规定,但实践中一般要求当事人明示选择合同准据法,拒绝承认默示选择方式。

2. 对选择法律的时间限制。主要涉及两个问题:①能否在合同订立后选择支配合同的法律(包括合同订立后争议发生前以及争议发生后两个时间段);②能否在合同订立后通过协议变更原来支配合同的法律。通常各国允许当事人选择法律或变更原选择的法律,但不应损害合同形式上的效力,或对第三人的权利造成影响。我国立法上没有明确规定,但实践中允许当事人在合同订立时或发生争议后选择法律。

3. 对选择法律内容的限制。主要涉及当事人能否选择与合同无客观联系的法律,能否通过法律选择排除国内法的适用或有关国家强制性规则的适用等。各国的做法是,在当事人不存在规避法律意图的情况下,一般允许当事人选择所谓中立国的法律,禁止通过法律选择排除国内法或有关强制性规则的适用。我国立法没有明确规定,实践中允许当事人选择中国法、港澳地区法或外国法,但必须是实体法,而不包括冲突规范和程序法。而对于选择的法律是否必须与合同存在一定联系,是否可以排除当事人本国强制性和禁止性规范等,实践方面也无明确规定。

4. 适用范围的限制。由于当事人对法律的选择具有很大的随意性,所以各国逐步开始重视对合同准据法内容进行政策导向,主要表现为:①由直接适用的法律支配某些特殊类型的合同。所谓直接适用的法律是指一国为维护其政治经济和社会制度而制定的专门适用于某类涉外民事关系的强制性规范,其适用不依赖于连结因素的指引,而是根据它所体现的政策与案件的联系程度,自己决定自己的适用范围。②为保护弱方当事人的利益,或者规定当事人不得选择法律,或者规定只能选择特定地域的法律。例如消费、劳务雇佣方面。我国立法和实践中,合同当事人的缔约能力及合同形式,在我国境内履行的中外合资、中外合作、中外合作勘探开发自然资源合同,外商投资企业与中国银行签订的借款合同(但中国银行同意的除外)以及涉外票据(但支票出票时的记载事项的法律适用除外)四类问题不适用该原则。

### 二、最密切联系原则与特征履行原则

最密切联系原则的思想渊源可以追溯到萨维尼的“法律关系本座说”,其确定合同准据法并不是依据单一的连结因素,而是弹性的联系概念,要求法院或者仲裁机构必须根据案件的具体情况,灵活的分析判断与合同有最密切联系的国家,然而在分析判断的过程中又不免会受到主观意志的影响,导致适用结果的不公正性和不可预见性,因此有必要在最密切联系的具体化的过程中防止随意自由裁量。大陆法系国家相应的措施就是采用特征履行原则所确立的方法,即根据能够反映合同本质特征的一方当事人的履行行为来作为判断最密切联系地的根据。

我国的实践就是将特征履行原则作为确定合同最密切联系地的界定依据。根据最高人民法院《关于审理涉外民事或商事合同纠纷案件法律适用若干问题的规定》第5条的规定,对于当事

人未选择合同争议应适用的法律的，人民法院根据最密切联系原则确定合同争议应适用的法律时，应根据合同的特殊性质，以及某一方当事人履行的义务最能体现合同的本质特性等因素，确定与合同有最密切联系的国家或者地区的法律作为合同的准据法。下列涉外合同，法院确定准据法的通常情况是：

1. 买卖合同，适用合同订立时卖方住所地法；如果合同是在买方住所地谈判并订立的，或者合同明确规定卖方须在买方住所地履行交货义务的，适用买方住所地法。

2. 来料加工、来件装配以及其他各种加工承揽合同，适用加工承揽人住所地法。

3. 成套设备供应合同，适用设备安装地法。

4. 不动产买卖、租赁或者抵押合同，适用不动产所在地法。

5. 动产租赁合同，适用出租人住所地法。

6. 动产质押合同，适用质权人住所地法。

7. 借款合同，适用贷款人住所地法。

8. 保险合同，适用保险人住所地法。

9. 融资租赁合同，适用承租人住所地法。

10. 建设工程合同，适用建设工程所在地法。

11. 仓储、保管合同，适用仓储、保管人住所地法。

12. 保证合同，适用保证人住所地法。

13. 委托合同，适用受托人住所地法。

14. 债券的发行、销售和转让合同，分别适用债券发行地法、债券销售地法和债券转让地法。

15. 拍卖合同，适用拍卖举行地法。

16. 行纪合同，适用行纪人住所地法。

17. 居间合同，适用居间人住所地法。

如果上述合同明显与另一国家或者地区有更密切联系的，适用该另一国家或者地区的法律。

### 三、我国有关特定合同准据法的规定

根据最高人民法院《关于审理涉外民事或商事合同纠纷案件法律适用若干问题的规定》第8条的规定，在中华人民共和国领域内履行的下列合同，适用中华人民共和国法律：①中外合资经营企业合同；②中外合作经营企业合同；③中外合作勘探、开发自然资源合同；④中外合资经营企业、中外合作经营企业、外商独资企业股份转让合同；⑤外国自然人、法人或者其他组织承包经营在中华人民共和国领域内设立的中外合资经营企业、中外合作经营企业的合同；⑥外国自然人、法人或者其他组织购买中华人民共和国领域内的非外商投资企业股东的股权的合同；⑦外国自然人、法人或者其他组织认购中华人民共和国领域内的非外商投资有限责任公司或者股份有限公司增资的合同；⑧外国自然人、法人或者其他组织购买中华人民共和国领域内的非外商投资企业资产的合同；⑨中华人民共和国法律、行政法规规定应适用中华人民共和国法律的其他合同。

## 配套习题

### 一、单项选择题

1. 甲乙均为俄罗斯公民。甲定居中国，乙定居韩国，双方在汉城订立了一借贷合同，其中约定有关该合同的争议由中国法院排他管辖，英国法律为合同准据法。后双方因执行该合同发生争议而诉至我国法院。关于该合同争议的诉讼时效所应适用的法律，下列哪一个选项是

正确的？（ ）（司考2005年卷一，单选第35题）

A. 当事人双方都是俄罗斯公民，该合同争议的诉讼时效应适用俄罗斯法律

B. 当事人在汉城订立合同，该合同争议的诉讼时效应适用韩国法律

C. 当事人选择英国法为合同准据法，该合同争议的诉讼时效应适用英国法律

D. 当事人选择由我国法院管辖，该合同争议的诉讼时效应适用我国法律

2. 最早在立法中明确规定当事人意思自治作为确定合同准据法首要原则的法律是（ ）

A. 1804年《法国民法典》

B. 1856年的《意大利民法典》

C. 1896年的《德国民法施行法》

D. 1898年的《日本法例》

3. “合同自体法”学说认为，合同首先应适用（ ）

A. 合同缔结地法律

B. 与合同有最密切联系的法律

C. 受理案件的法院所在地法律

D. 合同当事人双方约定的法律

4. 现有日、美两国的两家公司联合来华投资，与我国一家公司签订了合资经营企业合同。该合同应适用（ ）

A. 中国法　　B. 日本法

C. 美国法　　D. 当事人选择的法律

5. 从合同准据法的历史发展来看，在16世纪以前，合同准据法的确立大多采用（ ）

A. 当事人意思自治原则

B. 合同缔约地法

C. 最密切联系原则

D. 法院地法

6. 目前，解决涉外合同法律适用问题的一项最首要和最重要原则是（ ）

A. 意思自治原则

B. 侵权行为地法原则

C. 法院地法原则

D. 最密切联系原则

7. 在当事人没有约定合同应适用的法律时，根据我国法律规定和司法实践，成套设备供应合同应适用（ ）

A. 卖方营业地法律

B. 买方营业地法律

C. 合同订立地法律

D. 设备安装运转地法律

8. 根据我国法律和司法实践，在双方当事人没有作出约定时，涉外来料加工、来件装配合同适用（ ）

A. 法院地法

B. 加工承揽人住所地法

C. 加工承揽人国籍国法

D. 劳务实施地法

9. 依我国法律，对于涉外动产租赁合同，如当事人未选择合同所适用的法律，一般情况下适用（ ）

A. 动产所在地法

B. 出租人住所地法

C. 承租人住所地法

D. 受理案件的法院所在地法

10. 在我国涉外合同领域，（ ）是作为当事人意思自治原则的补充而适用的

A. 最密切联系原则　　B. 特征性履行原则

C. 合同自体法　　D. 合同缔结地法

11. 在合同法律适用领域，最早采用的灵活、开放的连结点是（ ）

A. 缔约地　　B. 履行地

C. 意思自治　　D. 最密切联系地

12. 在国际私法史上，最早提出把特征履行作为判定合同与何地有最密切联系的根据的是（ ）

A. 英国学者　　B. 美国学者

C. 瑞士学者　　D. 日本学者

## 二、多项选择题

1. 依照我国法律的规定，下列哪些合同必须适用我国法律？（ ）（司考2002年卷一，多选第63题）

A. 德国甲公司与法国乙公司依照《中华人民共和国外资企业法》，为共同投资在中国设立企业丙而订立的合同

B. 美国甲公司与我国乙公司依照《中华人民共和国中外合资经营企业法》，为共同投资在中国设立企业丙而订立的合同

C. 日本国甲公司与意大利国乙公司及中国丁公司依照《中华人民共和国中外合作经营企业法》，为共同投资在中国设立企业丙而订立的合同

D. 中国甲公司与新加坡乙公司签订的在中国境内履行的中外合作勘探开发自然资源合同

2. 在国际私法中，应当适用于某一合同的实体法被称为该合同的准据法。关于合同准据法的确定，下列何种表述是正确的？（　）（司考2006年卷一，不定选第94题）

A. 我国所有的法律都允许涉外合同的当事人自行约定合同准据法

B. 合同的当事人没有选择适用于合同的准据法时，我国法院应适用与该合同有最密切联系的国家的法律

C. 关于对合同当事人的行为能力与合同的有效性应分别适用不同国家法律的主张，称为确定合同准据法的分割论

D. 按照特征性履行方法的理论，当事人未选择适用于合同的法律时，应根据合同的特殊性确定合同准据法

3. 在中国境内履行的涉外合同，按我国法律的规定，不适用意思自治原则的有（　）。（考研中国政法大学2006年）

A. 中外合资经营企业合同

B. 中外合作经营企业合同

C. 国际技术转让合同

D. 国际动产租赁合同

4. 在我国境内履行的（　），必须适用中国法律（考研西南政法大学2003年）

A. 中外合资经营企业合同

B. 中外合作经营企业合同

C. 中外合作勘探开发自然资源合同

D. 中外合作开发新技术合同

5. 法院根据最密切联系原则确定涉外合同争议应适用的法律时，下列哪些做法是正确的？（　）

A. 建设工程合同，适用建设工程合同签订地法

B. 保险合同，适用保险人住所地法

C. 保险合同，适用被保险人住所地法

D. 保管合同，适用保管人住所地法

6. 根据我国法律，下列哪些说法是错误的？（　）

A. 融资租赁合同，适用承租人住所地法

B. 拍卖合同，适用拍卖人住所地法

C. 委托合同，适用受托人国籍国法

D. 委托合同，适用委托人住所地法

## 三、名词解释

1. 合同准据法（考研西北政法学院2000年、2004年）

2. Proper Law of Contract（考研中南财经政法大学2003年）

3. Theory of Characteristic Performance（考研武汉大学2002年）

## 四、简答题

1. 简述特征性履行说。（考研武汉大学2005年）

2. 合同领域怎样运用最密切联系原则。（考研中国政法大学2002年）

3. 各国对意思自治原则的限制主要表现在哪些方面？

## 五、论述题

简述我国关于涉外合同法律适用的有关规定。

# 参考答案

## 一、单项选择题

1. 答案：C

提示：本题考查的是有关合同诉讼时效的法律适用

解析：我国《民通意见》第195条规定："涉外民事法律关系的诉讼时效，依冲突规范确定的民事法律关系的准据法确定。"对于涉外合同法律关系，《合

同法》第126条第1款规定:"涉外合同的当事人可以选择处理合同争议所适用的法律,但法律另有规定的除外。涉外合同的当事人没有选择的,适用与合同有最密切联系的国家的法律"。《民法通则》第145条第1款规定:"涉外合同的当事人可以选择处理合同争议所适用的法律,法律另有规定的除外。"本题中,双方选择英国法律为合同准据法,因此,该合同争议的诉讼时效所应适用的法律也应该根据合同准据法确定,即英国法。由此,C项正确,A、B、D项不正确。

2. 答案:B

提示:本题考查的是意思自治原则的历史源流

解析:本题是简单的记忆题,1856年的《意大利民法典》是世界上第一部采纳意思自治理论的民法典,B项正确。

3. 答案:D

提示:本题考查的是合同自体法理论

解析:合同自体法理论是英国用来确立合同准据法的学说。合同自体法是指合同当事人明示选择或默示选择的法律;在当事人既无明示选择,又不能推定当事人默示选择法律的意图时,合同自体法是指与合同有着最密切联系的法律。合同自体法一般通过三种方式进行确定:①当事人明确选择了法律时,该法律即是自体法;②当事人没有明确选择法律,但根据合同的条款以及其他情况可以推断出他们选择的法律,则该法仍可成为自体法;③当事人没有明确选择法律,也不能从有关情况中作出推断,则与交易有最密切联系的法律就是自体法。因此,A项正确。

4. 答案:A

提示:本题考查的是中外合资经营企业合同的法律适用

解析:我国《中外合资经营企业法实施条例》第12条规定:"合营企业合同的订立、效力、解释、执行及其争议的解决,均应当适用中国的法律。"《合同法》第126条第2款规定:"在中华人民共和国境内履行的中外合资经营企业合同、中外合作经营企业合同、中外合作勘探开发自然资源合同,适用中华人民共和国法律。"因此,题中所签订的中外合资经营企业合同只能适用中国法,而不能由当事人自行选择所适用的法律,A项正确,B、C、D项错误。

5. 答案:B

提示:本题考查的是合同准据法的历史发展

解析:16世纪,杜摩兰在其《巴黎习惯法评述》中明确提出了意思自治原则,并对该理论进行了系统的阐述。而在此之前,合同准据法的确立大多采用合同缔结地法,所以,B项正确。

6. 答案:A

提示:本题考查的是涉外合同法律适用的确定原则

解析:目前,从各国立法和实践来看,意思自治原则已经成为确定涉外合同准据法的首要原则,而最密切联系原则常常是作为在当事人没有对合同适用的法律作出选择时的辅助性原则。因此,A项正确。

7. 答案:D

提示:本题考查的是特征性履行原则在我国实践中的适用

解析:我国《合同法》第126条规定:"涉外合同的当事人可以选择处理合同争议所适用的法律,但法律另有规定的除外。涉外合同的当事人没有选择的,适用与合同有最密切联系的国家的法律。"而我国的实践就是将特征性履行原则作为确定合同最密切联系地的界定依据。根据2007年8月8日起施行的最高人民法院《关于审理涉外民事或商事合同纠纷案件法律适用若干问题的规定》第5条规定,成套设备供应合同,适用设备安装地法。因此,D项正确。

8. 答案:B

提示:本题考查的是涉外合同法律适用的最密切联系原则

解析:据2007年8月8日起施行的最高人民法院《关于审理涉外民事或商事合同纠纷案件法律适用若干问题的规定》第5条的规定,来料加工、来件装配以及其他各种加工承揽合同,适用加工承揽人住所地法。因此,B项正确。

9. 答案:B

提示:本题考查的是涉外合同法律适用的最密切联系原则

解析:根据2007年8月8日起施行的最高人民法院《关于审理涉外民事或商事合同纠纷案件法律适用若干问题的规定》第5条的规定,动产租赁合同,适用出租人住所地法。因此,B项正确。

10. 答案:A

提示:本题考查的是我国涉外合同的法律适用规定

解析:《合同法》第126条的规定,意思自治是我国涉外合同法律适用的首要原则,但在当事人未做法律选择或法律选择无效的情况下,则应适用与合同有最密切联系的国家的法律。所以,在我国,最密切联系原则是作为当事人意思自治原则的辅助原则而适用的。因此,A 项正确。

11. **答案**:C

**提示**:本题考查的是合同的法律适用

**解析**:连结点从僵硬向灵活发展是对传统冲突规范进行软化处理的一个重要手段。这种软化连结点的思想,起源于杜摩兰在合同领域主张的"意思自治"。而"最密切联系"则是另外一个灵活性连结点,但它最初是适用在侵权领域,后来才发展到应用于合同领域,所以,C 项正确。

12. **答案**:C

**提示**:本题考查的是特征履行说的理论发展

**解析**:特征履行最早在 1902 年即由瑞士的哈伯格在研究双务合同的法律适用问题时被提出来。所以,C 项正确。

## 二、多项选择题

1. **答案**:BCD

**提示**:本题考查的是我国对合同准据法的强制适用

**解析**:《合同法》第 126 条第 2 款规定:"在中华人民共和国境内履行的中外合资经营企业合同、中外合作经营企业合同、中外合作勘探开发自然资源合同,适用中华人民共和国法律。"A 项中,德国甲公司与法国乙公司共同投资在中国设立企业丙,丙属于外资企业,因而该合同为外商投资企业合同,不属于第 126 条规定必须适用中国法律的三类合同之一;而 B 项中订立的合同为中外合资经营企业合同,C 项中订立的是中外合作经营企业合同,D 项中订立的合同是中外合作勘探开发自然资源合同,根据《合同法》第 126 条规定,都必须适用我国法律,因此,B、C、D 项正确。

2. **答案**:BCD

**提示**:本题考查的是合同准据法的理论和我国的规定

**解析**:我国《民法通则》第 145 条规定:"涉外合同的当事人可以选择处理合同争议所适用的法律,法律另有规定的除外。"可见,在我国,并不是所有的法律都允许涉外合同的当事人自行约定合同准据法。例如,我国《合同法》第 126 条第 2 款就规定:"在中华人民共和国境内履行的中外合资经营企业合同、中外合作经营企业合同、中外合作勘探开发自然资源合同,适用中华人民共和国法律。"有关这方面的规定,还可参见 2007 年 8 月 8 日起施行的最高人民法院《关于审理涉外民事或商事合同纠纷案件法律适用若干问题的规定》第 8 条的相关内容。因此,A 项错误。根据我国《合同法》第 126 条第 1 款规定:"涉外合同的当事人可以选择处理合同争议所适用的法律,但法律另有规定的除外。涉外合同的当事人没有选择的,适用与合同有最密切联系的国家的法律。"B 项正确。国际私法关于如何确定合同准据法,有统一论和分割论两种理论,统一论主张涉外合同的所有事项包括合同当事人的缔约能力、合同形式、合同的内容及实质效力等问题都应受同一法律支配。分割论则主张合同所涉及的有关事项,诸如合同当事人的行为能力、合同效力、合同的有效成立和合同的效力等,应分别受不同法律支配。因此,C 项中对合同当事人的行为能力与合同的有效性进行区分,认为应分别适用不同国家法律的主张,就是分割论的体现,C 项正确。特征履行说是指在涉外合同当事人未选择合同准据法时,应根据合同的特征性履行性质确定合同的准据法,D 项正确。

3. **答案**:AB

**提示**:本题考查的是我国对合同准据法的强制适用

**解析**:意思自治原则是我国涉外合同法律适用中的首要原则,但从我国立法和实践来看,下列问题不适用该原则:①合同当事人的缔约能力和合同形式;②在我国境内履行的中外合资经营企业合同、中外合作经营企业合同、中外合作勘探开发自然资源合同;③外商投资企业与中国银行签订的借款合同(但中国银行同意的除外);④涉外票据的法律适用。《合同法》第 126 条规定:"涉外合同的当事人可以选择处理合同争议所适用的法律,但法律另有规定的除外。涉外合同的当事人没有选择的,适用与合同有最密切联系的国家的法律。在中华人民共和国境内履行的中外合资经营企业合同、中外合作经营企业合同、中外合作勘探开发自然资源合同,适用中华人民共和国法律。"因此,在中国境内履行的中外合资经营企业合同和中外合作经营企业合同,其当事人不能自行选择适用于合同的法律,A、B 项符合题意。在我国,对于国际技术转让合同和国际动产租赁合同的法律适用,则可以适用意思自治原则,故

C、D 项不符合题意。

4. **答案**:ABC

**提示**:本题考查的是我国对合同准据法的强制适用

**解析**:我国《合同法》第 126 条第 2 款规定:“在中华人民共和国境内履行的中外合资经营企业合同、中外合作经营企业合同、中外合作勘探开发自然资源合同,适用中华人民共和国法律。”所以,A、B、C 项正确。

5. **答案**:BD

**提示**:本题考查的是涉外合同法律适用的最密切联系原则

**解析**:2007 年 8 月 8 日起施行的最高人民法院《关于审理涉外民事或商事合同纠纷案件法律适用若干问题的规定》第 5 条规定:“当事人未选择合同争议应适用的法律的,适用与合同有最密切联系的国家或者地区的法律。人民法院根据最密切联系原则确定合同争议应适用的法律时,应根据合同的特殊性质,以及某一方当事人履行的义务最能体现合同的本质特性等因素,确定与合同有最密切联系的国家或者地区的法律作为合同的准据法。①买卖合同,适用合同订立时卖方住所地法;如果合同是在买方住所地谈判并订立的,或者合同明确规定卖方须在买方住所地履行交货义务的,适用买方住所地法。②来料加工、来件装配以及其他各种加工承揽合同,适用加工承揽人住所地法。③成套设备供应合同,适用设备安装地法。④不动产买卖、租赁或者抵押合同,适用不动产所在地法。⑤动产租赁合同,适用出租人住所地法。⑥动产质押合同,适用质权人住所地法。⑦借款合同,适用贷款人住所地法。⑧保险合同,适用保险人住所地法。⑨融资租赁合同,适用承租人住所地法。⑩建设工程合同,适用建设工程所在地法。⑪仓储、保管合同,适用仓储、保管人住所地法。⑫保证合同,适用保证人住所地法。⑬委托合同,适用受托人住所地法。⑭债券的发行、销售和转让合同,分别适用债券发行地法、债券销售地法和债券转让地法。⑮拍卖合同,适用拍卖举行地法。⑯行纪合同,适用行纪人住所地法。⑰居间合同,适用居间人住所地法。如果上述合同明显与另一国家或者地区有更密切联系的,适用该另一国家或者地区的法律。”因此,B、D 项正确,A、C 项错误。

6. **答案**:BCD

**提示**:本题考查的是涉外合同法律适用的最密切联系原则

**解析**:根据 2007 年 8 月 8 日起施行的最高人民法院《关于审理涉外民事或商事合同纠纷案件法律适用若干问题的规定》第 5 条的规定,A 项正确;B 项错误,拍卖合同应适用拍卖举行地法;C、D 项错误,委托合同应适用受托人住所地法。

## 三、名词解释

1. **提示**:应从合同准据法的概念、理论等方面来回答

**答案**:合同准据法,是指根据冲突规范的指引,用以确定涉外合同当事人权利义务关系的实体法。关于合同准据法的理论主要有:①统一论与分割论:前者主张合同的所有事项包括当事人的缔约能力、合同形式、合同的内容及实质效力等问题均受同一法律支配。后者主张合同所涉事项,如当事人行为能力、合同形式、合同的成立及效力,应分别受不同法律支配。②主观论与客观论:前者主张应根据当事人的主观选择决定合同的法律适用。后者主张应依客观连接因素来决定合同的准据法。

2. **提示**:应从合同自体法的地位和含义等方面来回答

**答案**:Proper Law of Contract 通常译为合同自体法,它是英国用来确立合同准据法的学说。合同自体法是指合同当事人明示选择或默示选择的法律;在当事人既无明示选择,又不能推定当事人默示选择法律的意图时,合同自体法是指与合同有着最密切联系的法律。

3. **提示**:应从特征履行理论的含义、内容和应用等方面来回答

**答案**:Theory of Characteristic Performance 即特征履行理论。特征履行理论是大陆法系国家运用最密切联系原则的方法。其内容为:在涉外合同当事人未选择合同准据法时,应按合同的特征性履行性质确定合同的法律适用。作为一项法律适用原则,它在应用中分两步:①确定一项合同的特征性履行行为,这里的特征性履行行为指合同关系中最能代表合同特征的履行行为;②确定合同特征性履行的场所。

## 四、简答题

1. **提示**:应从概念、适用方法和各国立法或公约

对特征性履行说的采纳情况三方面进行阐述

**答案**:(1)概念。特征履行理论是大陆法系国家运用最密切联系原则的方法。其内容为:在涉外合同当事人未选择合同准据法时,应按合同的特征履行行为性质确定合同的法律适用。

(2)适用方法:作为一项法律适用原则,它在应用中分两步:①确定一项合同的特征性履行行为,这里的特征性履行行为,是指能够使此种合同区别于其他各种合同,即能够反映出合同本质特征的一方当事人的履行行为。如货物买卖合同中卖方的交货行为一般被认为是该种合同的特征性履行行为;②确定合同特征性履行的行为地。合同特征性履行行为地一般是指特征性履行行为方的住所地(含营业所所在地)或惯常居所地等。

(3)各国立法或公约对特征性履行说的采纳情况:①直接采用特征性履行说;②以特征性履行说作为最密切联系说具体化的依据;③以特征性履行说作为最密切联系说具体化的依据,同时,规定例外条款,即当合同明显地与特征性履行说之外的法律有更密切的联系时,则适用该法律。

2. **提示**:应从概念、评价和最密切联系原则在合同领域的运用三方面进行答题

**答案**:(1)概念:最密切联系原则是指就某一法律关系在当事人没有选择应适用的法律或选择无效的情况下,由法院依据这一原则,在与法律关系有联系的国家中,选择一个与该法律关系本质上有重大联系,利害关系最密切的国家的法律予以适用。

(2)评价:①该理论认为,某一合同之所以适用某一国家的法律,是因为从合同的整体情况看,合同与该国有着最密切联系。这就要求法院根据案件的具体情况,对案件作出灵活处理,这有助于国际民商事案件得到公正、合理的处理。②但根据该原则,法官拥有较大的自由裁量权,在综合分析和考察与合同有最密切联系的法律时,不免会受到法官的主观意志的影响,容易导致法律适用结果的不公正性和不可预见性。

(3)最密切联系原则在合同领域的运用:由于该原则容易导致法官滥用自由裁量权,美国和大陆法系分别采用"合同要素分析法"和"特征性履行说"作为判定最密切联系因素的方法。①美国的"合同要素分析法"。"合同要素分析法"是指法官通过对合同的各种因素进行"量"和"质"的分析,从而确定准据法。量的分析是指法官把与合同有关的全部连结因素列举出来,然后将连结因素在数量上最集中的那个国家或地区确定为最强联系地;质的分析是指法官在选择法律时,应当根据各种连结因素的相对重要程度,来确定在特定问题上与案件有最强联系的国家的法律加以适用。②大陆法系国家的"特征性履行说"。它是大陆法系国家用来判定最密切联系地的一种理论和方法。它要求法院根据合同的特殊性质,以何方的履行最能体现合同的特性来决定合同的法律适用。它在适用中分两步:①确定合同特征性履行的标准,即依据什么标准如何判定哪一方的履行为特征性履行。②确定合同特征性履行的场所。即在确定了特征性履行方后,又要在地理或空间上寻找一个连结点,以最终确定合同应适用的法律。

3. **提示**:参见本章"重点知识讲解"中"意思自治原则"的相关内容,从意思自治原则的概念和各国对其的限制等方面来回答

## 五、论述题

**提示**:本题考查的是我国关于涉外合同法律适用的立法

**答案**:根据《民法通则》第 145 条第 1 款、《合同法》第 126 条第 1 款以及最高人民法院《关于审理涉外民事或商事合同纠纷案件法律适用若干问题的规定》第 3 ~ 5 条的规定,合同准据法主要依下列方法确定:

(1)以当事人明示选择的法律为涉外合同的准据法。以尊重当事人意思自治为首要原则,当事人可以在争议发生前或者争议发生后至一审法庭辩论终结前协商一致以明示方式选择应适用的法律;所选择的法律是有关国家或地区的实体法,不包括冲突法和程序法。

(2)承认默示的法律选择。即如果当事人未明示选择合同争议应适用的法律,但均援引同一国家或者地区的法律且未提出法律适用异议的,应当视为当事人已经就合同争议应适用的法律作出选择。

(3)如果当事人既没有明示选择法律,也没有默示选择法律,则适用与合同有最密切联系的国家或者地区的法律:

第一,人民法院根据最密切联系原则确定合同争议应适用的法律时,应根据合同的特殊性质,以及某一方当事人履行的义务最能体现合同的本质特性等因素,确定与合同有最密切联系的国家或者地区

的法律作为合同的准据法。

第二，具体确定最密切联系地的规则如下：①买卖合同，适用合同订立时卖方住所地法；如果合同是在买方住所地谈判并订立的，或者合同明确规定卖方须在买方住所地履行交货义务的，适用买方住所地法。②来料加工、来件装配以及其他各种加工承揽合同，适用加工承揽人住所地法。③成套设备供应合同，适用设备安装地法。④不动产买卖、租赁或者抵押合同，适用不动产所在地法。⑤动产租赁合同，适用出租人住所地法。⑥动产质押合同，适用质权人住所地法。⑦借款合同，适用贷款人住所地法。⑧保险合同，适用保险人住所地法。⑨融资租赁合同，适用承租人住所地法。⑩建设工程合同，适用建设工程所在地法。⑪仓储、保管合同，适用仓储、保管人住所地法。⑫保证合同，适用保证人住所地法。⑬委托合同，适用受托人住所地法。⑭债券的发行、销售和转让合同，分别适用债券发行地法、债券销售地法和债券转让地法。⑮拍卖合同，适用拍卖举行地法。⑯行纪合同，适用行纪人住所地法。⑰居间合同，适用居间人住所地法。

第三，如果上述合同明显与另一国家或者地区有更密切联系的，适用该另一国家或者地区的法律。

(4)在中华人民共和国领域内履行的下列合同，只能适用中华人民共和国法律，当事人不能自行选择合同所适用的法律：①中外合资经营企业合同；②中外合作经营企业合同；③中外合作勘探、开发自然资源合同；④中外合资经营企业、中外合作经营企业、外商独资企业股份转让合同；⑤外国自然人、法人或者其他组织承包经营在中华人民共和国领域内设立的中外合资经营企业、中外合作经营企业的合同；⑥外国自然人、法人或者其他组织购买中华人民共和国领域内的非外商投资企业股东的股权的合同；⑦外国自然人、法人或者其他组织认购中华人民共和国领域内的非外商投资有限责任公司或者股份有限公司增资的合同；⑧外国自然人、法人或者其他组织购买中华人民共和国领域内的非外商投资企业资产的合同；⑨中华人民共和国法律、行政法规规定应适用中华人民共和国法律的其他合同。

# 第十二章　国际经济贸易合同的法律适用

## 内容提示

本章在遵循合同法律适用一般原则的基础上，对常见的国际经济贸易合同的法律适用进行具体阐述。通过本章的学习，理解不同的合同在法律适用上所体现出的法律特征，灵活准确地确定准据法；重点掌握具有代表性的国际公约以及我国的规定。

## 基础知识图解

## 第一节　国际货物买卖合同的法律适用

### 一、国际货物买卖合同的法律适用概述

<table>
<tr><td rowspan="3">国际货物买卖合同法律适用概述</td><td rowspan="2">国际货物买卖合同</td><td>概念</td><td>营业地分处于不同国家的当事人之间就货物的进出口交易所达成的协议</td></tr>
<tr><td>特点</td><td>(1)合同当事人的营业地分处于不同国家<br>(2)合同标的物为进出口货物并进行跨越国界的运输<br>(3)合同通过要约承诺隔地订立并遵守国际公认规则<br>(4)当事人可以选择支配合同的法律</td></tr>
<tr><td>适用方式</td><td colspan="2">(1)当事人在合同中明确规定合同准据法的则按照当事人的意思适用法律<br>(2)在当事人没有选择法律时，适用有关的国际公约，或由管辖法院或仲裁庭，依据法院地或仲裁地国家的冲突规则来确定合同的准据法</td></tr>
</table>

### 二、调整国际货物买卖合同的国际公约

<table>
<tr><td rowspan="4">调整国际货物买卖合同的国际公约</td><td rowspan="4">联合国国际货物销售合同公约</td><td>订立</td><td>统一实体法公约，1988 年 1 月 1 日生效</td></tr>
<tr><td>内容</td><td>正文主要包括公约的适用范围、合同订立、货物买卖和最后条款四部分，分别就合同的定义、发价和接受的条件、货物销售总则、买卖双方的义务、风险转移、一般规定、公约的批准和生效程序作了全面的规定</td></tr>
<tr><td>适用范围</td><td>公约适用于营业地分处不同国家的当事人之间的货物买卖合同，但不适用于下列七种情况：①供私人和家庭使用的买卖；②以拍卖方式进行的买卖；③根据法律执行令状或其他令状进行的买卖；④股票、投资证券、流通票据或货币的买卖；⑤船舶或飞机的买卖；⑥电力的买卖；⑦供货方义务为提供劳务或其他服务的合同</td></tr>
<tr><td>适用情形</td><td>(1)双方营业地分别处于两个缔约国的当事人之间订立的国际货物买卖合同应适用公约<br>(2)当事人双方或一方营业所所在国为非缔约国，如果国际私法规则导致适用某一缔约国法律时可以适用公约</td></tr>
</table>

<table>
<tr><td rowspan="8">调整国际货物买卖合同的国际公约</td><td rowspan="3">联合国国际货物销售合同公约</td><td rowspan="2">未涉及的问题</td><td>包括:①国际货物买卖合同及其条款的有效性问题;②国际货物买卖合同所引起的有关货物所有权的问题,即货物所有权转移的时间和第三人对合同标的物可能提出的权利和要求;③卖方对所售货物引起的人身伤亡责任</td></tr>
<tr><td>属于公约范围内未明确解决的问题应依一般原则解决,没有一般原则的按照国际私法规定适用的法律来解决</td></tr>
<tr><td>保留</td><td>(1)我国对国际货物销售合同的书面形式提出保留,即公约有关口头或书面以外的形式的合同也有效的规定对我国不适用<br>(2)我国对依据国际私法规则导致适用公约的规定提出保留</td></tr>
<tr><td rowspan="5">国际货物销售合同法律适用公约</td><td>订立</td><td>统一冲突法公约,于 1985 年海牙特别会议上通过</td></tr>
<tr><td>内容</td><td>在 1955 年《关于有体动产买卖法律适用公约》的基础上解决各国货物买卖法律冲突</td></tr>
<tr><td>适用范围</td><td>适用于营业地设在不同国家的当事人之间的货物买卖合同,包括消费者的货物销售及根据单证进行的买卖,但排除公债、股票、投资证券、流通票据或货币的买卖、依执行令状进行的交易以及加工劳务合同</td></tr>
<tr><td>冲突法原则</td><td>对于国际货物销售合同的法律适用主要有以下主张:①适用合同当事人双方选择的法律;②适用合同订立时卖方设有营业所所在地法律;③适用买方订立合同时营业所所在地法律;④适用与合同最密切联系的国家的法律;⑤拍卖适用拍卖举行地国家的法律;⑥商品交易所或其他交易所的货物买卖,适用交易所所在地国家的法律</td></tr>
<tr><td>合同准据法管辖范围</td><td>合同准据法调整以下内容:①合同解释;②当事人的责任和合同的履行;③买方从货物中取得产品;④收受货物的权利;⑤来源与货物收益的时间;⑥买方对货物承担风险的时间;⑦双方当事人之间保留货物所有权条款的合法性和效力;⑧不履行合同的后果;⑨诉讼时效;⑩无效合同后果</td></tr>
</table>

## 三、调整国际货物买卖合同的国际惯例

<table>
<tr><td rowspan="3">国际贸易惯例</td><td>概念</td><td>在国际贸易实践中经过反复使用,可以确定国际货物买卖合同双方当事人权利义务的习惯性规则</td></tr>
<tr><td>特点</td><td>民间交易通例,由当事人自愿采用,各国司法、仲裁机构认可,才具有法律拘束力</td></tr>
<tr><td>影响较大的国际贸易惯例</td><td>(1)1932 年《华沙 - 牛津规则》就最常用的到岸价格条件 CIF 制定统一解释规则<br>(2)2000 年《国际贸易术语解释通则》就十三种常见的贸易术语制定统一的解释规则<br>(3)1941 年《修订美国对外贸易定义》由美国商会等九个商业团体就 FOB、CIF 和 C&F 等六种价格条件进行解释</td></tr>
</table>

# 第二节　国际货物运输合同的法律适用

## 一、海上货物运输合同及其法律适用

<table>
<tr><td rowspan="7">海上货物运输合同及其法律适用</td><td>概念</td><td colspan="3">海运承运人以船舶在海上运输货物并收取运费的合同</td></tr>
<tr><td rowspan="5">种类</td><td rowspan="2">班轮运输合同（提单运输合同）</td><td>概念</td><td>托运人与承运人之间托运货物的运输合同，由托运人按照货物的数量单位向班轮公司承运人或港口代理机构恰订舱位，在承运人收到货物或把货物装上船之后，港口代班人或船长向托运人签发提单</td></tr>
<tr><td>法律适用</td><td>有限的意思自治，主要依据以下三个公约确定提单运输合同的法律适用：①1924 年《统一提单若干法律规则的国际公约》（简称《海牙规则》）；②1968 年《修改统一提单若干法律规则的国际公约的议定书》（简称《维斯比规则》）；③1978 年《联合国海上货物运输公约》（简称《汉堡规则》）</td></tr>
<tr><td rowspan="3">租船运输合同</td><td>概念</td><td>出租人与承租人之间签订的租赁船舶的协议，当运输大宗货物时，如煤炭、谷物，一般采用此方式</td></tr>
<tr><td>种类</td><td>(1)航次租船合同，出租人将船舶租给承租人按照约定的一个或几个航次运输货物，由承租人支付约定的运费<br>(2)定期租船合同，出租人将船舶租给承租人在约定期限内按约定用途使用船舶运输，由承租人支付约定的运费<br>(3)光船租赁合同，船舶所有人保留船舶所有权，将船舶占有权转移给租船人，由租船人雇佣船长、船员来管理船舶（实质为财产租赁合同）</td></tr>
<tr><td>法律适用</td><td>当事人可以选择合同准据法，在没有选择时，受理纠纷的法院或者仲裁庭一般按国际私法规则，适用船旗国法律或合同缔结地法律</td></tr>
<tr><td>我国规定</td><td colspan="3">合同当事人可以选择合同适用的法律，法律另有规定的除外；合同当事人没有选择的，适用与合同有最密切联系的国家的法律</td></tr>
</table>

## 二、航空运输合同及其法律适用

<table>
<tr><td rowspan="4">航空运输合同及其法律适用</td><td>概念</td><td>航空货物承运人以航空器超越国境运送货物而向托运人收取报酬的协议</td></tr>
<tr><td>种类</td><td>(1)班机运输定时定点沿固定航线进行的运输，适用于载运数量较少的货物<br>(2)包机运输包租整架飞机运输，适用于载运数量较大、有特殊要求的货物</td></tr>
<tr><td>法律适用</td><td>主要依据三个公约调整国际货物航空运输：①1929 年《统一国际航空运输某些规则的公约》（简称《华沙公约》）；②1955 年《修订 1929 年 10 月 12 日在华沙签订的统一国际航空运输某些规则的公约的议定书》（简称《海牙议定书》）；③1961 年《统一非缔约承运人所办国际航空运输某些规则以补充华沙公约的议定书》（简称《瓜达拉哈拉公约》）</td></tr>
<tr><td>我国规定</td><td>民用航空运输合同当事人可以选择合同适用的法律，但是法律另有规定的除外；合同当事人没有选择的，适用与合同有最密切联系的国家的法律</td></tr>
</table>

## 三、国际铁路运输合同及其法律适用

| | | |
|---|---|---|
| 国际铁路运输合同及其法律适用 | 概念 | 利用两个或两个以上国家的铁路，按照政府间共同签署的有关协定进行进出国境货物的联合运输 |
| | 法律适用 | 主要依据两个公约调整国际铁路货物运输：①《国际铁路货物联运协定》（简称《国际货协》）；②《关于铁路货物运输的国际公约》（简称《国际货约》） |

## 四、国际货物多式联运

| | | |
|---|---|---|
| 国际货物多式联运 | 概念 | 多式联运经营人按照多式联运合同，以至少两种不同的运输方式，将货物从一国境内接管货物的地点运至另一国境内指定地点交货的运输方式 |
| | 特点 | (1)签发多式联运提单，以集装箱为运输单元<br>(2)由两种或两种以上运输方式完成全程运输<br>(3)多式联运经营人对全程运输负责<br>(4)全程只须托运一次、订立一次合同、支付一次费用、保险一次 |
| | 法律适用 | 目前没有统一的适用规则，联合国贸发会主持通过了《联合国国际货物多式联运公约》，但该公约尚未生效 |

# 第三节 保险合同的法律适用

| | | | |
|---|---|---|---|
| 保险合同的法律适用 | 概述 | 保险合同 | 保险人与享有可保利益的被保险人之间签订的，由被保险人向保险人支付约定的保险费，保险人在保险期内对保险标的遭到保险事故的损害向被保险人赔付保险金额的协议 |
| | | 保险单据 | 证明保险合同的书面凭证<br>作用：①国际货物运输保险合同的证明；②被保险人的索赔依据<br>形式：①保险单，较正规的保险契约；②保险凭证，简化的保险单；③联合凭证，更为简化，非独立存在，使用范围有限 |
| | 法律适用 | 主要适用国内法和国际惯例，没有相关的统一国际公约 | |
| | | 适用合同准据法的确定原则 | 首先适用当事人选择的法律，当事人没有选择的则一般适用保险人所在地的法律 |
| | | 适用国际惯例 | (1)《伦敦保险协会货物保险条款》<br>(2)1974年《约克—安特卫普规则》<br>(3)《跟单信用证统一惯例》 |

# 第四节 国际贸易支付的法律适用

## 一、票据及其法律适用

<table>
<tr><td rowspan="10">票据及其法律适用</td><td rowspan="2">票据</td><td>概念</td><td colspan="2">有价证券，具有一定格式的书面债权凭证，代表给付与收受一定金额的债权债务关系，持票人可根据票面载明的金额和日期向出票人或指定的付款人支取款项</td></tr>
<tr><td>种类</td><td colspan="2">(1)汇票，出票人向受票人开出的，要求该受票人在见票时或一定期间内，对某人或其指定的人或持票人无条件支付一定金额的书面支付命令<br>(2)本票，出票人自己签发，到指定日期由本人无条件付款的票据，实际上也就是出票人的支付承诺<br>(3)支票，出票人签发一定金额，委托银行见票付款的票据，出票人一般是在银行有往来账户的存户</td></tr>
<tr><td rowspan="7">票据的法律冲突</td><td>复杂性</td><td colspan="2">(1)每张票据包含几个性质不同的契约文件<br>(2)每个票据签章人担负着各自的责任<br>(3)票据的开立、承兑、支付、背书均会产生不同的契约关系<br>(4)适用一个准据法原则解决票据冲突还是分不同阶段适用不同的准据法存在分歧</td></tr>
<tr><td>票据法体系</td><td colspan="2">(1)日内瓦统一票据法体系，为大多数欧洲国家以及日本和拉丁美洲某些国家采用，包括四个公约：①1930年《关于统一汇票和本票的日内瓦公约》；②1931年《关于解决汇票与本票的若干法律冲突的公约》；③1931年《关于统一支票法的日内瓦公约》；④1931年《关于解决支票的若干法律冲突的公约》<br>(2)英美票据法体系，英国、美国以及一些英联邦国家采用</td></tr>
<tr><td rowspan="5">关于票据法律适用的原则</td><td>当事人的票据能力</td><td>(1)日内瓦体系：适用本国法，如果依本国法指引应适用外国法则适用该外国法；当依本国法或被援引的外国法当事人不具备票据能力的，适用票据签字国的法律<br>(2)英美法系：票据当事人的行为能力适用票据签字国法律</td></tr>
<tr><td>票据形式</td><td>票据形式适用票据成立地法，附加契约的形式有效性适用附加契约签订地法律</td></tr>
<tr><td>票据行为</td><td>票据行为方式适用票据行为地法律</td></tr>
<tr><td>其他问题</td><td>票据其他问题，如票据当事人的权利义务、票据义务的履行、票据提示的期限等，一般适用票据付款地法律</td></tr>
<tr><td>诉讼时效</td><td>票据的诉讼时效一般适用出票地法律</td></tr>
<tr><td>中国关于票据的法律适用</td><td colspan="3">我国关于票据的法律适用采用分割制<br>(1)当事人能力：票据债务人的民事行为能力适用其本国法。票据债务人的民事行为能力，依照其本国法为无民事行为能力或者限制民事行为能力，而依照行为地法律为完全民事行为能力的，适用行为地法律<br>(2)行为方式：汇票、本票出票时记载事项，适用出票地法律。支票出票时的记载事项，适用出票地法律，经当事人协议，也可以适用付款地法律。票据的背书、承兑、付款和保证行为，适用行为地法律<br>(3)追索权行使期限，即票据不获承兑或不获付款时，持票人对前手请求偿还的权利，适用出票地法律<br>(4)持票人责任，票据的提示期限、有关拒绝证明的方式、出具拒绝证明的期限，适用付款地法律<br>(5)票据丧失时，失票人请求保全票据权利的程序，适用付款地法律</td></tr>
</table>

## 二、支付方式及其法律适用

<table>
<tr><td rowspan="5">支付方式及其法律适用</td><td rowspan="4">支付方式</td><td>概念</td><td>国际贸易中的支付方式，即因贸易而产生的每笔款项的付和收的方式</td></tr>
<tr><td rowspan="3">种类</td><td>汇付，付款人将货款通过银行汇交收款人的支付方式<br>汇付的办法主要有三种:①信汇(M/T)，即由付款人将货款交给银行，由银行开具付款委托书，通过邮政寄交收款人所在银行，委托其向收款人付款;②电汇(T/T)，即付款人将货款交给当地银行，由银行以电报通知出口人所在地银行，委托其向收款人付款;③票汇(D/D)，即由付款人向当地银行购买银行汇票，自行寄给卖方由卖方或其指定的人持汇票向指定的当地银行取款</td></tr>
<tr><td>托收，由卖方对买方开立汇票，委托银行向买方收取货款的结算方式，又称逆汇法<br>托收根据交单条件的不同，分为以下两种:①付款交单(D/P)，卖方交单以买方付款为条件，具体又可分为即期付款交单和远期付款交单;②承兑交单(D/A)，卖方交单以买方承兑汇票为条件，只适用于远期汇票的托收</td></tr>
<tr><td>信用证(L/C)，银行根据进口人(买方)的请求开给出口人的保证承担支付货款责任的书面凭证，具有如下法律特征:①开证银行开出信用证后承担第一付款责任，即首先付款;②信用证独立于买卖合同，开证银行责任独立;③信用证是纯粹的单据业务，而非货物的买卖</td></tr>
<tr><td>支付方式的法律适用</td><td colspan="2">在国际贸易中一般广泛使用托收与信用证进行支付结算，对此国际上采取统一解释的做法，主要依据下列两项国际惯例来调整有关的法律冲突:<br>(1)《商业单据托收统一规则》，国际商会1958年草拟并通过，考虑到单据既有商业性质又有资金性质，后定名为《托收统一规则》，1979年1月1日生效。该规则吸取10多年来各国银行办理托收业务的经验，对银行托收业务有关的术语、定义和原则进行统一规定，已为世界上多数国家的银行以及其他金融机构所采用，适用于其限定的一切托收<br>(2)《跟单信用证统一惯例》，国际商会于1930年拟定，1933年正式公布，经6次修改，最后将2006年的修改以“600号”出版物公布。《统一惯例》统一各国对跟单信用证的解释和做法，明确规定各方权利、义务和责任，根据当事人的明示书面选择而适用</td></tr>
</table>

# 第五节　国际投资合同及其法律适用

<table>
<tr><td rowspan="3">国际投资合同及其法律适用</td><td rowspan="2">国际投资合同</td><td>概念</td><td>投资者与东道国或东道国内接受投资方之间签订的，确定有关伴有生产需要流动的投资活动过程中具体权利义务的协议，非单纯的资金转移合同</td></tr>
<tr><td>法律适用</td><td>国际上一般主要适用东道国的法律，另外还可以适用“双方可能同意的法律规则”和“国际法原则”</td></tr>
<tr><td>我国规定</td><td colspan="2">与国际上的做法一致:适用我国有关法律，如果我国缔结或参加了有关的国际条约则优先适用国际条约，但声明保留的条款除外;如果国内立法未作规定可以适用国际惯例。但在我国境内履行的中外合资经营企业合同、中外合作经营企业合同、中外合作勘探开发自然资源合同，只能适用我国的法律</td></tr>
</table>

## 第六节 国际技术转让合同及其法律适用

<table>
<tr><td rowspan="5">国际技术转让合同及其法律适用</td><td rowspan="3">概述</td><td>概念</td><td>不同国家的当事人之间就跨越国境转让技术的使用权而明确相互之间权利义务关系的协议，主要指国际许可证合同，即当事人一方准许另一方使用自己所有的工业产权或专有技术，由另一方获得该项使用权，支付使用费</td></tr>
<tr><td>特点</td><td>许多国家都对国际技术转让合同实行审批制，并且规定合同中不得含有限制性商业条款</td></tr>
<tr><td>种类</td><td>(1)按照合同客体可分为专利技术许可合同、专有技术许可合同、商标使用许可合同；<br>(2)按照许可证合同赋予被许可人使用的范围及程度上的差异可分为独占许可证合同、排他许可证合同、普通许可证合同、可转让许可证合同、交叉许可证合同</td></tr>
<tr><td>法律适用</td><td colspan="2">对国际技术转让合同的法律适用，国际上有以下原则：<br>(1)适用许可人住所地法律<br>(2)适用被许可人住所地法律<br>(3)意思自治原则</td></tr>
<tr><td>我国规定</td><td colspan="2">(1)合同当事人可以选择处理合同争议所适用的法律，但不得规避我国强制性或者禁止性的法律规范，不得违背我国的社会公共利益<br>(2)当事人没有选择法律的，适用与合同有最密切联系的国家的法律，在通常情况下即为受让人营业所所在地法律</td></tr>
</table>

## 第七节 国际劳务合作合同及其法律适用

<table>
<tr><td rowspan="7">国际劳务合作合同及其法律适用</td><td rowspan="2">国际劳务合作</td><td>概念</td><td>不同国籍或营业地在不同国家的当事人之间所进行的劳务输出输入活动，包括各国公司、企业之间相互提供技术服务、劳动服务、管理经营服务以及银行、保险、财会、法律等方面的服务</td></tr>
<tr><td>种类</td><td>(1)国际工程承包合同<br>(2)国际劳务合同</td></tr>
<tr><td rowspan="3">国际工程承包合同及其法律适用</td><td>概念</td><td>国际工程承包是一国公司自己组织人力、物力和技术，在他国境内承包兴建该国政府、国际组织、公司集团所委托的工程建设项目或其他有关业务的国际经济合作活动。国际工程承包合同即承包兴建的一方(承包人)与委托兴建工程项目的一方(发包方)之间签订的，确定双方承包过程中权利义务关系的协议</td></tr>
<tr><td>法律适用</td><td>适用当事人协议选择的法律，如果当事人未作选择的话，依据最密切联系原则确定应适用的法律，通常情况下即适用工程所在地法律</td></tr>
<tr><td>我国特殊要求</td><td>我国规定，凡不具有中国国籍的外国公司及港澳台公司、企业等经济组织不得独立承包我国工程项目的设计，必须以合伙或其他合作的形式和中国设计机构共同进行</td></tr>
<tr><td rowspan="2">国际劳务合同及其法律适用</td><td>概念</td><td>处于不同国家或地区的双方当事人签订的，一方于一定时期内或不定期为另一方提供劳务或服务(包括体力和智力的劳务和服务)并收取报酬，另一方通过聘用劳务人员以完成某项规定劳动的合同</td></tr>
<tr><td>特点</td><td>(1)雇佣合同，当事人双方的关系是雇佣与被雇佣关系<br>(2)合同标的是劳务人员作出的劳动或提供的服务，完成一定行为<br>(3)劳务合同，单纯地直接提供劳务或服务<br>(4)合同成立通过招募方式</td></tr>
</table>

| | | | |
|---|---|---|---|
| 国际劳务合作合同及其法律适用 | 国际劳务合同及其法律适用 | 法律适用 | 国际劳务合同涉及雇主所属国法律、受雇人所属国法律和受雇人实际从事劳务地国家的法律,国际上主要的理论和实践是:<br>(1)依意思自治原则,由劳务合同双方当事人自主选择法律,但一般有所限制:①不得排除各国保护受雇人员合法权益的强制性规范和国际劳工法的公法规范;②应选择与合同有联系的国家的法律;③不得违反国家公共秩序;④不得选择冲突法规范<br>(2)适用受雇人惯常进行工作的所在地国法律<br>(3)适用雇主的营业所所在地国法律<br>(4)依最密切联系原则、最有利于保护受雇人利益的原则确定 |
| | | 我国规定 | 我国关于国际劳务合同则主要适用当事人自己选择的法律和劳务实施地国法律 |

## 第八节 电子商务合同及其法律适用

| | | | |
|---|---|---|---|
| 电子商务合同及其法律适用 | 电子商务合同 | 概念 | 所有通过电子网络形成的合同,包括通过电子邮件等传输手段订立的合同和通过电子数据交换系统形成的合同 |
| | | 特点 | (1)合同要约与承诺通过网络形成<br>(2)表示合同生效的传统签字盖章方式被电子签名所替代<br>(3)所依赖的电子数据具有易消失性和易改动性 |
| | 法律适用 | | (1)意思自治原则<br>(2)不宜适用最密切联系原则<br>(3)补充客观标志,包括营业地、主要营业地、惯常居所地、信息系统地等 |

## 配套习题

### 一、单项选择题

1.假设A国和B国是《联合国国际货物销售合同公约》的成员国,C国未加入,如果合同当事人未选择准据法,对下述纠纷中国法院应适用与合同有最密切联系的国家的法律的是(　)

A.中国公司与营业地在A国的甲公司缔结的合同

B.中国公司与营业地在B国的乙公司缔结的合同

C.中国公司与营业地在C国的丙公司缔结的合同

D.营业地在A国的甲公司与营业地在B国的乙公司缔结的合同

2.对《国际货物运输保险合同》的法律适用的选择权常在(　)

A.保险人

B.被保险人

C.受理案件的法院

D.合同的双方当事人

3.依照1985年《国际货物销售合同法律适用公约》的规定,合同准据法不适用于(　)

A.合同的解释

B.合同的履行

C.所有权的转移

D.合同无效或撤销的后果

4.1980年《联合国国际货物销售合同公约》适用于(　)

A.营业地在不同缔约国的当事人之间签订的买卖合同

B.飞机的购销合同

C.专供私人使用的货物的销售合同

D.不同国籍的当事人之间订立的货物买卖合同

5. 根据我国法律规定，票据债务人的民事行为能力，适用其(　)

A. 本国法　　B. 住所地法

C. 居所地法　　D. 惯常住所地法

6. 根据我国法律规定，票据债务人的民事行为能力，依照其本国法律为无民事行为能力或者为限制民事行为能力而依照行为地法律为完全民事行为能力的，则适用其(　)

A. 住所地法　　B. 行为地法

C. 居所地法　　D. 惯常住所地法

7. 根据我国法律规定，下列(　)出票时的记载事项，可以适用出票地法律

A. 本票　　B. 汇票

C. 支票　　D. 以上都正确

8. 根据我国法律规定，支票出票时的记载事项，经当事人协议，可以适用(　)

A. 当事人住所地法　　B. 出票地法律

C. 付款地法律　　D. 当事人本国法

9. 根据我国法律规定，票据丧失时，失票人请求保全票据权利的程序，适用(　)

A. 当事人住所地法　　B. 出票地法律

C. 付款地法律　　D. 当事人本国法

10. 根据我国法律规定，票据追索权的行使期限，适用(　)

A. 当事人住所地法　　B. 出票地法律

C. 付款地法律　　D. 当事人本国法

## 二、多项选择题

1. 下列不属于《联合国国际货物销售合同公约》调整范围的是(　)

A. 股票的销售

B. 劳务合同及来料加工合同

C. 经由拍卖的销售

D. 产品责任

2. 根据 1985 年《国际货物买卖合同法律适用公约》，当事人未选择法律时，在(　)的情况下，国际货物买卖合同应当根据合同缔结时买方设有其营业所的国家的法律

A. 合同在买方营业所所在国谈判并且订立

B. 合同主要根据买方确立的条件订立并且应买方发出的招标而订立

C. 合同明确规定将争议提交买方营业所所在国仲裁机构解决

D. 合同明确规定卖方必须在买方营业所所在国履行交货义务

3.《联合国国际货物销售合同公约》适用于下列哪些合同？(　)(司考 2003 年卷一，多选第 66 题)

A. 营业地在不同缔约国的当事人之间所订立的货物销售合同

B. 住所地在不同缔约国的当事人之间所订立的货物销售合同

C. 具有不同缔约国国籍的当事人之间所订立的货物销售合同

D. 在国际私法规则导致适用某一缔约国法律的条件下，营业地在不同国家的当事人之间所订立的货物销售合同

4. 我国在加入《联合国国际货物销售合同公约》时作了以下几项保留？(　)

A. 合同形式的保留

B. 互惠保留

C. 商事保留

D. 国际私法规则导致适用的保留

5. 依 1980 年《联合国国际货物销售合同公约》的规定，该公约不适用于(　)

A. 电力的销售　　B. 飞机的销售

C. 投资证券的销售　　D. 公债的销售

6. 调整国际航空货物运输关系的主要国际公约有(　)

A. 华沙公约　　B. 海牙议定书

C. 芝加哥公约　　D. 瓜达拉哈拉公约

7. 根据我国法律规定，票据的下列(　)行为，适用行为地法律

A. 背书　　B. 承兑

C. 付款　　D. 保证

8. 根据我国法律规定，票据的下列(　)行为，适用出票地法律

A. 汇票、本票出票时的记载事项

B. 支票出票时的记载事项

C. 票据追索权的行使期限

D. 票据的提示期限

9. 营业地在中国的甲公司向营业地在法国的乙公司出口一批货物。乙公司本拟向西班牙转卖该批货物，但却转售到意大利，且未通知

甲公司。意大利丙公司指控该批货物侵犯其专利权。关于甲公司的权利担保责任,根据《联合国国际货物销售合同公约》的规定,下列哪些选项是正确的?(　)(司考 2007 年卷一,多选第 83 题)

A. 甲公司应承担依意大利法提出的知识产权主张产生的赔偿责任

B. 甲公司应承担依法国法提出的知识产权主张产生的赔偿责任

C. 甲公司应担保在全球范围内该批货物不侵犯他人的知识产权

D. 甲公司的知识产权担保义务不适用于该批货物依乙公司提供的技术图样生产的情形

## 三、名词解释

国际货物买卖合同

## 四、简答题

简述 1985 年《国际货物销售合同法律适用公约》关于确定合同准据法的原则。(考研中国政法大学 2000 年)

## 五、论述题

试述 1980 年《联合国国际货物销售合同公约》的适用范围。

# 参考答案

## 一、单项选择题

1. 答案:C

**提示:**本题考查的是《联合国国际货物销售合同公约》的适用情形

**解析:**《联合国国际货物销售合同公约》第 1 条第 1 款规定:"本公约适用于营业地在不同国家的当事人之间所订立的货物销售合同:①如果这些国家是缔约国;或②如果国际私法规则导致适用某一缔约国的法律。"即双方营业地位于不同成员国的当事人之间的国际货物买卖合同适用该公约,由于中国和 A、B 三个国家都是公约的成员国,因此,如果合同当事人未选择准据法,中国公司与营业地在 A 国的甲公司或营业地在 B 国的乙公司订立的合同,或者 A 国甲公司与 B 国乙公司订立的合同都应当适用公约的规定,A、B、D 项不符合题意,不选。而 C 国不是公约成员国,中国公司与营业地在 C 国的丙公司缔结的合同不能适用公约的规定,因此,根据《合同法》第 126 条的规定,"涉外合同的当事人可以选择处理合同争议所适用的法律,但法律另有规定的除外。涉外合同的当事人没有选择的,适用与合同有最密切联系的国家的法律"。法院应适用与该合同有最密切联系国家的法律,因此,C 项正确。

2. 答案:A

**提示:**本题考查的是《国际货物运输保险合同》

**解析:**从各国立法来看,对于国际货物运输保险合同,首先适用当事人选择的法律,即在保险条款中指定的法律。但由于保险条款是保险人根据其所在国法律单方面拟定的,对法律的选择也是保险人单方面的直接行为。被保险人并没有直接选择法律,他只是享有选择在哪个保险公司投保的权利。被保险人选择向哪个公司投保,就表明他同意适用该公司保险单中所指定的法律,因此,如果保险单中没有设定法律适用条款,通常适用保险人所在地的法律。所以,A 项正确。

3. 答案:C

**提示:**本题考查的是《国际货物销售合同法律适用公约》援引的合同准据法的管辖范围

**解析:**《国际货物销售合同法律适用公约》第 12 条规定:"根据第 7、8、9 条而适用于合同的法律主要应支配:①合同的解释;②当事人的权利、义务以及合同的履行;③买方获得对产品、收获物以及来源于货物的收入的所有权的时间;④买方开始对货物承担风险的时间;⑤当事人之间有关保留货物所有权的条款的有效性及效力;⑥包括可以获得赔偿的损失的种类在内的不履行合同所产生的后果,但是,法院没有义务在有关问题是其程序法的一部分时适用支配合同的法律以对损害赔偿金进行估价;⑦债的消灭的各种方法,以及诉讼时效;⑧合同无效的后果。"由此可见,依据《公约》的冲突规范指向的合同准据法适用于合同的解释、合同的履行、合同无效或撤销的后果,故 A、B、D 项不符合题意,不选。《公约》第5条规定:“本公约不确定下列问题的法律适用:①当事人行为能力或因当事人之无能力而引起合同无效的后果;②代理人是否能约束本人或某一机构是否能约束某一公司或法人团体或非法人团体;③所有权的转移,但第12条特别提及的问题受本公约适用于合同的法律的支配;④买卖对当事人以外的任何人所发生的效力;⑤仲裁协议或法院选择协议,即使这种协议规定在买卖合同中。”由此可见,所有权的转移不属于公约冲突规范指向的合同准据法的调整范围,但公约第12条提及的货物孳息的所有权转移时间例外。因此,C项正确。

4. **答案**:A

**提示**:本题考查的是1980年《联合国国际货物销售合同公约》的适用范围

**解析**:《联合国国际货物销售合同公约》第1条第1款规定:“本公约适用于营业地在不同国家的当事人之间所订立的货物销售合同:①如果这些国家是缔约国;②如果国际私法规则导致适用某一缔约国的法律。”第3款又规定:“在确定本公约的适用时,当事人的国籍以及当事人的或合同的民事或商业性质,应不予考虑。”由此可见,只要合同双方的营业地位于不同缔约国,其订立的合同就适用公约的规定,而不问双方当事人的住所地和国籍是否在不同缔约国,因此D项错误,A项正确。同时,1980年《联合国国际货物销售合同公约》第2条又规定:“本公约不适用于以下的销售:①供私人、家属或家庭使用而购买的货物的销售,除非卖方在订立合同前任何时候或订立合同时,不知道而且没有理由知道购买这些货物是作任何这种使用;②经由拍卖的销售;③根据法律执行令状或其他令状的销售;④公债、股票、投资证券、流通票据或货币的销售;⑤船舶、气垫船或飞机的销售;⑥电力的销售。”因此,B、C项错误。

5. **答案**:A

**提示**:本题考查的是涉外票据的法律适用

**解析**:《票据法》第96条规定:“票据债务人的民事行为能力,适用其本国法律。票据债务人的民事行为能力,依照其本国法律为无民事行为能力或者为限制民事行为能力而依照行为地法律为完全民事行为能力的,适用行为地法律。”因此,A项正确。

6. **答案**:B

**提示**:本题考查的是涉外票据的法律适用

**解析**:《票据法》第96条规定:“票据债务人的民事行为能力,适用其本国法律。票据债务人的民事行为能力,依照其本国法律为无民事行为能力或者为限制民事行为能力而依照行为地法律为完全民事行为能力的,适用行为地法律。”因此,B项正确。

7. **答案**:D

**提示**:本题考查的是涉外票据的法律适用

**解析**:《票据法》第97条规定:“汇票、本票出票时的记载事项,适用出票地法律。支票出票时的记载事项,适用出票地法律,经当事人协议,也可以适用付款地法律。”因此,D项正确。

8. **答案**:C

**提示**:本题考查的是涉外票据的法律适用

**解析**:《票据法》第97条规定:“汇票、本票出票时的记载事项,适用出票地法律。支票出票时的记载事项,适用出票地法律,经当事人协议,也可以适用付款地法律。”因此,C项正确。

9. **答案**:C

**提示**:本题考查的是涉外票据的法律适用

**解析**:《票据法》第101条规定:“票据丧失时,失票人请求保全票据权利的程序,适用付款地法律。”因此,C项正确。

10. **答案**:B

**提示**:本题考查的是涉外票据的法律适用

**解析**:《票据法》第99条规定:“票据追索权的行使期限,适用出票地法律。”因此,B项正确。

## 二、多项选择题

1. **答案**:ABCD

**提示**:本题考查的是《联合国国际货物销售合同公约》的调整范围

**解析**:《国际货物买卖合同公约》第2条规定:“本公约不适用于以下的销售:①供私人、家属或家庭使用而购买的货物的销售,除非卖方在订立合同前任何时候或订立合同时,不知道而且没有理由知道购买这些货物是作任何这种使用;②经由拍卖的销售;③根据法律执行令状或其他令状的销售;④公债、股票、投资证券、流通票据或货币的销售;⑤船舶、气垫船或飞机的销售;⑥电力的销售。”因此,A、C项应选。《公约》第3条第2款规定:“本公约不适用于供应货物一方的绝大部分义务在于供应劳力或其他服务的合同。”来料加工合同属于供应劳力的合同,因此不属于公约的调整范围之内,所以,B项应选。《公约》第5条规定:“本公约不适用于卖方对于货物对任何人所造成的死亡或伤害的责任。”因此，对于因为货物的产品质量问题造成的人身伤亡的产品责任，不属于公约的调整范围，所以，D 项应选。

2. **答案**：ABD

**提示**：本题考查的是《国际货物买卖合同法律适用公约》中适用买方营业所国家法律的情形

**解析**：《国际货物买卖合同法律适用公约》第 8 条规定：“①在未根据第 7 条规定对适用于货物买卖合同的法律作出选择的范围内，合同依合同缔结时卖方设有其营业所的国家的法律。②但是，货物买卖合同应依合同缔结时买方设有其营业所的国家的法律，如果：双方当事人进行谈判和签订合同是在买方国家；或者合同明确规定卖方必须在买方国家履行其交货义务；或者合同根据主要由买方确定的条款和买方向被邀请进行投标的人所发出的邀请书而订立。③从总的情况看，如在双方当事人的商业关系中，合同如果明显地与根据本条第 1 款或第 2 款规定将会适用于合同的法律以外的法律有着更加密切的联系，则该合同依该另一国的法律。”由此，可见，在本题 A、B、D 项三种情形下，国际货物买卖合同应当适用合同缔结时买方设有其营业所的国家的法律。

3. **答案**：AD

**提示**：本题考查的是《联合国国际货物销售合同公约》的适用范围

**解析**：《联合国国际货物销售合同公约》第 1 条第 1 款规定：“本公约适用于营业地在不同国家的当事人之间所订立的货物销售合同：①如果这些国家是缔约国；②如果国际私法规则导致适用某一缔约国的法律。”第 3 款又规定：“在确定本公约的适用时，当事人的国籍以及当事人或合同的民事或商业性质，应不予考虑。”由此可见，公约在适用范围上采用的是“营业地标准”，而并没有采用“住所地标准”和“国籍标准”。因此，只要合同双方的营业地位于不同缔约国，其订立的合同就适用公约的规定，而不问双方当事人的住所地和国籍是否在不同缔约国，住所地和国籍不是公约是否适用的考虑因素，因此，A 项正确，B、C 项错误。D 项中，当事人营业地位于不同国家，同时国际私法规则又指向适用某一缔约国的法律，此时，根据《公约》第 1 条第 1 款规定，公约适用于该合同，所以，D 项正确。

4. **答案**：AD

**提示**：本题考查的是我国加入《联合国国际货物销售合同公约》时所做的保留

**解析**：我国加入《联合国国际货物销售合同公约》时，做了两项保留。①对关于国际货物买卖合同书面形式的保留。《公约》第 11 条规定：“销售合同无须以书面订立或书面证明，在形式方面也不受任何其他条件的限制。销售合同可以用包括人证在内的任何方法证明。”我国在加入时对此做了保留，要求国际货物买卖合同必须采用书面形式。②对依据国际私法规则导致适用《公约》的规定做了保留。《公约》第 1 条第 1 款规定：“本公约适用于营业地在不同国家的当事人之间所订立的货物销售合同：如果这些国家是缔约国；或如果国际私法规则导致适用某一缔约国的法律。”我国对第 1 款第 2 项做了保留。综上，A、D 项正确。

5. **答案**：ABCD

**提示**：本题考查的是《联合国国际货物销售合同公约》的适用范围

**解析**：《联合国国际货物销售合同公约》第 2 条规定：“本公约不适用于以下的销售：①供私人、家属或家庭使用而购买的货物的销售，除非卖方在订立合同前任何时候或订立合同时，不知道而且没有理由知道购买这些货物是作任何这种使用；②经由拍卖的销售；③根据法律执行令状或其他令状的销售；④公债、股票、投资证券、流通票据或货币的销售；⑤船舶、气垫船或飞机的销售；⑥电力的销售。”因此，A、B、C、D 项正确。

6. **答案**：ABD

**提示**：本题考查的是调整国际航空货物运输关系的主要国际公约

**解析**：参见本章“基础知识图解”中“航空运输合同的法律适用”的相关内容。

7. **答案**：ABCD

**提示**：本题考查的是涉外票据的法律适用

**解析**：《票据法》第 98 条规定：“票据的背书、承兑、付款和保证行为，适用行为地法律。”因此，A、B、C、D 项都正确。

8. **答案**：ABC

**提示**：本题考查的是涉外票据的法律适用

**解析**：《票据法》第 97 条规定：“汇票、本票出票时的记载事项，适用出票地法律。支票出票时的记载事项，适用出票地法律，经当事人协议，也可以适用付款地法律。”因此，A、B 项正确。《票据法》第 99 条规定：“票据追索权的行使期限，适用出票地法律。”所以C项正确。《票据法》第100条规定:“票据的提示期限、有关拒绝证明的方式、出具拒绝证明的期限,适用付款地法律。”因此,D项不正确。

9. 答案:BD

提示:本题考查的是《联合国国际货物销售合同公约》

解析:《联合国国际货物销售合同公约》第42条规定了对知识产权担保的限制:“①卖方所交付的货物,必须是第三方不能根据工业产权或其他知识产权主张任何权利或要求的货物,但以卖方在订立合同时已知道或不可能不知道的权利或要求为限,而且这种权利或要求根据以下国家的法律规定是以工业产权或其他知识产权为基础的:(A)如果双方当事人在订立合同时预期货物将在某一国境内转售或做其他使用,则根据货物将在其境内转售或做其他使用的国家的法律;或者(B)在任何其他情况下,根据买方营业地所在国家的法律。②卖方在上一款中的义务不适用于以下情况:(A)买方在订立合同时已知道或不可能不知道此项权利或要求;或者(B)此项权利或要求的发生,是由于卖方要遵照买方所提供的技术图样、图案、款式或其他规格。”根据上述规定,A项中甲公司并不知晓该批货物转售到意大利,因此,甲公司不应承担依意大利法提出的知识产权主张产生的赔偿责任,所以,A项错误。C项中甲公司也没有义务担保在全球范围内该批货物不侵犯他人的知识产权,因此,C项错误。依上述规定,B、D项正确。

## 三、名词解释

提示:从国际货物买卖合同的概念、特点和法律适用等方面来回答

答案:参见本章“基础知识图解”中“国际货物买卖合同的法律适用概述”的相关内容。

## 四、简答题

提示:应简要回答《国际货物销售合同法律适用公约》的六项冲突法原则

答案:1985年《国际货物销售合同法律适用公约》是一部用来解决各国货物买卖法律冲突的统一冲突法公约。公约确定了如下冲突法原则:

(1)适用合同当事人双方选定的法律。公约赋予“当事人意思自治”以广泛的内容。当事人所选择的法律可以适用于合同的全部,也可以仅适用于合同的一部分;当事人可以随时变更已经选择的法律并且不受时间的限制,只要这种变更不损害合同形式上的有效性和第三方的权利。但当事人对合同的选择必须是明示的选择,或者是可以明显被推断出来的。

(2)当事人未对合同适用的法律作出选择时,适用合同订立时卖方设有营业所所在地的法律。

(3)在下面三种特殊情形下,则由买方营业地国家的法律取代卖方营业地法作为合同准据法:①双方当事人进行谈判和签订合同是在买方国家;②合同明确规定卖方必须在买方国家履行其交货义务;③合同依据主要由买方决定的条件订立和应买方发出的投标邀请(招标)而订立。

(4)适用最密切联系国家的法律。公约规定,如果合同明显地与合同订立时卖方营业所所在地法或买方营业地法以外的法律有着更加密切的联系,则该合同依该另一国法律管辖。

(5)拍卖适用拍卖举行地国家的法律。

(6)商品交易所或其他交易所的货物买卖,适用交易所所在地国家的法律。

## 五、论述题

提示:本题考查的是1980年《联合国国际货物销售合同公约》的适用范围,应从公约的适用情形、不适用的合同种类、对单个合同的调整范围以及公约的非强制性几方面来进行回答

答案:1980年《联合国国际货物销售合同公约》对其适用范围做了明确的规定:

(1)公约在以下情形下得到适用:①缔约国当事人适用公约的情形。双方营业地分别位于不同缔约国的当事人之间订立的货物销售合同适用该公约。②尽管当事人一方或双方营业所所在地国不是公约缔约国,但如果国际私法规则指向适用某一缔约国的法律,则公约也可以适用于双方的货物买卖合同。③公约允许非缔约国当事人通过意思自治原则选择公约作为合同的准据法。

(2)不适用公约的销售种类。公约规定不适用于以下的销售合同:①供私人、家人或家庭使用的货物的销售,除非卖方在订立合同前任何时候或订立合同时不知道而且没有理由知道这些货物的购买是供这种使用的;②经由拍卖的销售;③根据法律执行令状或其他令状的销售;④公债、股票、投资证券、流通票据或货币的销售;⑤船舶、气垫船或飞机的销

售;⑥电力的销售。此外,公约也不适用于供应货物的一方的主要义务在于供应劳力或其他服务的合同。

(3)在单个合同的调整范围上。公约只调整国际货物买卖合同的订立、买卖双方的权利义务和违约责任,不调整国际货物买卖合同的有效性问题,也不调整国际货物买卖合同引起的有关货物所有权的问题和卖方对所售货物所引起的人身伤亡责任问题。

(4)公约对合同当事人不具有强制性。合同双方当事人可以在合同中对适用的法律依据意思自治原则作出选择,从而排除公约的适用,或减损公约的任何规定或改变其效力。

# 第十三章　涉外非合同之债的法律适用

## 内容提示

涉外非合同之债的法律适用主要阐述一般侵权、特殊侵权、不当得利和无因管理的法律适用。通过本章的学习，重点掌握侵权之债法律适用规则的演变和发展，以及中国关于侵权法律适用的相关规定；理解海事侵权、产品责任侵权等几种特殊侵权的国内和国际立法与实践。

## 基础知识图解

### 第一节　侵权行为法律适用概述

<table>
<tr><td rowspan="4">行为法律适用概述</td><td rowspan="2">侵权行为</td><td>概念</td><td>不法侵害他人人身或财产权利，并造成损失而承担民事责任所构成的法定之债</td></tr>
<tr><td>基本构成要件</td><td>(1)行为人实施了不法行为，包括作为和不作为<br>(2)行为人给他人造成侵害<br>(3)行为和损害之间存在因果关系</td></tr>
<tr><td colspan="2">侵权行为法律冲突</td><td>由于涉外侵权与数个国家发生联系，而各国关于侵权的法律规定又有差异，因此不可避免地会发生法律冲突，主要表现在以下三方面：①侵权行为构成要件的冲突；②受害人范围的冲突；③损害赔偿的原则、数额及计算方法的冲突</td></tr>
<tr><td colspan="2">侵权与违约竞合的法律选择</td><td>当某一违法行为既具有违约行为的性质，又满足侵权责任的构成要件时，会引起双重请求权，导致侵权责任与违约责任的竞合。各国都公认债权人不得双重请求，但对于发生竞合时二者关系如何，请求权人得如何主张权利，各国又有所差别</td></tr>
</table>

### 第二节　一般侵权行为的法律适用

<table>
<tr><td rowspan="2">一般侵权行为的法律适用</td><td rowspan="2">法律适用原则</td><td>侵权行为地法</td><td>(1)侵权行为之债适用侵权行为地法，但对如何确定行为地，各国的规定又存在分歧：①主张以加害行为地为侵权行为地；②主张以损害结果发生地为侵权行为地法；③主张凡与侵权事实发生有关的地方均可作为侵权行为地，包括加害行为地、损害发生地<br>(2)适用侵权行为地法的优点：①尊重国家主权，符合属地优越权原则；②有利于保护侵权行为地公共利益；③有利于保护当事人的正当期望；④从法院角度讲，侵权行为地法明确、容易确认与查明<br>(3)适用侵权行为地法的弊端：①如何确定侵权行为的差异较大；②随着交通技术的发展，侵权行为与其发生的地域联系越来越具有偶然性；③偏重法律的属地性，比较僵硬机械，缺乏灵活性</td></tr>
<tr><td>法院地法</td><td>法院地法曾为一些学者所提倡，但目前已经很少有国家将其作为侵权法律适用的主要规则使用，因为适用法院地法容易带来不便、导致不公：①导致对管辖权的过度重视，使法律选择成为管辖权的奴仆；②使适用的法律呈现不稳定性，对被告尤其如此；③不利于对侵权行为法律性质的认定</td></tr>
</table>

<table>
<tr><td rowspan="5">一般侵权行为的法律适用</td><td rowspan="2">法律适用原则</td><td>重叠适用侵权行为地法与法院地法</td><td>一项行为必须依法院地法和侵权行为地法都构成侵权行为，才能在加害人与受害人之间产生债的关系。在具体适用上又分为：①以侵权行为地法为主兼采法院地法；②以法院地法为主兼采侵权行为地法</td></tr>
<tr><td>新发展</td><td>(1)有条件选择适用侵权行为地法与共同属人法，即对侵权行为通常适用侵权行为地法，但如果侵权事件的当事人具有同一国籍或在同一国有住所时，则适用他们的共同属人法<br>(2)最密切联系原则，即侵权行为适用与侵权案件有最密切联系的法律<br>(3)适用当事人协议选择的法律，即将意思自治引入侵权领域，主要是允许当事人协议选择适用法院地法</td></tr>
<tr><td rowspan="3">我国有关规定</td><td colspan="2">我国立法对侵权行为损害赔偿的法律适用做了明确规定：①侵权行为的损害赔偿，适用侵权行为地法律。当事人双方国籍相同或者在同一国家有住所的，也可以适用当事人本国法律或者住所地法律。中国法律不认为在中国领域外发生的行为是侵权行为的，不作为侵权行为处理；②侵权行为地的法律包括侵权行为实施地法律和侵权结果发生地法律。如果两者不一致时，人民法院可以选择适用</td></tr>
<tr><td colspan="2">我国对于一般侵权行为的法律适用可归纳如下：①适用侵权行为地法，即侵权行为的损害赔偿一般适用侵权行为地法，包括行为实施地与结果发生地，两者不一致的由法院选择适用；②选择适用当事人的共同属人法，当事人双方国籍相同或者在同一个国家有住所的，也可以适用当事人本国法律或住所地法律；③双重可诉原则，即对发生在境外的侵权行为采取重叠适用侵权行为地法和法院地法，对于发生在境外的侵权行为，我国法律不认为是侵权的，不作为侵权行为处理</td></tr>
<tr><td colspan="2">我国采用以侵权行为地法为主，法院地法和共同属人法为辅的原则作为侵权行为准据法的适用原则，该原则具有以下特点：<br>(1)没有引入国际上关于侵权法律适用的最新成果——最密切联系原则<br>(2)只规定侵权行为损害赔偿的法律适用，对于其他侵权实质问题，例如过失的认定、因果关系的标准、免责范围以及效力等未涉及<br>(3)双重可诉原则在实践中不利于保护我国公民的利益<br>(4)关于共同属人法原则只规定了国籍和住所，缺乏对惯常居所的规定<br>(5)关于侵权行为地的确定，我国法律缺乏明确的选择标准</td></tr>
</table>

# 第三节　特殊侵权行为的法律适用

## 一、海上侵权的法律适用

<table>
<tr><td rowspan="3">海上侵权的法律适用</td><td>侵权行为</td><td colspan="2">(1)船舶相撞，或船舶与海上设施碰撞所发生的侵权行为<br>(2)发生在船舶内部的侵权行为，如发生在旅客与海员之间或旅客之间的侵权行为<br>(3)因海上事故致旅客死伤、货物毁损所发生的侵权行为</td></tr>
<tr><td rowspan="2">船舶碰撞的侵权</td><td>适用原则</td><td>(1)本着保护受害方利益的原则适用被撞一方的船旗国法律，但是如果碰撞双方互有过失则辅之以法院地法<br>(2)如果双方船舶具有同一国籍，可适用其共同国籍国法<br>(3)如果船舶碰撞发生在第三国领海内，或损害领海国的海上设施，则将领海国视为侵权发生地，适用侵权行为地法即领海国法律<br>(4)如果碰撞发生在公海，除考虑适用船旗国法律还应适用法院地法律</td></tr>
<tr><td>公约</td><td>1977 年《统一船舶碰撞中有关民事管辖权、法律选择、判决的承认和执行方面若干规则的公约》★</td></tr>
</table>

<table>
<tr><td rowspan="4">海上侵权的法律适用</td><td colspan="2">船舶内部侵权</td><td>发生在船舶内部的侵权,无论该船处于公海或某国领海,多主张适用船旗国法,但是如果该侵权行为影响到沿岸国的社会秩序,沿岸国一般主张适用自己的法律</td></tr>
<tr><td rowspan="2">致人伤亡行李毁损</td><td>法律适用原则</td><td>因有运送合同关系存在,多主张依合同准据法确定运送人的责任,但旅客安全常受到许多国家的强制性法律的保护,故在合同中不得通过法律选择加以规避该种强制性法律</td></tr>
<tr><td>公约</td><td>1974 年《海上旅客及其行李运输公约》(《雅典公约》)</td></tr>
<tr><td colspan="2">我国规定</td><td>(1)船舶碰撞的损害赔偿适用侵权行为地法律<br>(2)船舶在公海上发生碰撞的损害赔偿适用受理案件所在地法律<br>(3)同一国籍的船舶不论碰撞发生于何地,其损害赔偿适用船旗国法律<br>(4)共同海损理算适用理算地法律<br>(5)海事赔偿责任限额适用受理案件的法院所在地法律</td></tr>
</table>

## 二、航空侵权的法律适用

<table>
<tr><td rowspan="4">航空侵权的法律适用</td><td>侵权行为</td><td>(1)发生在航空器内部的侵权行为,如旅客与乘务人员或旅客之间发生的殴打、侮辱、诽谤等<br>(2)因航空器碰撞或航空器与其他物件碰撞发生的侵权行为<br>(3)因航空器事故致旅客伤亡或物品毁损的侵权行为</td></tr>
<tr><td>法律适用</td><td>(1)第一类侵权,多数国家主张适用航空器登记国法律<br>(2)第二类侵权,出于对受害方利益保护的考虑,一般主张适用被撞或受害方的航空器登记国法律<br>(3)第三类侵权,主要适用有关公约的规定</td></tr>
<tr><td>公约</td><td>1929 年《华沙公约》★、1955 年《海牙议定书》、1961 年《瓜达拉哈拉公约》、1966 年《蒙特利尔协议》、1971 年《危地马拉议定书》、1999 年《统一国际航空运输某些规则的公约》(简称《蒙特利尔公约》)★</td></tr>
<tr><td>我国规定</td><td>民用航空器对地面第三人的损害赔偿适用侵权行为地法律,对航空器内部的侵权行为以及航空器事故致旅客伤亡或物品毁损的侵权行为则没有规定,在实践中一般适用我国参加的有关公约的规定或遵循普遍作法适用航空器登记国法律</td></tr>
</table>

## 三、公路交通事故的法律适用

<table>
<tr><td rowspan="5">公路交通事故的法律适用</td><td rowspan="2">公路交通事故</td><td>概念</td><td>涉及一辆或数辆机动或非机动车辆与公路交通有关的事故</td></tr>
<tr><td>适用</td><td>通常依一般侵权行为的适用原则以及相关的国际公约来确定准据法</td></tr>
<tr><td rowspan="3">国际公约</td><td>名称</td><td>1971 年《公路交通事故法律适用公约》</td></tr>
<tr><td>目的</td><td>规定由于公路交通事故而引起的非契约性质的民事责任</td></tr>
<tr><td>适用范围</td><td>公约只适用于涉及一辆或数辆机动或非机动车辆,并与公路、向公众开放的地面或特定人有权通行的私有地面上的交通有关的事故,但不适用于以下情况:①车辆制造者、销售者或修理者的责任;②所有人或养护通行道路或保护使用者安全的其他人的责任;③除车辆所有人、被代理的本人或雇主的责任之外的代理责任;④有责任人员间的追索诉讼;⑤就保险公司而言的追索诉讼及代位求偿权;⑥由社会保险机构、其他类似的机构或汽车事故公共保证基金会提出或对其提出的诉讼和追索诉讼,以及支配这些机构的法律所规定的责任的免除</td></tr>
</table>

<table>
<tr><td rowspan="5">公路交通事故的法律适用</td><td rowspan="5">国际公约</td><td rowspan="4">法律适用原则</td><td>公路交通事故适用事故发生地国家法律,但有以下例外:①只有一辆车涉及事故,且该车又非在事故发生地国内登记,则登记国法律可予适用,以确定其对下列人的责任:司机、车主或者控制车辆或对车辆享有权利的其他任何人,不管其惯常居所在何处;受害者为乘客而其惯常居所不在事故发生地国家的;受害者在事故发生地的车辆外而其惯常居所设在车辆登记地国内的;如果有两个或两个以上的受害者,则应分别确定其应适用的法律。②有两辆或两辆以上的车涉及事故,且所有的车辆都在同一国家登记时,适用该登记国法律。③有一个或几个人涉及事故,而在事故发生时其人在车辆之外可能负有责任,只有在所有这些人均在车辆登记地国内设有惯常居所时,才能适用该登记国法律,即使这些人同时又是事故的受害者时亦同</td></tr>
<tr><td>一辆或数辆车的车外货物的损害赔偿责任,依事故发生地国法律;车外受害者私人携带物品的损害赔偿责任,依车辆登记地国法律</td></tr>
<tr><td>车辆未登记或在几个国家内登记则其惯常停放国法律应替代登记国法律;如果事故发生时,车主、车辆占有人、控制人或司机均未在登记国设有住所的亦同</td></tr>
<tr><td>不论所适用的法律是什么,在决定责任时都应该考虑事故发生时发生地有效的相关交通管理规则和安全规则</td></tr>
<tr><td>适用事项</td><td>交通事故准据法支配以下事项:①责任的根据及其范围;②免除责任以及任何限制责任和划分责任的理由;③可能导致赔偿的侵害或损害是否存在及其种类;④损害赔偿的方式及其范围;⑤损害赔偿请求权可否转让或继承问题;⑥遭到损害并能直接请求损害赔偿的人;⑦本人对其代理人的行为或雇主对其雇员的行为所负的责任;⑧包括消灭时效或除斥期间的开始、中断和中止在内的规则</td></tr>
</table>

## 四、产品责任的法律适用

<table>
<tr><td rowspan="5">产品责任的法律适用</td><td rowspan="2">产品责任</td><td>概念</td><td>有瑕疵的产品,或者没有正确说明用途或使用方法的产品,致消费者或使用者人身或财产损害时,产品的制造者或销售者所应负担的赔偿责任</td></tr>
<tr><td>适用</td><td>目前一般适用有关国际公约的规定调整产品责任</td></tr>
<tr><td rowspan="3">国际公约</td><td>名称</td><td>1972 年《产品责任法律适用公约》</td></tr>
<tr><td>适用范围</td><td>适用于因产品本身瑕疵造成的损害,包括因对产品的错误说明,或对其质量、特性或使用方法未提供适当说明而造成的损害导致的责任</td></tr>
<tr><td>适用原则</td><td>公约法律适用依据以下顺序:①适用直接遭受损害的人的惯常居所地国法律,即产品责任首先应适用直接遭受损害的人的惯常居所地国法律,如果该国同时又是被请求承担责任人的主营业地,或直接遭受损害的人取得产品的地方。②适用侵害地国家的法律,即在第一适用顺序不能满足的情况下应当适用侵害地国法律,如果该国同时又是直接遭受损害人的惯常居所地,或该国同时又是被请求承担责任人的主营业地,或该国同时又是直接遭受损害的人取得产品的地方。③由原告主张适用侵害地法律,即如果前两顺序规则指定的法律不能适用,原告可以基于侵害地国法律提出请求,如果原告基于侵害地国法律提出请求,就应适用侵害地国法律。④适用被请求承担责任人的主营业地国法律,即如果前两顺序规则指定的法律不能适用,并且原告也没有基于侵害地国法律提出请求,则产品责任的准据法应为请求承担责任人的主营业地国法律</td></tr>
</table>

<table>
<tr><td rowspan="3">产品责任的法律适用</td><td rowspan="3">国际公约</td><td>必须遵守条件</td><td>公约规定无论根据哪一顺序确定应适用的准据法都必须遵守以下四个条件:①应当考虑产品销售市场所在国家通行的有关行为规则和安全规则;②只有在其适用会明显与当地的公共秩序相抵触时才可以拒绝适用依据公约规定确定的准据法;③根据公约规定适用的法律与任何互惠的要求无关,即使应适用的法律是非缔约国的法律亦应予适用;④应适用的法律是指该国的实体法,即排除反致</td></tr>
<tr><td>准据法的适用范围</td><td>公约规定准据法应决定下列问题:①损害赔偿成立的基础和范围;②损害赔偿责任的免除理由、责任的限制及划分;③可得到赔偿的损害的种类;④赔偿的方法和范围;⑤损害赔偿的权利能否转让和继承;⑥行使损害赔偿请求权的主体范围;⑦本人对代理人行为或雇佣人对受雇人行为所负的责任;⑧损害赔偿的举证责任;⑨诉讼时效问题</td></tr>
<tr><td>立法特点</td><td>(1)规定五种连结因素作为法律适用的连结点<br>(2)采用多元连结因素确定准据法<br>(3)规定了四个独一无二的法律适用顺序<br>(4)着重体现对当事人意思自治的尊重</td></tr>
</table>

## 五、国际油污损害的法律适用

<table>
<tr><td rowspan="5">国际油污损害的法律适用</td><td rowspan="2">油污损害</td><td>概念</td><td>船舶溢出或排放持久性油类而发生的污染损害</td></tr>
<tr><td>适用</td><td>目前适用有关的国际公约调整油污损害</td></tr>
<tr><td rowspan="2">公约</td><td>名称</td><td>1969 年《国际油污损害民事责任公约》</td></tr>
<tr><td>适用范围</td><td>在缔约国领土和领海上由于船舶溢出或排放持久性油类而发生的污染损害,以及防止油污损害或将这种损害减少到最低限度而采取预防措施所造成的损失或损害</td></tr>
<tr><td>我国规定</td><td colspan="2">我国立法对油污损害的诉讼时效作出明确规定,有关油污损害的请求权时效期间为 3 年,自损害发生之日起计算;但是在任何情况下时效期间不得超过从造成损害的事故发生之日起 6 年</td></tr>
</table>

# 第四节　不当得利和无因管理的法律适用

<table>
<tr><td rowspan="4">不当得利和无因管理的法律适用</td><td rowspan="4">不当得利的法律适用</td><td rowspan="3">不当得利及其法律冲突</td><td>概念</td><td>无法律上的原因而受利益,致他人受损害之事实</td></tr>
<tr><td>构成要件</td><td>不当得利的构成要件有以下方面:①取得财产上的利益;②致使他人遭受损失;③受损失与取得利益有因果关系;④无法律上的原因</td></tr>
<tr><td>冲突表现</td><td>不当得利的法律冲突表现在:①原因的冲突;②适用范围的冲突;③成立要件及效力的冲突</td></tr>
<tr><td>法律适用</td><td colspan="2">关于不当得利的法律适用主要有以下主张:①适用事实发生地法律,即事实发生地法主义;②适用基本法律关系的准据法,即原因准据法主义;③适用最密切联系原则;④适用当事人属人法,即适用当事人共同属人法或债务人属人法;⑤适用有限的意思自治原则,即如果不存在基本法律关系的准据法时,当事人可以协议选择适用法院地法律</td></tr>
</table>

<table>
<tr><td rowspan="4">不当得利和无因管理的法律适用</td><td rowspan="4">无因管理的法律适用</td><td rowspan="3">无因管理及其法律冲突</td><td>概念</td><td>无法律上的义务而为他人管理其事务的行为</td></tr>
<tr><td>构成要件</td><td>无因管理的构成要件主要有:①管理他人的事务;②有为他人管理的意思;③无法律上的义务</td></tr>
<tr><td>冲突表现</td><td>无因管理的法律冲突主要表现在:①在民法中的地位不同;②界定标准与立法体例不同;③关于管理人是否具有行为能力的规定不同;④无因管理的要件、效力;⑤管理人和本人的权利义务</td></tr>
<tr><td>法律适用</td><td colspan="2">关于无因管理的法律适用主要有:①适用行为实施地法律;②适用与无因管理有关的另一法律义务或关系的准据法;③适用当事人属人法;④适用意思自治原则</td></tr>
</table>

## 重点知识讲解

### 一、1977年《统一船舶碰撞中有关民事管辖权、法律选择、判决的承认和执行方面若干规则的公约》

1. 公约适用范围。公约适用于因碰撞而致船舶灭失或损害以及船上财产灭失或损害而提出的损害赔偿请求的管辖权、法律选择和判决的承认与执行。但公约不适用于军舰或专门拨作公共非商业性服务的政府船舶,但渡船除外;以及可以根据契约而提出的请求。

2. 适用原则。除当事人另有协议外,碰撞在一国内水或领海内发生时,适用该国法律;如碰撞发生在领海以外的水域,则适用受理案件的法院的法律,但如有关的船舶都在同一国登记或由它出具证件,或即使没有登记或由它出具证件,但都属同一国家所有,则不管碰撞在何处发生,都适用该国法律。

但是,如果有关船舶在不同的国家登记或由它们出具证件,或即使没有登记或出具证件,但属不同的国家所有,则受理案件的法院应适用对所有这些国家都实行的一些公约。

经确定所有这些国家的法律与公约的原则相一致,则受理案件的法院应在上述相一致的程度上适用这一法律,但是无论本条中有何规定,任何当地的有关航行的成文或不成文的规则或规定都应得到适用。

如果船舶对公海定着物(如管道和电缆)造成损害,这些财产具有公共性质,不属任何国家的专属财产,这些侵权行为应适用法院地法处理。

3. 依公约确定的准据法决定以下问题:①赔偿责任的根据;②免除赔偿责任和部分赔偿责任的理由;③得于赔偿的类别;④损害的份额;⑤有权提出索赔的人;⑥委托人对其代理人的行为所应负的责任;⑦请求权可否转让或继承;⑧举证责任或推定;⑨诉讼时效。

### 二、1929年《统一国际航空运输若干规则的公约》(简称《华沙公约》)

1. 公约适用范围。公约适用于所有以航空运送旅客、行李或货物而收取报酬的国际运输,也适用于航空运输企业以航空器办理的免费运输。但公约不适用于按照国际邮政公约的规定而办理的运输。

2. 承运人的责任及免责。

(1)承运人的责任包括:①对于因旅客死亡或者身体伤害而产生的损失,如果造成死亡或者伤害的事故是在航空器上或者在上、下航空器的任何操作过程中发生的,承运人就应当承担责任;②对于任何已登记行李或货物的毁灭、遗失或者损坏而产生的损失,如果造成毁灭、遗失或者损坏的事件是发生在航空运输期间,承运人就应当承担责任;③承运人对旅客、行李或货物在航空运输过程中因迟延而造成的损失应负责任。

(2)公约采用推定过失责任原则,只要旅客人身或财产受到损失,承运人就被推定存在过失,应承担赔偿责任,除非承运人能够证明他没有过失或者能够证明损失的发生是由于受害人自己的过失所造成的,即加重承运人的责任,有利于对旅客权益的保护。

3. 责任限额。公约出于对双方当事人利益平衡的需要,以及出于保护航空运输事业发展的需要,在采取推定过失原则的同时规定有限责任原则,即对承运人在每一侵权事件中所应承担的赔偿责任规定最高限额。

4. 管辖权与诉讼时效。有关赔偿的诉讼应按照原告的意思在一个缔约国领土内,向承运人住所地或其总管理处所在地或签订契约的机构所在地法院提出,或向目的地法院提出。诉讼程序应根据受理法院的法律规定办理。

## 三、1999年《统一国际航空运输某些规则的公约》(简称《蒙特利尔公约》)

《蒙特利尔公约》在责任制度和责任限额方面作出与《华沙公约》不同的规定,主要表现为以下方面:

1. 由推定过失责任制转为严格责任制。

2. 提高对旅客的赔偿责任限额。公约引进双梯度责任制度,即两级责任:对于赔偿限额在10万特别提款权之内的人身伤亡赔偿,只要不是因旅客自身健康状况引起的伤亡,不论承运人有无过错,都应当承担责任,即实行严格责任;如果赔偿限额超出10万特别提款权,而承运人能够证明自己没有过错或证明伤亡是由于第三人的过错造成的,则不承担责任。

3. 增加第五种管辖权。公约规定对于因旅客死亡或者伤害而产生的损失,诉讼可在承运人住所地法院、承运人的主营业地法院、订立合同的承运人所在地法院、目的地法院之一提起,或者在这样一个当事国领土内提起,即在发生事故时旅客的主要且永久居所在该国领土内,并且承运人使用自己的航空器或者根据商务协议使用另一承运人的航空器经营到达该国领土或者从该国领土始发的旅客航空运输业务,并且在该国领土内该承运人通过其本人或者与其有商务协议的另一承运人租赁或者所有的处所从事其旅客航空运输经营。

4. 增加争议解决方式——仲裁。货物运输合同的当事人可以以书面形式约定,有关本公约中的承运人责任所发生的任何争议通过仲裁解决。

## 配套习题

### 一、单项选择题

1. 侵权行为自体法主要是指(　)(考研中国政法大学2005年)

A. 对受害人最有利的实体法律

B. 当事人自愿选择的法律

C. 受理案件的法院地法

D. 与案件有最密切联系的法律

2. 根据我国有关司法解释,在侵权行为实施地法和侵权结果发生地法不一致的情况下,法院应当(　)(考研中国政法大学2006年)

A. 适用侵权行为实施地法

B. 适用侵权结果发生地法

C. 在侵权行为实施地法和侵权结果发生地法中选择适用

D. 适用损害赔偿地法

3. 假设甲是A国人,在B国有惯常居所,乙公司是C国法人,其主营业地在A国,并在D

国设分销商场。甲在D国商场买了乙公司的彩电带回A国使用,后彩电发生爆炸。如果上述四国均是《产品责任法律适用公约》的成员国,依照该公约,该案的准据法应是(　)

A. A国法　　B. B国法

C. C国法　　D. D国法

4.“侵权行为自体法”学说是当代著名国际私法学家(　)提出来的,现为很多国家的侵权冲突法所采用

A. 库克　　B. 沃尔夫

C. 莫里斯　　D. 里斯

5. 对于不当得利适用的准据法,一般是(　)

A. 适用当事人共同属人法或债务人属人法

B. 适用基本法律关系的准据法

C. 适用事实发生地法

D. 适用最密切联系原则

6. 根据我国法律,船舶碰撞的损害赔偿,应当适用(　)

A. 受理案件的法院所在地法律

B. 选择适用任何一方当事人的船旗国法律

C. 侵权行为地法律

D. 最密切联系地法

7. 根据我国法律,同一国籍的船舶,不论碰撞发生于何地,碰撞船舶之间的损害赔偿适用(　)

A. 受理案件的法院所在地法律

B. 当事人的共同船旗国法

C. 侵权行为地法律

D. 最密切联系地法

8. 我国法律规定,民用航空器在公海上空对水面第三人的损害赔偿,适用(　)

A. 受理案件的法院所在地法律

B. 航空器目的地法

C. 侵权行为地法律

D. 最密切联系地法

9. 南非民用航空公司一架客机在飞往印度途中,因机上物体坠落致使在公海上捕鱼的越南渔船受损。后该渔船开往中国港口修理,并就该飞机造成的损害赔偿诉诸我国法院。对于该案,依《中华人民共和国民用航空法》的规定,法院应适用(　)

A. 南非法律　　B. 印度法律

C. 越南法律　　D. 中国法律

10. 一艘悬挂巴拿马国旗并由一巴西海运公司经营的海船,运送一批属一家日本公司的货物从日本到中国,在韩国附近海域发生意外。为了安全完成本航程,该海船驶入韩国某港口避难,发生共同海损,后在中国某港口进行理算。该共同海损理算应适用(　)(司考2004年卷一,单选第38题)

A. 船旗国法律

B. 共同海损发生地法律

C. 巴西的法律

D. 理算地法律

11. 巴拿马籍货轮“安达号”承运一批运往中国的货物,中途停靠韩国。“安达号”在韩国停靠卸载同船装运的其他货物时与利比里亚籍“百利号”相碰。“安达号”受损但能继续航行,并得知“百利号”最后的目的港也是中国港口。“安达号”继续航行至中国港口卸货并在中国某海事法院起诉“百利号”,要求其赔偿碰撞损失。依照我国法律,该法院处理该争议应适用下列(　)国法律(司考2007年卷一,单选第37题)

A. 中国法律,因为本案两船国籍不同,应适用法院地法处理争议

B. 巴拿马法律,因为它是本案原告船舶的国籍国

C. 利比里亚法律,因为它是本案被告船舶的国籍国

D. 韩国法律,因为韩国是侵权行为地

## 二、多项选择题

1. 20世纪中期以来,涉外侵权行为法律适用出现了新的发展,具体包括(　)

A. 适用加害行为地法

B. 适用损害发生地法

C. 适用侵权行为自体法

D. 适用当事人协议选择的法律

2. 甲国人A和B同受雇于香港某公司,二人均在中国上海有住所。某日,他们同乘轮船自乙国赴中国,途经公海时,二人发生口角,A顺手抓起B的旅行箱向B掷去,造成旅行箱内

的贵重仪器被毁坏。轮船抵达上海后，B 向我国法院提起诉讼，要求 A 承担赔偿责任。我国法院可以适用下列（　）法律（司考 2004 年卷一，不定选第 92 题）

A. 甲国法　　B. 香港法

C. 乙国法　　D. 中国法

3. 在美国有住所的中国人甲在加拿大驾车撞伤了中国人乙，乙在中国某法院起诉，中国法院确认其为侵权行为，关于乙提出的 100 万元的赔偿问题，中国法院可以适用（　）（考研中国政法大学 2005 年）

A. 加拿大法律

B. 中国法律

C. 重叠适用加拿大法律和中国法律

D. 美国法

4. 海牙《产品责任法律适用公约》规定适用（　）（考研中国政法大学 2005 年）

A. 损害地国家的法律

B. 直接遭受损害的人的惯常居住地国家的法律

C. 直接遭受损害的人的住所地国家的法律

D. 被请求承担责任的人的主营业地国家的法律

5. 以下（　）属于与航空侵权有关的国际公约

A. 1999 年《统一国际航空运输某些规则的公约》

B. 1971 年《危地马拉议定书》

C. 1955 年《海牙议定书》

D. 1929 年《华沙公约》

6. 以下属于各国对不当得利的法律适用原则的有（　）

A. 适用事实发生地法律

B. 适用基本法律关系的准据法

C. 适用最密切联系原则

D. 适用当事人属人法

7. 以下属于各国对无因管理的法律适用原则的有（　）

A. 适用行为实施地法律

B. 适用与无因管理有关的另一法律义务或关系的准据法

C. 适用当事人属人法

D. 适用意思自治原则

8. 以下有关我国侵权行为的法律适用的评说中，正确的有（　）

A. 采用了最密切联系原则作为最主要的法律适用原则

B. 只规定侵权行为损害赔偿的法律适用，未规定其他侵权实质问题的法律适用，例如过失的认定、因果关系的标准、免责范围及效力等

C. 关于共同属人法原则只规定了国籍和住所，缺乏对惯常居所的规定

D. 双重可诉原则在实践中不利于保护我国公民的利益

## 三、名词解释

1. The Proper Law of Torts（考研武汉大学 2004 年）

2. Doctrine of the Most Significant Relationship（考研武汉大学 2004 年）

## 四、简答题

1. 简述我国关于一般涉外侵权行为法律适用的立法规定。

2. 简述 1971 年《公路交通事故法律适用公约》的主要内容。（考研中国政法大学 2002 年）

## 五、论述题

请分析 1972 年海牙《产品责任法律适用公约》的主要内容和特点。（考研中国政法大学 2006 年）

# 参考答案

## 一、单项选择题

1. 答案:D

提示:本题考查的是侵权行为自体法

解析:侵权行为自体法的概念首先由莫里斯在1951年《哈佛法律评论》上提出,主张侵权行为应适用与案件有最密切联系的法律。莫里斯认为,尽管在大多数情况下仍有适用侵权行为地法的必要,但应该有一种足够广泛而且足够灵活的冲突规范,以便能够顾及种种例外情况,这就是侵权行为自体法。与合同自体法不同的是,在这里,不存在当事人对准据法的选择,而是对侵权行为地法、法院地法和当事人属人法进行综合考虑,所以,D项正确。

2. 答案:C

提示:本题考查的是我国关于侵权行为地的规定

解析:对于侵权行为地我国《民通意见》第187条规定:"侵权行为地的法律包括侵权行为实施地法律和侵权结果发生地法律。如果两者不一致时,人民法院可以选择适用。"因此,C项正确。

3. 答案:A

提示:本题考查的是《产品责任法律适用公约》的法律适用

解析:《产品责任法律适用公约》规定了以下顺序的法律适用:①适用直接遭受损害的人惯常居所地国法律,只要该国同时又是被请求承担责任的人的主营业地;或直接遭受损害的人取得产品的地方。②在不存在第一适用顺序的情形下,应适用侵害地国家的内国法,只要该国同时又是直接遭受损害的人惯常居住地;或被请求承担责任人的主营业地;或直接遭受损害的人取得产品的地方。③如果上述指定的法律都不适用,原告可以主张适用侵害地国家的内国法。④如果上述指定的法律都不适用,并且原告没有主张适用侵害地国家的内国法时,则适用被请求承担责任的人的主营业地国家的内国法。⑤如果被请求承担责任的人证明他不能合理地预见产品或他自己的同类产品会经商业渠道在该国出售,则上面所规定的侵害地国家和直接遭受损害的人的惯常居所地国家的内国法均不适用,而应适用被请求承担责任人的主营业地国家的内国法。从本题看,B国是直接遭受损害人甲的惯常居所地国,而A国是被请求承担责任的人乙公司的主营业地所在国又是侵害地国,所以根据公约规定应适用第二顺序,即应当适用侵害地国家的内国法,即A国法,A项正确。

4. 答案:C

提示:本题考查的是"侵权行为自体法"学说的提出者

解析:侵权行为自体法的概念首先由莫里斯在1951年《哈佛法律评论》上提出。

5. 答案:C

提示:本题考查的是不当得利的法律适用

解析:不当得利,是指无法律上的原因而受利益,并致他人受损害之事实。不当得利的法律适用,各国一般采用以下方法:①适用事实发生地法律,即事实发生地法主义;②适用基本法律关系的准据法,即原因准据法主义;③适用最密切联系原则;④适用当事人属人法,即适用当事人共同属人法或债务人属人法;⑤适用有限的意思自治原则,即如果不存在基本法律关系的准据法时,当事人可以协议选择适用法院地法律。但比较通行的法律适用原则是适用事实发生地法,因为一般认为有关不当得利的法律是内国公共秩序的表现,与事实发生地法律的关系最为密切。因此,C项正确。

6. 答案:C

提示:本题考查的是我国对船舶碰撞损害赔偿的法律适用规定

解析:《海商法》第273条规定:"船舶碰撞的损害赔偿,适用侵权行为地法律。船舶在公海上发生碰撞的损害赔偿,适用受理案件的法院所在地法律。同一国籍的船舶,不论碰撞发生于何地,碰撞船舶之间的损害赔偿适用船旗国法律。"因此,C项正确。

7. 答案:B

提示:本题考查的是我国对船舶碰撞损害赔偿法律适用的规定

解析:《海商法》第273条规定:"船舶碰撞的损害赔偿,适用侵权行为地法律。船舶在公海上发生碰撞的损害赔偿,适用受理案件的法院所在地法律。

同一国籍的船舶,不论碰撞发生于何地,碰撞船舶之间的损害赔偿适用船旗国法律。”因此,B项正确。

8. **答案**:A

**提示**:本题考查的是我国对民用航空器侵权的规定

**解析**:《民用航空法》第189条规定:“民用航空器对地面第三人的损害赔偿,适用侵权行为地法律。民用航空器在公海上空对水面第三人的损害赔偿,适用受理案件的法院所在地法律。”因此,A项正确。

9. **答案**:D

**提示**:本题考查的是涉外民用航空的损害问题

**解析**:《民用航空法》第189条规定:“民用航空器对地面第三人的损害赔偿,适用侵权行为地法律。民用航空器在公海上空对水面第三人的损害赔偿,适用受理案件的法院所在地法律。”本题中,南非民用客机在公海上空因机上物体坠落致使越南渔船受损,因此,应适用受理案件的法院所在地法,即中国法,D项正确。

10. **答案**:D

**提示**:本题考查的是共同海损理算的法律适用

**解析**:我国《海商法》第274条规定:“共同海损理算,适用理算地法律。”因此,D项正确。

11. **答案**:D

**提示**:本题考查的是船舶碰撞损害赔偿的法律适用问题

**解析**:我国《海商法》第273条规定:“船舶碰撞的损害赔偿,适用侵权行为地法律。船舶在公海上发生碰撞的损害赔偿,适用受理案件的法院所在地法律。同一国籍的船舶,不论碰撞发生于何地,船舶碰撞间的损害赔偿适用船旗国法律。”本题中,“安达号”与“百利号”是不同国籍的船舶,并且发生碰撞的地点是韩国,不属于在公海上发生碰撞的情形,因此,应适用侵权行为地法律,即韩国法律,D项正确。

## 二、多项选择题

1. **答案**:CD

**提示**:本题考查的是涉外侵权行为法律适用的新发展

**解析**:20世纪中期以来,侵权行为的法律适用出现了如下新发展:①有条件选择适用侵权行为地法与共同属人法,即对侵权行为通常适用侵权行为地法,但如果侵权事件的当事人具有同一国籍或在同一国有住所时,则适用他们的共同属人法;②适用最密切联系原则和侵权行为自体法,即侵权行为适用与侵权案件有最密切联系的法律;③适用当事人协议选择的法律;④适用最有利于原告的法律。因此,C、D项正确。而A、B项都属于适用侵权行为地法的细化,不属于新发展,不正确。

2. **答案**:AD

**提示**:本题考查的是侵权行为的法律适用

**解析**:《民法通则》第146条第1款规定:“侵权行为的损害赔偿,适用侵权行为地法律。当事人双方国籍相同或者在同一国家有住所的,也可以适用当事人本国法律或者住所地法律。”《民通意见》第187条规定:“侵权行为地的法律包括侵权行为实施地法律和侵权结果发生地法律。如果两者不一致时,人民法院可以选择适用。”本题中,A和B都是甲国人,又都在中国上海设有住所,因此,法院可以适用A和B的本国法和共同住所地法,即甲国法和中国法,因此A、D项正确。

3. **答案**:AB

**提示**:本题考查的是侵权行为损害赔偿的法律适用

**解析**:《民法通则》第146条第1款规定:“侵权行为的损害赔偿,适用侵权行为地法律。当事人双方国籍相同或者在同一国家有住所的,也可以适用当事人本国法律或者住所地法律。”《民通意见》第187条规定:“侵权行为地的法律包括侵权行为实施地法律和侵权结果发生地法律。如果两者不一致时,人民法院可以选择适用。”本题中,侵权行为地在加拿大,甲乙两人都是中国人,因此,法院可以适用加拿大法,也可以适用当事人共同属人法,即中国法,所以,A、B项正确。

4. **答案**:ABD

**提示**:本题考查的是《产品责任法律适用公约》规定的法律适用原则

**解析**:《产品责任法律适用公约》规定了以下几种法律的适用:①适用直接遭受损害的人惯常居所地国法律;②适用侵害地国家的内国法;③适用直接遭受损害的人取得产品的国家的法律;④适用被请求承担责任的人的主营业地国家的法律。所以,A、B、D项正确。

5. **答案**:ABCD

**提示**:本题考查的是与航空侵权有关的国际公约

**解析**:对于因航空器事故导致旅客死伤或物品

毁损的侵权行为,目前主要适用国际公约。主要的公约有1929年《华沙公约》、1955年《海牙议定书》、1961年《瓜达拉哈拉公约》、1966年《蒙特利尔协议》、1971年《危地马拉议定书》、1999年《统一国际航空运输某些规则的公约》(简称《蒙特利尔公约》)。因此,A、B、C、D项都正确。

6. **答案**:ABCD

**提示**:本题考查的是各国对不当得利的法律适用原则

**解析**:各国对不当得利的法律适用原则主要有:①适用事实发生地法律,即事实发生地法主义,如日本;②适用基本法律关系的准据法,即原因准据法主义,如前南斯拉夫;③适用最密切联系原则,如美国;④适用当事人属人法,即适用当事人共同属人法或债务人属人法,如波兰;⑤适用有限的意思自治原则,即如果不存在基本法律关系的准据法时,当事人可以协议选择适用法院地法律,如瑞士。因此,A、B、C、D项都正确。

7. **答案**:ABCD

**提示**:本题考查的是各国对无因管理的法律适用原则

**解析**:各国对无因管理的法律适用原则主要有:①适用行为实施地法律;②适用与无因管理有关的另一法律义务或关系的准据法,如果其与无因管理有更为密切的联系;③适用当事人属人法;④适用意思自治原则。因此,A、B、C、D项正确。

8. **答案**:BCD

**提示**:本题考查的是我国关于涉外侵权法律适用的规定

**解析**:我国采用以侵权行为地法为主,法院地法和共同属人法为辅的原则确定侵权行为准据法,该原则具有以下特点:①没有引入国际上关于侵权法律适用的最新成果——最密切联系原则;②只规定侵权行为损害赔偿的法律适用,对于其他侵权实质问题,例如过失的认定、因果关系的标准、免责范围及效力等未涉及;③双重可诉原则在实践中不利于保护我国公民的利益;④关于共同属人法原则只规定了国籍和住所,缺乏对惯常居所的规定;⑤关于侵权行为地的确定,我国法律中缺乏明确的选择标准。综上,A项错误,B、C、D项正确。

## 三、名词解释

1. **提示**:应从侵权行为自体法的提出者和内容来回答

**答案**:The Proper Law of Torts 指侵权行为自体法。侵权行为自体法的概念首先由莫里斯在1951年《哈佛法律评论》上提出。莫里斯认为,尽管在大多数情况下仍有适用侵权行为地法的必要,但应该有一种足够广泛而且足够灵活的冲突规范,以便能够顾及种种例外情况,这就是侵权行为自体法,即在确定准据法时,应当对侵权行为地法、法院地法和当事人属人法进行综合考虑,适用与案件有最密切联系的地方的法律。

2. **提示**:应从最密切联系原则的概念和发展来回答

**答案**:Doctrine of the Most Significant Relationship 指最密切联系原则。最密切联系原则是指应当适用与案件有最密切联系的法律。在侵权法律适用中,首先运用最密切联系原则确定侵权行为准据法的是英国莫里斯提出的侵权行为自体法。在美国,最密切联系原则在1971年的《冲突法重述(第二次)》中得到了充分反映,其规定:当事人在侵权行为某个问题上的权利义务,应依在该问题上与该事件及当事人有最密切联系的州的本地法。

## 四、简答题

1. **提示**:参见本章"基础知识图解"中"我国关于一般涉外侵权行为法律适用的立法规定"的相关内容,从我国的立法规定和规定中所体现的法律适用原则两方面来回答

2. **提示**:参见本章"基础知识图解"中"公路交通事故的法律适用"的相关内容,从《公路交通事故法律适用公约》的目的、适用情形、法律适用规定三方面来回答

## 五、论述题

**提示**:参见本章"基础知识图解"中"产品责任法律适用"的相关内容,从《产品责任法律适用公约》规定的法律适用方法、适用准据法的条件、准据法调整的范围和公约特点来回答

# 第十四章 破产的法律适用

## 内容提示

本章就破产的法律适用、破产宣告的域外效力以及和解制度进行阐述。通过本章的学习，应了解涉外破产法律适用的一般原则和具体运用规则，包括破产要件、破产财产、破产债权以及破产管理的法律适用；理解破产域外效力的三种不同理论及实践；了解和解破产的法律适用。

## 基础知识图解

### 一、破产的法律适用

<table>
<tr><td rowspan="10">破产的法律适用</td><td rowspan="2">概念</td><td colspan="2">债务人既不能以其现有财产清偿全部债务，又不能达成和解处理债务关系，法院根据债权人或债务人的申请，将债务人的财产依法分配给债权人的法律制度</td></tr>
<tr><td colspan="2">涉外破产指含有涉外因素的破产，包括三种情况：①债权人或债务人全部或部分位于外国；②破产财团中的财产位于外国；③破产债权是由外国法支配的一项交易而产生</td></tr>
<tr><td rowspan="8">法律适用</td><td rowspan="2">破产要件</td><td>破产要件即在破产程序的开始阶段，债权人或债务人请求对债务人财务状况进行整顿或对债务人宣告破产必须具备的一定条件</td></tr>
<tr><td>各国法律对债务人的破产能力、申请人的资格、法院的管辖权以及破产原因和是否有多个债权人存在等方面的规定不同，一般认为破产程序开始的要件属于诉讼权限和诉讼形式问题，即诉讼程序问题，适用法院地法即破产开始地法</td></tr>
<tr><td rowspan="2">破产财产</td><td>破产财产是指在破产程序中，当债务人依破产法被宣告破产时，为所有债权人分配偿还财产的需要而由破产管理人员组织起来的破产全部财产的集合</td></tr>
<tr><td>各国法律对破产财产的范围、性质及破产财产有关的权利的规定不同，一般认为依破产宣告国法即法院地法加以解决</td></tr>
<tr><td rowspan="2">破产债权</td><td>破产债权基于破产宣告前的原因成立，其包括依破产程序申报并被确认的，可以从破产财产中受到公平清偿的无财产担保债权，以及放弃优先受偿权的有财产担保的债权和其他债权</td></tr>
<tr><td>各国法律对破产债权的构成、范围及清偿顺序的规定不同，一般依破产宣告国法解决</td></tr>
<tr><td rowspan="2">破产管理</td><td>涉外破产程序的进行主要以破产管理人执行其职务，即进行破产财产的管理为核心内容</td></tr>
<tr><td>破产管理既涉及债务人位于外国的财产也涉及其位于内国的财产，既涉及程序法问题也涉及实体法问题，一般主张适用管理地法，即破产宣告地法或法院地法，但有人认为有必要对其中的实体问题区分不同情况，或适用法院地法，或适用原法律关系的准据法</td></tr>
</table>

## 二、破产宣告的域外效力

<table>
<tr><td rowspan="5">破产宣告的域外效力</td><td colspan="2">概念</td><td>当债务人在一国被宣告破产时，能否把其位于外国的财产归入破产财产向债权人进行统一分配的问题，包括两方面：①本国破产宣告的域外效力问题；②外国破产宣告在本国的效力问题</td></tr>
<tr><td rowspan="3">三种理论实践</td><td>普及破产主义</td><td>(1)普及破产主义认为，破产制度在于对债务人和所有债权人的债权债务作一次性的解决，所以在破产者的住所或其所属国进行的破产宣告的效力及于债务人在国内外的所有财产，其他国家应帮助破产管理人收集位于当地的财产，制止个别债权人的自行扣押<br>(2)采用普及破产主义的国家有美国、法国、希腊、意大利等国以及1925年海牙《关于破产法的统一公约草案》、1928年《布斯塔曼特法典》<br>(3)普及破产主义允许财产的全球分配和管理，有助于实现债权人的平等待遇，有助于防止对位于破产宣告国外的财产的个别扣押，但在实践中则可能因为财产分散、语言障碍、对外国司法的信赖程度等方面的原因使其实施产生很大困难</td></tr>
<tr><td>属地破产主义</td><td>(1)属地破产主义认为，一国法院所作的破产宣告，效力仅及于破产人在该国领域内的财产，其位于外国的财产不应受到影响，应继续保留在债务人手中，除非它们被财产所在国债权人扣押或在财产所在国又开始另一次破产程序<br>(2)采取属地破产主义的国家有阿根廷、日本、瑞士、德国等<br>(3)属地破产主义有利于破产程序的简单化，有利于保证破产的有效与稳定，但容易导致不同国家债权人的不平等待遇</td></tr>
<tr><td>折中主义</td><td>(1)折中主义是兼采普及破产主义和属地破产主义以确定破产宣告的域外效力的做法，在实践中有的国家主张自己国家所作的破产宣告具有普及效力，而外国所作的破产宣告只具有地域效力；有的国家如英国则视财产的性质区别对待，破产宣告对债务人的动产具有普及效力，对债务人的不动产仅有属地效力<br>(2)欧盟1995年《破产程序公约》是折中主义的典型代表<br>(3)实践中各国为了保护本国债权人的利益都采取了双重做法，即一方面尽可能地将本国的破产宣告效力扩及国外，另一方面倾向于不承认外国破产宣告的效力</td></tr>
<tr><td colspan="2">我国规定</td><td>依照新《企业破产法》开始的破产程序，对债务人在中国领域外的财产发生效力；对外国法院作出的发生法律效力的破产案件的判决、裁定，涉及债务人在中国领域内的财产，申请或者请求人民法院承认和执行的，人民法院依照中国缔结或者参加的国际条约，或者按照互惠原则进行审查，认为不违反中国法律的基本原则，不损害国家主权、安全和社会公共利益，不损害中国领域内债权人的合法权益的，裁定承认和执行，即我国采用有限制的普及破产主义</td></tr>
</table>

## 三、和解

| 和解 | 概念 | 无清偿能力的债务人为了避免被宣告破产或遭破产分配，经与债权人协议并经法院许可，就延期清偿债务、减少债务数额、进行整顿等事项达成的以中止破产程序为目的的协议 |
|---|---|---|
| | 法律适用 | 和解由债权人和债务人协商，经法院认可，所以具有私权、公权两重特征，当事人可协商决定适用何种法律，但是法院的许可具有决定性，因此通常适用法院地法 |
| | 和解承认 | 对外国和解的承认主要有以下几种典型做法：①与承认外国破产宣告一样承认外国和解；②坚持和解的地域性原则不承认外国和解，以德国为代表；③许可证制度，以法国为代表，即外国的和解要得到承认必须获得特别许可；④有条件地承认外国和解，如瑞士 |

## 配套习题

### 一、单项选择题

1. 关于破产财产范围的法律适用，一般认为应适用（ ）

A. 法院地法　　B. 破产财产所在地法

C. 债务人本国法　　D. 当事人意思自治原则

2. 关于债权人对破产财产的物权，如取回权、别除权等，各国一般适用（ ）

A. 破产宣告国法　　B. 物之所在地法

C. 债务人本国法　　D. 债权人本国法

3. 关于破产债权的法律适用，一般认为应适用（ ）

A. 当事人意思自治原则

B. 债权人本国法

C. 债务人本国法

D. 破产宣告国法

4. 破产中强制和解一般适用（ ）

A. 当事人意思自治原则

B. 破产财产所在地法

C. 债务人本国法

D. 法院地法

### 二、多项选择题

1. 对外国和解的承认，各国主要采用以下典型做法（ ）

A. 与承认外国破产宣告一样承认外国和解

B. 许可证制度

C. 有条件地承认外国和解

D. 坚持和解的地域性原则不承认外国和解

2. 根据我国对破产法律适用的规定，以下说法中正确的是（ ）

A. 在我国开始的破产程序，对债务人在中国领域外的财产发生效力

B. 外国法院作出的发生法律效力的破产案件的判决、裁定可以申请人民法院承认和执行

C. 人民法院应依照中国缔结或者参加的国际条约，或者按照互惠原则进行审查

D. 我国采取的是有限制的普及破产主义

3. 以下各项关于破产宣告的域外效力的说法中，正确的是（ ）

A. 破产宣告的域外效力包括本国破产宣告的域外效力和外国破产宣告在本国的效力两方面

B. 各国一般采用普及破产主义、属地破产主义和折中主义的理论

C. 属地破产主义认为，一国法院所作的破产宣告，效力仅及于破产人在该国领域内的财产，其位于外国的财产不应受到影响

D. 普及破产主义认为在破产者的住所或其所属国进行的破产宣告的效力及于债务人国内外的所有财产

### 三、名词解释

1. 普及破产主义

2. 属地破产主义

## 参考答案

### 一、单项选择题

1. 答案：A

提示：本题考查的是破产财产范围的法律适用

解析：破产财产，是指在破产程序中，当债务人依破产法被宣告破产时，为所有债权人分配偿还财产的需要而由破产管理人员组织起来的破产全部财产的集合。各国法律对破产财产的范围、性质及与破产财产有关的权利的规定不同，一般认为依破产宣告国法即法院地法加以解决。因此，A 项正确。

2. 答案：B

提示：本题考查的是债权人对破产财产的物权

的法律适用

**解析**:债权人对破产财产的物权,如取回权、别除权等,各国一般适用物之所在地法。但是,债务人对抗债权人的抵消权和否认权等,应适用破产宣告国法。因此,B项正确。

3. **答案**:D

**提示**:本题考查的是破产债权的法律适用

**解析**:破产债权基于破产宣告前的原因成立,其包括依破产程序申报并被确认的,可以从破产财产中受到公平清偿的无财产担保债权、放弃优先受偿权的有财产担保的债权以及其他债权。各国法律对破产债权的构成、范围及清偿顺序的规定不同,一般依破产宣告国法解决。因此,D项正确。

4. **答案**:D

**提示**:本题考查的是破产中和解的法律适用

**解析**:和解,是指无清偿能力的债务人为了避免被宣告破产或遭破产分配,经与债权人协议并经法院许可,就延期清偿债务、减少债务数额、进行整顿等事项达成的以中止破产程序为目的的协议。和解分为强制和解与一般和解两种形式,其法律适用规则也不尽相同,强制和解实质上是破产程序中的和解,其效力需要经过法院的认可,因而法院地法占有支配地位。因此,D项正确。

## 二、多项选择题

1. **答案**:ABCD

**提示**:本题考查的是各国对外国和解承认制度

**解析**:参见本章“基础知识图解”中“和解承认”的相关内容。

2. **答案**:ABCD

**提示**:本题考查的是我国破产宣告的域外效力

**解析**:我国《企业破产法》第5条规定:“依照本法开始的破产程序,对债务人在中华人民共和国领域外的财产发生效力。对外国法院作出的发生法律效力的破产案件的判决、裁定,涉及债务人在中国领域内的财产,申请或者请求人民法院承认和执行的,人民法院依照中国缔结或者参加的国际条约,或者按照互惠原则进行审查,认为不违反中国法律的基本原则,不损害国家主权、安全和社会公共利益,不损害中国领域内债权人的合法权益的,裁定承认和执行。”即我国采取的是有限制的普及破产主义。因此,A、B、C、D项都正确。

3. **答案**:ABCD

**提示**:本题考查的是各国关于破产宣告的域外效力的理论和实践

**解析**:破产宣告的域外效力,是指当债务人在一国被宣告破产时,能否把其位于外国的财产归入破产财产向债权人进行统一分配的问题,包括两方面:①本国破产宣告的域外效力问题;②外国破产宣告在本国的效力问题。各国一般采用以下三种不同的理论和实践:①普及破产主义。该理论认为,破产制度在于对债务人和所有债权人的债权债务作一次性的解决,所以在破产者的住所或其所属国进行的破产宣告的效力及于债务人国内外的所有财产,其他国家应帮助破产管理人收集位于当地的财产,制止个别债权人的自行扣押。②属地破产主义。其认为,一国法院所作的破产宣告,效力仅及于破产人在该国领域内的财产,其位于外国的财产不应受到影响,应继续保留在债务人手中,除非它们被财产所在国债权人扣押或在财产所在国又开始另一次破产程序。③折中主义。其是兼采普及破产主义和属地破产主义以确定破产宣告的域外效力的做法,在实践中有的国家主张自己国家所作的破产宣告具有普及效力,而外国所作的破产宣告只具有地域效力;有的国家如英国则视财产的性质区别对待,破产宣告对债务人的动产具有普及效力,对债务人的不动产仅有属地效力。因此,A、B、C、D项都正确。

## 三、名词解释

1. **提示**:参见本章“基础知识图解”中“普及破产主义”的相关内容,从其含义、各国的实践和评价等方面回答

2. **提示**:参见本章“基础知识图解”中“属地破产主义”的相关内容,从其含义、各国的实践和评价等方面回答

# 第十五章　涉外婚姻的法律适用

## 内容提示

本章就国际私法的传统领域——涉外婚姻的法律冲突和法律适用进行阐述。通过本章的学习,应理解涉外结婚实质要件和形式要件的法律适用;理解涉外离婚的管辖权和法律适用;重点掌握我国有关涉外结婚、涉外离婚的相关规定。

## 基础知识图解

### 一、结婚的法律适用

<table>
<tr><td rowspan="4">结婚的法律适用</td><td>概念</td><td colspan="2">结婚是男女双方根据法律规定的程序和条件结成夫妻的法律行为,结婚只有符合法律规定的实质要件和形式要件才能有效成立</td></tr>
<tr><td></td><td>含义</td><td>指婚姻当事人以及双方之间的关系所必须符合的法律规定的条件,包括必须具备的条件即积极要件和必须排除、禁止的条件即消极要件</td></tr>
<tr><td rowspan="2">婚姻实质要件</td><td>法律冲突</td><td>综观各国的婚姻立法,婚姻当事人必备的实质要件主要有以下几项:<br>(1)双方自愿,大多数国家的法律都规定结婚必须双方当事人自愿,但是对于自愿的要求并不一致<br>(2)法定婚龄,法定婚龄是法律规定结婚的最低年龄,由于自然人生理条件、习俗和社会经济政策等的不同,各国对法定婚龄的规定有差异<br>(3)禁止近亲结婚,为了提高人口质量,各国都规定禁止直系血亲之间结婚,但是禁止旁系血亲结婚的范围不同<br>(4)禁止重婚,大多数国家都实行一夫一妻制,禁止重婚,但是一些伊斯兰教国家仍然允许一夫多妻制<br>(5)禁止特定疾病患者结婚,为维持当事人正常的婚姻生活以及保护配偶另一方和其他家庭成员的健康,各国都规定有生理缺陷者、精神病患者以及其他有关疾病患者禁止结婚,但具体规定又有所不同</td></tr>
<tr><td>法律适用</td><td>(1)适用婚姻缔结地法,即婚姻实质要件符合婚姻缔结地法而有效,则该婚姻在其他任何地方都有效,其理由在于将婚姻视为一种契约关系,根据场所支配行为原则应该适用婚姻缔结地法,目前该原则在世界上得到了普遍的采用,但是单纯适用容易导致法律规避行为、迁徙婚姻或跛脚婚姻的现象<br>(2)适用当事人属人法,其理由是婚姻是一种身份关系,与其习俗信仰有关,应该适用当事人属人法,目前多数欧洲国家以当事人本国法作为属人法,而英联邦国家以当事人住所地法为属人法。该原则可在一定程度上减少当事人规避法律和迁徙婚姻的现象,但是当事人属人法可能与婚姻缔结地的公共秩序相冲突而影响婚姻效力<br>(3)混合适用婚姻缔结地法和当事人属人法,可以分为:①以婚姻缔结地法为主,以当事人属人法为辅;②以当事人属人法为主,以婚姻缔结地法为辅。该原则消除了适用婚姻缔结地法和当事人属人法带来的消极后果,灵活可行,得到越来越多的采用</td></tr>
</table>

<table>
<tr><td rowspan="4">结婚的法律适用</td><td rowspan="3">婚姻形式要件</td><td>含义</td><td>成立合法婚姻的方式,即婚姻合法成立必须履行法定手续</td></tr>
<tr><td>法律冲突</td><td>各国有关婚姻形式要件的规定互有歧异,归纳起来主要有:<br>(1)民事登记方式,即指缔结婚姻的当事人必须到指定的婚姻登记机关办理登记手续领取结婚证书,婚姻才告成立,大多数国家都要求结婚进行登记,但是登记的具体条件和程序不尽相同<br>(2)宗教婚姻方式,即指结婚当事人必须按照其信仰的宗教的教规完成一定的宗教仪式,婚姻才能成立,但不同的宗教教规对婚姻的方式有着不同的要求<br>(3)领事婚姻方式,即指在驻在国允许或互惠的前提下,派遣国授权其驻外领事或外交代表为本国侨民依照本国法律规定的方式办理结婚手续、成立婚姻的制度。领事婚姻问题的实质是,驻在国是否承认外国人之间在其内国依当事人本国法举行的结婚,对此各国做法不完全相同<br>(4)普通法婚姻,即事实婚姻,只要双方当事人同意结婚并已实行同居,就构成事实上的婚姻,为法律承认</td></tr>
<tr><td>法律适用</td><td>涉外结婚形式要件法律适用的原则主要包括:<br>(1)适用婚姻举行地法,根据传统的场所支配行为原则,对于作为法律行为方式之一的结婚方式,许多国家主张适用婚姻举行地法,即在婚姻举行地合法有效的结婚形式,在其他国家也有效<br>(2)适用当事人属人法,有的国家为了保障本国的公序良俗,主张结婚的形式要件必须依据当事人属人法,即这些国家的公民不论在哪个国家结婚,都必须依其本国法的规定履行结婚程序,否则本国不承认其婚姻的法律效力<br>(3)混合适用婚姻举行地法和当事人属人法,即同时兼顾婚姻举行地和当事人所属国的利益,以保证在一国依法缔结的婚姻在形式上能为其他国家所承认</td></tr>
<tr><td>我国规定</td><td colspan="2">根据不同情况,我国对涉外结婚的法律适用规则可以分为以下几种:<br>(1)中国公民与外国人在中国境内结婚:结婚的实质要件和形式要件都适用婚姻缔结地法即中国法律;在结婚的主体方面,我国现役军人、外交人员、公安人员、机要人员和其他掌握重大机密的人员以及正在接受劳动教养和服刑的人员不得同外国人结婚;结婚双方在实质要件和形式要件上符合我国法律规定,办理结婚手续,婚姻即成立;我国不允许中国公民与外国人在中国境内举行领事婚姻<br>(2)外国人在中国境内结婚:目前我国没有对外国人之间在中国结婚的实质要件作出具体规定,实践中一般要求当事人遵守我国法律的规定,但是也可以适当依据其属人法加以照顾,同时不允许种族歧视和一夫多妻;如果当事人在我国进行民事登记的,需要符合我国的婚姻法;至于形式要件方面,我国规定外国人之间如果自愿在我国办理结婚,可以持指定证件登记;另外,基于互惠或条约,我国允许具有同一国籍的外国人在其驻华使、领馆成立领事婚姻,也允许外国人按其宗教教规举行宗教婚礼,但是在我国登记的才具有法律效力<br>(3)中国公民与外国人在中国境外结婚:适用婚姻缔结地法;但是按照婚姻缔结地法缔结的婚姻,不得违背我国的公共秩序和法律的基本原则,否则其效力难以得到我国的承认<br>(4)中国公民之间在中国境外结婚:我国对此没有明确的规定,但是如果要在中国得到承认则一般不能与中国的基本法律原则相冲突;对于华侨之间的婚姻,其婚姻的效力依据婚姻缔结地法,但不得违反禁止干涉婚姻自由和禁止重婚的规定,否则我国不承认其婚姻效力,也就不能为其出具结婚证明<br>(5)外国人之间在中国境外结婚需要在中国境内承认其效力,对此,从国家主权角度出发,只要其婚姻的各项要件符合婚姻缔结地法的规定,我国一般都承认其婚姻的法律效力</td></tr>
</table>

## 二、离婚的管辖权和法律适用

<table>
<tr><td rowspan="11">离婚的管辖权和法律适用</td><td>概念</td><td colspan="3">离婚是夫妻双方生存期间依照法定的条件和程序解除婚姻关系的法律行为</td></tr>
<tr><td rowspan="2">离婚案件的管辖权</td><td>意义</td><td colspan="2">(1)管辖权是法院审理案件的前提条件，取得管辖权有助于法院地国掌握主动权，积极采用对其有利的法律，并援助公共秩序保留、转致、反致等手段拒绝适用其冲突规范援引的对其不利的法律<br>(2)有的国家规定涉外离婚的准据法即为法院地法，在确定案件管辖权时实际上就确定了准据法<br>(3)离婚管辖权决定离婚的形式要件，选择适宜的法院地对于便利诉讼、减少诉讼费用具有积极意义<br>(4)一国法院是否已合法有效地取得对某涉外离婚案件的管辖权，是该离婚判决能否为有关外国承认和执行的重要条件之一</td></tr>
<tr><td>管辖权标准</td><td colspan="2">(1)依当事人的住所或惯常居所确定管辖权，理由是当事人的住所或惯常居所是夫妻的生活中心，与婚姻关系具有密切联系<br>(2)依当事人的国籍确定管辖权，理由是离婚涉及当事人的身份问题，改变当事人之间的人身关系对本国当事人的利益产生直接影响<br>(3)兼采住所地和国籍两种标准确定管辖权，避免采用单一标准确定管辖权的弊端</td></tr>
<tr><td rowspan="5">离婚的法律冲突及法律适用</td><td rowspan="4">法律冲突</td><td rowspan="2">实质要件</td><td>离婚实质要件，主要指当事人之间或当事人一方具备哪些条件可以申请离婚或批准离婚，即离婚的理由</td></tr>
<tr><td>各国规定感情破裂是准予离婚的主要理由，但衡量感情是否破裂的具体标准不同，主要存在两种模式：①对离婚理由仅作原则性规定，并不一一列举；②对离婚理由作详尽、具体的列举</td></tr>
<tr><td rowspan="2">形式要件</td><td>离婚形式要件，指婚姻关系合法解除的方式，即离婚程序</td></tr>
<tr><td>各国有关离婚形式要件的规定有所差异，主要有以下两种模式：①兼采协议离婚和判决离婚两种方式，即允许当事人以协议方式自愿离婚，但一方不愿意离婚同时又具备法定离婚理由时，法院依法判决离婚。②仅采用判决离婚方式，即由夫妻双方或一方提出离婚申请，法院依法作出判决</td></tr>
<tr><td>法律适用</td><td colspan="2">离婚形式主要涉及程序问题，因此各国一般都规定适用法院地法；而对离婚实质要件的法律适用，各国通常采取以下冲突规则：<br>(1)依据法院地法，最早由萨维尼提出，目前得到许多国家的采用，理由主要在于离婚直接涉及法院地国的公共秩序、善良风俗、宗教观念和伦理道德等，因此法院地国不能适用与本国规定不一致的外国法。但是单纯适用法院地法可能导致挑选法院的情况，而且如果违反当事人本国法律，可能得不到其本国或住所地国的承认<br>(2)依据当事人本国法，大多数西欧、东欧国家和日本等对于离婚主要适用当事人属人法，理由在于离婚关系到身份问题，而且如果结婚适用属人法，那么离婚也应该适用属人法。一般而言，法院适用双方当事人的共同属人法，但是在当事人属人法不一致的情况下，各国做法不一样，有的适用丈夫本国法，有的适用夫妻各自的本国法。但是依据当事人本国法，仍然不能避免跛脚婚姻的出现<br>(3)重叠适用法院地法和当事人本国法，为了避免跛脚婚姻，有的国家在离婚的条件上重叠适用法院地法和当事人本国法，但重叠适用可能限制当事人的离婚，不符合国际私法发展潮流，因此采用的国家不多<br>(4)适用利于离婚的法律，近些年许多国家放松对于离婚的限制，普遍采取有利于离婚的法律适用制度</td></tr>
</table>

<table>
<tr><td rowspan="4">离婚的管辖权和法律适用</td><td rowspan="2">判决的承认与执行</td><td>含义</td><td>是指一国法院依照一定法律程序承认外国有管辖权的法院对涉外离婚案件所作的终局性判决，使它具有与内国法院判决同等的法律效力并按照内国的执行程序予以强制执行</td></tr>
<tr><td>适用管辖权规则</td><td>各国一般都规定严格的承认条件，并且在承认外国法院判决的效力后，通常按照执行国的执行程序来进行<br>(1)通常依据国家间的外交实践或条约、宣言及各种外交文书的规定<br>(2)在特殊情况下，对不在我国领域内居住的人提起的离婚诉讼，原告住所地或经常居住地人民法院有管辖权<br>(3)在国内结婚并定居国外的华侨，如定居国法院以离婚诉讼须由婚姻缔结地法院管辖为由不予受理，当事人向人民法院提出离婚诉讼的，由婚姻缔结地或一方在国内的最后居住地人民法院管辖<br>(4)在国外结婚并定居国外的华侨，如定居国法院以离婚诉讼须由国籍所属国法院管辖为由不予受理，当事人向人民法院提出离婚诉讼的，由一方原住所地或在国内的最后居住地人民法院管辖<br>(5)中国公民一方居住在国外，一方居住在国内，不论哪一方向人民法院提起离婚诉讼，国内一方住所地的人民法院都有权管辖。如国外一方在居住国法院起诉，国内一方向人民法院起诉的，受诉人民法院也有权管辖<br>(6)中国公民双方在国外但未定居，一方向人民法院起诉离婚的，应由原告或者被告原住所地的人民法院管辖</td></tr>
<tr><td rowspan="2">我国规定</td><td>法律适用</td><td>离婚以及因离婚引起的财产分割适用受理案件的法院地的法律，如果法院地在中国就应该适用中国法，如果法院地在外国就适用外国法律</td></tr>
<tr><td>判决的承认与执行</td><td>对外国法院涉及中国公民的离婚判决，不违反我国婚姻法的基本精神且当事人双方无异议的，可以承认其对双方当事人有拘束力；如该判决要在我国执行的，须由外国法院依照我国有关规定委托我国法院执行，或由当事人直接向法院申请执行</td></tr>
</table>

## 配套习题

### 一、单项选择题

1. 依我国法律规定，中国公民与外国人的离婚适用(　　)

A. 婚姻缔结地法　　B. 当事人本国法

C. 当事人住所地法　　D. 法院地法

2. 我国法律规定，"中华人民共和国公民和外国人结婚，适用婚姻缔结地法律"，该条文(　　)

A. 只规定了婚姻实质要件的法律适用

B. 只规定了婚姻形式要件的法律适用

C. 既包含婚姻实质要件的法律适用，也包含婚姻形式要件的法律适用

D. 既不包含婚姻实质要件的法律适用，也不包含婚姻形式要件的法律适用

3. 我国法律规定，在我国法院受理的涉外离婚案件的审理过程中，认定涉外婚姻是否有效，应适用(　　)

A. 当事人住所地法　　B. 当事人本国法

C. 婚姻缔结地法　　D. 法院地法

4. 根据我国法律规定，中国公民和外国人结婚适用(　　)法律

A. 婚姻缔结地法　　B. 当事人本国法

C. 当事人住所地法　　D. 法院地法

5. 根据我国《民法通则》以及最高人民法院的有关司法解释的规定，中国公民和外国人(　　)(考研中国政法大学2005年)

A. 结婚适用婚姻缔结地法律，离婚适用当事人本国法律

B. 结婚、离婚皆适用当事人本国法律

C. 结婚适用当事人本国法律，离婚适用受理案件的法院所在地法律

D. 结婚适用婚姻缔结地法律，离婚适用受理案件的法院所在地法律

6. 领事婚姻，通常适用于(　)

A. 领事官员与驻在国公民结婚

B. 本国侨民与驻在国公民结婚

C. 本国侨民与本国侨民结婚

D. 领事官员与本国侨民结婚

7. 美国公民甲(男)于1990年8月在中国海南旅游期间与中国公民乙(女)相识并恋爱，甲在海南观光数日后返美。1991年7月17日乙应甲邀请赴美，在美国办理了结婚登记。1991年8月2日，乙以双方婚前了解不够，无法建立感情为由，向中国法院提起离婚诉讼。下列(　)是中国法院审理该离婚案时应适用的准据法(律考1999年卷一，单选第5题)

A. 同时适用美国法和中国法

B. 中国法

C. 美国法

D. 法院可以选择适用美国法或中国法

8. 甲与乙系大学同班同学，1987年甲大学毕业后赴加拿大留学并定居加拿大，1993年取得加拿大国籍。1988年乙赴美国留学，1993年成为美国加州永久居民。1995年甲乙同游欧洲，并随后在意大利按当地法律结婚。1996年乙回到中国，不再与甲来往。1年后，向中国法院提出与甲离婚。中国法院在认定甲乙的婚姻是否有效时，应适用(　)法律(律考1998年卷一，单选第39题)

A. 美国加州法律　　B. 加拿大法律

C. 意大利法律　　D. 中国法律

## 二、多项选择题

1. 关于离婚的法律适用，国际上的主张和实践有(　)(考研中国政法大学2006年)

A. 采法院地法说

B. 采属人法说

C. 选择适用当事人法和法院地法说

D. 适用有利于当事人的法律说

2. 各国关于结婚的实质要件的法律适用原则主要有(　)

A. 适用婚姻缔结地法

B. 当事人属人法

C. 以婚姻缔结地法为主，以当事人属人法为辅

D. 以当事人属人法为主，以婚姻缔结地法为辅

3. 根据我国法律规定，以下关于涉外婚姻的说法中(　)是正确的

A. 中国公民和外国人结婚适用婚姻缔结地法律

B. 婚姻效力的认定，适用婚姻缔结地法律

C. 离婚适用法院所在地法律

D. 我国法律对结婚法律关系的主体进行特定限制，不够全面

4. 中国人甲与法国人乙在瑞士结婚并定居在瑞士。婚后因感情不和，甲回到中国提起离婚诉讼。依据最高人民法院《关于贯彻执行〈中华人民共和国民法通则〉若干问题的意见(试行)》，关于该案涉及的离婚以及因离婚而引起的财产分割的法律适用问题，下列哪些选项是正确的？(　)(司考2005年卷一，多选第81题)

A. 该婚姻的有效性应适用法国法律

B. 该案涉及的离婚条件适用中国法律

C. 财产分割动产适用瑞士法，不动产适用不动产所在地法

D. 涉及该案的财产分割应适用中国法律

5. 各国关于涉外结婚形式要件法律适用的原则主要有(　)

A. 适用婚姻举行地法

B. 当事人属人法

C. 混合适用婚姻举行地法和当事人属人法

D. 有利于结婚的原则

6. 定居甲国的华侨王某与李某在甲国结婚，后王某在甲国起诉与李某离婚时被该国法院以当事人均具有中国国籍为由拒绝受理。王某转而在我国法院诉请离婚。根据我国现行司法解释，有关此案的管辖与适用法律，下列(　)选项是正确的(司考2007年卷一，多选第81题)

A. 王某原住所地法院有管辖权

B. 因两人定居国外且在国外结婚，我国法院不应受理

C. 李某在国内的最后住所地法院有管辖权

D. 如中国法院管辖，认定其婚姻是否有效应适用甲国法律

## 三、名词解释

领事婚姻(考研西北政法学院2000年)

## 四、简答题

简评《民法通则》关于涉外婚姻法律适用的规定。(考研中国政法大学2001年)

# 参考答案

## 一、单项选择题

1. 答案:D

提示:本题考查的是中国对涉外离婚的法律适用

解析:《民法通则》第147条规定:"中华人民共和国公民和外国人结婚适用婚姻缔结地法律,离婚适用受理案件的法院所在地法律。"因此,D项正确。

2. 答案:C

提示:本题考查的是我国对涉外结婚的法律适用

解析:《民法通则》第147条规定:"中华人民共和国公民和外国人结婚适用婚姻缔结地法律,离婚适用受理案件的法院所在地法律。"该条文中,既包含婚姻实质要件的法律适用,也包含婚姻形式要件的法律适用,C项正确。

3. 答案:C

提示:本题考查的是我国对涉外婚姻法律适用的规定

解析:《民通意见》第188条规定:"我国法院受理的涉外离婚案件,离婚以及因离婚而引起的财产分割,适用我国法律。认定其婚姻是否有效,适用婚姻缔结地法律。"因此,C项正确。

4. 答案:A

提示:本题考查的是我国对涉外婚姻法律适用的规定

解析:《民法通则》第147条规定:"中华人民共和国公民和外国人结婚适用婚姻缔结地法律,离婚适用受理案件的法院所在地法律。"因此,A项正确。

5. 答案:D

提示:本题考查的是我国对涉外婚姻的规定

解析:《民法通则》第147条规定:"中华人民共和国公民和外国人结婚适用婚姻缔结地法律,离婚适用受理案件的法院所在地法律。"《民通意见》第188条规定:"我国法院受理的涉外离婚案件,离婚以及因离婚而引起的财产分割,适用我国法律。认定其婚姻是否有效,适用婚姻缔结地法律。"因此,D项正确。

6. 答案:C

提示:本题考查的是领事婚姻

解析:领事婚姻方式,即指在驻在国允许或互惠的前提下,派遣国授权其驻外领事或外交代表为本国侨民依照本国法律规定的方式办理结婚手续、成立婚姻的制度。领事婚姻通常适用于本国侨民相互之间在外国的结婚。因此,C项正确。

7. 答案:B

提示:本题考查的是涉外离婚案件的法律适用

解析:本题中甲方为美国公民,婚姻缔结地是美国,所以该婚姻是涉外婚姻。我国《民法通则》第147条规定:"中华人民共和国公民和外国人结婚适用婚姻缔结地法律,离婚适用受理案件的法院所在地法律。"所以在本题中,甲、乙在中国要求离婚,中国法院应适用法院所在地法,即中国的法律,所以,B项正确。

8. 答案:C

提示:本题考查的是涉外婚姻的法律适用

解析:《民法通则》第147条规定:"中华人民共和国公民和外国人结婚适用婚姻缔结地法律,离婚适用受理案件的法院所在地法律。"《民通意见》第188条规定:"我国法院受理的涉外离婚案件,离婚以及因离婚而引起的财产分割,适用我国法律。认定其婚姻是否有效,适用婚姻缔结地法律。"所以,中国法院在认定甲乙的婚姻是否有效时,应适用婚姻缔结地法律,即意大利法律。C项正确。

## 二、多项选择题

1. 答案:ABD

提示:本题考查的是离婚的法律适用

解析:离婚形式主要涉及程序问题,因此各国一般都规定适用法院地法;而对离婚实质要件的法律适用,各国通常采取以下冲突规则:①依据法院地法,理由主要是离婚直接涉及法院地国的公共秩序、善良风俗、宗教观念和伦理道德等，因此法院地国不能适用与本国规定不一致的外国法。②依据当事人本国法，理由在于离婚关系到身份问题。一般而言，法院适用双方当事人的共同属人法，但是在当事人属人法不一致的情况下，各国做法不一样，有的适用丈夫本国法，有的适用夫妻各自的本国法。③重叠适用法院地法和当事人本国法，有的国家借此来避免跛脚婚姻。④适用利于离婚的法律，近些年许多国家放松对于离婚的限制，普遍采取有利于离婚的法律适用制度。因此，A、B、D 项正确。

**2. 答案：**ABCD

**提示：**本题考查的是各国关于结婚的实质要件的法律适用

**解析：**各国关于涉外结婚实质要件法律适用的原则主要包括以下几种：①适用婚姻缔结地法，即婚姻实质要件符合婚姻缔结地法而有效；②适用当事人属人法其理由是婚姻是一种身份关系，与当事人的习俗信仰有关，应该适用当事人属人法；③混合适用婚姻缔结地法和当事人属人法，具体又可以分成两种情况：其一是以婚姻缔结地法为主，以当事人属人法为辅；其二是以当事人属人法为主，以婚姻缔结地法为辅。因此，A、B、C、D 项都正确。

**3. 答案：**ABCD

**提示：**本题考查的是涉外婚姻的法律适用

**解析：**《民法通则》第 147 条规定："中华人民共和国公民和外国人结婚适用婚姻缔结地法律，离婚适用受理案件的法院所在地法律。"《民通意见》第 188 条规定："我国法院受理的涉外离婚案件，离婚以及因离婚而引起的财产分割，适用我国法律。认定其婚姻是否有效，适用婚姻缔结地法律。"因此，A、B、C 项正确。《民法通则》对结婚法律关系的主体进行了特定限制，只规定了中国公民和外国人结婚的法律适用。而涉外婚姻不仅包括中国人和外国人之间的结婚，还包括中国公民之间在外国的结婚，外国人之间在中国境内或境外的结婚，因此，《民法通则》对涉外结婚的法律规定显然不够全面，所以 D 项正确。

**4. 答案：**BD

**提示：**本题考查的是涉外离婚案件的法律适用

**解析：**《民通意见》第 188 条规定："我国法院受理的涉外离婚案件，离婚以及因离婚而引起的财产分割，适用我国法律。认定其婚姻是否有效，适用婚姻缔结地法律。"因而，该婚姻的有效性应适用婚姻缔结地法律即瑞士法律，因此 A 项错误；而该案涉及的离婚条件适用中国法律，故 B 项正确；涉及该案的财产分割也应适用中国法律，故 D 项正确。我国法院受理的涉外离婚案件，因离婚而引起的财产分割，适用我国法律，而不是适用物之所在地法，故 C 项错误。

**5. 答案：**ABC

**提示：**本题考查的是涉外结婚形式要件的法律适用

**解析：**涉外结婚形式要件法律适用的原则主要包括以下几种：①适用婚姻举行地法，根据传统的场所支配行为原则，对于作为法律行为方式之一的结婚方式，许多国家主张适用婚姻举行地法，即在婚姻举行地合法有效的结婚形式，在其他国家也有效。②适用当事人属人法，有的国家为了保障本国的公序良俗，主张结婚的形式要件必须依据当事人属人法，即这些国家的公民不论在哪个国家结婚，都必须依其本国法的规定履行结婚程序，否则本国不承认其婚姻的法律效力。③混合适用婚姻举行地法和当事人属人法，即同时兼顾婚姻举行地和当事人所属国的利益，以保证在一国依法缔结的婚姻在形式上能为其他国家所承认。

**6. 答案：**ACD

**提示：**本题考查的是涉外婚姻关系的管辖

**解析：**《民诉意见》第 14 条规定："在国外结婚并定居国外的华侨，如定居国法院以离婚诉讼须由国籍所属国法院管辖为由不予受理，当事人向人民法院提出离婚诉讼的，由一方原住所地或在国内的最后居住地人民法院管辖。"A、C 项正确，B 项错误。《民法通则》第 147 条规定："中华人民共和国公民和外国人结婚适用婚姻缔结地法律，离婚适用受理案件的法院所在地法律。"而《民法通则意见》第 188 条规定："我国法院受理的涉外离婚案件，离婚以及因离婚而引起的财产分割，适用我国法律。认定其婚姻是否有效，适用婚姻缔结地法律。"因此，如中国法院管辖，认定其婚姻是否有效应适用婚姻缔结地法，即甲国法，所以，D 项正确。

## 三、名词解释

**提示：**应从领事婚姻的概念、实质等方面来回答

**答案：**领事婚姻方式，即指在驻在国允许或互惠的前提下，派遣国授权其驻外领事或外交代表为本国侨民依照本国法律规定的方式办理结婚手续、成

立婚姻的制度。领事婚姻问题的实质是,驻在国是否承认外国人之间在其内国依当事人本国法举行的结婚。这种婚姻方式是国内民事登记方式在国外的延伸,领事婚姻方式除了被不少国家的国内立法采纳外,还体现在有关国家之间订立的双边领事条约中。

## 四、简答题

**提示**:应从《民法通则》关于涉外婚姻法律适用的规定以及对其的评价等方面来回答

**答案**:(1)《民法通则》第147条规定:"中华人民共和国公民和外国人结婚适用婚姻缔结地法律,离婚适用受理案件的法院所在地法律。"《民通意见》第188条规定:"我国法院受理的涉外离婚案件,离婚以及因离婚而引起的财产分割,适用我国法律。认定其婚姻是否有效,适用婚姻缔结地法律。"

(2)从《民法通则》对涉外结婚的法律适用规定来看:

第一,该冲突规范的适用范围。中国公民和外国人结婚适用婚姻缔结地法律,这一冲突规范既适用于有关婚姻实质要件的法律冲突,也适用于有关婚姻形式要件的法律冲突;既适用于中国境内的涉外婚姻,也适用于中国境外的涉外婚姻。

第二,不足包括:①对结婚法律关系主体进行了特定限制,只规定了中国公民和外国人结婚的法律适用。而涉外婚姻不仅包括中国人和外国人之间的结婚,还包括中国公民之间在外国的结婚,外国人之间在中国境内或境外的结婚,因此,《民法通则》对涉外结婚的法律规定显然不全面。②对结婚的形式要件和实质要件不加以区分,统一适用一个法律,这种做法不够科学。由于结婚的实质要件和形式要件在内涵上有差异,因此,在法律适用方面,各国一般对结婚实质要件从严把握,而对结婚形式要件的法律适用则往往采取宽松的态度。

(3)从《民法通则》对涉外离婚的法律适用规定来看:

第一,该条规定:①我国公民和外国人在我国申请离婚,则适用我国法律。②我国公民和外国人在外国申请离婚,则适用该外国法。③凡是我国法院受理的涉外离婚案件,离婚以及因离婚而引起的财产分割,都适用我国法律。认定其婚姻是否有效,适用婚姻缔结地法律。

第二,不足包括:①调整主体的单一性。在离婚的法律适用中,我国法律只涉及中国公民和外国人在中国境内或境外离婚的法律适用问题,而对于中国人之间在外国离婚、外国人之间在中国离婚、当事人一方在外国而另一方在中国境内的离婚问题都未涉及。从完善法律和有利于处理日益复杂的涉外离婚案件的角度来说,应扩大其主体范围。②只采取单一的"受理案件的法院所在地法律"的适用原则。对于日益复杂的涉外离婚案件,坚持单一的法院地法,容易造成当事人通过挑选法院来规避法律,并且也容易导致跛脚婚姻的出现。

# 第十六章 涉外亲权的法律适用

## 内容提示

本章就涉外夫妻关系、涉外父母子女关系、涉外扶养和监护的法律适用进行阐述。通过本章的学习，了解涉外亲权的法律适用；掌握我国相关的法律规定。

## 基础知识图解

### 一、涉外夫妻关系的法律适用

<table>
<tr><td rowspan="7">涉外夫妻关系的法律适用</td><td>概念</td><td colspan="3">不同国籍的当事人缔结的婚姻或同一国籍的当事人在国外缔结的婚姻所产生的夫妻间的人身关系和财产关系</td></tr>
<tr><td rowspan="4">法律冲突</td><td rowspan="2">人身关系</td><td>含义</td><td>是指与夫妻身份相关，不具有经济内容的权利义务关系，包括姓氏权、同居义务、忠实义务、选择住所等</td></tr>
<tr><td>冲突表现</td><td>夫妻人身关系方面的权利义务内容广泛不易确定，其法律冲突主要表现在：①婚后姓氏权，大多国家允许妻子保留自己的姓氏，有的则实行妻从夫姓的原则；②决定住所权，有的国家规定丈夫有权决定婚姻住所，有的规定双方共同选择住所；③夫妻婚后选择职业的权利，大部分国家规定夫妻双方有选择职业的自由，但是有的国家赋予丈夫对妻子就业的同意权；④抚养子女的权利，大部分国家规定抚养子女是夫妻双方的权利和义务，但是有极少数国家规定，抚养子女是丈夫的权利和义务</td></tr>
<tr><td rowspan="2">财产关系</td><td>含义</td><td>男女因为结婚而产生的对其家庭财产具有经济内容的权利和义务关系，其从属于夫妻身份关系</td></tr>
<tr><td>冲突表现</td><td>(1)约定财产制和法定财产制的冲突：约定财产制是指婚姻当事人以协议的方式确定他们之间财产关系的制度；法定财产制是指法律对夫妻财产关系直接作出规定并直接得以适用的制度<br>(2)分别财产制和共同财产制的冲突：分别财产制是指男女双方在结婚后仍然是其婚前和婚后个人取得财产的独立所有者，分别对其各自的债务负责，对于家庭债务共同负责；共同财产制是指婚姻关系成立后，夫妻双方财产的部分或者全部合并为共同财产，按照共同共有规则行使权利、承担义务</td></tr>
<tr><td rowspan="2">法律适用</td><td>人身关系</td><td colspan="2">各国的规定相差较大，主要采取以下几种制度：①适用当事人本国法，理由在于夫妻人身关系具有典型的身份能力的性质；②适用夫妻住所地法，理由在于夫妻关系与住所地的公共秩序和经济负担密切相关；③适用法院地法，理由在于夫妻人身关系与法院地的社会道德和善良风俗有关；④以夫妻属人法为主，兼采与夫妻联系最密切的法律</td></tr>
<tr><td>财产关系</td><td colspan="2">各国主要采取以下冲突规则：①以夫妻意图适用的法律为主，兼采夫妻属人法，理由在于将婚姻关系视为特殊的契约关系；②当事人本国法，理由在于夫妻财产关系与当事人所属国联系最密切，必须硬性适用当事人本国法，不能自主选择其他法律；③当事人住所地法，理由在于住所地既是夫妻生活的中心，又是夫妻财产的集中地，与夫妻财产同样有密切联系</td></tr>
</table>

## 二、涉外父母子女关系的法律适用

<table>
<tr><td rowspan="9">涉外父母子女关系的法律适用</td><td>概念</td><td colspan="3">基于血缘或收养法律事实而产生的父母子女之间的权利义务关系，包括：①父母与婚生子女的关系；②父母与非婚生子女的关系；③父母与养子女的关系</td></tr>
<tr><td>法律冲突</td><td colspan="3">(1)婚生子女与非婚生子女的地位，有的规定两者享有同等权利，但有的规定其地位不完全一致<br>(2)关于婚生的推定问题，各国承认在有效婚姻关系存续期间怀孕生育的子女为婚生子女，但具体规定不同<br>(3)非婚生子女准正程序，多数国家规定非婚生子女由于父母的事后结婚而取得婚生子女的地位，但是有的国家规定除此之外必须要对非婚生子女进行认领，还有的国家规定非婚生子女的继承权仅限于对其母<br>(4)继子女与继父或继母是否构成拟制血亲，有的国家承认有抚养关系的继子女与继父或继母之间关系可以构成拟制血亲关系，但是有的国家一般认为继子女与继父或继母之间是姻亲关系，只有在继父母对继子女办理收养手续之后，才能形成拟制血亲关系</td></tr>
<tr><td rowspan="7">法律适用</td><td rowspan="2">婚生子女身份</td><td>含义</td><td>婚生子女，是指有效婚姻关系中怀孕所生育的子女</td></tr>
<tr><td>子女是否为婚生的法律适用</td><td>关于子女是否为婚生的准据法，主要有以下几种主张：<br>(1)父母属人法，在主张适用父母属人法的国家中具体又可分为：①生母之夫的本国法；②生父的住所地法；③父母的共同属人法；④分别适用父母各自的属人法；⑤适用父母一方的本国法<br>(2)子女属人法<br>(3)支配婚姻效力的法律<br>(4)适用对子女婚生更为有利的法律</td></tr>
<tr><td rowspan="3">非婚生子女的准正</td><td>含义</td><td>非婚生子女，是指非婚姻关系受孕而生的子女，包括未婚同居所生子女、配偶一方与第三者通奸所生子女和没有得到一国承认的婚姻如跛脚婚姻所生子女</td></tr>
<tr><td>准正方式</td><td>主要包括：①父母事后婚姻，即如果非婚生子女的父母事后结婚，非婚生子女可取得婚生子女的地位；②认领，即父对非婚生子女的认领可以使子女获得婚生子女的资格；③国家行为，即主要是通过确认亲子关系的诉讼，由法院作出判决</td></tr>
<tr><td>准正的准据法</td><td>有些国家没有分别规定各种准正方式的准据法，有些国家则就各种准正方式作出专门规定，主要有：①事后婚姻准正的准据法，包括住所地法、本国法、父母属人法、子女属人法、支配婚姻效力的法律；②认领的准据法，认领的形式要件在各国有些差别，但一般适用认领行为发生地法；而实质要件准据法包括父母属人法、子女属人法、父或母或子女的属人法；③国家行为准正的准据法，一般主要是依据父母住所地法或本国法，或是依据准正国家的法律</td></tr>
<tr><td rowspan="2">收养</td><td>含义</td><td>是指依法律规定的条件和程序将他人的子女作为自己的子女领养，从而使原无父母子女关系的当事人产生法律拟制的亲子关系</td></tr>
<tr><td>法律冲突</td><td>各国社会性质、历史文化、伦理观念有所差异，关于收养实体法的差别主要表现为以下方面：<br>(1)收养的实质要件，各国一般规定，收养人必须达到一定年龄、在收养时须无婚生子等，不过具体规定不同<br>(2)收养的形式要件，有的国家规定收养必须经过司法调查和法院裁决认可才告成立，有的国家规定需要办理收养手续才告成立<br>(3)收养的效力，表现为完全收养和不完全收养的冲突：完全收养是指收养成立后，被收养人与生父母之间的权利义务关系完全终止，而养子女与收养人建立起权利义务关系，其地位与婚生子女一样；不完全收养是指收养成立之后，被收养人与其亲生父母的权利义务关系没有完全结束，有的生父还有一定的亲权，有的养子女没有对收养人的继承权</td></tr>
</table>

<table>
<tr><td rowspan="6">涉外父母子女关系的法律适用</td><td rowspan="5">法律适用</td><td>收养</td><td>法律适用</td><td>(1)涉外收养实质要件的法律适用主要有以下主张:①依收养人本国法;②依收养人和被收养人各自的本国法;③重叠适用收养人和被收养人的属人法;④被收养人属人法;⑤法院地法<br>(2)涉外收养形式要件的法律适用,主要根据场所支配行为的原则,适用收养成立地法<br>(3)涉外收养效力的法律适用主要有以下主张:①收养人本国法;②被收养人住所地法;③适用当事人的共同属人法</td></tr>
<tr><td rowspan="2">父母子女关系效力</td><td>含义</td><td>受到法律确认和保护的父母子女之间基于血缘关系或收养法律事实而产生的权利义务关系,包括人身关系和财产关系</td></tr>
<tr><td>法律适用</td><td>父母子女关系效力的法律适用主要有:①父母属人法;②子女属人法;③父母子女共同属人法</td></tr>
<tr><td>我国规定</td><td colspan="3">外国人可以在中国收养子女,但应当经其所在国主管机关依照该国法律审查同意,即外国人在华收养子女应重叠适用中国法和收养人经常居住地国法律,对于其他涉外亲权关系的准据法则无明文规定</td></tr>
</table>

## 三、涉外扶养与监护的法律适用

<table>
<tr><td rowspan="8">涉外扶养与监护的法律适用</td><td rowspan="4">扶养</td><td>概念</td><td>根据身份关系,在一定的亲属间,有经济能力的对于无能力生活的给予扶助维持其生活的一种法律制度,可分为夫妻之间的扶养、亲子之间的扶养和其他亲属间的扶养</td></tr>
<tr><td>法律冲突</td><td>由于社会制度、经济制度、伦理观念的不同,各国法律对扶养的范围和内容规定差异甚大,主要表现在以下方面:<br>(1)扶养关系的主体,总体来说西方国家法律规定扶养的主体范围较窄<br>(2)扶养关系的顺序,有的国家对扶养权利人和扶养义务人的顺序只作原则性的规定,有的国家则作具体规定<br>(3)扶养的程度,各国对扶养权利人的扶养水平和标准规定不同</td></tr>
<tr><td>法律适用</td><td>对于扶养的法律适用,有的国家分别对三种扶养关系做了规定,有的在国内立法中直接规定扶养关系适用或类推适用有关国际公约,但大多数国家只做了笼统规定,主要有:①依扶养人的属人法;②依被扶养人的属人法;③依扶养人与被扶养人共同的属人法;④依与被扶养人有最密切联系的国家的法律</td></tr>
<tr><td>我国规定</td><td>我国法律注重保护弱者的利益,将最密切联系原则引入扶养领域,规定扶养适用与被扶养人有最密切联系的国家的法律,此处的扶养包括父母对子女的抚养关系、夫妻之间的扶养关系和子女对父母的赡养关系,而扶养人和被扶养人的国籍、住所以及供养被扶养人的财产所在地均可视为与被扶养人有最密切的联系</td></tr>
<tr><td rowspan="4">监护</td><td>概念</td><td>对无人行使亲权的未成年人、无行为能力人以及限制行为能力人的人身、财产以及其他合法权益实行监督和保护的法律措施</td></tr>
<tr><td>法律冲突</td><td>(1)监护人的资格,多数国家规定未成年人和禁治产人不能为监护人,有的国家还规定破产人和处于破产存续期间的破产人不能成为监护人,有的国家规定,除了个人可以成为监护人外,社会团体或官方机构也可以成为监护人<br>(2)被监护人的范围,一般包括未成年人和禁治产人,但有的国家没有禁治产人的概念,只是规定未成年人和精神病患者属于被监护范围<br>(3)监护人的职责,各国一般对财产监护的实施进行严格限制,有的国家还禁止监护人对被监护人的不动产加以处分</td></tr>
<tr><td>法律适用</td><td>各国关于涉外监护关系的准据法主要有:①依被监护人的属人法,在于保护被监护人的利益;②依监护人的属人法,在涉及监护的接受和监护人的权限范围问题上,一些国家规定适用监护人本国法;③法院地法,仅少数国家采用</td></tr>
<tr><td>我国规定</td><td>监护的设立、变更和终止适用被监护人的本国法律,但监护人在我国境内有住所的,适用我国的法律</td></tr>
</table>

## 配套习题

### 一、单项选择题

1. 外国人在华收养子女应适用(　)

A. 我国法律

B. 收养人的本国法

C. 收养人的住所地法

D. 重叠适用中国法和收养人本国法

2. 根据我国法律规定，监护的设立、变更和终止，适用(　)

A. 我国法律

B. 被监护人的本国法

C. 被监护人的住所地法

D. 监护人的本国法

3. 我国法院受理的涉外监护案件，如果被监护人在我国境内有住所，则应适用(　)

A. 我国法律

B. 被监护人的惯常居住地法

C. 选择适用被监护人的本国法或监护人的本国法

D. 监护人的本国法

4. 我国法律规定，扶养适用(　)

A. 与扶养人有最密切联系的国家法律

B. 与被扶养人有最密切联系的国家的法律

C. 与扶养人和被扶养人有最密切联系的国家的法律

D. 与扶养案件有最密切联系的国家的法律

5. 根据我国法律规定，下列中(　)不适用被监护人的本国法律

A. 监护的设立　　B. 监护的变更

C. 监护的终止　　D. 监护人的范围

6. 根据我国法律规定，下列(　)适用最密切联系原则来确定准据法

A. 涉外监护的设立、变更和终止

B. 涉外扶养关系

C. 结婚的条件

D. 离婚

7. 一对英国夫妇婚后移居意大利，后来华工作。该夫妇于今年收养一名中国儿童并决定一起回意大利生活。根据我国法律，有关该夫妇收养中国儿童所应适用的法律，下列(　)选项是正确的(司考2007年卷一，单选第35题)

A. 应适用中国法和意大利法

B. 应适用中国法和英国法

C. 只需适用中国的有关法律规定

D. 只需适用意大利的有关法律规定

### 二、多项选择题

1. 国际社会对监护关系一般适用(　)

A. 监护人的属人法

B. 被监护人的属人法

C. 法院地法

D. 最密切联系地法

2. 中国人李某想要得到其具有英国国籍的儿子的扶养，要求人民法院给予支持。下列选项中(　)是错误的

A. 我国没有关于扶养的法律适用规范立法，故应驳回李某的起诉

B. 我国没有关于扶养的法律适用规范立法，因此该案应适用我国法律

C. 该案适用《民法通则》的规定来确定准据法

D. 该案适用李某儿子的本国法，即英国法

3. 各国关于夫妻人身关系的法律适用原则主要有(　)

A. 适用当事人本国法

B. 适用夫妻住所地法

C. 适用法院地法

D. 以夫妻属人法为主，兼采与夫妻联系最密切的法律

4. 各国关于夫妻财产关系的法律适用原则主要有(　)

A. 适用当事人本国法

B. 适用夫妻住所地法

C. 适用法院地法

D. 以夫妻意图适用的法律为主，兼采夫妻属人法

5. 王某出生于美国，具有美国国籍，现年

10岁。王某的父亲是华裔美国人,母亲是中国人。3年前,王某的父母在美国离异后,王某的母亲携王某回国定居,王某的母亲在公安机关办理了常住户口登记,也为王某办理了在中国长期居留的证件。关于对王某监护的设立、变更和终止,我国人民法院应该适用( )

A. 被监护人的本国法律

B. 中国法律

C. 美国法律

D. 被监护人的住所地国家的法律

6. 关于扶养关系的法律适用,各国一般采用( )

A. 扶养人的属人法

B. 与被扶养人有最密切联系国家的法律

C. 被扶养人的属人法

D. 扶养人与被扶养人共同的属人法

## 三、简答题

1. 我国关于涉外扶养法律适用规定的特点。(考研中南财经政法大学2003年)

2. 简述夫妻人身关系法律适用的几种不同制度。

# 参考答案

## 一、单项选择题

1. 答案:D

提示:本题考查的是我国对涉外收养的规定

解析:《外国人在中华人民共和国收养子女登记办法》第3条规定:"外国人在华收养子女,应当符合中国有关收养法的规定,并应当符合收养人所在国有关收养法的规定;因收养人所在国法律的规定与中国法律的规定不一致而产生的问题,由两国政府有关部门协商处理。"因此,D项正确。

2. 答案:B

提示:本题考查的是我国对涉外监护的规定

解析:《民通意见》第190条规定:"监护的设立、变更和终止,适用被监护人的本国法律。但是,被监护人在我国境内有住所的,适用我国的法律。"因此,B项正确。

3. 答案:A

提示:本题考查的是我国对涉外监护的规定

解析:《民通意见》第190条规定:"监护的设立、变更和终止,适用被监护人的本国法律。但是,被监护人在我国境内有住所的,适用我国的法律。"因此,A项正确。

4. 答案:B

提示:本题考查的是我国对涉外扶养的规定

解析:《民法通则》第148条规定:"扶养适用与被扶养人有最密切联系的国家的法律。"《民通意见》第189条规定:"父母子女相互之间的扶养、夫妻相互之间的扶养以及其他有扶养关系的人之间的扶养,应当适用与被扶养人有最密切联系国家的法律。扶养人和被扶养人的国籍、住所以及供养被扶养人的财产所在地,均可视为与被扶养人有最密切的联系。"因此,B项正确。

5. 答案:D

提示:本题考查的是涉外监护的规定

解析:《民通意见》第190条规定:"监护的设立、变更和终止,适用被监护人的本国法律。但是,被监护人在我国境内有住所的,适用我国的法律。"但我国没有明确规定涉外监护的被监护人范围、监护人范围和监护人职责等的法律适用,因此,D项正确。

6. 答案:B

提示:本题考查的是涉外扶养的法律适用

解析:《民通意见》第190条规定:"监护的设立、变更和终止,适用被监护人的本国法律。但是,被监护人在我国境内有住所的,适用我国的法律。"因此,A项不正确。《民法通则》第148条规定:"扶养适用与被扶养人有最密切联系的国家的法律。"B项正确。《民法通则》第147条规定:"中华人民共和国公民和外国人结婚适用婚姻缔结地法律,离婚适用受理案件的法院所在地法律。"因此,C、D项不正确。

7. 答案:A

提示:本题考查的是涉外收养关系的法律适用

解析:《中华人民共和国收养法》第21条规定:"外国人依照本法可以在中华人民共和国收养子女。外国人在中华人民共和国收养子女,应当经其所在国主管机关依照该国法律审查同意。收养人应当提供由其所在国有权机构出具的有关收养人的年龄、婚姻、职业、财产、健康、有无受过刑事处罚等状况的证明材料,该证明材料应当经其所在国外交机关或者外交机关授权的机构认证,并经中华人民共和国驻该国使领馆认证。该收养人应当与送养人订立书面协议,亲自向省级人民政府民政部门登记。”1999年国务院批准的《外国人在中华人民共和国收养子女登记办法》也规定:“外国人在中国收养子女应符合中国法的规定,同时不得违背收养人所在国的法律。”这表明外国人在中国收养子女要重叠适用中国法和收养人所在国法。因此,A项正确。

## 二、多项选择题

1. **答案**:ABC

**提示**:本题考查的是涉外监护关系的准据法

**解析**:各国关于涉外监护关系的准据法主要有:①依被监护人的属人法,在于保护被监护人的利益;②依监护人的属人法,在涉及监护的接受和监护人的权限范围问题上,一些国家规定适用监护人本国法;③法院地法,仅少数国家采用。因此,A、B、C项正确。

2. **答案**:ABD

**提示**:本题考查的是扶养的法律适用

**解析**:扶养,是指根据身份关系,在一定的亲属间,有经济能力的对于无能力生活的亲属给予扶助并维持其生活的一种法律制度,可分为夫妻之间的扶养、亲子之间的扶养和其他亲属间的扶养。《民法通则》第148条规定:“扶养适用与被扶养人有最密切联系的国家的法律。”《民通意见》第189条规定:“父母子女相互之间的扶养、夫妻相互之间的扶养以及其他有扶养关系的人之间的扶养,应当适用与被扶养人有最密切联系国家的法律。扶养人和被扶养人的国籍、住所以及供养被扶养人的财产所在地,均可视为与被扶养人有最密切的关系。”因此,A、B项错误,C项正确。本案中,与被扶养人有最密切联系的国家是我国,因此,应适用中国法,D项错误。

3. **答案**:ABCD

**提示**:本题考查的是夫妻人身关系的法律适用

**解析**:关于夫妻人身关系的法律适用,各国的规定相差较大,主要采取以下几种制度:①适用当事人本国法,理由在于夫妻人身关系具有典型的身份能力的性质;②适用夫妻住所地法,理由在于夫妻关系与住所地的公共秩序和经济负担密切相关;③适用法院地法,理由在于夫妻人身关系与法院地的社会道德和善良风俗有关;④以夫妻属人法为主,兼采与夫妻联系最密切的法律。所以,A、B、C、D项都正确。

4. **答案**:ABD

**提示**:本题考查的是夫妻财产关系的法律适用

**解析**:关于夫妻财产关系的法律适用,各国主要采取以下冲突规则:①以夫妻意图适用的法律为主,兼采夫妻属人法,理由在于将婚姻关系视为特殊的契约关系。②当事人本国法,理由在于夫妻财产关系与当事人所属国联系最密切,必须硬性适用当事人本国法,不能自主选择其他法律。③当事人住所地法,理由在于住所地既是夫妻生活的中心,又是夫妻财产的集中地,与夫妻财产同样有密切联系。因此,A、B、D项正确。

5. **答案**:BD

**提示**:本题考查的是涉外监护的法律适用

**解析**:《民通意见》第190条规定:“监护的设立、变更和终止,适用被监护人的本国法律。但是,被监护人在我国境内有住所的,适用我国的法律。”本题中,王某是美国人,后随母亲回到中国定居,其母亲在公安机关办理了常住户口登记,也为王某办理了在中国长期居留的证件。因此,王某在中国有住所,王某的监护问题适用中国法,也即被监护人的住所地国法,所以,B、D项正确。

6. **答案**:ABCD

**提示**:本题考查的是涉外扶养的法律适用

**解析**:关于扶养的法律适用,主要有以下几种适用原则:①依扶养人的属人法;②依被扶养人的属人法;③依扶养人与被扶养人共同的属人法;④依与被扶养人有最密切联系国家的法律。因此,A、B、C、D项都正确。

## 三、简答题

1. **提示**:应从我国对于涉外扶养关系的法律规定、特点等方面来回答

**答案**:(1)我国《民法通则》第148条规定,扶养适用与被扶养人有最密切联系的国家的法律。

(2)上述“扶养”一词应作广义解释,包括父母子女之间的扶养、夫妻之间的扶养以及其他有扶养关系的人之间的扶养。

(3)关于与被扶养人有最密切联系的推定,我国法律规定“扶养人和被扶养人的国籍、住所以及供养被扶养人的财产所在地,均可视为与被扶养人有最

密切的联系”。

(4)特点:该立法属于扶养关系准据法中的创新之举,反映了当代国际私法发展的新趋势:①首次将最密切联系原则引入扶养关系领域。该立法一改以扶养人的属人法、被扶养人的属人法、扶养人与被扶养人共同的属人法或法院地法等单一、固定的连结因素确定扶养关系准据法的传统做法,而代之以崭新的最密切联系原则,从而增强了准据法选择的灵活性、针对性和合理性。②反映了当代国际私法注重保护弱者利益的新趋势。在扶养关系中,被扶养人显然处于弱者的地位,适用与被扶养人有最密切联系的法律,可便于法院在众多的连结因素中选择最有利于保护被扶养人的连结点,这无疑增大了被扶养人得到扶养的机会。

2. 提示:参见本章“基础知识图解”中“夫妻人身关系”的相关内容,从夫妻人身关系的概念、法律冲突表现和法律适用等方面回答

# 第十七章　继承的法律适用

## 内容提示

本章就法定继承和遗嘱继承的法律适用以及无人继承财产的法律适用进行阐述。通过本章的学习,应了解无人继承财产的法律适用规则;理解有关遗嘱继承的国际条约的相关规定;掌握法定继承和遗嘱继承的法律适用规则以及我国的规定。

## 基础知识图解

### 一、法定继承的法律适用

<table>
<tr><td rowspan="3">法定继承的法律适用</td><td>概念</td><td>即非遗嘱继承,是指由法律规定继承人范围、继承顺序和继承份额以及遗产分配方法的财产继承</td></tr>
<tr><td>法律冲突</td><td>各国立法中都有法定继承的规定,但内容不尽相同,具体表现为:①继承人的范围,即什么样的人可以成为继承人,各国法律对此规定宽窄不一,另外对于某些人是否可以作为继承人的规定也不相同。②继承人的顺序,各国立法对继承人的顺序规定不同。③应继承的份额和特留份,对于应继承份额,有的国家基本上采取平均分配的原则,有的则按照亲等的远近对同一顺序各继承人的应继份额做了比例分配;对于特留份,有的国家规定,死者的后裔、父母、兄弟姐妹和生存的配偶均可享受特留份,有的却规定兄弟姐妹不享有特留份的权利,另外对不同的法定继承人的特留份额的规定也各不相同。④代位继承、继承权的放弃、丧失和恢复等方面的立法规定也有颇多歧异</td></tr>
<tr><td>法律适用</td><td>概括各国调整涉外法定继承的做法,主要有同一制和区别制两种:<br>(1)同一制,即把被继承人的遗产看成一个整体,不论动产还是不动产,规定适用同一个冲突规范所指向的同一准据法来处理继承人的范围、顺序、应继承的份额和代位继承等问题的继承制度,其来源于罗马法中的总括继承,强调继承的人身关系因素。在实行同一制的国家中,少数规定适用遗产所在地法,大多数国家适用被继承人的属人法,但对属人法有两种不同的理解,有的认为应适用被继承人的本国法,有的认为应适用被继承人的住所地法<br>(2)区别制,又称分割制,是指在涉外继承中,将死者的遗产区分为动产和不动产,分别适用不同冲突规范所指引的准据法,即遗产中的动产适用死者的属人法,遗产中的不动产适用不动产所在地法,其源自14世纪意大利巴托鲁斯的法则区别说,强调继承的财产关系因素。该原则为许多国家采用,主要是因为不动产价值较大,与所在地国家的利益关系密切,唯有适用不动产所在地法才最合适,并且能保证判决的执行。遗产中动产继承的准据法,少数国家适用被继承人死亡时的本国法,大多数国家适用被继承人死亡时的住所地法</td></tr>
</table>

<table>
<tr><td rowspan="2">法定继承的法律适用</td><td>准据法的适用范围</td><td>(1)继承准据法一般支配下列问题:①继承的开始,继承开始的原因、时间和场所,以及有关继承财产的费用;②继承人,继承人的资格、顺序,代位继承,被继承人能否通过遗嘱指定继承人,是否承认继承契约及其有效条件和效力等与继承人有关的问题;③继承的财产,遗产的构成以及遗产的移转;④继承份额、特留份;⑤继承的承认与放弃,继承人单纯承认继承、限定承认继承或放弃继承等;⑥遗产管理;⑦遗嘱的执行<br>(2)各国有关法定继承准据法适用范围的限制:①如果遗产在法院地国境内,继承人中又有法院地国公民,则该国法院大多会保护其公民的继承权,使其公民能够依法院地法继承遗产;②采用反致、公共秩序保留排除或限制外国法的适用</td></tr>
<tr><td>我国规定</td><td>中国公民继承在中国境外的遗产或者继承在中国境内的外国人的遗产,动产适用被继承人住所地法律,不动产适用不动产所在地法律;外国人继承在中国境内的遗产或者继承在中国境外的中国公民的遗产,动产适用被继承人住所地法律,不动产适用不动产所在地法律;如果中国与外国订有条约、协定的,按照条约、协定办理</td></tr>
</table>

## 二、遗嘱继承的法律适用

<table>
<tr><td rowspan="6">遗嘱继承的法律适用</td><td>概念</td><td colspan="2">被继承人生前在法律允许的范围内,依法对其财产或其他事务进行的预先处分,并于死亡时发生法律效力的法律行为</td></tr>
<tr><td rowspan="2">法律冲突</td><td>实质要件</td><td>具体包括:①立遗嘱能力是指依法能够制作有效遗嘱的能力,通常一个具有完全行为能力的人才有资格以遗嘱方式处分自己的财产,但也有的国家将遗嘱能力视为一种特殊的行为能力,规定立遗嘱能力的年龄与自然人成年的法定年龄并不一致。②遗嘱的内容,即立遗嘱人处理遗产的意思表示,也就是遗嘱规定的继承人范围及继承财产的份额等情况,各国立法上规定不同</td></tr>
<tr><td>形式要件</td><td>包括设立遗嘱的方式和变更、撤销遗嘱的方式,各国法律对于遗嘱方式一般均有明文规定,但却不尽一致</td></tr>
<tr><td rowspan="3">法律适用</td><td>立遗嘱能力</td><td>对于遗嘱人行为能力的法律冲突,各国适用的冲突规则有以下三种:<br>(1)适用立遗嘱人的本国法,德国、日本、波兰等采用<br>(2)适用立遗嘱人的习惯居所或住所地法,阿根廷、泰国等采用<br>(3)区别动产和不动产适用不同法律,在英国、美国、法国等,采用区别制来解决遗嘱能力的法律冲突,即关于不动产的遗嘱能力依物之所在地法,关于动产的遗嘱能力依遗嘱人的住所地法</td></tr>
<tr><td>遗嘱的内容和效力</td><td>对于遗嘱的内容及效力的法律冲突,各国适用的冲突规则有以下三种:<br>(1)立遗嘱人本国法,日本、奥地利、波兰、匈牙利等采用<br>(2)立遗嘱人住所地法,泰国、阿根廷等采用,但在具体规定上,有的采取立遗嘱人立遗嘱时的住所地法,有的则采取立遗嘱人死亡时的住所地法<br>(3)区别动产和不动产适用不同法律,英国、美国、法国等,对不动产遗嘱适用物之所在地法,对动产遗嘱适用被继承人住所地法,但在动产遗嘱中,是适用遗嘱人立遗嘱时的住所地法还是死亡时的住所地法,各国法律规定也各不相同</td></tr>
<tr><td>遗嘱方式</td><td>对于遗嘱形式要件的法律冲突,各国适用的冲突规则有以下两种:<br>(1)区别制,英国、美国、日本、德国等采用,把遗嘱处分的对象分为动产和不动产,对遗嘱方式采取不同的冲突规范<br>(2)同一制,泰国、波兰等采用,但具体规定各不相同,有的不区分动产和不动产,只要符合立遗嘱人的本国法或行为地法均为有效,有的则不分动产和不动产,只要符合遗嘱人的住所地法,即为有效</td></tr>
</table>

| 遗嘱继承的法律适用 | 法律适用 | 遗嘱撤销 | 关于遗嘱的变更和撤销的法律适用规则，各国法律的规定基本上有两种情况：①区别能力与方式问题，分别适用同遗嘱能力与遗嘱方式同样的冲突规则，捷克、日本、奥地利等采用；②对遗嘱的撤销不区分能力和方式而适用统一的法律，泰国以及一些国际公约采用 |
|---|---|---|---|
| | | 遗嘱解释 | 一般认为遗嘱解释应受遗嘱实质要件有效性准据法的支配 |

## 三、无人继承财产的法律适用

| 无人继承财产的法律适用 | 概念 | 即绝产，是指没有法定继承人也没有遗嘱继承人，或者全部继承人都放弃继承权或被剥夺继承权的遗产 |
|---|---|---|
| | 法律冲突 | 一般而言，对无人继承的财产应当收归国库所有，但国家应以什么名义取得无人继承财产，则存在两种不同的学说：<br>(1)先占权主义，主张依据国家主权原则，由遗产所在国对无人继承财产实施先占取得，由法国学者魏斯提出，其核心在于防止个人先占，引起社会紊乱，使公益受到侵害，英国、美国、法国、奥地利和土耳其采取该学说<br>(2)继承权主义，主张国家是最后的继承人，依特殊继承人资格取得无人继承财产，由萨维尼最先提出，德国、瑞士、意大利、西班牙等国采取该学说，其核心在于有关的遗产并非无人继承，只要有国家存在任何本国公民的遗产永远有法定继承人，只不过其继承的顺序排在最后罢了 |
| | 法律适用 | (1)涉及两方面问题：①应适用何国法律判定被继承人遗留下的财产是否为无人继承财产；②应适用何国法律解决无人继承财产的归属问题<br>(2)对于无人继承财产的法律适用主要有以下主张：①适用被继承人的属人法解决，即死者的本国法或住所地法，一般为主张国家以最后继承人资格取得无人继承财产的国家采用，即将无人继承财产的权利转移视为继承问题；②适用财产所在地法，采用这种主张的国家不把这个问题视为继承问题，而将其识别为物权问题，一般采用此原则的国家多是主张以先占权取得无人继承财产的国家；③适用继承准据法 |
| | 我国规定 | 在我国境内死亡的外国人，遗留在我国境内的财产，如果无人继承又无人受遗赠的，依照我国法律处理，但两国缔结或者参加的国际条约另有约定的除外 |

# 重点知识讲解

## 一、1961年《遗嘱处分方式法律适用公约》

为了统一各国关于遗嘱方式的法律适用规则，海牙国际私法会议于1961年制定《遗嘱处分方式法律适用公约》，公约于1964年生效。

公约遵循以下三项指导原则：①有利于立遗嘱的原则，目的在于增强遗嘱的有效性以便切实实现立遗嘱人的意愿；②全部遗产一个遗嘱的原则，即立遗嘱人对自己全部遗产只须立一个遗嘱；③判决一致原则，即期望当事人无论在何国法院起诉均能得到一致的判决。

公约规定遗嘱方式只要符合下列法律之一的即为有效：①立遗嘱人立遗嘱地法；②立遗嘱人做出遗嘱处分时或死亡时的本国法；③立遗嘱人做出遗嘱处分时或死亡时的住所地法；④立遗嘱人做出遗嘱处分时或死亡时的惯常居所地法；⑤关于不动产的遗嘱，适用该不动产所在地法。公约还进一步说明其规定不影响各缔约国任何现有或将来的法律规则，对依照其他法律方式要求做出的遗嘱处分予以承认，即使遗嘱方式有效的可能性进一步扩大。

## 二、1973 年的《遗产国际管理公约》

由于各国在遗产管理制度上存在很大差异，涉外继承中常因遗产的管理产生冲突，为此海牙国际私法会议于 1973 年制定《遗产国际管理公约》，但至今尚未生效。

公约主要规定对涉外继承的遗产实行国际许可证管理制度。公约规定，许可证应由死者惯常居所地国的主管机关制作，许可证持有人的指定及其权限，原则上依照制作许可证的国家的法律，但作为例外，也可以依照被继承人的本国法，或者根据被继承人的选择，依照惯常居所地法或本国法中的任何一种。许可证持有人的权限，只凭许可证证明，不需要履行确认其是否真实等手续。许可证在其他缔约国应得到承认，但在许可证是非正式的或者未依公约所附格式，或制作机关不属于公约规定的机关，或死亡者在该国没有惯常居所，或者死亡者为该国国籍的情况下，被请求国可以拒绝承认许可证。

公约还规定，对许可证持有人支付或支付财产的任何人，均应免除责任，除非其行为出于恶意；任何人从许可证持有人那里得到的财产，均视为从有权处分该财产者手中取得的财产，除非证明其行为出于恶意。但被请求国可以要求许可证持有人行使其权利时服从地方当局的适用于其本国的遗产代表人同样的监督和管理，而且可以占有在其领土内的财产以清偿债务，另外，公约还允许将许可证持有人的权限扩大到不动产，但缔约国可以全部或部分承认。

## 三、1988 年的《死者遗产继承法律适用公约》

《死者遗产继承法律适用公约》是海牙国际私法会议经过近 20 年的努力，于 1988 年 10 月制定的，也是海牙国际私法会议统一涉外继承的又一重要成果。公约对适用范围、适用法律以及继承准据法的适用范围等方面做了规定。公约主要内容如下：

1. 公约的适用事项范围和空间范围，公约只解决遗产继承的法律适用，而不涉及与遗产继承有关的其他事项，如继承案件的管辖权等问题；有关遗嘱方式、遗嘱人能力、夫妻财产制以及非因继承方式获得的财产权益也不属于公约调整的范围。公约规定即使准据法为非缔约国法律，公约仍应适用，即受理案件的法院地国参加了公约，该法院就要适用公约，而不问准据法所属国是否参加了公约。

2. 公约采用多元连接因素的同一制继承法律适用制度，即把死者的遗产看成一个不可分割的整体，统一适用一个准据法。按照公约的规定，原则上遗产的继承适用被继承人死亡时的惯常居住地国家的法律，只要他那时也具有该国国籍，或者他在该国已至少居住了 5 年时间。在其他情况下，继承则受与死者有密切联系的国籍国法律支配，除非那时死者与另一国有更为密切的联系，在这种情况下，应适用该另一国法律。公约的上述规定，确定了 4 个连结因素，即死者死亡时的惯常居所地国、死者国籍国、死者死亡时的国籍国和与死者有最密切联系的国家。

3. 公约采用有限制的意思自治原则。公约允许被继承人生前指定适用于其遗产继承的法律，即明确承认涉外继承领域的当事人意思自治原则。但是这种意思自治是有严格限制的，即要求形式上必须是明示的，范围仅限于其死亡时的国籍国法或惯常居所地法。

4. 公约对准据法适用范围做了限定。按照公约的规定，准据法适用于死者的全部遗产，无论这些财产在何处。准据法适用的范围包括：①确定继承人及其继承份额与义务，以及因死亡而引起的其他继承权；②因行为而引起的继承权的剥夺和丧失；③在确定继承人份额时，任何返还或说明赠与物品、特留份或遗物的义务；④对于遗嘱的限制；⑤遗嘱处分的实质有效性。公约还规定，准据法还可适用于法院地国法律认为属于继承法调整范围的其他事项。

5. 公约排除了反致但在适用非缔约国法律时允许转致，即如果应适用的法律为某一非缔约国法律，而该国的冲突规则指定适用另一非缔约国法律，且该另一国也适用自己的法律时，则另一非缔约国法律应予适用。

6. 公约还规定公共秩序保留制度，即根据公约规定应予适用的任何法律，只有在其适用将明显违反公共秩序时方可被拒绝。

此外，公约还对继承协议、区际法律冲突和人际法律冲突等问题做了规定。

## 配套习题

### 一、单项选择题

1. 依我国有关法律规定，在我国境内死亡的外国人，遗留在我国的无人继承财产，一般适用（　）

A. 我国法律　　B. 当事人的本国法

C. 当事人的住所地法　　D. 国际惯例

2. 我国对涉外法定继承的法律适用规定，适用的是（　）

A. 同一制　　B. 区别制

C. 复合制　　D. 合并制

3. 海牙《死者遗产继承法律适用公约》在继承的法律适用问题上采用的是（　）

A. 同一制　　B. 区别制

C. 复合制　　D. 合并制

4. 海牙《死者遗产继承法律适用公约》在采用同一制，即在原则上规定统一适用死者死亡时的惯常居所地国法的同时，还设定了一些附加条件，其中包括（　）

A. 死者那时也具有该国国籍

B. 死者在该地居住至其死亡时已有10年以上

C. 死者在该地订立遗嘱

D. 死者在该地有不动产

5. 规定了一种国际许可证管理制度的国际公约是（　）

A.《遗嘱处分方式法律冲突公约》

B.《遗产国际管理公约》

C.《死者遗产继承的准据法公约》

D.《关于婚姻财产制的海牙公约》

6. 我国《继承法》第36条规定："中国公民继承在中华人民共和国境外的遗产或者继承在中华人民共和国境内的外国人的遗产，动产适用被继承人住所地法律，不动产适用不动产所在地法律。外国人继承在中华人民共和国境内的遗产或者继承在中华人民共和国境外的中国公民的遗产，动产适用被继承人住所地法律，不动产适用不动产所在地法律。"对该条的评述，下面各项中错误的是（　）

A. 未明确指出其适用于法定继承还是适用于遗嘱继承

B. 其适用范围没有包括一切涉外继承关系

C. 采用了区别制

D. 采用了同一制

7. 海牙《死者遗产继承法律适用公约》没有规定适用（　）（考研中国政法大学2005年）

A. 被继承人死亡时的习惯居所所在国的法律

B. 被继承人死亡时住所所在国法律

C. 被继承人死亡时本国法律

D. 被继承人死亡时与其有更密切联系的国家法律

8. 甲国人琼斯在我国工作期间不幸病故。琼斯在我国境内遗留有价值300万元人民币的财产，但未留遗嘱，亦无继承人。在这种情况下，琼斯遗留在我国的财产应（　）（司考2004年卷一，单选第40题）

A. 依甲国法处理

B. 依涉外继承的准据法处理

C. 依中国法律处理，但中甲两国缔结或参加的国际条约另有规定的除外

D. 交甲国驻华使领馆依甲国法处理

9. 李某（具有中国国籍）长期居住在甲国，一年前移居乙国并取得当地住所。现李某去世而未立遗嘱。李某生前在中国有投资股权和银

行存款。乙国关于法定继承的冲突规范规定：法定继承适用被继承人本国法律。现李某的丙国籍的儿子和女儿为继承李某在华的股权和存款发生争议，并诉诸中国法院。依照我国相关法律及司法解释，关于本案的法律适用，下列(　)是正确的(司考 2006 年卷一，单选第 37 题)

A. 应适用乙国法律，因为李某去世时居住在乙国

B. 应适用甲国法律，因为李某长期居住在甲国

C. 应适用丙国法律，因为李某的儿子和女儿均具有丙国国籍

D. 应适用中国法律，因为李某具有中国国籍，且争议的遗产位于中国

## 二、多项选择题

1. 1988 年的海牙《死者遗产继承法律适用公约》，允许被继承人选择准据法。准据法的选择范围为(　)

A. 选择时被继承人本国法

B. 被继承人死亡时本国法

C. 选择时被继承人惯常居所地法

D. 被继承人死亡时惯常居所地法

2. 1988 年的海牙《死者遗产继承法律适用公约》，采用了下面的(　)连结点

A. 死者死亡时的惯常居所地国

B. 与死者有最密切联系的国家

C. 死者死亡时的国籍国

D. 死者国籍国

3. 下面各项中属于 1961 年《遗嘱处分方式法律适用公约》采用的原则的有(　)

A. 判决一致原则

B. 最密切联系原则

C. 全部遗产一个遗嘱的原则

D. 有利于立遗嘱的原则

4. 根据 1961 年《遗嘱处分方式法律适用公约》的规定，一个遗嘱只要符合(　)，就是有效的遗嘱

A. 立遗嘱人做出遗嘱处分时或死亡时的住所地法

B. 立遗嘱人做出遗嘱处分时或死亡时的惯常居所地法

C. 立遗嘱人立遗嘱地法

D. 立遗嘱人做出遗嘱处分时或死亡时的本国法

5. 根据 1988 年的海牙《死者遗产继承法律适用公约》确定的准据法，其适用范围为(　)

A. 确定继承人及其继承份额与义务

B. 遗嘱的限制

C. 因行为而引起的继承权的剥夺和丧失

D. 遗嘱处分的实质有效性

6. 对于遗嘱人行为能力的法律冲突，各国适用的冲突规则主要有(　)

A. 适用立遗嘱人的习惯居所地法

B. 适用立遗嘱人的本国法

C. 适用立遗嘱人的住所地法

D. 区别动产和不动产适用不同法律

## 三、名词解释

1. 同一制(考研西南政法大学 2005 年)
2. 区别制(考研西南政法大学 2005 年)

## 四、简答题

我国处理涉外继承的法律适用原则。(考研西北政法学院 2004 年)

# 参考答案

## 一、单项选择题

1. 答案：A

提示：本题考查的是无人继承财产的法律适用

解析：《民通意见》第 191 条规定："在我国境内死亡的外国人，遗留在我国境内的财产如果无人继承又无人受遗赠的，依照我国法律处理，两国缔结或者参加的国际条约另有规定的除外。"因此，A 项正确。

2. 答案：B

提示：本题考查的是涉外法定继承法律适用

解析：同一制是把被继承人的遗产看成一个整

体,不论动产还是不动产,规定适用同一个冲突规范所指向的同一准据法来处理继承人的范围、顺序、应继承的份额和代位继承等问题的继承制度。区别制又称分割制,是指在涉外继承中,将死者的遗产区分为动产和不动产,分别适用不同冲突规范所指引的准据法,即遗产中的动产适用死者的属人法,遗产中的不动产适用不动产所在地法。我国《民法通则》第149条规定:"遗产的法定继承,动产适用被继承人死亡时住所地法律,不动产适用不动产所在地法律。"因此,我国在法定继承的法律适用上采用的是区别制,B项正确。

3. **答案**:A

**提示**:本题考查的是《死者遗产继承法律适用公约》

**解析**:《死者遗产继承法律适用公约》采用继承准据法的同一制。公约规定,依据公约规则确定的准据法,适用于死者的全部遗产,即把死者的遗产看成一个不可分割的整体,统一适用一个准据法。因此,A项正确。

4. **答案**:A

**提示**:本题考查的是《死者遗产继承法律适用公约》

**解析**:按照海牙《死者遗产继承法律适用公约》的规定,原则上遗产的继承适用被继承人死亡时的惯常居住地国家的法律,只要被继承人死亡时具有该国国籍,或者在该国居住至其死亡时至少已有5年时间。因此,A项正确,B项中的10年应为5年,错误,选项C、D也不正确。

5. **答案**:B

**提示**:本题考查的是《遗产国际管理公约》

**解析**:由于各国在遗产管理制度上存在很大差异,涉外继承中常因遗产的管理产生冲突,为此海牙国际私法会议于1973年制定《遗产国际管理公约》,该公约至今尚未生效。公约主要规定对涉外继承的遗产实行国际许可证管理制度。公约规定,许可证应由死者惯常居所地国的主管机关制作,许可证持有人的指定及其权限,原则上依照制作许可证的国家的法律,但作为例外,也可以依照被继承人的本国法,或者根据被继承人的选择,依照惯常居所地法或本国法中的任何一种。因此,B项正确。

6. **答案**:D

**提示**:本题考查的是我国对涉外继承法律适用的规定

**解析**:《继承法》第36条规定的适用范围没有包括一切涉外继承关系,如中国人继承位于中国境内的中国人的遗产,但该被继承人死在国外或继承人定居在国外,这也属于涉外继承关系,但没有被包括在第36条规定的调整范围内,B项正确。同时,它也未明确指出其适用于法定继承还是适用于遗嘱继承,A项正确。《继承法》第36条针对动产和不动产分别规定了各自适用的法律,采用了区别制,而不是同一制,故C项正确,D项错误。

7. **答案**:B

**提示**:本题考查的是《死者遗产继承法律适用公约》

**解析**:海牙《死者遗产继承法律适用公约》规定了死者死亡时的惯常居所地国法、死者国籍国法、死者死亡时的国籍国法和与死者有最密切联系的国家法。因此,B项正确。

8. **答案**:C

**提示**:本题考查的是无人继承财产归属问题的法律适用

**解析**:《民通意见》第191条规定:"在我国境内死亡的外国人,遗留在我国境内的财产,如果无人继承又无人受遗赠的,依照我国法律处理,两国缔结或者参加的国际条约另有规定的除外。"这就是说,外国人在中国境内的绝产依中国法处理,但两国缔结或者参加的国际条约另有规定的除外。所以,C项正确。

9. **答案**:A

**提示**:本题考查的是法定继承的法律适用

**解析**:我国《继承法》第36条规定:"中国公民继承在中华人民共和国境外的遗产或者继承在中华人民共和国境内的外国人的遗产,动产适用被继承人住所地法律,不动产适用不动产所在地法律。外国人继承在中华人民共和国境内的遗产或者继承在中华人民共和国境外的中国公民的遗产,动产适用被继承人住所地法律,不动产适用不动产所在地法律。中华人民共和国与外国订有条约、协定的,按照条约、协定办理。"《民法通则》第149条也明确规定:"遗产的法定继承,动产适用被继承人死亡时的住所地法律,不动产适用不动产所在地法律。"由于李某的儿子和女儿在中国法院起诉,因此,适用中国的冲突规范,股权和存款属于动产,而我国法律规定动产的法定继承适用被继承人死亡时的住所地法律,李某死亡时,其已经移居乙国并取得当地住所,因此,应适用乙国法律。由于我国不承认反致,所以不适用乙国关于法定继承的冲突规范。综上,A项正确。

## 二、多项选择题

1. **答案**:BD

**提示**:本题考查的是《死者遗产继承法律适用公约》

**解析**:《死者遗产继承法律适用公约》采用有限制的意思自治原则。公约允许被继承人生前指定适用于其遗产继承的法律,即明确承认涉外继承领域当事人的意思自治。但是这种意思自治是有严格限制的,即要求形式上必须是明示的,范围仅限于其死亡时的国籍国法或惯常居所地法。因此,B、D项正确。

2. **答案**:ABCD

**提示**:本题考查的是《死者遗产继承法律适用公约》

**解析**:《死者遗产继承法律适用公约》采用了4个连结因素,即死者死亡时的惯常居所地国、死者国籍国、死者死亡时的国籍国和与死者有最密切联系的国家。因此,A、B、C、D项都正确。

3. **答案**:ACD

**提示**:本题考查的是1961年《遗嘱处分方式法律适用公约》

**解析**:为了统一各国关于遗嘱方式的法律适用规则,海牙国际私法会议于1961年制定《遗嘱处分方式法律适用公约》,公约于1964年生效。公约遵循以下三项指导原则:①有利于立遗嘱的原则,目的在于增强遗嘱的有效性以便切实实现立遗嘱人的意愿;②全部遗产一个遗嘱的原则,即立遗嘱人对自己全部遗产只须立一个遗嘱;③判决一致原则,即期望当事人无论在何国法院起诉均能得到一致的判决。因此,A、C、D项正确。

4. **答案**:ABCD

**提示**:本题考查的是《遗嘱处分方式法律适用公约》

**解析**:《遗嘱处分方式法律适用公约》规定遗嘱方式只要符合下列法律之一的即为有效:①立遗嘱人立遗嘱地法;②立遗嘱人做出遗嘱处分时或死亡时的本国法;③立遗嘱人做出遗嘱处分时或死亡时的住所地法;④立遗嘱人做出遗嘱处分时或死亡时的惯常居所地法;⑤关于不动产的遗嘱,适用该不动产所在地法。公约还进一步说明其规定不影响各缔约国任何现有或将来的法律规则,对依照其他法律方式要求做出的遗嘱处分予以承认,即使遗嘱方式有效的可能性进一步扩大。因此,A、B、C、D项正确。

5. **答案**:ABCD

**提示**:本题考查的是海牙《死者遗产继承法律适用公约》

**解析**:海牙《死者遗产继承法律适用公约》对准据法适用范围做了限定。按照公约的规定,准据法适用于死者的全部遗产,无论这些财产在何处。准据法适用的范围包括:①确定继承人及其继承份额与义务,以及因死亡而引起的其他继承权;②因行为而引起的继承权的剥夺和丧失;③在确定继承人份额时,任何返还或说明赠与物品、特留份或遗物的义务;④对于遗嘱的限制;⑤遗嘱处分的实质有效性。公约还规定,准据法还可适用于法院地国法律认为属于继承法调整范围的其他事项。因此,A、B、C、D项都正确。

6. **答案**:ABCD

**提示**:本题考查的是遗嘱能力的法律适用

**解析**:遗嘱能力,是指依法能够制作有效的遗嘱的能力,通常一个具有完全行为能力的人才有资格以遗嘱方式处分自己的财产,但也有的国家将遗嘱能力视为一种特殊的行为能力,规定遗嘱能力的年龄与自然人成年的法定年龄并不一致。对于遗嘱人行为能力的法律冲突,各国适用的冲突规则有以下三种:①适用立遗嘱人的本国法;②适用立遗嘱人的习惯居所或住所地法;③区别动产和不动产适用不同法律,即关于不动产的遗嘱能力依物之所在地法,关于动产的遗嘱能力依遗嘱人的住所地法。因此,A、B、C、D项正确。

## 三、名词解释

1. **提示**:应从同一制的概念、优点等方面来回答

**答案**:同一制,即把被继承人的遗产看成一个整体,不论动产还是不动产,规定适用同一个冲突规范所指向的同一准据法来处理继承人的范围、顺序、应继承的份额和代位继承等问题的继承制度,其来源于罗马法中的总括继承,强调继承的人身关系因素。在实行同一制的国家中,少数规定适用遗产所在地法,大多数国家适用被继承人的属人法,但对属人法有两种不同的理解,有的认为应适用被继承人的本国法,有的认为应适用被继承人的住所地法。同一制最大的优点就是方便简单。

2. **提示**:应从区别制的概念、优点和缺点等方面来回答

**答案**:区别制又称分割制,是指在涉外继承中,将死者的遗产区分为动产和不动产,分别适用不同冲突规范所指引的准据法,即遗产中的动产适用死者的属人法,遗产中的不动产适用不动产所在地法。该原则为许多国家采用,主要是因为不动产价值较大,与所在地国家的利益关系密切,唯有适用不动产所在地法才最合适,并且能保证判决的执行。遗产中动产继承的准据法,少数国家适用被继承人死亡时的本国法,大多数国家适用被继承人死亡时的住所地法。实行区别制的缺陷在于,同一个继承关系,可能会因为不动产位于不同国家或地区,而分别适用不同国家或地区的法律,从而带来某些不便或困难。

## 四、简答题

**提示**:应从我国对法定继承、遗嘱继承和无人继承遗产归属的法律适用原则三方面来回答

**答案**:(1)我国法定继承的法律适用采用了区别制。区别制是指在涉外继承中,将死者的遗产区分为动产和不动产,分别适用不同冲突规范所指引的准据法,即遗产中的动产适用死者的属人法,遗产中的不动产适用不动产所在地法。

我国《继承法》第36条规定:"中国公民继承在中华人民共和国境外的遗产或者继承在中华人民共和国境内的外国人的遗产,动产适用被继承人住所地法律,不动产适用不动产所在地法律。外国人继承在中华人民共和国境内的遗产或者继承在中华人民共和国境外的中国公民的遗产,动产适用被继承人住所地法律,不动产适用不动产所在地法律。中华人民共和国与外国订有条约、协定的,按照条约、协定办理。"

《民法通则》第149条规定:"遗产的法定继承,动产适用被继承人死亡时住所地法律,不动产适用不动产所在地法律。"

(2)关于遗嘱继承的法律适用,我国没有明文规定,实践中可以考虑适用《继承法》第36条。既然该条规定未明确指出其适用范围仅限于法定继承,还是遗嘱继承和法定继承都包括在内,可以推定,涉外遗嘱继承不应完全排除它的适用。

(3)关于无人继承遗产的归属问题,我国《民通意见》第191条规定:"在我国境内死亡的外国人,遗留在我国境内的财产如果无人继承又无人受遗赠的,依照我国法律处理,两国缔结或者参加的国际条约另有规定的除外"。

# 第十八章　国际民事诉讼程序

## 内容提示

本章主要阐述国际民事诉讼程序法的若干基本概念、外国人的民事诉讼地位、国际民事诉讼管辖权、期间和诉讼保全，以及国际民事司法协助。通过本章的学习，应掌握国际民事诉讼法的相关基本概念；了解主要国家以及相关国际组织的实践做法，以及我国有关这些问题的主要理论、立法及实践。

## 基础知识图解

### 一、国际民事诉讼程序法概述

| | | |
|---|---|---|
| 国际民事诉讼程序法概述 | 概念 | 即国际民事诉讼程序法或涉外民事诉讼程序法，是指规定或调整具有国际或者涉外因素的民事案件诉讼活动中的特殊程序的法律规范总和 |
| | 特点 | (1)只适用于国际民事案件或者涉外民事案件的审理，而非一切民事诉讼关系<br>(2)是法院在审理国际或涉外民事案件时，法院、当事人及其他诉讼参与人必须遵守的特殊的专门程序，不同于法院地国的一般民事诉讼程序 |
| | 内容 | 由于介入国际因素，案件的审理、判决和执行都会遇到一般国内民事诉讼所不会发生的特殊问题，因此需要有专门的程序规范进行调整，也就是国际民事诉讼法独有的调整内容，主要包括以下方面：<br>(1)一国法院对各类国际民事案件是否拥有管辖权的问题<br>(2)外国诉讼当事人在内国的民事诉讼地位问题，如诉讼能力问题、诉讼费用、诉讼代理、法律救助等<br>(3)国际民事诉讼中的域外送达、域外取证以及其他国际司法协助问题，如跨国送达司法文书和司法外文书或调取域外证据的特殊规则等<br>(4)外国法院判决的承认与执行问题，也就是外国审判在内国的效力问题，包括内国是否承认和执行外国法院判决以及承认和执行的条件等 |
| | 渊源 | 国际民事诉讼程序法的渊源具有双重性，包括：<br>(1)国内渊源，表现为国内立法和判例。其中国内立法主要有以下几种表现形式：①在国内民事诉讼法典中以专章专编形式系统规定；②在国际私法典中以专章专编规定或分散规定；③在有关单行法中就某方面作出规定；④在国内执行性立法中作出规定。而判例作为国际民事诉讼法的渊源主要限于英美法系国家<br>(2)国际渊源，表现为国际条约和国际惯例。国际条约是国际民事诉讼法最主要的国际法渊源，包括双边条约和多边条约。目前，比较重要的含有国际民事诉讼法规范的多边条约包括：①1928 年《布斯塔曼特法典》；②1954 年海牙《国际民事诉讼程序公约》；③1965 年海牙《关于向国外送达民事或商事司法文书和司法外文书公约》；④1965 年海牙《协议选择法院公约》；⑤1970 年海牙《关于从国外调取民事或商事证据的公约》；⑥1971 年海牙《民商事案件外国判决的承认与执行公约》及其《附加议定书》 |

<table>
<tr><td rowspan="2">国际民事诉讼程序法概述</td><td rowspan="2">与有关部门法的关系</td><td>与国际私法:①联系,依据冲突规范援引的准据法所确定的权利义务,如果受到侵犯或不能实现时又得不到司法保护就毫无意义;如果仅有国际民事诉讼程序法的规定,没有根据国际私法所产生的权利,那么就会失去具体的保护对象<br>②区别,国际私法主要是解决涉外民事关系的法律适用问题;国际民事诉讼程序法主要解决管辖权以及其他诉讼程序问题</td></tr>
<tr><td>与国内民事诉讼程序法:①联系,两者都是国内法;②区别,两者是一般法与特殊法的关系,即一国法院审理国际或涉外民事案件时,首先适用的是有关国际民事诉讼的特别规定,只有在其对有关问题没有规定或者规定不全的时候才可以适用国内法中的一般民事诉讼程序,并且两者的渊源并不一致</td></tr>
</table>

## 二、外国人民事诉讼地位

<table>
<tr><td rowspan="7">外国人民事诉讼地位</td><td>概念</td><td colspan="2">是指一国根据国内法或条约的规定,给予外国人在本国境内享有诉讼权利和承担诉讼义务的实际状况,这里所称的外国人是指不具有内国国籍的自然人和法人,包括无国籍或者国籍不明的人,也包括享有豁免权的外国国家和外交代表</td></tr>
<tr><td>意义</td><td colspan="2">(1)是外国人的民事实体权利能够实现的因素,如果一国拒绝给予外国人诉讼权利,则其民事实体权利难以得到内国司法救济<br>(2)是内国法院对案件进行管辖的必要条件,如果外国人在内国没有诉讼权利,则该国对案件的管辖权也失去了实际意义<br>(3)是为了保障本国人在外国的诉讼地位,因为各国之间一般是依据互惠原则来相互给予对方国民的民事诉讼地位</td></tr>
<tr><td rowspan="5">诉讼费用</td><td rowspan="3">诉讼费用担保</td><td>在国际民事诉讼中,法院依据内国的法律,自行或者应被告的请求,要求不具有本国国籍或在内国没有住所的外国原告提供一定金钱或实物,作为其起诉后法院可能决定要其负担的费用的担保,包括当事人、证人、鉴定人、翻译人员的费用以及其他诉讼费用,而非案件受理费</td></tr>
<tr><td>综观各国有关诉讼费用担保的规定主要有以下六种:①以实质性互惠为前提免去诉讼费用担保;②以国籍为标准,凡是外国原告则需要交纳诉讼费用担保;③以住所地为标准,凡是住所不在本国的原告则需要交纳诉讼费用担保;④以原告在内国是否有可供扣押的财产为据,决定是否免去诉讼费用担保义务;⑤不论原告是本国人还是外国人均应提供诉讼费用担保;⑥不要求原告提供诉讼费用担保</td></tr>
<tr><td>目前我国实行的是对等原则下的国民待遇制度,也就是在对等基础上免去外国人的诉讼费用担保,但应注意以下两个问题:①不能将诉讼费用预交混同于诉讼费用担保;②免除诉讼费用担保应注意依据条约的不同采用不同标准</td></tr>
<tr><td rowspan="2">诉讼费用减免和司法救助</td><td>诉讼当事人因交纳诉讼费用确有困难,可以向内国法院申请减交或免交,内国法院审查属实,依据条约或互惠关系,准予其减交或者免交诉讼费用;司法救助除了减免诉讼费用之外还包括其他费用如律师费用的减免</td></tr>
<tr><td>诉讼费用的减免和司法救助制度是内国给予对外国人在民事诉讼领域内国民待遇的具体体现,一般各国都有所规定,但是具体内容不同。通常法院在决定是否给予外国人诉讼费用的减免及司法救助时需要考虑以下因素:①当事人没有能力支付诉讼费用;②诉讼并非没有希望胜诉;③当事人提出申请;④当事人本国与内国有条约或互惠关系<br>外国人交纳诉讼费用有困难的时候,可以向我国人民法院申请减交、免交或者缓交;另外,我国与外国签订的双边司法协助条约大都规定了外国人诉讼费用的减免和司法救助的程序</td></tr>
</table>

| | | | |
|---|---|---|---|
| 外国人民事诉讼地位 | 诉讼代理 | 概念 | 指诉讼代理人基于当事人或其法定代理人的委托、法律的规定或者法院的指定,以当事人的名义代为实施诉讼行为,其后果归于当事人。国际民事诉讼程序所涉及的主要是委托代理和领事代理 |
| | | 委托代理 | 外国人委托代理人的资格问题,一般由各国国内法确定。在国际民事诉讼中,委托代理人主要是律师,尤其是大陆法系国家奉行律师诉讼主义,要求一切诉讼必须由律师代理,并且从维护国家司法主权出发,规定外国人只能聘请内国的执业律师代为诉讼。除了委托律师之外,也有国家规定外国当事人可以委托在法院地国的亲友以及本国使领馆官员作为诉讼代理人 |
| | | | 诉讼代理人的权限问题,大陆法系国家奉行律师诉讼主义,律师可以基于授权代理从事一切诉讼行为,当事人可以不出庭;而英美法系国家奉行当事人诉讼主义,不论当事人是否委托诉讼代理人,当事人都必须出庭 |
| | | | 外国人在我国法院参加诉讼,可以亲自进行,也可以委托他人进行,包括我国律师、我国其他公民、其本国人以及其本国律师以非律师身份进行,但目前不允许外国律师以律师身份在我国法院代理诉讼 |
| | | 领事代理 | 是指派遣国派驻在驻在国的领事可以根据驻在国的国内立法和有关国际条约的规定,在其职权范围内,代表驻在国境内的派遣国公民、法人在驻在国法院诉讼,以保护派遣国国民或法人在驻在国的合法权益 |
| | | | 领事代理是职务行为,其代理不是以律师身份,而是以领事身份进行,而且无须征得被代理人的委托或授权;领事代理是临时性质的,只要有关当事人指定了代理人或者亲自参加诉讼,领事代理就终止 |
| | | | 1963 年联合国《维也纳领事关系公约》规定了领事代理制度,我国是该公约的缔约国 |
| | 外交豁免 | 概念 | 一国的外交代表及有关人员和领事代表及有关人员在其职权范围内所进行的行为,享有驻在国法院的管辖豁免权 |
| | | 理论依据 | 有关外交豁免权的理论依据主要有三种:①治外法权说;②代表性质说;③职务需要说 |
| | | 我国规定 | 对享有外交特权与豁免权的外国人、外国组织或者国际组织提起的民事诉讼,应当依照我国法律和我国缔结或参加的有关条约的规定办理 |

## 三、国际民事管辖权

| | | |
|---|---|---|
| 国际民事管辖权 | 概念 | 一国法院根据本国缔结或参加的国际条约和国内法的规定,受理、审判国际民商事案件的资格及权限,其涉及和要解决的问题是,某一特定的国际民商事案件究竟由哪一国法院行使管辖权 |
| | 特征 | (1)是司法管辖权,具有强制性<br>(2)管辖权具有国际性,具体表现在:①其规范的实质是国与国之间对涉外民事案件行使管辖权的分配性规则;②其规范的渊源具有双重性,即法院受理涉外案件的原则和标准来源于国内立法以及有关条约 |
| | 分类 | 按不同标准,国际民事案件管辖权可分为以下几种:①对人诉讼管辖和对物诉讼管辖;②属地管辖权和属人管辖权;③专属管辖权和任意管辖权;④强制管辖权和协议管辖 |
| | 意义 | 主要包括:①国家主权在国际民事诉讼领域的具体体现;②法院受理涉外民事案件必须先解决的问题;③直接影响案件的判决结果;④直接影响当事人的合法权益 |

<table>
<tr><td rowspan="7">国际民事管辖权</td><td rowspan="7">关于国际民事管辖权的立法</td><td colspan="2">各国国内立法</td><td>(1)英美法系国家一般区分对人诉讼和对物诉讼,并根据有效控制原则分别确定内国法院是否具有管辖权<br>(2)以法国为代表的拉丁法系国家一般依据当事人的国籍来确定法院的管辖权,明确规定内国法院对有关内国国民的诉讼具有管辖权,而不管内国国民在诉讼中是原告还是被告<br>(3)以德国为代表的德、奥、日等国以被告的住所、居所及惯常居所作为确定内国法院管辖权的原则,以国籍作为确定国际民事管辖权的例外</td></tr>
<tr><td colspan="2">国际公约</td><td>(1)为解决管辖权冲突,国际社会缔结了许多有关管辖权的国际条约,其中较重要的普遍性国际公约有:①1928 年《布斯塔曼特法典》;②1968 年《关于民商事管辖权及判决执行的公约》;③2005 年《海牙协议选择法院公约》<br>(2)根据公约的规定,有关民商事案件管辖权冲突的协调与解决呈现以下趋势:①过度管辖权受到限制;②当事人协议管辖得到一定程度的认可;③惯常居所成为确定国际民商事管辖权的重要连结因素</td></tr>
<tr><td rowspan="5">我国规定</td><td>一般管辖</td><td>在我国,国际民事案件一般管辖权的确定以地域管辖为原则,而且以被告所在地作为确定标准,即被告为自然人时,只要其在我国有住所或经常居所,不管其国籍如何,其住所地或经常居住地的人民法院就具有管辖权;被告为法人时,法人住所地的人民法院有管辖权</td></tr>
<tr><td>特殊管辖</td><td>在被告不在我国境内的情况下,我国法律还根据案件的不同性质规定了特殊的管辖原则。例如,因合同纠纷或者其他财产权益纠纷,对不在我国境内的被告提起诉讼,如果合同在我国境内签订或履行,或者标的物在我国领域内,或者被告在我国领域内有可供扣押的财产,或者被告在我国领域内设有代表机构,则合同签订地、合同履行地、标的物所在地、侵权行为地或者代表机构住所地的人民法院可以行使管辖权;对不在我国领域内的人提起的有关身份关系的诉讼,由原告住所地或者经常居住地人民法院管辖。另外,还可依据民事诉讼法的具体规定行使特殊的管辖权</td></tr>
<tr><td>专属管辖</td><td>民事诉讼法规定的专属管辖案件有以下四种:①因不动产纠纷提起的诉讼,应由不动产所在地人民法院专属管辖;②因港口作业发生纠纷提起的诉讼,应由港口所在地的人民法院专属管辖;③因继承遗产纠纷提起的诉讼,应由被继承人死亡时住所地或者主要遗产所在地的人民法院专属管辖;④因在我国履行的中外合资经营企业合同、中外合作经营企业合同、中外合作勘探开发自然资源合同发生纠纷提起的诉讼,应由我国人民法院专属管辖</td></tr>
<tr><td>协议管辖</td><td>涉外合同或者涉外财产权益纠纷的当事人,可以用书面协议选择与争议有实际联系的地点的法院管辖,选择我国人民法院管辖的,不得违反民事诉讼法关于级别管辖和专属管辖的规定</td></tr>
<tr><td>推定管辖</td><td>涉外民事诉讼的被告对人民法院的管辖未提出异议,并应诉答辩的,则推定被告承认我国人民法院有管辖权</td></tr>
</table>

## 四、期间及诉讼保全

<table>
<tr><td rowspan="2">期间及诉讼保全</td><td rowspan="2">期间</td><td>概念</td><td>法律规定或法院依职权决定的,法院、当事人或其他诉讼参与人为一定诉讼行为的时间期限</td></tr>
<tr><td>分类</td><td>(1)法定期间,即一国诉讼法规定的进行某类诉讼行为的时间期限,法院、当事人或其他诉讼参与人都不得变更<br>(2)指定期间,即指法院依职权决定的进行某项诉讼行为的时间期限,长短视案件客观情况而定</td></tr>
</table>

| | | | |
|---|---|---|---|
| 期间及诉讼保全 | 期间 | 计算 | 计算单位一般为时、日、月、年;起始时间的时和日,不计算在内;期间届满的最后一日是节假日的,依节假日后的第一日为期间届满日;期间不包括在途时间,诉讼文书在期满前交邮的,不算过期 |
| | | 延误及其后果 | 期间的延误,是指在诉讼期间内,法院或当事人应当进行某项诉讼行为而未进行的行为或事实,即是对法定期间或法院指定期间的直接违反,当事人延误期间的就不能再行使其本来可以行使的诉讼权利,除非延误期间是因不可抗力或非主观原因造成 |
| | | 我国规定 | 为给予当事人足够合理的时间,便利其进行国际民事诉讼,我国法律规定:①当事人在国际民事诉讼中为有关诉讼行为的期间长于当事人在国内民事诉讼中为相应诉讼行为的时间;②国际民事案件审结期限长于国内民事案件的审结期限 |
| | 诉讼保全 | 概念 | 为及时、有效地保护利害关系人或者当事人的合法权益,在诉讼开始前或作出判决前,法院根据利害关系人或当事人的申请或主动依职权对有关当事人的财产所采取的强制性措施 |
| | | 申请 | 一般既可以由当事人申请由法院裁定,又可以由法院依职权主动实施,如果当事人申请诉讼保全的,一般应以书面形式向受诉法院提出 |
| | | 范围方法 | 一般财产保全限于请求的范围,或者与本案有关的财物,对财产采取查封、扣押、冻结或者法律规定的其他办法 |
| | | 我国规定 | 国际民事诉讼中的财产保全只能基于当事人的申请或起诉前利害关系人的申请而由法院裁定实施,法院不能依职权主动采取。财产保全限于请求的范围,或者与本案有关的财物,一般采取查封、扣押、冻结等方法 |
| | | 与国内诉讼保全的区别 | (1)在国际民事诉讼中,诉讼保全措施只能由法院根据有关当事人的申请裁定实施,受诉法院本身并没有依职权采取诉讼保全措施的职责;而在国内民事诉讼中,受诉法院在必要时可以依职权裁定采取财产保全措施<br>(2)在国际民事诉讼中,利害关系人申请保全措施,人民法院裁定采取保全措施后,申请人应该在30日内起诉,过期不起诉的,法院将解除保全措施;而在国内民事诉讼中,申请人应该在15日内起诉 |

## 五、国际民商事司法协助

| | | |
|---|---|---|
| 国际民商事司法协助 | 含义 | 根据国际条约或互惠原则,一国法院或其他主管机关,根据另一国法院或其他主管机关或有关当事人的请求,代为或者协助实施与诉讼有关的一定的司法行为 |
| | 内容 | 对于司法协助的范围,在理论及实践中有两种主张:①狭义司法协助,即指国与国之间所发生的送达文书、代为询问当事人和证人以及收集证据等行为;②广义司法协助,即除狭义司法协助范围外,还包括外国法院判决和外国仲裁裁决的承认与执行,我国采用广义司法协助 |
| | 依据 | 一般司法协助的依据包括条约和互惠关系 |
| | 法律适用 | 一般情况下为被请求国法律,在特殊情况下可以依照请求国所要求的特别程序进行,但是不得与被请求国法律相抵触 |
| | 司法协助中的公共秩序 | 司法协助中的公共秩序,是指如果请求国提出的司法协助事项与被请求国的公共秩序相抵触的,被请求国则有权拒绝提供司法协助<br>司法协助中的公共秩序与冲突法中的公共秩序是有区别的:①冲突法中的公共秩序适用的结果是法院在审理某一涉外民事案件时,排除适用冲突规范指定适用的某一外国法或国际惯例,法院仍以本国法或其他法律作为准据法继续审理案件。②司法协助中的公共秩序适用结果则是拒绝提供司法协助 |

<table>
<tr><td>国际民商事司法协助</td><td>司法协助机关</td><td>(1)中央机关,即一国根据本国缔结或参加的条约的规定而指定建立的,在司法协助中起联系、转递作用的机关<br>(2)主管机关,即指条约或国内法规定的有权向外国提出的司法协助请求和有权执行外国提出的司法协助请求的机关,主要是司法机关<br>(3)外交机关,即在无司法协助条约关系的国家之间,司法协助一般通过外交途径解决</td></tr>
</table>

## 六、域外送达、域外调查取证以及承认和执行外国法院判决

<table>
<tr><td rowspan="6">域外送达</td><td colspan="2">概念</td><td>是指一国司法机关依据国内立法或国际条约的规定,将诉讼和非诉讼文书送给居住在国外的诉讼当事人或其他诉讼参与人的行为</td></tr>
<tr><td colspan="2">途径</td><td>(1)直接送达,具体方式主要有:①外交代表和领事送达,即一国法院委托本国驻有关国家的外交代表或领事向驻在国境内的当事人进行送达;②邮寄送达;③个人送达,即一国法院将诉讼和非诉讼文书交给具有一定身份的个人代为送达,如通过当事人的诉讼代理人或是当事人选定的人或是与当事人关系密切的人代为送达;④公告送达;⑤按当事人协商的方式送达。这是英美法系国家采用的一种送达方式<br>(2)间接送达,即指一国法院通过国际司法协助的方式所进行的送达,其特别程序主要如下:①请求的提出,即请求国应根据本国诉讼法或条约向有关外国法院或其他机构提出协助送达的书面请求。②请求书及有关文书的传递,请求书及有关文书应依一定的程序和方式送交给被请求国主管机关(绝大多数情况下是被请求国法院)。常见的传递途径包括外交途径、领事途径、司法部递交、中心机构递交、有关法院之间直接递交等。③请求的执行及通知执行情况,请求书及有关文件传递给被请求国主管机关后,具体包括由被请求国法院依内国法所规定的方式和程序送达,或由被请求国法院依请求国所要求的特殊程序和方式送达,或由被请求国依内国法的规定进行一般性送达。被请求国主管机关代为一定的送达行为后,应将执行情况以适当的方式通知请求国,一般采用送达回证或由有关机构出具送达证明的形式进行通知。④请求的拒绝,各国立法和有关国际条约,一般都规定在被请求国认为某些具体文书的送达将侵犯其主权或影响其安全,或与其内国的公共秩序相抵触时,被请求国有关机构可以拒绝履行这种送达委托</td></tr>
<tr><td colspan="2" rowspan="2">我国规定</td><td>我国法院向国外当事人送达诉讼文书可以采用下列方式:①依照受送达人所在国与中国缔结或者共同参加的条约规定的方式送达;②通过外交途径送达;③对具有中国国籍的受送达人,可以委托中国驻受送达人所在国的使领馆代为送达;④向受送达人委托的有权代其接受送达的诉讼代理人送达;⑤向受送达人在中国领域内设立的代表机构或者有权接受送达的分支机构、业务代办人送达;⑥受送达人所在国的法律允许邮寄送达的可以邮寄送达,自邮寄之日起满6个月,送达回证没有退回,但根据各种情况足以认定已经送达的,期间届满之日视为送达;⑦不能用上述方式送达的,公告送达,自公告之日起满6个月视为送达</td></tr>
<tr><td>外国法院在我国境内送达司法和司法外文书的可以采取以下途径:①与我国有条约关系的,依照条约的规定进行送达,但是我国有保留的方式除外;②没有条约关系的通过外交途径间接送达;③通过领事途径直接送达,但不得损害我国的主权、安全和社会公共利益,且不得采取强制措施</td></tr>
<tr><td rowspan="2">域外调查取证</td><td>概念</td><td>案件的受诉法院在征得有关国家同意的情况下,直接提取案件所需的证据,或通过司法协助途径,以请求书的方式,委托有关国家主管机关所进行的取证</td></tr>
<tr><td>范围</td><td>域外调查取证包含以下内容:①询问诉讼参加人、证人、鉴定人或其他诉讼参与人;②提取与民事诉讼程序有关的书证、物证和视听资料;③对某一事实进行调查或对有关书证的真实性进行审查;④对与案件有关的现场、物品进行勘察和检验</td></tr>
</table>

<table>
<tr><td rowspan="2">域外调查取证</td><td>方式</td><td colspan="2">(1)直接调查取证,直接取证不涉及取证地国家主管机关的司法行为,具体包括以下三种方式:①外交或领事人员取证,即基于条约关系,内国法院直接委托内国驻有关国家的外交代表或领事针对其本国国民自行收集证据,且不能采取强制方式;②特派员取证,即内国法院委托本国的专门官员去有关外国境内收集相关证据;③当事人或者诉讼代理人自行取证,主要是英美法系国家采用,允许当事人和诉讼代理人在其境内以非正式方式提取证据<br>(2)间接调查取证,即内国法院委托外国主管机构代为提取位于该国境内的有关证据,其具体程序主要包括:①提出请求,一般各国都规定内国法院或其他有权机构请求外国法院或者其他相关机构代为提取证据的,必须提交书面申请,一般请求书用请求国的官方文字书写,并附有被请求国的文字译本。②请求书的传递,具体包括中央机构途径、法院直接传递、外交途径以及领事途径。③请求的执行,当请求书传递给被请求国之后,一般依被请求国的国内法执行,在不违背内国法律的前提下,被请求国也可以依请求国所要求的特殊方式或程序取证。④被请求国法院或有权机构依法实施取证行为之后,不论结果如何,都需要通过适当方式及时将执行结果通知外国的请求机构,并将已经提取的证据材料转交给请求机构。⑤请求的拒绝,被请求国法院在收到域外调查取证请求后,认为执行请求可能会危害本国的公共安全与国家主权、社会公共利益的,可以拒绝请求。⑥请求代为域外取证,原则上不需要支付手续费,但是在取证过程中产生的鉴定费和翻译费以及按照请求国所要求的特殊方式执行而引起的额外费用,请求国应该支付或清偿</td></tr>
<tr><td>我国规定</td><td colspan="2">我国法院和外国法院可以根据我国缔结或者参加的条约,或者按照互惠原则相互请求代为调查取证,但是外国法院请求有损于我国的主权、安全或者社会公共利益的,人民法院不予执行。请求和提供司法协助,应当依照我国缔结或者参加的条约所规定的途径进行;没有条约关系的,通过外交途径进行;外国驻华使领馆可以向该国公民送达文书和调查取证,但不得违反我国的法律,并不得采取强制措施</td></tr>
<tr><td rowspan="3">承认执行外国法院判决</td><td rowspan="2">外国法院判决</td><td>概念</td><td>非内国法院根据查明的事实和有关法律的规定,对当事人之间有关民事权利义务的争议或对申请人提出的申请所作的具有拘束力的裁判</td></tr>
<tr><td>内容</td><td>对于外国法院判决的概念,应作广义理解:①外国指的是外法域;②法院,包括民商事普通法院、劳动法院、行政法院、特别法庭以及被赋予一定司法权的其他机构;③判决,包括外国民商事判决、裁定和调解书,外国刑事附带民事判决和外国公证机关对某些特定事项所作决定</td></tr>
<tr><td>承认执行的条件</td><td colspan="2">(1)作出判决的外国法院有合格的管辖权,但具体判定作出判决的法院是否有管辖权主要有以下几种标准:①依据被请求承认和执行判决的国家的内国法判定;②依据作出判决的法院地国的法律判定;③结合被请求承认和执行判决的国家与作出判决的国家的法律判定;④依据国际条约的规定判定<br>(2)外国法院的判决是确定判决,即一国法院或其他审判机关按照内国法律规定的程序,对诉讼案件作出的判决是具有拘束力并且已经发生法律效力的<br>(3)诉讼程序的公正性,为了保护败诉当事人的利益,一般各国和国际条约都规定了被请求承认和执行国需要审查诉讼程序是否满足必要的公正性,如败诉方是否得到合法传唤,败诉方是否被给予充分的机会陈述自己的观点,败诉方没有诉讼行为能力时是否得到了适当代理等等。如果法院在诉讼中违反了法律的正当程序要求,其判决将不能在外国得到承认与执行<br>(4)外国法院的判决是合法取得的,即如果该判决是通过欺诈手段获得,则不能得到外国法院的承认和执行<br>(5)外国法院的判决不与内国已经承认的相同诉讼的判决相冲突,在国际民事诉讼中,可能出现不同国家的法院就同一当事人和同一争议的诉讼案件作出不同的判决,并且请求在内国法院承认和执行。对此,国际上的通行做法是承认和执行最先请求承认和执行的外国法院的判决,如果该请求获得同意且内国已经承认和执行该判决,则内国不能再承认和执行其他外国法院对此相同争议的相同当事人的诉讼所作出的判决</td></tr>
</table>

| | | | |
|---|---|---|---|
| 承认执行外国法院判决 | 承认执行的条件 | (6)作出判决的法院适用了被请求国冲突法所指向的准据法,有关国家在签订的双边司法协助条约中规定,如果请求方法院判决时没有适用被请求方国内冲突法所指向的准据法,则被请求方可以拒绝承认和执行该判决,但是如果得到相同的结果时除外<br>(7)存在互惠关系,除了允许内国法院对外国法院的判决进行实质审查的国家或者只允许内国法院基于条约承认和执行外国法院判决的国家以外,其他国家一般都规定了内国法院可以在互惠的基础上承认和执行外国法院的判决<br>(8)外国法院的判决不违反内国公共政策,公共秩序保留是各国的一个普遍做法,大多数国家的法律都规定如果对外国法院判决的承认和执行有损内国的公共政策,内国法院可以拒绝承认和执行该判决 | |
| | 承认执行程序 | 提出请求 | 请求承认与执行外国法院判决主要涉及两个问题:①提出请求的主体,多数国家的法律规定应由利害关系人提出申请,也有一些国家规定外国法院和有关的利害关系人均可以向内国法院提出请求,还有个别国家的法律要求应由有关的外国法院提出请求书。②提出请求的形式,承认与执行请求一般应采用书面形式提出,并附上有关文件及副本 |
| | | 审查判决 | 对外国法院判决的审查涉及两方面问题:①审查的法律依据,即依何国法律进行审查,一般国际上通常适用被请求国法律进行审查;②审查的范围,即对外国法院判决是进行形式审查还是实质审查,目前大多数国家实行形式审查 |
| | | 承认执行程序 | 从各国国内法来看,承认和执行外国法院判决的具体程序可以分为以下两种:<br>(1)以英美为代表的登记程序和重新审理程序,即视作出判决的国家不同而分别适用登记程序和重新审理程序来承认和执行外国法院判决。如果是英联邦国家或者是欧共体国家法院作出的判决,则适用登记程序,只要查明外国法院判决符合英国法律所规定的条件,就可以予以登记和执行;对于其他国家的法院判决,则适用判例法所确定的重新审理程序,即将其作为向英国法院重新起诉的依据,通过英国法院的重新审理,在外国判决与英国法律不相抵触前提下,作出一个与外国法院判决类似的判决,然后按照本国判决执行程序执行<br>(2)以德法为代表的执行令程序,目前世界上除了普通法系国家之外,大部分国家,包括日本、意大利、拉丁美洲的国家等都采用这种制度,即内国法院受理承认和执行外国法院判决的请求之后,一般对判决进行审查,如果符合内国法所规定的条件,则由内国法院发出执行令,从而使外国法院判决在内国生效并获得执行力 |
| | | 我国规定 | (1)我国承认和执行外国法院判决的条件主要是:①外国法院作出的是发生法律效力的判决、裁定;②作出判决的外国法院国与我国共同缔结或者参加了有关的国际条约,或者有互惠关系;③申请或者请求承认和执行的外国法院作出的发生法律效力的判决、裁定不违反中国法律的基本原则或者国家主权、安全、社会公共利益<br>(2)我国承认和执行外国法院判决的程序主要是:①由当事人向我国有管辖权的中级人民法院,或者外国法院依据条约或互惠关系向我国法院提出承认和执行外国法院判决的请求;②我国依据国内法和缔结或参加的国际条约进行审查,一般是形式审查;③裁定承认其效力,需要执行的,发出执行令,依照民事诉讼法的有关规定执行 |

## 重点知识讲解

### 1970 年海牙《关于从国外调取民事或商事证据的公约》

海牙《关于从国外调取民事或商事证据的公约》(以下简称《公约》)于 1970 年正式签署,目的是为了统一取证的程序和规则。公约主要内容如下:

1. 调查取证的方式。

(1)直接调查取证的方式:①外交或领事人员取证。《公约》第16条规定,外交官员或领事代表可在另一缔约国执行职务的区域内或在执行职务的所在国,向该区域所属国国民或第三国国民在不采取强制措施的情况下调取证据。②特派员取证。《公约》第17条规定,在民事或商事案件中,被正式指派的特派员可以在不采取强制措施的情况下在一缔约国境内调取证据,以协助在另一缔约国法院中正在进行的诉讼,只要取证地国指定的主管机关已给予一般性或对特定案件的许可,并且他遵守主管机关在许可中设定的条件。③当事人或者诉讼代理人自行取证,即允许当事人和诉讼代理人在各缔约国境内以非正式方式提取证据。

(2)间接调查取证的方式,即请求书取证:①请求的提出。②请求书的传递,公约规定由各国专门指定的中央机构办理。③实施取证行为的依据,公约规定,取证行为的实施一般适用被请求国法律,可以采取被请求国允许的强制措施,如果请求国申请以特殊方式进行,在不违背被请求国法律的条件下,也可以适用请求国法律。④证据的移交,被请求国完成协助取证行为后,无论后果如何,都应将有关调查结果或证据移交给请求国机关。

2. 确立中央机关制度。公约规定,各缔约国应指定一个中央机关作为统一接受取证请求的机关和依法将请求转送至本国有权执行请求的机关。

3. 关于调查取证的费用。缔约国之间原则上互免,但被请求国有权要求请求国偿还付给鉴定人、译员的酬金及以特殊方式执行请求所支付的费用。

4. 关于拒绝调查取证的规定。公约规定取证请求在下列情形下可被拒绝:请求书中的请求事项不在被请求执行的法院权限范围之内;或被请求国认为请求书的执行将会损害其主权或安全。

5. 我国加入时的保留。我国声明对于特派员取证方式进行保留,同时,不承认当事人或诉讼代理人自行取证,即对于普通法国家旨在进行审判前文件调查的请求书,仅执行已在请求书中列明并与案件有直接密切联系的文件调查请求。

## 配套习题

### 一、单项选择题

1. 关于外国人民事诉讼地位的确定,我国采用的是(　)原则

A. 有条件的国民待遇原则

B. 最惠国待遇原则

C. 普遍待遇原则

D. 不歧视待遇原则

2. 根据我国法律规定,外国人、无国籍人、外国企业和组织在人民法院起诉、应诉,需要委托律师代理诉讼的,则(　)

A. 必须委托专职律师

B. 必须委托中国公民

C. 可以委托中国的律师,也可以委托外国的律师

D. 必须委托中国的律师

3. 我国法律规定,中国法院和外国法院都有管辖权的案件,一方当事人向外国法院起诉,而另一方当事人向中国法院起诉的,人民法院(　)

A. 不予受理

B. 已起诉的,驳回起诉

C. 可以受理

D. 为避免一事两诉,中国法院应当放弃管辖权

4. 基于在中国履行的中外合资经营企业合同发生的纠纷而提起的诉讼,由(　)管辖

A. 当事人协议选择的法院

B. 中国法院管辖

C. 中国法院可以选择管辖，也可以选择不管辖

D. 中国法院可以选择管辖，外方投资者所在国法院也可管辖

5.《民事诉讼法》第245条规定，涉外民事诉讼的被告对人民法院管辖不提出异议，并应诉答辩的，视为承认该人民法院为有管辖权的法院。这在学理上称为(　)

A. 明示的协议管辖

B. 默示的协议管辖

C. 专属管辖

D. 特别管辖

6. 我国与外国签订的司法协助条约中所指定的中央机关一般是(　)

A. 最高人民法院　　B. 司法部

C. 外交部　　D. 最高人民检察院

7. 按照我国《民事诉讼法》的规定，外国法院的判决需要在我国承认与执行时，有资格提出申请的(　)

A. 只有当事人

B. 只有外国法院

C. 当事人或外国法院均可以

D. 只有外国的中央机关

8. 中国在加入1965年《关于向国外送达民事或商事司法文书和司法外文书公约》时，对外国向中国送达文书的方式所作的保留是(　)

A. 公告送达

B. 外交途径送达

C. 缔约双方议定的直接送达方式送达

D. 邮寄送达

9. 我国法律规定，因不动产纠纷提起的诉讼，应由不动产所在地的人民法院管辖，这是(　)

A. 一般管辖　　B. 特殊管辖

C. 专属管辖　　D. 协议管辖

10. 中国籍公民张某与华侨李某在某国相识后结婚并定居该国。10年后张某在定居国起诉离婚，但该国法院以当事人双方均具有中国国籍为由拒绝受理该案。张某遂向自己在中国的最后居住地法院起诉。依我国法律及相关司法解释，下列(　)是正确的(司考2005年卷一，单选第38题)

A. 因双方在定居国结婚，不应受理

B. 因双方已定居国外10年，不应受理

C. 该中国法院有权受理

D. 告知双方先订立选择中国法院管辖的书面协议

11. 英国凯英公司与我国贝华公司签订合同，在我国共同投资建立中外合资经营企业。如果凯英公司与贝华公司之间就此合同发生争议，提起诉讼，依照我国法律规定，下列表述中(　)说法是正确的(司考2002年卷一，单选第19题)

A. 可以在英国诉讼

B. 必须在中国诉讼

C. 如果双方当事人在合同中选择英国管辖，我国法院就没有管辖权

D. 如果双方当事人在合同中选择第三国管辖，我国法院就没有管辖权

12. 我国《民事诉讼法》第248条规定，被告在中华人民共和国领域内没有住所的，人民法院应当将起诉状副本送达被告，被告在收到起诉状副本后提出答辩状的期限是(　)

A. 45天　　B. 30天

C. 15天　　D. 2个月

13. 中国公民甲得知A国法院正在审理其配偶中国公民乙提起的离婚诉讼，便在自己住所地的中国法院对乙也提起离婚之诉。依我国司法实践，法院对于甲的起诉应如何处理(　)(司考2004年卷一，单选第35题)

A. 受理此案

B. 以“一事不两诉”原则为依据不予受理

C. 与A国法院协调管辖权的冲突

D. 告知甲在A国法院应诉

14. 中国X公司与美国Y公司订立一项出口电器合同，约定有关该合同争议的解决适用《美国统一商法典》。X公司负责安排巴拿马籍货轮运输，并约定适用《海牙规则》。该批货物在中国港口装船时因操作失误使码头装卸设备与船舶发生了碰撞，导致船舶与部分货物的损失。依照我国有关法律，下列(　)选项是正确的(司考2006年卷一，单选第40题)

A. 该案应由中国该港口辖区中级人民法院管辖

B. 该案应由中国该港口辖区海事法院管辖

C. 出口合同的双方选择适用《美国统一商法典》的约定是无效的

D. 运输合同应当适用中国法

15. 我国承认与执行外国判决的法律依据主要是( )

A. 国内法　　B. 国际条约和互惠

C. 国际条约　　D. 国际习惯

16. 国际海上运输合同的当事人在合同中选定我国某法院作为解决可能发生的纠纷的法院。关于此，下列( )选项是错误的(司考2007年卷一，单选第38题)

A. 该协议不得违反我国有关级别管辖和专属管辖的规定

B. 当事人可以在纠纷发生前协议选择我国法院管辖

C. 如与该合同纠纷有实际联系的地点不在我国领域内，我国法院无权依该协议对纠纷进行管辖

D. 涉外合同或涉外财产权益纠纷的当事人可以选择管辖法院

17. 我国某法院接到一位中国公民提出的要求承认一项外国法院判决的申请。依我国法律规定，关于承认该外国判决，下列( )选项是错误的(司考2007年卷一，单选第41题)

A. 如我国与该外国间存在司法协助协定，应依该协定办理

B. 如我国与该外国间既不存在司法协助协定，也不存在任何互惠关系，法院应驳回当事人申请

C. 只有作出判决的外国法院对案件具有管辖权时，该外国判决才有可能被我国法院承认

D. 只有已发生法律效力的外国法院判决才有可能被我国法院承认

## 二、多项选择题

1. 根据我国《民事诉讼法》的规定，涉外合同或者涉外财产权益纠纷的当事人，可以协议选择法院管辖，以下( )是错误的

A. 可以采用口头协议形式

B. 可以选择与争议无实际联系的地点的法院

C. 只能选择初审法院

D. 可以选择上诉法院

2. 根据我国《民事诉讼法》和有关条约的规定，外国法院向位于我国领域内的当事人送达司法文书和司法外文书时，不能采用下列( )送达方式(司考2002年卷一，多选第64题)

A. 外交途径送达

B. 通过外交人员或领事向非派遣国国民送达

C. 邮寄直接送达

D. 司法程序中的利害关系人直接送达

3. 人民法院对在中国领域内没有住所的当事人送达诉讼文书，可以采用下列( )方式

A. 外交途径送达

B. 向受送达人的分支机构或业务代办人送达

C. 邮寄送达

D. 诉讼代理人送达

4. 以由法律直接规定和任意选择为标准，可以将国际民事管辖分为( )

A. 普通管辖　　B. 特别管辖

C. 法定管辖　　D. 协议管辖

5. 依我国《民事诉讼法》的规定，下列诉讼中属于我国法院专属管辖的，包括( )

A. 在我国境内履行的中外合资经营企业合同诉讼

B. 在我国境内履行的中外货物买卖合同诉讼

C. 在我国境内的港口作业中发生的诉讼

D. 在我国境内的不动产诉讼

6. 依我国《民事诉讼法》的有关规定，因继承遗产纠纷提起的诉讼，管辖法院为( )

A. 被继承人死亡时住所地法院

B. 继承人住所地法院

C. 主要遗产所在地法院

D. 当事人协议选择的法院

7. 现有一德国法院的判决在我国欲得到承认和执行，依照我国《民事诉讼法》的规定必须符合下列( )条件，德国法院的判决才能得到我国的承认和执行(司考2002年卷一，多选第66题)

A. 德国法院适用了我国冲突规范所规定的准据法

B. 德国法院判决的承认和执行不会损害我国的公共秩序

C. 德国法院判决已经发生法律效力

D. 德国与我国缔结或者参加了国际条约或有互惠关系

8. 根据我国《民事诉讼法》的有关规定，对于在中华人民共和国领域内没有住所的被告提起违约之诉，下列哪些人民法院可以行使管辖权？（　）（律考 2000 年卷一，多选第 71 题）

A. 合同订立地人民法院

B. 合同履行地人民法院

C. 与合同有最密切联系地人民法院

D. 诉讼标的物所在地人民法院

9. 甲国与中国均为 1965 年在海牙签订的《关于向国外送达民事或商事司法文书和司法外文书公约》的缔约国。现甲国法院依该公约向总部设在南京的东陵公司送达若干司法文件。根据该公约及我国的相关规定，下列判断（　）为错误（司考 2005 年卷一，不定项第 96 题）

A. 这些司法文书应由甲国驻华使、领馆直接送交我国司法部

B. 收到司法部转递的司法文书后，执行送达的人民法院如发现该司法文书所涉及的诉讼标的属于我国法院专属管辖，则应拒绝执行甲国的送达请求

C. 执行送达的人民法院如果发现其中确定的出庭日期已过，则应直接将该等司法文书退回，不再向东陵公司送达

D. 东陵公司收到人民法院送达的该等司法文书后，发现其只有英文文本的，可以拒收

10. 根据我国《民事诉讼法》及相关司法解释的规定，在涉外民事诉讼中，外国当事人可以委托下列哪些人作为其诉讼代理人？（　）（司考 2005 年卷一，多选第 83 题）

A. 中国律师

B. 中国公民

C. 其本国驻华使、领馆官员

D. 其本国公民

11. 某外国法院依照该国与我国缔结或共同参加的国际条约的规定提出司法协助请求，我国法院应该依照（　）程序提供司法协助（司考 2004 年卷一，多选第 72 题）

A. 依照国际惯例进行

B. 依照我国法律规定的程序进行

C. 依照该外国法律规定的程序进行，但该程序不得违反我国的公共秩序

D. 在一定条件下，也可依照外国法院请求的特殊方式进行

12. 根据我国法律规定，司法协助的内容包括（　）（考研中国政法大学 2006 年）

A. 司法文书和司法外文书的送达

B. 调查取证

C. 承认与执行外国法院判决

D. 协助当事人之间进行和解

13. 下列案件中属于专属管辖的案件有（　）（考研中国政法大学 2005 年）

A. 因继承遗产纠纷提起的诉讼

B. 因运输合同提起的诉讼

C. 因在我国履行中外合资经营企业合同发生纠纷提起的诉讼

D. 因港口作业纠纷提起的诉讼

14. 1970 年海牙《取证公约》规定的取证方式有（　）（考研中国政法大学 2005 年）

A. 外交人员或领事取证

B. 特派员取证

C. 请求书取证

D. 当事人或诉讼代理人取证

15. 中国法院就一家中国公司和一家瑞士公司之间的技术转让纠纷作出判决。判决发生效力后，瑞士公司拒不执行法院判决，而且该公司在中国既无办事机构、分支机构和代理机构，也无财产。关于该判决的承认和执行，下列选项中的（　）是正确的（司考 2003 年卷一，多选第 65 题）

A. 中国公司直接向有管辖权的瑞士法院申请承认和执行

B. 中国公司向国际法院申请承认和执行

C. 由人民法院依照我国缔结或者参加的国际条约的规定，请求瑞士法院承认和执行

D. 由人民法院直接采取强制措施执行

16. 某中国企业因与在境外设立的斯坦利公司的争议向我国法院提起诉讼。根据我国现行司法解释，关于向斯坦利公司有效送达司法文书的问题，下列（　）选项是正确的（司考 2007 年卷一，多选第 80 题）

A. 法院可向该公司设在中国的任何分支机构送达

B. 法院可向该公司设在中国的任何代表机构送达

C. 如该公司的主要负责人位于中国境内时，法院可向其送达

D. 法院可向该公司在中国的诉讼代理人送达

17. 最高人民法院《关于涉外民商事案件诉讼管辖若干问题的规定》中，明确了涉外民商事案件的诉讼管辖权限和范围，也规定了例外的情况。不适用上述《规定》进行集中管辖的涉外案件是（　）（司考 2007 年卷一，不定选第 94 题）

A. 涉外房地产案件

B. 边境贸易纠纷案件

C. 强制执行国际仲裁裁决案件

D. 信用证纠纷案件

## 三、名词解释

1. 司法协助（考研西北政法学院 2001 年）

2. 域外送达（考研中南财经政法大学 2003 年）

3. 域外取证（考研中南财经政法大学 2003 年）

4. 专属管辖（考研中南财经政法大学 2004 年）

5. 司法协助的中央机关和主管机关

## 四、简答题

1. 简述域外调查取证的方式。（考研西南政法大学 2005 年）

2. 外国人民事诉讼地位及其确定的基本法律原则。（考研中南财经政法大学 2004 年）

3. 简述国家民事诉讼中的诉讼费用担保制度。（考研中国政法大学 2002 年）

4. 试析国际民事诉讼中的协议管辖。（考研中国政法大学 2006 年）

## 五、论述题

简述 1970 年海牙《取证公约》的主要内容以及我国加入该公约所作的保留。

# 参考答案

## 一、单项选择题

1. 答案：A

提示：本题考查的是外国人民事诉讼地位的确定原则

解析：国民待遇原则，是指一国赋予本国境内的外国人在民事诉讼地位方面享有与本国公民同等的权利。我国《民事诉讼法》第 5 条第 1 款规定："外国人、无国籍人、外国企业和组织在人民法院起诉、应诉，同中华人民共和国公民、法人和其他组织有同等的诉讼权利义务。"这里体现了我国赋予外国人的民事诉讼地位以国民待遇原则。但《民事诉讼法》第 5 条第 2 款规定："外国法院对中华人民共和国公民、法人和其他组织的民事诉讼权利加以限制的，中华人民共和国人民法院对该国公民、企业和组织的民事诉讼权利，实行对等原则。"这里体现了我国实行的国民待遇是以对等或互惠为前提的，所以，对于外国人的民事诉讼地位，我国采取的是有条件的国民待遇原则。所以，A 项正确。

2. 答案：D

提示：本题考查的是诉讼代理制度

解析：我国《民事诉讼法》第 239 条规定："外国人、无国籍人、外国企业和组织在人民法院起诉、应诉，需要委托律师代理诉讼的，必须委托中华人民共和国的律师。"《民诉意见》第 308 条规定："涉外民事诉讼中的外籍当事人，可以委托本国人为诉讼代理人，也可以委托本国律师以非律师身份担任诉讼代理人；外国驻华使、领馆官员，受本国公民的委托，可以以个人名义担任诉讼代理人，但在诉讼中不享有外交特权和豁免权。"可见，外国人在我国法院参加诉讼，可以亲自进行，也可以委托他人进行，包括我国律师、我国其他公民、其本国人以及其本国律师以非律师身份进行，但目前不允许外国律师以律师身份在我国法院代理诉讼，因此，D 项正确。

3. 答案：C

提示：本题考查的是管辖权冲突的解决

解析：《民诉意见》第 306 条规定："中华人民共和国人民法院和外国法院都有管辖权的案件，一方

当事人向外国法院起诉，而另一方当事人向中华人民共和国人民法院起诉的，人民法院可予受理。判决后，外国法院申请或者当事人请求人民法院承认和执行外国法院对本案作出的判决、裁定的，不予准许；但双方共同参加或者签订的国际条约另有规定的除外。”因此，C项正确。

4. **答案**:B

**提示**:本题考查的是专属管辖

**解析**:《民事诉讼法》第244条规定：“因在中华人民共和国履行中外合资经营企业合同、中外合作经营企业合同、中外合作勘探开发自然资源合同发生纠纷提起的诉讼，由中华人民共和国人民法院管辖。”这是对专属管辖的规定，专属管辖是指一国法院对某些涉外民事案件享有独占的或排他的管辖权，专属管辖排除当事人的合意管辖，也排除他国法院的管辖权。因此，B项正确。

5. **答案**:B

**提示**:本题考查的是默示协议管辖

**解析**:默示协议管辖，是指涉外民事诉讼的被告对人民法院的管辖不提出异议，并应诉答辩的，视为承认该人民法院为有管辖权的法院。构成默示协议管辖必须具备两个条件：①被告对受诉法院管辖未提出异议；②被告应诉答辩或提出反诉。《民事诉讼法》第243条构成了对默示协议管辖的规定。因此，B项正确。

6. **答案**:B

**提示**:本题考查的是司法协助的中央机关

**解析**:我国与外国签订的司法协助条约中都有专门条款规定司法协助的联系途径为双方的中央机关，我国主要指定司法部为中央机关。因此，C项正确。

7. **答案**:C

**提示**:本题考查的是外国法院判决的承认与执行

**解析**:《民事诉讼法》第265条规定：“外国法院作出的发生法律效力的判决、裁定，需要中华人民共和国人民法院承认和执行的，可以由当事人直接向中华人民共和国有管辖权的中级人民法院申请承认和执行，也可以由外国法院依照该国与中华人民共和国缔结或者参加的国际条约的规定，或者按照互惠原则，请求人民法院承认和执行。”因此，C项正确。

8. **答案**:D

**提示**:本题考查的是海牙《送达公约》

**解析**:1965年《关于向国外送达民事或商事司法文书和司法外文书公约》简称为海牙《送达公约》，该公约规定的送达途径包括：外交途径送达、邮寄送达、领事送达、通过负责送达的官员或诉讼利害关系人送达、通过缔约双方议定的直接送达方式送达。我国加入海牙《送达公约》时，对邮寄送达和通过负责送达的官员或诉讼利害关系人送达提出了保留，并规定只有在将文书送达给文书发出国国民时才采用领事送达方式。因此，D项正确。

9. **答案**:C

**提示**:本题考查的是专属管辖

**解析**:专属管辖，是指一国法院对某些涉外民事案件享有独占的或排他的管辖权，专属管辖排除当事人的合意管辖，也排除他国法院的管辖权。《民事诉讼法》第34条规定：“下列案件，由本条规定的人民法院专属管辖：①因不动产纠纷提起的诉讼，由不动产所在地人民法院管辖；②因港口作业中发生纠纷提起的诉讼，由港口所在地人民法院管辖；③因继承遗产纠纷提起的诉讼，由被继承人死亡时住所地或者主要遗产所在地人民法院管辖。”因此，C项正确。

10. **答案**:C

**提示**:本题考查的是涉外离婚诉讼的管辖权

**解析**:《民诉意见》第14条规定：“在国外结婚并定居国外的华侨，如定居国法院以离婚诉讼须由国籍所属国法院管辖为由不予受理，当事人向人民法院提出离婚诉讼的，由一方原住所地或在国内的最后居住地人民法院管辖。”本题中，中国籍公民张某与李某在国外结婚并定居国外，张某因定居国拒绝受理两人的离婚诉讼，从而向中国法院起诉，中国法院应予以受理，故C项正确。

11. **答案**:B

**提示**:本题考查的是我国涉外民事诉讼管辖

**解析**:我国《民事诉讼法》第244条规定：“因在中华人民共和国履行中外合资经营企业合同、中外合作经营企业合同、中外合作勘探开发自然资源合同发生纠纷提起的诉讼，由中华人民共和国法院管辖。”因此，凯英公司与贝华公司之间就中外合资经营企业合同发生的争议必须由中国法院管辖，所以，B项正确。

12. **答案**:B

**提示**:本题考查的是我国对涉外民事诉讼期间

的规定

**解析**:《民事诉讼法》第 246 条规定:“被告在中华人民共和国领域内没有住所的,人民法院应当将起诉状副本送达被告,并通知被告在收到起诉状副本后 30 日内提出答辩状。被告申请延期的,是否准许,由人民法院决定。”可见,根据我国的有关规定,当事人在国际民事诉讼中为有关诉讼行为的期间长于国内民事诉讼中为相应诉讼行为的期间,所以,B 项正确。

13. **答案**:A

**提示**:本题考查的是一事两诉

**解析**:《民诉意见》第 15 条规定:“中国公民一方居住在国外,一方居住在国内,不论哪一方向人民法院提起离婚诉讼,国内一方住所地的人民法院都有权管辖。如国外一方在居住国法院起诉,国内一方向人民法院起诉的,受诉人民法院有权管辖。”因此,A 项正确。

14. **答案**:B

**提示**:本题考查的是专属管辖以及涉外合同的法律适用

**解析**:我国《民事诉讼法》第 34 条规定:“下列案件,由本条规定的人民法院专属管辖:①因不动产纠纷提起的诉讼,由不动产所在地人民法院管辖;②因港口作业中发生纠纷提起的诉讼,由港口所在地人民法院管辖;③因继承遗产纠纷提起的诉讼,由被继承人死亡时住所地或者主要遗产所在地人民法院管辖。”《民诉意见》第 2 条第 2 款规定:“海事、海商案件由海事法院管辖。”本案属于海事案件,并因港口作业发生纠纷,因此,应由中国该港口辖区海事法院管辖。A 项不正确,B 项正确。《合同法》第 126 条第 1 款规定:“涉外合同的当事人可以选择处理合同争议所适用的法律,但法律另有规定的除外。涉外合同的当事人没有选择的,适用与合同有最密切联系的国家的法律。”本题中,中国 X 公司与美国 Y 公司约定,有关出口合同的争议适用《美国统一商法典》解决,有关运输合同的争议适用《海牙规则》解决,该约定有效,因此,C、D 项不正确。

15. **答案**:B

**提示**:本题考查的是我国承认与执行外国判决的法律依据

**解析**:《民事诉讼法》第 265 条规定:“外国法院作出的发生法律效力的判决、裁定,需要中华人民共和国人民法院承认和执行的,可以由当事人直接向中华人民共和国有管辖权的中级人民法院申请承认和执行,也可以由外国法院依照该国与中华人民共和国缔结或者参加的国际条约的规定,或者按照互惠原则,请求人民法院承认和执行。”《民事诉讼法》第 266 条规定:“人民法院对申请或者请求承认和执行的外国法院作出的发生法律效力的判决、裁定,依照中华人民共和国缔结或者参加的国际条约,或者按照互惠原则进行审查后,认为不违反中华人民共和国法律的基本原则或者国家主权、安全、社会公共利益的,裁定承认其效力,需要执行的,发出执行令,依照本法的有关规定执行。违反中华人民共和国法律的基本原则或者国家主权、安全、社会公共利益的,不予承认和执行。”可见,国际条约和互惠原则是我国承认和执行外国判决的依据。因此,B 项正确。

16. **答案**:C

**提示**:本题考查的是涉外合同的协议管辖问题

**解析**:协议管辖是国际经济贸易中普遍适用的一种管辖确定方式,它充分尊重当事人意愿,具有较大的灵活性。我国《民事诉讼法》第 242 条规定:“涉外合同或者涉外财产权益纠纷的当事人,可以用书面协议选择与争议有实际联系的地点的法院管辖。选择中国法院管辖的,不得违反本法关于级别管辖和专属管辖的规定。”所以,A、D 项正确。无论在争议发生之前或者之后,都可以协议选择法院管辖,所以,B 项正确。《民事诉讼法》第 243 条规定:“涉外民事诉讼的被告对人民法院管辖不提出异议,并应诉答辩的,视为承认该人民法院为有管辖权的法院。”这是对默示协议管辖的规定,因此,即使与该合同纠纷有实际联系的地点不在我国领域内,但被告对我国法院的管辖没有提出异议,并应诉答辩的,则我国法院有权对纠纷进行管辖,因此,C 项错误。

17. **答案**:B

**提示**:本题考查的是对外国法院判决的承认

**解析**:我国《民事诉讼法》第 265 条规定:“外国法院作出的发生法律效力的判决、裁定,需要中华人民共和国人民法院承认和执行的,可以由当事人向中华人民共和国有管辖权的中级人民法院申请承认和执行,也可以由外国法院依照该国与中华人民共和国缔结或者参加的国际条约的规定,或者按照互惠原则,请求人民法院承认和执行。”《民事诉讼法》第 266 条规定:“人民法院对申请或者请求承认和执行的外国法院作出的发生法律效力的判决、裁定,依照中华人民共和国缔结或者参加的国际条约,或者按照互惠原则进行审查后，认为不违反中华人民共和国法律的基本原则或者国家主权、安全、社会公共利益的，裁定承认其效力，需要执行的，发出执行令，依照本法的有关规定执行。违反中华人民共和国法律的基本原则或者国家主权、安全、社会公共利益的，不予承认和执行。"另外，最高人民法院《关于适用〈中华人民共和国民事诉讼法〉若干问题的意见》第318条规定："当事人向中华人民共和国有管辖权的中级人民法院申请承认和执行外国法院作出的发生法律效力的判决、裁定的，如果该法院所在国与中华人民共和国没有缔结或者共同参加国际条约，也没有互惠关系的，当事人可以向人民法院起诉，由有管辖权的人民法院作出判决，予以执行。"第319条："与我国没有司法协助协议又无互惠关系的国家的法院，未通过外交途径，直接请求我国法院司法协助的，我国法院应予退回，并说明理由。"根据以上规定，A、C、D项都是正确的。B项错在如我国与该外国间既不存在司法协助协定，也不存在任何互惠关系，当事人可以通过向人民法院起诉，由有管辖权的法院作出判决，予以执行。

## 二、多项选择题

1. **答案**：ABD

**提示**：本题考查的是协议管辖

**解析**：《民事诉讼法》第242条规定："涉外合同或者涉外财产权益纠纷的当事人，可以用书面协议选择与争议有实际联系的地点的法院管辖。选择中华人民共和国人民法院管辖的，不得违反本法关于级别管辖和专属管辖的规定。"可见，我国承认协议选择，但我国协议管辖有以下限制：①协议管辖的范围一般限于涉外合同或涉外财产权益纠纷，不包括人的身份、能力和家庭方面的纠纷；②协议管辖必须以书面方式作出，并且选择的法院必须与争议有实际联系；③协议管辖只能改变一般管辖和特别管辖，不得违反我国专属管辖的规定；④协议选择的法院只能是第一审法院，不能选择上诉法院。因此，A、B、D项错误，应选。

2. **答案**：BCD

**提示**：本题考查的是域外送达

**解析**：1965年海牙《送达公约》规定的送达途径包括：外交途径送达、邮寄送达、领事送达、官员或诉讼利害关系人送达、通过缔约双方议定的直接送达方式送达。我国加入海牙《送达公约》时，对邮寄送达和通过官员或诉讼利害关系人送达提出了保留，并规定只有在将文书送达给文书发出国国民时才采用领事送达方式。因此，B、C、D项不属于外国法院可以向我国送达诉讼文书的途径，故符合题意，为本题答案。

3. **答案**：ABCD

**提示**：本题考查的是域外送达

**解析**：《民事诉讼法》第245条规定："人民法院对在中华人民共和国领域内没有住所的当事人送达诉讼文书，可以采用下列方式：①依照受送达人所在国与中华人民共和国缔结或者共同参加的国际条约中规定的方式送达；②通过外交途径送达；③对具有中华人民共和国国籍的受送达人，可以委托中华人民共和国驻受送达人所在国的使领馆代为送达；④向受送达人委托的有权代其接受送达的诉讼代理人送达；⑤向受送达人在中华人民共和国领域内设立的代表机构或者有权接受送达的分支机构、业务代办人送达；⑥受送达人所在国的法律允许邮寄送达的，可以邮寄送达，自邮寄之日起满6个月，送达回证没有退回，但根据各种情况足以认定已经送达的，期间届满之日视为送达；⑦不能用上述方式送达的，公告送达，自公告之日起满6个月，即视为送达。"因此，A、B、C、D项都正确。

4. **答案**：CD

**提示**：本题考查的是国际民事管辖的分类

**解析**：根据国际民事管辖权产生的根据，可以分为法定管辖权和协议管辖权。前者指根据国内立法或国际条约中的规定行使的管辖权，后者指根据当事人选择或默示同意将他们之间的争议交给某国法院审理而行使的管辖权。因此，C、D项正确。

5. **答案**：ACD

**提示**：本题考查的是专属管辖

**解析**：我国《民事诉讼法》第34条规定："下列案件，由本条规定的人民法院专属管辖：①因不动产纠纷提起的诉讼，由不动产所在地人民法院管辖；②因港口作业中发生纠纷提起的诉讼，由港口所在地人民法院管辖；③因继承遗产纠纷提起的诉讼，由被继承人死亡时住所地或者主要遗产所在地人民法院管辖。"因此，C、D项属于我国法院专属管辖。《民事诉讼法》第244条规定："因在中华人民共和国履行中外合资经营企业合同、中外合作经营企业合同、中外合作勘探开发自然资源合同发生纠纷提起的诉讼，由中华人民共和国人民法院管辖。"A项正确。但除了上面三类合同外，其他有关合同的诉讼不属于我国法院的专属管辖。因此，B 项不正确。

**6. 答案：**AC

**提示：**本题考查的是专属管辖

**解析：**我国《民事诉讼法》第 34 条规定："下列案件，由本条规定的人民法院专属管辖：①因不动产纠纷提起的诉讼，由不动产所在地人民法院管辖；②因港口作业中发生纠纷提起的诉讼，由港口所在地人民法院管辖；③因继承遗产纠纷提起的诉讼，由被继承人死亡时住所地或者主要遗产所在地人民法院管辖。"因此，A、C 项正确。

**7. 答案：**BCD

**提示：**本题考查的是外国法院的判决在我国获得承认和执行的条件

**解析：**《民事诉讼法》第 265 条规定："外国法院作出的发生法律效力的判决、裁定，需要中华人民共和国人民法院承认和执行的，可以由当事人直接向中华人民共和国有管辖权的中级人民法院申请承认和执行，也可以由外国法院依照该国与中华人民共和国缔结或者参加的国际条约的规定，或者按照互惠原则，请求人民法院承认和执行。"《民事诉讼法》第 266 条规定："人民法院对申请或者请求承认和执行的外国法院作出的发生法律效力的判决、裁定，依照中华人民共和国缔结或者参加的国际条约，或者按照互惠原则进行审查后，认为不违反中华人民共和国法律的基本原则或者国家主权、安全、社会公共利益的，裁定承认其效力，需要执行的，发出执行令，依照本法的有关规定执行。违反中华人民共和国法律的基本原则或者国家主权、安全、社会公共利益的，不予承认和执行。"可见，外国法院的判决在我国获得承认和执行的法律要件是：①作出判决的外国法院有合格的管辖权；②外国法院的判决是确定判决，即判决已经发生法律效力；③诉讼程序具有公正性；④外国法院的判决是合法取得的；⑤不存在诉讼竞合；⑥判决作成国与我国存在条约或互惠原则；⑦外国法院的判决不违反内国公共政策。因此，B、C、D 项正确。

**8. 答案：**ABD

**提示：**本题考查的是我国法院对涉外合同之诉的管辖

**解析：**《民事诉讼法》第 241 条规定："因合同纠纷或者其他财产权益纠纷，对在中华人民共和国领域内设有住所的被告提起的诉讼，如果合同在中华人民共和国领域内签订或者履行，或者诉讼标的物在中华人民共和国领域内，或者被告在中华人民共和国领域内有可供扣押的财产，或者被告在中华人民共和国领域内设有代表机构，可以由合同签订地、合同履行地、诉讼标的物所在地、可供扣押财产所在地、侵权行为地或者代表机构住所地人民法院管辖。"所以，A、B、D 项正确。

**9. 答案：**BC

**提示：**本题考查的是我国有关司法文书送达程序的规定

**解析：**最高人民法院、外交部、司法部《关于执行〈关于向国外送达民事或商事司法文书和司法外文书公约〉有关程序的通知》第 1 条规定："凡公约成员国驻华使、领馆转送该国法院或其他机关请求我国送达的民事或商事司法文书，应直接送交司法部，由司法部转递给最高人民法院，再由最高人民法院交有关人民法院送达给当事人。送达证明由有关人民法院交最高人民法院退司法部，再由司法部送交该国驻华使、领馆。"因此，A 项正确，不选。《关于向国外送达民事或商事司法文书和司法外文书公约》第 13 条第 2 款规定："被请求国不得仅以根据其国内法对诉讼案件有专属管辖权，或者以其国内法不承认该请求所依据的诉讼方法为理由拒绝送达或通知。"所以，B 项不正确。而且不论司法文书确定的出庭日期是否已过，人民法院都应送达该司法文书，所以，C 项不正确。另外，如果提交的文件未附中文译本，受送达人有权以此为由拒收，所以，D 项正确。因此，本题应选 B、C 项。

**10. 答案：**ABCD

**提示：**本题考查的是涉外诉讼代理制度

**解析：**《民诉意见》第 308 条规定："涉外民事诉讼中的外籍当事人，可以委托本国人为诉讼代理人，也可以委托本国律师以非律师身份担任诉讼代理人；外国驻华使、领馆官员，受本国公民的委托，可以以个人名义担任诉讼代理人，但在诉讼中不享有外交特权和豁免权。"可见，外国人在我国法院参与诉讼时，可以亲自进行，也有权通过一定程序委托我国的律师或者其他公民代为进行。但需要委托律师代为诉讼的，必须委托我国的律师，如果是委托本国律师则其必须以非律师身份担任诉讼代理人。此外，还可以委托其本国人为诉讼代理人以及本国驻华使领馆官员以个人名义担任诉讼代理人。所以，A、B、C、D 项正确。

11. 答案:BD

提示:本题考查的是涉外司法协助

解析:根据《民事诉讼法》第 261 条第 1 款规定:"请求和提供司法协助,应当依照中华人民共和国缔结或者参加的国际条约所规定的途径进行;没有条约关系的,通过外交途径进行。"第 263 条规定:"人民法院提供司法协助,依照中华人民共和国法律规定的程序进行。外国法院请求采用特殊方式的,也可以按照其请求的特殊方式进行,但请求采用的特殊方式不得违反中华人民共和国法律。"所以,B、D 项正确。

12. 答案:ABC

提示:本题考查的是司法协助

解析:司法协助,是指根据国际条约或互惠原则,一国法院或其他主管机关,根据另一国法院或其他主管机关或有关当事人的请求,代为或者协助实施与诉讼有关的一定的司法行为。司法协助分为狭义司法协助和广义司法协助。广义司法协助是指国与国之间所发生的送达文书、代为询问当事人和证人、域外取证和外国法院判决和外国仲裁裁决的承认与执行。我国采用广义司法协助说。因此,A、B、C 项正确。

13. 答案:ACD

提示:本题考查的是专属管辖

解析:专属管辖,是指一国法院对某些涉外民事案件享有独占的或排他的管辖权,专属管辖排除当事人的合意管辖,也排除他国法院的管辖权。《民事诉讼法》第 34 条规定:"下列案件,由本条规定的人民法院专属管辖:①因不动产纠纷提起的诉讼,由不动产所在地人民法院管辖;②因港口作业中发生纠纷提起的诉讼,由港口所在地人民法院管辖;③因继承遗产纠纷提起的诉讼,由被继承人死亡时住所地或者主要遗产所在地人民法院管辖。"因此,A、D 项正确。《民事诉讼法》第 244 条规定:"因在中华人民共和国履行中外合资经营企业合同、中外合作经营企业合同、中外合作勘探开发自然资源合同发生纠纷提起的诉讼,由中华人民共和国人民法院管辖。"C 项正确。但除了上面三类合同外,其他有关合同的诉讼不属于我国法院的专属管辖。因此,B 项不正确。

14. 答案:ABCD

提示:本题考查的是海牙《取证公约》

解析:1970 年海牙《关于从国外调取民事或商事证据的公约》于 1970 年正式签署,其目的是为了统一取证的程序和规则。公约规定了如下几种取证的方式:①外交或领事人员取证;②特派员取证;③当事人或者诉讼代理人自行取证;④请求书取证。因此,A、B、C、D 项均正确。

15. 答案:AC

提示:本题考查的是外国法院民商事判决、裁定的承认与执行

解析:我国《民事诉讼法》第 264 条规定:"人民法院作出的发生法律效力的判决、裁定,如果被执行人或者其财产不在中华人民共和国领域内,当事人请求执行的,可以由当事人直接向有管辖权的外国法院申请承认和执行,也可以由人民法院依照中华人民共和国缔结或者参加的国际条约的规定,或者按照互惠原则,请求外国法院承认和执行。"根据这条规定,A、C 项正确。而 B 项不正确,因为国际法院的诉讼管辖权只涉及公法意义上的国家间的争端,不涉及私法意义上的民商事争议。本题中,被执行人在我国既无办事机构、分支机构和代理机构,又无财产,我国人民法院不能直接在境内采取强制执行措施,同时根据司法权的地域性,也不能到别的国家直接采取强制执行措施,因此,D 项错误。

16. 答案:BCD

提示:本题考查的是域外送达制度

解析:我国《民事诉讼法》第 245 条规定:"人民法院对在中华人民共和国领域内没有住所的当事人送达诉讼文书,可以采用下列方式:①依照受送达人所在国与中华人民共和国缔结或者共同参加的国际条约中规定的方式送达;②通过外交途径送达;③对具有中华人民共和国国籍的受送达人,可以委托中华人民共和国驻受送达人所在国的使领馆代为送达;④向受送达人委托的有权代其接受送达的诉讼代理人送达;⑤向受送达人在中华人民共和国领域内设立的代表机构或者有权接受送达的分支机构、业务代办人送达;⑥受送达人所在国的法律允许邮寄送达的,可以邮寄送达,自邮寄之日起满 6 个月,送达回证没有退回,但根据各种情况足以认定已经送达的,期间届满之日视为送达;⑦不能用上述方式送达的,公告送达,自公告之日起满 6 个月,即视为送达。"因此,A 项错误,必须是有权接受送达的分支机构,B、C、D 项正确。

17. 答案:AB

提示:本题考查的是涉外民商事案件的诉讼管

辖权限和范围的例外情形

**解析**:最高人民法院《关于涉外民商事案件诉讼管辖若干问题的规定》第3条规定:"本规定适用于下列案件:①涉外合同和侵权纠纷案件;②信用证纠纷案件;③申请撤销、承认与强制执行国际仲裁裁决的案件;④审查有关涉外民商事仲裁条款效力的案件;⑤申请承认和强制执行外国法院民商事判决、裁定的案件。"第4条规定:"发生在与外国接壤的边境省份的边境贸易纠纷案件,涉外房地产案件和涉外知识产权案件,不适用本规定。"因此,A、B项正确,C、D项错误。

## 三、名词解释

1. **提示**:应从司法协助的概念、范围等方面来回答

**答案**:司法协助,是指根据国际条约或互惠原则,一国法院或其他主管机关,根据另一国法院或其他主管机关或有关当事人的请求,代为或者协助实施与诉讼有关的一定的司法行为。国际私法上的司法协助仅指国际民商事司法协助。对于司法协助的范围,在理论及实践中有两种主张:①狭义司法协助,即指国与国之间所发生的送达文书、代为询问当事人和证人以及域外取证等行为;②广义司法协助,即除狭义司法协助范围外,还包括外国法院判决和外国仲裁裁决的承认与执行,我国采用广义司法协助。

2. **提示**:应从域外送达的概念、途径等方面来回答

**答案**:域外送达,是指在国际民事诉讼中,一国司法机关依据国内立法或国际条约的规定,将诉讼文书和非诉讼文书送给居住在国外的诉讼当事人或其他诉讼参与人的行为。诉讼文书一般被认为是具有诉讼意义的文件,是一国法院在审理涉外民事案件中依法制作的各种书面材料,如传票、送达回证等,并包括诉讼参与人依法提交的起诉书、答辩书等。非诉讼文书是指非法院制作的诉讼程序之外的文书,包括有关国家机关制作的公证书、当事人的离婚协议书等。实践中各国往往通过订立双边或多边条约的方式就域外送达作出具体规定。司法文书的域外送达一般通过两种途径:①直接送达,具体方式主要有:外交代表和领事送达、邮寄送达、个人送达、公告送达、按当事人协商的方式送达。②间接送达,即指一国法院通过国际司法协助的方式所进行的送达。

3. **提示**:应从域外取证的概念、依据、内容、方式等方面来回答

**答案**:域外取证,是指一国主管机关对本国法院审理的民事案件进行境外调查或收集证据的制度。域外调查取证涉及别国的司法主权,因此,一般须以存在条约关系或互惠关系为前提。域外取证包含以下内容:①询问诉讼参加人、证人、鉴定人或其他诉讼参与人;②提取与民事诉讼程序有关的书证、物证和视听资料;③对某一事实进行调查或对有关书证的真实性进行审查;④对与案件有关的现场、物品进行勘查和检验。域外取证的方式可分为直接调查取证和间接调查取证。

4. **提示**:应从专属管辖的概念、目的、范围等方面来回答

**答案**:专属管辖,又称为排他管辖或独占管辖,是指一国法院对某些涉外民事案件享有独占的或排他的管辖权。一国往往出于维护本国公共秩序或保护本国当事人利益的考虑而规定某些民事案件为本国法院专属管辖,排除他国法院的管辖权,也不允许当事人协议管辖。对于专属管辖的范围,各国一般集中在不动产案件,法人的成立、解散或破产的案件,有关婚姻、家庭和继承的案件,有关专利或商标的案件。我国民事诉讼法规定的专属管辖案件有以下四种:①因不动产纠纷提起的诉讼;②因港口作业发生纠纷提起的诉讼;③因继承遗产纠纷提起的诉讼;④因在我国履行的中外合资经营企业合同、中外合作经营企业合同、中外合作勘探开发自然资源合同发生纠纷提起的诉讼。

5. **提示**:应从中央机关和主管机关的含义、作用和两者的关系等方面来回答

**答案**:中央机关和主管机关都是司法协助机关,它们的作用各不相同:①中央机关,即一国根据本国缔结或参加的条约的规定而指定建立的,在司法协助中起联系、转递作用的机关。1965年海牙《送达公约》首先创立了"中央机关"制度,即设立中央机关以取代以往的外交机关来作为民事司法协助的主要途径,这一制度避免了外交途径转递请求手续的繁琐,从而便利了各国间司法协助请求的转递。另一方面,也减少了各国外交机关在司法协助方面的工作压力。目前,以中央机关作为国际民事司法协助的联系途径,已经成为一项普遍的国际实践。②主管机关,即指条约或国内法规定的有权向外国提出司

法协助请求和有权执行外国提出司法协助请求的机关。司法协助的主管机关和中央机关在司法协助中的作用是不同的,中央机关主要负责司法协助中缔约国之间的相互联系,而主管机关则是司法协助请求行为的提出者和具体完成者。

## 四、简答题

1. **提示**:参见本章“基础知识图解”中“域外调查取证”的相关内容,从域外调查取证的概念、主要方式来回答

2. **提示**:应从外国人民事诉讼地位的概念、基本法律原则和我国的规定等方面来回答

**答案**:(1)外国人民事诉讼地位,是指一国根据国内法或条约的规定,给予外国人在本国境内享有诉讼权利和承担诉讼义务的实际状况,这里所称的外国人是指不具有内国国籍的自然人和法人,包括无国籍或者国籍不明的人,也包括享有豁免权的外国国家和外交代表。

(2)确定外国人民事诉讼地位的基本法律原则是国民待遇原则,即一国赋予本国境内的外国人在民事诉讼地位方面享有与本国公民同等的权利。

(3)各国在赋予本国境内的外国人在民事诉讼地位方面享受国民待遇的同时,为确保在外国的本国公民也能享有这一待遇,一般都规定以对等或互惠为条件,即如果对方国家在民事诉讼地位方面没有相反的法律规定或相反的司法实践,则推定在对方国家境内的本国国民在民事诉讼地位方面享有国民待遇,此所谓互惠推定原则。

(4)我国对于外国人的民事诉讼地位,采取的也是有条件的国民待遇制度。我国《民事诉讼法》规定,外国人、无国籍人、外国企业和组织在人民法院起诉、应诉,同中华人民共和国公民、法人和其他组织有同等的诉讼权利义务。外国法院对中华人民共和国公民、法人和其他组织的民事诉讼权利加以限制的,中华人民共和国人民法院对该国公民、企业和组织的民事诉讼权利,实行对等原则。

3. **提示**:应从诉讼费用担保的概念、目的、适用对象、各国规定和我国的制度等方面来回答

**答案**:(1)诉讼费用担保制度是指在国际民事诉讼中,法院依据内国的法律,自行或者应被告的请求,要求不具有本国国籍或在内国没有住所的外国原告提供一定金钱或实物,作为其起诉后法院可能决定要其负担的费用的担保,包括当事人、证人、鉴定人、翻译人员的费用以及其他诉讼费用,但不包括案件受理费。

(2)诉讼费用担保的目的是为了防止一方当事人滥用诉讼权利或原告败诉后逃避缴纳诉讼费的义务。因此,有关诉讼费用担保的规定实质上是一种限制外国人诉讼权利的特殊制度,其适用的对象是作为原告的外国人或在外国设有住所的人。

(3)综观各国有关诉讼费用担保的规定主要有以下六种:①以实质性互惠为前提免去诉讼费用担保;②以国籍为标准,凡是外国原告则需要交纳诉讼费用担保;③以住所地为标准,凡是住所不在本国的原告则需要交纳诉讼费用担保;④以原告在内国是否有可供扣押的财产为据,决定是否免去诉讼费用担保义务;⑤不论原告是本国人还是外国人均应提供诉讼费用担保;⑥不要求原告提供诉讼费用担保。

(4)目前我国实行的是对等原则下的国民待遇制度,也就是在对等基础上免去外国人的诉讼费用担保,但应注意以下两个问题:①不能将诉讼费用的预交混同于诉讼费用的担保;②免除诉讼费用担保应注意依据条约的不同采用不同标准。

4. **提示**:应从协议管辖的种类、含义和特点等方面来回答

**答案**:(1)协议管辖是指双方当事人在争议发生以前或争议发生以后达成协议,将他们之间的争议案件交由某一国法院管辖和审理的制度。

(2)国际民事诉讼中的协议管辖分为明示的协议管辖和默示的协议管辖。

明示的协议管辖,是指涉外合同或者涉外财产权益纠纷的当事人,可以用书面协议选择与争议有实际联系的地点的法院管辖,选择我国人民法院管辖的,不得违反《民事诉讼法》关于级别管辖和专属管辖的规定。但我国对明示的协议管辖有以下限制:①协议管辖的范围一般限于涉外合同或涉外财产权益纠纷,不包括人的身份、能力和家庭方面的纠纷;②协议管辖必须以书面方式作出,并且选择的法院必须与争议有实际联系;③协议管辖只能改变一般管辖和特别管辖,不得违反我国专属管辖的规定;④协议选择的法院只能是第一审法院,不能选择上诉法院。

默示协议管辖,是指涉外民事诉讼的被告对人民法院管辖不提出异议,并应诉答辩的,视为承认该人民法院为有管辖权的法院。

(3)国际民事诉讼中的协议管辖与国内协议管

辖相比，具有如下特点：①涉外协议管辖不仅适用于涉外合同，也适用于其他涉外财产权益纠纷提起的诉讼，其范围宽于国内协议管辖；②涉外协议管辖分为明示的协议管辖和默示的协议管辖，其种类多于国内协议管辖；③前者选择法院的面宽于国内协议管辖，涉外协议管辖允许当事人协议选择我国法院管辖，也允许当事人选择外国法院管辖。

## 五、论述题

提示：参见“重点知识讲解”中“1970 年海牙《关于从国外调取民事或商事证据公约》”的有关内容，从海牙《关于从国外调取民事或商事证据的公约》的内容和我国加入时所作的保留来回答

# 第十九章 国际商事仲裁

## 内容提示

本章就国际商事仲裁的理论、法律制度以及国际商事仲裁裁决的承认与执行进行阐述,介绍了著名的国际常设仲裁机构及其仲裁规则。通过本章的学习,应理解国际商事仲裁的特点及种类;了解著名的国际商事仲裁机构;掌握国际商事仲裁协议、仲裁程序以及仲裁裁决的承认与执行。

## 基础知识图解

### 一、国际商事仲裁概述

<table>
<tr><td rowspan="4">国际商事仲裁概述</td><td rowspan="2">仲裁</td><td>含义</td><td>即公断,由双方当事人自愿将他们之间发生的争议交付第三者居中评断是非,作出裁决,且该裁决对双方当事人均具有约束力</td></tr>
<tr><td>种类</td><td>(1)国际仲裁,即用仲裁的方式解决国家之间的各项争端<br>(2)国内仲裁,具体包括:①专门受理国内商事案件的仲裁;②行政性仲裁,即由在国家机关之下设立的专业性仲裁委员会进行的仲裁<br>(3)国际商事仲裁,即参加国际商事交往的双方当事人通过事先或事后达成的书面仲裁协议,自愿把他们之间的契约性或非契约性的争议提交给由一名或数名仲裁员组成的仲裁庭进行审理,由其依据法律或公平原则作出对当事人双方均具有约束力的裁决的争议解决方式</td></tr>
<tr><td>国际商事仲裁概念</td><td colspan="2">国际商事仲裁的概念主要涉及两个问题:<br>(1)判断仲裁国际性的标准,根据有关公约以及各国立法,判断标准主要有以下两种:①以实质性连结因素为认定标准,即若仲裁地点、当事人国籍、住所或居所、法人的注册地及公司管理中心所在地等连结因素中具有国际因素的商事仲裁即被视为国际商事仲裁,采用此标准的有英国、丹麦、瑞典、瑞士等欧洲国家以及埃及、叙利亚等中东国家;②以争议性质作为认定标准,即对争议的性质加以分析,当争议涉及国际商事利益时,为解决这一纠纷的商事仲裁便是国际商事仲裁,采用该标准的有法国、美国和加拿大等国<br>(2)商事的范围,一般作广义的理解,包括契约性与非契约性的一切商事性质的关系,即由合同、侵权或根据有关法律而产生的经济上的权利义务关系</td></tr>
<tr><td>国际商事仲裁法律特点</td><td colspan="2">(1)高度的自治性:①可以选择仲裁机构或仲裁的组织形式;②可以选择仲裁地点;③可以选择审理案件的仲裁员;④可以选择进行仲裁的程序;⑤可以选择仲裁所适用的法律<br>(2)强制性,国际商事仲裁具有民间性,但各国的立法和司法都明确承认仲裁裁决的法律效力,并赋予仲裁裁决和法院判决同等的强制执行力<br>(3)灵活性,仲裁的程序比较灵活,可以和调解结合起来,审理气氛也较法院宽松,有利于双方当事人达成和解意见<br>(4)权威性,仲裁员是由各行各业的专家或具有丰富实践经验的人组成的,仲裁案件都是由有关问题的专家来审理,因此仲裁庭作出的裁决具有很强的权威性</td></tr>
</table>

<table>
<tr><td rowspan="2">国际商事仲裁概述</td><td rowspan="2">国际商事仲裁种类</td><td>依据仲裁机构组织形式的不同，可分为：<br>(1)临时仲裁，又称特别仲裁，是指不需要常设机构的协助，直接由双方当事人指定的仲裁员自行组成仲裁庭进行的仲裁，即仲裁庭为特殊的任务而设立，处理完争议案件以后即自行解散。在临时仲裁中，整个仲裁程序的安排都由当事人保持完全的控制，当事人既决定仲裁员的指定方式及管辖范围，也决定仲裁地点和仲裁程序的进行<br>(2)常设仲裁，又称机构仲裁，指由当事人合意选择仲裁机构解决其争议，常设仲裁机构是指有固定的组织形式、名称、地址、仲裁规则以及仲裁员名单，并且有完整健全的行政管理制度的仲裁机构，审理争议时由双方当事人从仲裁员名单中选定仲裁员组成仲裁庭审理争议</td></tr>
<tr><td>依据仲裁员是否必须依照法律作出裁决为标准，可分为：<br>(1)友好仲裁，是指仲裁庭经双方当事人授权，在认为适用严格的法律规则会导致不公平结果的情况下，不依据严格的法律规则，而是依据它所认为的公平的标准作出对当事人双方有约束力的裁决。是否可以进行友好仲裁将完全取决于当事人的意愿，未经授权不得进行友好仲裁，另外友好仲裁也要受到仲裁地的公共政策和强制性规定的限制<br>(2)依法仲裁，是指仲裁员必须按照法律作出裁决，不能像友好仲裁一样依照友好仲裁人所认为的公平合理的标准作出裁决。但是依法仲裁并不完全排除仲裁庭在依照法律判案的同时，自由裁量辅以某些折中或变通的方式来作出决定</td></tr>
</table>

## 二、国际商事仲裁机构

<table>
<tr><td rowspan="7">国际商事仲裁机构</td><td rowspan="2">国际性的常设仲裁机构</td><td>含义</td><td>不属于任何特定的国家，而是依据有关国际条约建立在一个国际组织或国际机构之下，为处理国际商事争议而成立的常设仲裁机构</td></tr>
<tr><td>代表</td><td>(1)国际商会仲裁院，1923 年成立，隶属于国际商会，总部设在法国巴黎，我国于 1996 年加入国际商会<br>(2)解决投资争议国际中心，根据《关于解决各国和他国国民间投资争端的公约》于 1966 年成立，是世界银行下的独立性机构，总部设在美国华盛顿，我国于 1993 年正式成为该公约的成员国</td></tr>
<tr><td rowspan="2">国家性常设仲裁机构</td><td>含义</td><td>依据一国法律设立于该国境内的仲裁机构，一般设在商会或其他类似的工商团体内，属于民间性的组织</td></tr>
<tr><td>代表</td><td>(1)斯德哥尔摩商会仲裁院，1917 年成立，总部设在瑞典斯德哥尔摩<br>(2)伦敦国际仲裁院，1892 年成立，原名为伦敦仲裁会<br>(3)美国仲裁协会，1926 年成立，总部设在纽约，由美国仲裁社团、美国仲裁基金会以及一些工商团体组成<br>(4)瑞士苏黎士商会仲裁院，于 1911 年成立</td></tr>
<tr><td rowspan="2">行业常设仲裁机构</td><td>含义</td><td>附设于某一行业组织内专门受理其行业内部争议案件的仲裁机构</td></tr>
<tr><td>分类</td><td>(1)开放性的行业仲裁机构，如伦敦黄麻协会、荷兰鹿特丹毛皮交易所<br>(2)非开放性的行业仲裁机构，例如中国海事仲裁委员会和英国海事仲裁协会</td></tr>
<tr><td>我国国际商事仲裁机构</td><td colspan="2">(1)中国国际经济贸易仲裁委员会，1956 年成立，当时定名为对外贸易仲裁委员会，1980 年更名为对外经济贸易仲裁委员会，1988 年更名为中国国际经济贸易仲裁委员会，总部设在北京，在上海和深圳设有分会<br>(2)中国海事仲裁委员会，1959 年成立，原名为中国国际贸易促进委员会海事仲裁委员会，1988 年更名为中国海事仲裁委员会<br>(3)香港国际仲裁中心，1985 年成立，是根据《香港公司法》注册的非营利性公司，为配合亚洲地区对仲裁服务的需要设立，中心理事会由不同国籍的工商界、律师界和其他专业的专家组成</td></tr>
</table>

## 三、国际商事仲裁协议

<table>
<tr><td rowspan="8">国际商事仲裁协议</td><td>概念</td><td colspan="2">当事人一致同意将他们之间已经发生或者将来有可能发生的争议交付仲裁解决的书面的共同意思表示</td></tr>
<tr><td>种类</td><td colspan="2">在书面形式中,仲裁协议主要有以下三种类型:①仲裁条款,主要是在争议发生之前,双方当事人在签订合同时订立的将履行合同可能发生的争议提交仲裁解决的条款,是目前国际商事仲裁协议普遍采用的形式;②仲裁协议书,是指双方当事人为将某项争议交付仲裁而订立的专门协议,一般是在争议发生之后才达成的;③仲裁特别约定,即双方当事人在往来信函,如电报、电传、电子数据交换和电子邮件中,同意交付仲裁的意思表示</td></tr>
<tr><td>内容</td><td colspan="2">(1)仲裁事项,即提请仲裁的争议范围。仲裁事项必须明确,如果仲裁事项有遗漏,日后发生的争议超出了范围则仲裁庭也无权审理<br>(2)仲裁地点和仲裁机构。一般在哪个国家仲裁,往往就要适用那个国家的仲裁程序法规,而且如果当事人未约定应适用的实体法,则仲裁庭将根据仲裁所在地国的冲突规则确定;如果约定临时仲裁庭仲裁,则应明确组成仲裁庭的人数及如何指定,亦即采用什么程序审理等;如果约定在常设仲裁机构仲裁,则应写明仲裁机构的名称<br>(3)仲裁程序规则,主要规定进行仲裁的程序和手续,包括如何提出申请、如何指定仲裁员组成仲裁庭、如何审理、如何作出裁决,以及如何收取仲裁费用等<br>(4)裁决的效力,即裁决是否为终局,对双方有无拘束力以及能否再向法院上诉要求变更等,一般应订明裁决是终局的,对双方均具有约束力</td></tr>
<tr><td>效力</td><td colspan="2">(1)对当事人的法律效力。当事人不得就仲裁协议约定的争议事项向法院提起诉讼;另外当事人还应承担履行仲裁庭所作裁决的义务,除非该裁决经有关国内法院判定无效<br>(2)对仲裁庭或仲裁机构的法律效力。有效的仲裁协议是仲裁庭对特定争议事项取得管辖权的最主要的依据,如果不存在仲裁协议或仲裁协议无效,则仲裁庭或仲裁机构无权审理该争议;另外仲裁庭或仲裁机构的受案范围受到仲裁协议的严格限制,其只能受理当事人按仲裁协议的约定所提出的争议事项,对于超出仲裁协议范围的事项则无权过问<br>(3)对法院的法律效力。仲裁协议具有排除法院司法管辖的效力,如果当事人已就特定争议事项订有仲裁协议,法院则应拒绝受理;仲裁协议是强制执行仲裁裁决的依据,如果一方当事人拒不履行仲裁裁决,他方当事人可向有关国家法院提交有效的协议和裁决书,申请强制执行该裁决</td></tr>
<tr><td>独立性</td><td colspan="2">仲裁协议独立性,即指仲裁条款独立于合同其他条款而存在,主合同的变更、解除、终止、无效或失效等情形并不影响仲裁条款的效力,其理论依据在于:①仲裁条款与合同是两个不同的协议;②仲裁条款的效力独立于合同的效力;③尊重当事人意思自治的要求</td></tr>
<tr><td rowspan="3">仲裁协议有效性及法律适用</td><td>有效要件</td><td>(1)仲裁协议须符合形式要件,即仲裁协议必须采取书面形式,否则视为不存在<br>(2)当事人必须具有合法的资格和能力,即一份有效的仲裁协议,其订立人必须具备合法的权利能力和行为能力<br>(3)仲裁协议必须是双方当事人的真实意思表示,如果由于当事人的误解或疏忽造成了意思表示有瑕疵的话,则仲裁协议无效<br>(4)仲裁事项具有可仲裁性,约定提交仲裁的事项必须是有关国家允许通过仲裁解决的事项,一般各国都规定,关于民事身份、父母与子女之间的关系、离婚争议以及涉及属于社会公共利益的事项,不能通过仲裁解决<br>(5)内容必须合法,即应当具有以下内容:①请求仲裁的意思表示;②仲裁事项;③仲裁地点、仲裁机构;④仲裁规则;⑤裁决效力</td></tr>
<tr><td>法律适用</td><td>确定仲裁协议准据法,主要有以下两种主张:①依当事人选择的法律;②依仲裁地或裁决作出地法律</td></tr>
<tr><td>确认机构</td><td>根据有关国际公约、国内立法及仲裁实践,以下机构有权确认仲裁协议的效力:①仲裁机构;②仲裁庭;③法院</td></tr>
</table>

<table>
<tr><td>国际商事仲裁协议</td><td>我国规定</td><td>(1)仲裁协议的独立性,仲裁协议独立存在,合同的变更、解除、终止、转让、失效、无效、未生效、被撤销以及成立与否,均不影响其效力<br>(2)仲裁协议的准据法,对涉外仲裁协议的效力审查,适用当事人约定的法律;当事人没有约定适用的法律但约定了仲裁地的,适用仲裁地法律;没有约定适用的法律也没有约定仲裁地或仲裁地约定不明的,适用法院地法律<br>(3)确认仲裁协议有效性的机构,当事人对仲裁协议有异议的,可以请求仲裁委员会作出决定或者请求人民法院作出裁定;一方请求仲裁委员会作出决定,另一方请求人民法院作出裁定的,由人民法院裁定</td></tr>
</table>

## 四、国际商事仲裁程序

<table>
<tr><td rowspan="6">国际商事仲裁程序</td><td>含义</td><td colspan="2">申请人提起仲裁请求开始至仲裁庭作出终局裁决的整个过程中,有关的仲裁机构、仲裁员、申请人、被申请人以及其他关系人参与仲裁时所必须遵守的步骤、方法和原则</td></tr>
<tr><td>确定仲裁程序</td><td colspan="2">仲裁程序一般由双方当事人通过仲裁协议所选择的仲裁规则加以确定,如果没有作出选择的,一般适用该仲裁机构所制定的仲裁规则,也可以依据仲裁地国家的仲裁法准予适用的国际仲裁规则</td></tr>
<tr><td rowspan="4">仲裁程序</td><td>申请受理阶段</td><td>双方当事人以仲裁协议为依据向仲裁委员会提出仲裁申请,是开始仲裁审理程序的最初法律步骤,仲裁程序自仲裁委员会发出仲裁通知之日起正式开始</td></tr>
<tr><td>组庭阶段</td><td>双方当事人应当在规定的期限内约定仲裁庭的组成方式并选定仲裁员,若当事人在规定的期限内未能约定仲裁庭的组成方式或者选定仲裁员的,由仲裁委员会主任指定。最后一次开庭终结前当事人未书面提出仲裁员回避申请的,不能再提出。因回避而重新选定或指定仲裁员后,当事人可以请求已进行的仲裁程序重新进行,是否准许由仲裁庭决定</td></tr>
<tr><td>开庭审理阶段</td><td>仲裁委员会应当在仲裁规则规定的期限内将开庭日期通知双方当事人,当事人在收到开庭通知书后,应当注意以下几个问题:<br>(1)当事人若确有困难,不能在所定的开庭日期到庭,则可以在仲裁规则规定的期限内向仲裁庭提出延期开庭请求,是否准许由仲裁庭决定<br>(2)申请人经书面通知,无正当理由不到庭或未经仲裁庭许可中途退庭的,视为撤回仲裁申请;被申请人经书面通知,无正当理由不到庭或者未经仲裁庭许可中途退庭的,仲裁庭可以缺席裁决<br>(3)当事人申请仲裁后,有自行和解的权利,达成和解协议的可以请求仲裁庭根据和解协议作出裁决书,也可撤回仲裁申请;在庭审过程中,若双方当事人自愿调解的,可在仲裁庭主持下先行调解,调解成功的仲裁庭依据已达成的调解协议书制作调解书,当事人可以要求仲裁庭根据调解协议制作裁决书,调解不成的则由仲裁庭及时做出裁决</td></tr>
<tr><td>裁决阶段</td><td>仲裁庭在将争议事实调查清楚、宣布闭庭后,应进行仲裁庭评议,并按照评议中多数仲裁员的意见做出裁决,若仲裁庭不能形成多数意见时,则按照首席仲裁员的意见做出裁决</td></tr>
</table>

## 五、仲裁的法律适用

| | | | |
|---|---|---|---|
| 仲裁的法律适用 | 仲裁的程序法 | 理论主张 | (1)本座论,国际上普遍的实践是仲裁程序受仲裁地法的支配,理由在于:程序法多涉及公共政策,本座论能够尽量避免仲裁裁决不被承认和执行,即提供了一个确定仲裁裁决国籍的客观标准,由此评判裁决能否在外国得以承认和执行<br>(2)非地方化理论,主张尽管仲裁受到所在地法制约,但其与法院审判终究不同,而应超越国家。但事实上各个国家都不会对国际商事仲裁活动放任而不作限制,任何国际商事仲裁裁决如果违反所在地国的强行法,就会被所在地国宣布无效或被寻求执行国拒绝承认和执行 |
| | | 适用范围 | 仲裁法的调整范围主要包括:①仲裁协议有效性的确定;②用以确定实体法的冲突规则;③仲裁是必须适用实体法规则,还是可以依公允善良原则解决争议或进行友好仲裁;④法院对仲裁的某些监督或干预,主要涉及仲裁员的任命、对仲裁程序的异议、裁决理由的说明和对仲裁裁决的异议等问题 |
| | | 程序法的确定 | 仲裁程序法即用来调整仲裁程序本身的法律,一般有以下确定方法:①当事人选择的仲裁程序法;②在当事人未明示选择仲裁程序法时,或推定当事人默示选择,或适用仲裁地法 |
| | | 与程序规则的区别 | (1)程序规则通常是,指调整仲裁内部程序的规则;而仲裁法不仅是简单地调整仲裁机构或仲裁庭的内部程序,还确立了进行仲裁的外部标准,例如管辖权决定的程序、仲裁过程中证据或财产保全的程序以及裁决撤销程序和撤销理由等<br>(2)仲裁法一般是指国内的仲裁法体系,而仲裁规则除了包括国内仲裁法体系中所规定的仲裁规则,还包括当事人自行拟定的仲裁规则。仲裁依照当事人选定的机构仲裁规则或当事人自行拟定的仲裁规则进行,一般都必须依从仲裁法即通常是仲裁地法的某些强制性规定,否则仲裁裁决可能被判定无效 |
| | 仲裁的实体法 | 仲裁实体法,即用来决定当事人实体权利义务的法律,一般有以下确定方法:<br>(1)当事人选择的仲裁实体法<br>(2)当事人未作选择时,依冲突规则确定实体法:①适用仲裁地的冲突规则;②适用仲裁员本国的冲突规则;③适用被申请承认和执行裁决地国家的冲突规则;④适用与争议有最密切联系的冲突规则;⑤重叠适用与争议有关的冲突规则;⑥适用一般冲突规则<br>(3)当事人未作选择时,不依冲突规则确定实体法:①直接适用内国法的实体规则;②适用国际法,如果案件主要涉及国家和国际组织作为合同的一方当事人;③适用一般法律原则;④适用体现在国际条约、国际贸易惯例和标准格式合同中的国际民商事法律规范 | |
| | 我国实践 | 对于仲裁程序法的选择:实践中,凡当事人同意将其争议提交仲裁委员会仲裁的,均视为同意依该仲裁委员会的仲裁规则进行仲裁,故我国涉外仲裁机构一般只适用仲裁地程序规则 | |
| | | 对于仲裁实体法的选择:<br>(1)尊重当事人对法律适用的选择,即适用意思自治原则;当事人除了可以通过约定来自由选择适用的实体法律外,也可以通过约定适用冲突法规则来选择适用法律<br>(2)根据仲裁地的冲突法规则选择所适用的法律,一般由仲裁庭决定<br>(3)适用国际条约和参考国际惯例的原则,即如果当事人双方所在国都参加了某一国际公约或多边条约,或双方所在国订有双边条约或协定的,则适用公约、条约或者协定的规定;如果当事人在订立的合同中没有明确规定所适用的法律,或虽已明确规定适用某一国家的法律,但该国法律对争议的某一问题未作规定的情况下,仲裁庭也可以径行按照国际惯例处理案件<br>(4)对于某些特殊的争议,适用我国法律的强制性规定,例如,在中国境内履行的中外合资经营企业合同、中外合作经营企业合同、中外合作勘探开发自然资源合同,只能适用我国法律 | |

## 六、仲裁裁决的承认与执行

<table>
<tr><td rowspan="6">仲裁裁决的承认与执行</td><td>含义</td><td>(1)承认仲裁裁决,即指法院允许该仲裁裁决所确认的当事人的权利与义务在其境内产生法律效力<br>(2)执行仲裁裁决,即指法院在承认仲裁裁决效力的基础上,依照法律规定的执行程序,给予强制执行</td></tr>
<tr><td>内容</td><td>仲裁裁决的承认与执行可以分为两种:<br>(1)承认与执行本国仲裁裁决,即位于境内的一方当事人不自动执行本国仲裁机构作出的仲裁裁决,另一方当事人向本国有关法院申请强制执行时,法院应依照国内法律的规定,像执行内国法院判决一样,给予强制执行<br>(2)承认与执行外国仲裁裁决,即仲裁裁决在外国作出,不自动执行裁决的一方当事人位于国内,或者其财产在国内,另一方当事人向内国法院提出申请,要求承认并执行该外国仲裁裁决。所谓的外国仲裁裁决,有以下两种情况:①在被申请承认和执行地国以外的国家领土内做成;②在被申请承认与执行地国领土内做成的裁决,但因适用外国仲裁法而不认为是本国裁决的仲裁裁决</td></tr>
<tr><td>承认与执行的条件</td><td>(1)该外国与执行地国家间共同缔结或者参加了有关的国际公约,关于承认与执行外国仲裁裁决的国际公约有三个:①1923 年《日内瓦仲裁条款议定书》;②1927 年《关于执行外国仲裁裁决的公约》;③1958 年《承认和执行外国仲裁裁决公约》,即《纽约公约》★<br>(2)该外国与被申请执行地国家有互惠关系<br>(3)请求执行的申请是通过被申请执行地国家规定的合法途径送达的<br>(4)符合其他形式要求</td></tr>
<tr><td>拒绝承认与执行的理由</td><td>如果被请求承认与执行裁决的当事人提出证据证明有下列情形之一的,被请求承认与执行裁决的内国法院可以根据该当事人的请求,拒绝承认与执行该外国仲裁裁决:①缺乏有效的仲裁条款或仲裁协议;②被申请人没有得到适当的通知,以致未能对案件有申辩的机会;③裁决事项不属于仲裁协议的范围;④仲裁庭的组成或仲裁程序与双方当事人的协议不相符合,或者在双方当事人无协议时与仲裁国家的法律不相符合;⑤仲裁尚未生效,或已被仲裁地国家有关当局撤销;⑥裁决的争议依照执行地国家的法律规定,属于不得提交仲裁的事项;⑦裁决的内容违反了执行地国家的公共秩序</td></tr>
<tr><td rowspan="2">我国有关国际商事仲裁裁决的承认与执行制度</td><td>《民事诉讼法》的有关规定:外国仲裁机构的裁决,需要中国人民法院承认和执行的,应当由当事人直接向被执行人住所或者其财产所在地的中级人民法院申请,人民法院应当依照中国缔结或者参加的条约,或者按照互惠原则办理</td></tr>
<tr><td>适用《纽约公约》的情况:<br>(1)我国是《纽约公约》的成员国,对该公约缔约国的仲裁裁决应按公约规定办理,但两项保留除外:①互惠保留,即我国只承认和执行在缔约国领土内作出的仲裁裁决;②商事保留,即我国只承认和执行属于契约性和非契约性商事法律关系引起的争议所作出的裁决<br>(2)在缔约国境内作出的裁决,如果符合公约的规定,没有公约中列举的可以拒绝承认和执行的情况者,可以裁定承认其效力,并给予执行;反之则裁定驳回申请,拒绝承认和执行<br>(3)申请我国法院承认和执行在另一缔约国领土内作出的仲裁裁决,是由仲裁裁决的一方当事人提出的,则对当事人的申请应由我国下列中级人民法院受理:①被执行人为自然人的,为其户籍所在地或者居所地的中级人民法院;②被执行人为法人的,为其主要办事机构所在地的中级人民法院;③被执行人在我国无住所、居所或主要办事机构,但有财产在我国境内的,为其财产所在地的中级人民法院<br>(4)我国有管辖权的中级人民法院接到有关当事人的请求,对申请承认及执行的仲裁裁决进行审查后,则应裁定承认其效力,并应依照我国《民事诉讼法》规定的程序执行。但如果认定有以下情形之一者可以拒绝承认及执行仲裁裁决:①依照我国法律,争议事项不能以仲裁解决的;②依法应由行政机关处理的行政争议等仲裁机构无权仲裁的;③承认或执行裁决可能违反我国公共政策的</td></tr>
</table>

<table>
<tr><td rowspan="3">仲裁裁决的承认与执行</td><td rowspan="3">我国有关国际商事仲裁裁决的承认与执行制度</td><td>(5)若被执行人提供的证据证明有以下情形之一时,也应裁定驳回申请,拒绝承认及执行:①订立仲裁条款或仲裁协议的当事人依对其适用的法律有某种无行为能力情形的,或该项协定依当事人约定的准据法为无效,或未指明以何法律为准时,依裁决地所在国法律为无效;②被申请人未得到关于指派仲裁员或仲裁程序的适当通知,或因他故导致未能申辩的;③仲裁所处理之争议非为交付仲裁标的或不在其条款之列,或裁决载有关于交付仲裁范围以外事项约定的,但交付仲裁事项的约定可与未交付仲裁之事项划分时,裁决中关于交付仲裁事项约定部分可得予承认及执行;④仲裁机关的组成或仲裁程序与协议不符,或无协议时与仲裁地所在国法律不符的;⑤裁决对各方尚无拘束力,或经裁决地所在国或裁决所依据法律的国家主管机关撤销或停止执行的<br>(6)申请我国法院承认及执行的仲裁裁决仅限于《纽约公约》对我国生效后,在另一缔约国领土内作出的仲裁裁决</td></tr>
<tr><td>签订双边条约的情况:未参加《纽约公约》的国家,若与我国订有双边司法协助条约或协定的,我国法院应按各有关条约或协定的规定承认和执行外国的仲裁裁决</td></tr>
<tr><td>非《纽约公约》成员国也无双边条约的情况:对于在既不是《纽约公约》的成员国,又没有与我国签订双边条约的国家所作出的仲裁裁决,从法律上讲我国人民法院没有承认与执行的义务,但是在互惠的原则下,如果该外国裁决不违背我国的社会公共政策也可以承认与执行</td></tr>
</table>

## 重点知识讲解

**1958 年《承认和执行外国仲裁裁决公约》(《纽约公约》)**

《纽约公约》于 1958 年在纽约由联合国国际商事仲裁会议通过,于 1959 年生效,截至 1998 年公约已有 154 个成员国。目前,《纽约公约》已在全球范围内广泛适用。

公约的主要目的是统一和简化各国承认和执行外国仲裁裁决的法律程序,与 1923 年《日内瓦仲裁条款议定书》和 1927 年《关于执行外国仲裁裁决的公约》相比,放宽了条件,简化了手续,使外国裁决更容易在内国得到承认和执行。

公约主要内容如下:

1. 公约要求所有缔约国承认当事人之间订立的书面仲裁协议包括合同中的仲裁条款在法律上的效力,并根据公约的规定和被申请执行地的程序,承认和执行外国仲裁裁决。

2. 公约明确规定,外国仲裁裁决是指在被申请人承认和执行地所在国以外的国家领土内作出的裁决,以及在被申请承认和执行地所在国领土内作出的裁决,但因适用外国仲裁法而不认为是本国裁决的裁决。

3. 公约重点规定了拒绝承认和执行外国仲裁裁决的条件:①缺乏有效的仲裁条款或仲裁协议;②被申请人没有得到适当的通知,以致未能对案件有申辩的机会;③裁决事项不属于仲裁协议的范围;④仲裁庭的组成或仲裁程序与双方当事人的协议不相符合,或者在双方当事人无协议时与仲裁地国家的法律不相符合;⑤仲裁尚未生效,或已被仲裁地国家有关当局撤销;⑥裁决的争议依照执行地国家的法律规定,属于不得提交仲裁的事项;⑦裁决的内容违反了执行地国家的公共秩序。

4. 为了获得对仲裁裁决的承认和执行，公约规定申请承认和执行裁决的当事人应该在申请的时候提供经正式认证的裁决正本或经正式证明的副本，以及属公约范围的仲裁协议正本或经正式证明的副本。

5. 公约还规定，如果仲裁裁决或仲裁协议不是用裁决需其承认或执行的国家的官方文字写成的，申请承认或执行裁决的当事人应该提交这些文件的此种文字译本，译本应该由一个官方的或宣过誓的译员或一个外交或领事人员证明。

6. 如果没有上述条件，一般认为，如果该外国与被申请执行地国家有互惠关系或者外国仲裁裁决请求执行的申请是通过被申请执行地国家规定的合法途径送达的，也认为其符合申请承认与执行外国仲裁裁决的条件。

7. 公约规定，承认和执行外国仲裁裁决应依被申请执行地国家的仲裁程序，在承认和执行本公约缔约国所作出的裁决时，不得提出比承认和执行本国仲裁裁决更苛刻之附加条件或征收过多之费用。

## 配套习题

### 一、单项选择题

1. 1958 年《承认和执行外国仲裁裁决公约》简称（　）

A.《华盛顿公约》　　B.《纽约公约》

C.《海牙公约》　　D.《布鲁塞尔公约》

2. 在国际商事仲裁中，对于仲裁实体问题，最常适用的是（　）

A. 当事人自主选择的法律

B. 并存法

C. 仲裁地法

D. 法院地法

3. 在国际商事仲裁中，对于仲裁程序，虽允许当事人自主选择，但最终起制约作用或支配作用的还是（　）

A. 仲裁地法　　B. 法院地法

C. 合同履行地法　　D. 当事人本国法

4. 关于仲裁协议的法律效力，以下说法中错误的是（　）

A. 具有排除法院司法管辖的效力

B. 决定仲裁实体法适用的依据

C. 仲裁机构得以行使管辖权的依据

D. 仲裁裁决得以强制执行的依据

5. 根据我国《仲裁法》的规定，（　）纠纷不能采用仲裁方式解决

A. 继承　　B. 运输合同

C. 货物买卖合同　　D. 租赁合同

6. 我国在加入 1958 年《承认和执行外国仲裁裁决公约》时作出了两项保留，这两项保留是（　）

A. 执行保留和承认保留

B. 承认保留和互惠保留

C. 商事保留和互惠保留

D. 商事保留和执行保留

7. 对仲裁协议的效力，不正确的是（　）（考研中国政法大学 2006 年）

A. 一项有效的仲裁协议具有排除有关国家司法管辖权的效力

B. 一项有效的仲裁协议是有关仲裁机构行使仲裁管辖权的依据

C. 一项有效的仲裁协议是强制执行仲裁裁决的依据

D. 一项有效的仲裁协议只对当事人具有严格的约束力

8. 中国国际经济贸易仲裁委员会作出的仲裁裁决，如果被请求执行人或者其财产都不在中国领域内，则（　）

A. 当事人向我国法院申请，由我国法院向有管辖权的外国法院申请承认和执行

B. 当事人直接向有管辖权的外国法院申请承认和执行

C. 当事人向中国国际经济贸易仲裁委员会申请,中国国际经济贸易仲裁委员会向中国法院申请,再由中国法院向国外法院申请承认执行

D. 当事人向中国国际经济贸易仲裁委员会申请,由后者向国外法院申请承认执行

9. 涉外仲裁的当事人申请证据保全的,涉外仲裁委员会应当将当事人的申请提交(　)

A. 被申请人的基层人民法院

B. 证据所在地的基层人民法院

C. 证据所在地的中级人民法院

D. 被申请人的中级人民法院

10. 根据我国规定,涉外仲裁协议的效力审查,首先应适用(　)

A. 仲裁地法律

B. 法院地法律

C. 当事人约定的法律

D. 当事人国籍国法律

11. 中国A公司与德国B公司因双方合同中仲裁条款的效力问题在我国涉诉。双方在合同中约定仲裁机构为位于巴黎的国际商会仲裁院,仲裁地为斯德哥尔摩,但对该仲裁条款应适用的法律未作约定。依我国现行司法解释,我国法院审查该仲裁条款效力时,应适用下列(　)国的法律(司考2007年卷一,单选第39题)

A. 瑞典的法律　　B. 法国的法律

C. 中国的法律　　D. 德国的法律

## 二、多项选择题

1. 构成有效仲裁协议的基本条件主要有(　)

A. 争议事项具有可仲裁性

B. 仲裁协议采用书面形式

C. 仲裁协议当事人具有民事行为能力

D. 协议中规定仲裁费用

2. 根据1958年《承认和执行外国仲裁裁决公约》的规定,在(　)情况下,可以拒绝承认与执行外国仲裁裁决

A. 缺乏有效的仲裁条款或仲裁协议

B. 仲裁庭认定事实错误

C. 仲裁庭超越权限

D. 仲裁庭的组成和仲裁程序不当

3. 依我国《仲裁法》,下列不能提交仲裁的事项是(　)

A. 婚姻　　B. 收养

C. 知识产权的转让　　D. 监护

4. 下列(　)机构是国际性的常设仲裁机构(司考2002年卷一,不定项第96题)

A. 美国仲裁协会

B. 香港国际仲裁中心

C. 国际商会仲裁院

D. 解决投资争端国际中心

5. 依我国法律,承认与执行外国仲裁裁决的人民法院是(　)

A. 被执行人财产所在地基层人民法院

B. 被执行人住所地中级人民法院

C. 争议发生地中级人民法院

D. 被执行人财产所在地中级人民法院

6. 1958年《承认和执行外国仲裁裁决公约》关于确定外国仲裁裁决的标准是(　)(考研中国政法大学2005年)

A. 领域标准

B. 争议标的所在地标准

C. 非内国裁决标准

D. 当事人住所地标准

7. 中国涉外仲裁机构作出的裁决,如果被申请人提出证据证明仲裁裁决有下列(　)情形的,经人民法院审查核实,应裁定不予执行

A. 当事人在合同中没有订有仲裁条款

B. 被申请人没有得到通知,未能陈述意见的

C. 裁决的事项不属于仲裁协议的范围

D. 仲裁庭的组成或者仲裁的程序与仲裁规则不符

8. 关于我国涉外仲裁法律规则,下列(　)表述不符合我国《仲裁法》的规定(司考2006年卷一,多选第80题)

A. 只要是有关当事人可以自由处分的权利的纠纷,就可以通过仲裁解决

B. 如果当事人有协议约定,仲裁案件可以不开庭审理

C. 仲裁庭在中国内地进行仲裁时,无权对当事人就仲裁协议有效性提出的异议作出决定

D. 由三人组成仲裁庭审理的案件,裁决有可能根据一个仲裁员的意见作出

9. 当事人申请采取财产保全的,中华人民共和国的涉外仲裁机构应当将当事人的申请,提交(　)裁定

A. 被申请人财产所在地的基层人民法院

B. 被申请人住所地的基层人民法院

C. 被申请人住所地人民法院

D. 被申请人财产所在地的中级人民法院

10. 根据我国法律,当事人在合同中订有仲裁条款或者事后达成书面仲裁协议,提交中华人民共和国涉外仲裁机构或者其他机构仲裁的,当事人不得再向人民法院起诉的纠纷有(　)(考研中国政法大学 2006 年)

A. 涉外离婚、确认非婚生子女等方面的纠纷

B. 涉外海事纠纷

C. 涉外继承、收养纠纷

D. 涉外合同纠纷

11. 我国甲公司与瑞士乙公司订立仲裁协议,约定由某地仲裁机构仲裁,但约定的仲裁机构名称不准确。根据最高人民法院《关于适用〈中华人民共和国仲裁法〉若干问题的解释》,下列哪些选项是正确的(司考 2007 年卷一,多选第 82 题)

A. 仲裁机构名称不准确,但能确定具体的仲裁机构的,应认定选定了仲裁机构

B. 如仲裁协议约定的仲裁地仅有一个仲裁机构,该仲裁机构应视为约定的仲裁机构

C. 如仲裁协议约定的仲裁地有两个仲裁机构,成立较早的仲裁机构应视为约定的仲裁机构

D. 仲裁协议仅约定纠纷适用的仲裁规则的,不得视为约定了仲裁机构

## 三、名词解释

1. 依法仲裁(考研西北政法学院 2005 年)

2. 友好仲裁(考研西北政法学院 2005 年)

3. 仲裁协议

## 四、简答题

1. 简述仲裁协议的内容,有效要件及法律效力。

2. 简述拒绝承认与执行外国仲裁裁决的理由。(考研武汉大学 2002 年)

3. 我国承认和执行外国仲裁裁决制度。(考研西北政法学院 2003 年)

## 五、论述题

1958 年《承认和执行外国仲裁裁决公约》(即《纽约公约》)的主要内容以及在我国的运用。(考研中国政法大学 2001 年)

# 参考答案

## 一、单项选择题

1. 答案:B

**提示:**本题考查的是 1958 年《承认和执行外国仲裁裁决公约》

**解析:**1958 年《承认和执行外国仲裁裁决的公约》,简称《纽约公约》,于 1958 年在纽约召开的联合国国际商事仲裁会议上通过,1959 年生效。目前,《纽约公约》已在全球范围内广泛适用。公约的主要目的是统一和简化各国承认和执行外国仲裁裁决的法律程序,使外国裁决更容易在内国得到承认和执行。因此,B 项正确。

2. 答案:A

**提示:**本题考查的是仲裁实体问题的法律适用

**解析:**国际商事仲裁适用的实体法,即用来决定当事人实体权利义务、判定争议是非曲直的主要法律依据,对仲裁结果具有决定性影响。在具体的法律适用规则中,为各国普遍接受的是首先适用当事人选择的仲裁实体法。这是当事人意思自治原则在仲裁中的体现。它几乎被所有的学者和国家所承认或接受,但各国法律对当事人协议选择法律的方式、时间和范围等有不同的限制性规定。因此,A 项正确。

3. 答案:A

**提示:**本题考查的是国际商事仲裁程序的法律适用

解析：在仲裁程序法的适用上，尽管越来越多的国家允许当事人自主选择仲裁适用的程序法或仲裁规则。但仲裁地法原则仍然是占主导地位的原则。我国《仲裁法》第65条规定："涉外经济贸易、运输和海事中发生的纠纷的仲裁，适用本章规定。本章没有规定的，适用本法其他有关规定。"因此，在我国进行的仲裁，必须适用中国仲裁法，不允许当事人选择其他国家的仲裁法支配在我国进行的仲裁程序。所以，A项正确。

4. 答案：B

提示：本题考查的是仲裁协议的法律效力

解析：仲裁协议的法律效力主要表现在以下几个方面：①当事人不得就仲裁协议约定的争议事项向法院提起诉讼；当事人必须履行仲裁庭作出的裁决。②有效的仲裁协议是仲裁庭对特定争议事项取得管辖权的最主要的依据；另外，仲裁庭的受案范围也受到仲裁协议的严格限制，其只能受理当事人按仲裁协议中的约定所提出的争议事项。③仲裁协议具有排除法院司法管辖的效力。④仲裁协议是强制执行仲裁裁决的依据。因此，A、C、D项都是仲裁协议的法律效力的表现。关于仲裁实体法的适用，是由仲裁庭来决定，仲裁庭一般采用当事人选择的法律或仲裁地的冲突规范等来确定，所以，如果仲裁庭不承认当事人意思自治原则，即使仲裁协议中约定了争议适用的实体法，仲裁协议也不能成为决定仲裁实体法适用的依据。因此，B项不正确。

5. 答案：A

提示：本题考查的是仲裁的范围

解析：《仲裁法》第3条规定："下列纠纷不能仲裁：①婚姻、收养、监护、扶养、继承纠纷；②依法应当由行政机关处理的行政争议。"因此，A项正确。

6. 答案：C

提示：本题考查的是1958年《承认和执行外国仲裁裁决公约》

解析：我国在加入1958年《承认和执行外国仲裁裁决公约》时作出了两项保留：①互惠保留，即我国只承认和执行在缔约国领土内做出的仲裁裁决；②商事保留，即我国只承认和执行属于契约性和非契约性商事法律关系引起的争议所做出的裁决。因此，C项正确。

7. 答案：D

提示：本题考查的是仲裁协议的法律效力

解析：仲裁协议的法律效力主要表现在以下几个方面：①对当事人的效力。当事人不得就仲裁协议约定的争议事项向法院提起诉讼；当事人必须履行仲裁庭作出的裁决。②对仲裁庭的效力。有效的仲裁协议是仲裁庭对特定争议事项取得管辖权的最主要的依据；另外，仲裁庭的受案范围也受到仲裁协议的严格限制，其只能受理当事人按仲裁协议的约定所提出的争议事项。③对法院的效力。仲裁协议具有排除法院司法管辖的效力。④仲裁协议是法院强制执行仲裁裁决的依据。因此，一项有效的仲裁协议对当事人、仲裁庭和法院都会产生一定的效力，D项不正确。

8. 答案：B

提示：本题考查的是涉外仲裁裁决的承认与执行

解析：《民事诉讼法》第264条第2款规定："中华人民共和国涉外仲裁机构作出的发生法律效力的仲裁裁决，当事人请求执行的，如果被执行人或者其财产不在中华人民共和国领域内，应当由当事人直接向有管辖权的外国法院申请承认和执行。"因此，B项正确。

9. 答案：C

提示：本题考查的是涉外仲裁的证据保全

解析：《仲裁法》第68条规定："涉外仲裁的当事人申请证据保全的，涉外仲裁委员会应当将当事人的申请提交证据所在地的中级人民法院。"因此，C项正确。

10. 答案：C

提示：本题考查的是涉外仲裁协议效力审查的法律适用

解析：涉外仲裁协议的效力审查的法律适用即指依据何国法律来认定仲裁协议的有效性。我国最高人民法院《关于适用〈中华人民共和国仲裁法〉若干问题的解释》第16条规定："对涉外仲裁协议的效力审查，适用当事人约定的法律；当事人没有约定适用的法律但约定了仲裁地的，适用仲裁地法律；没有约定适用的法律也没有约定仲裁地或者仲裁地约定不明的，适用法院地法律。"因此，应首先适用当事人约定的法律，C项正确。

11. 答案：A

提示：本题考查的是涉外仲裁协议的法律适用

解析：最新颁布的最高人民法院《关于适用〈中华人民共和国仲裁法〉若干问题的解释》第16条规定："对涉外仲裁协议的效力审查，适用当事人约定的法律；当事人没有约定适用的法律但约定了仲裁地的，适用仲裁地法律；没有约定适用的法律也没有约定仲裁地或者仲裁地约定不明的，适用法院地法律。”本题中，仲裁条款未约定应适用的法律，但约定了仲裁地为斯德哥尔摩，所以应适用仲裁地法，即瑞典的法律，所以，A 项正确。

## 二、多项选择题

1. **答案**:ABC

**提示**:本题考查的是构成有效仲裁协议的基本条件

**解析**:有效的仲裁协议一般应具备如下基本条件：①仲裁协议必须采取书面形式；②当事人必须具有合法的资格和能力；③仲裁协议必须是双方当事人的真实意思表示；④仲裁事项具有可仲裁性；⑤内容必须合法。因此，A、B、C 项正确。

2. **答案**:ACD

**提示**:本题考查的是 1958 年《承认和执行外国仲裁裁决公约》

**解析**:1958 年《承认和执行外国仲裁裁决公约》规定了拒绝承认和执行外国仲裁裁决的条件：①缺乏有效的仲裁条款或仲裁协议；②被申请人没有得到适当的通知，以致未能对案件有申辩的机会；③裁决事项不属于仲裁协议的范围；④仲裁庭的组成或仲裁程序与双方当事人的协议不相符合，或者在双方当事人无协议时与仲裁国家的法律不相符合；⑤仲裁尚未生效，或已被仲裁地国家有关当局撤销；⑥裁决的争议依照执行地国家的法律规定，属于不得提交仲裁的事项；⑦裁决的内容违反了执行地国家的公共秩序。因此，A、C、D 项正确。

3. **答案**:ABD

**提示**:本题考查的是仲裁的适用范围

**解析**:《仲裁法》第 3 条规定：“下列纠纷不能仲裁：①婚姻、收养、监护、扶养、继承纠纷；②依法应当由行政机关处理的行政争议。”因此，A、B、D 项为本题答案。

4. **答案**:CD

**提示**:本题考查的是国际性的常设仲裁机构

**解析**:国际性常设仲裁机构是指不属于任何特定的国家，而是依据有关国际条约建立在一个国际组织或国际机构之下，为处理国际商事争议而成立的常设仲裁机构。其代表为：①国际商会仲裁院；②解决投资争议国际中心。因此，C、D 项正确。美国仲裁协会和香港国际仲裁中心都属于国内的常设仲裁机构。所以，A、B 项不正确。

5. **答案**:BD

**提示**:本题考查的是我国对承认与执行外国仲裁裁决的规定

**解析**:《民事诉讼法》第 267 条规定：“国外仲裁机构的裁决，需要中华人民共和国人民法院承认和执行的，应当由当事人直接向被执行人住所地或者其财产所在地的中级人民法院申请，人民法院应当依照中华人民共和国缔结或者参加的国际条约，或者按照互惠原则办理。”因此，B、D 项正确。

6. **答案**:AC

**提示**:本题考查的是 1958 年《承认及执行外国仲裁裁决公约》

**解析**:领域标准，是指将在被申请执行国以外国家领域内作出的裁决视为外国仲裁裁决。非内国裁决标准是指凡内国法律认为不属于其内国裁决的仲裁裁决就是外国仲裁裁决。1958 年《承认及执行外国仲裁裁决公约》同时采用了领域标准和非内国裁决标准来确定外国仲裁裁决。因此，A、C 项正确。

7. **答案**:ABCD

**提示**:本题考查的是涉外仲裁裁决的承认和执行

**解析**:《民事诉讼法》第 258 条规定：“对中华人民共和国涉外仲裁机构作出的裁决，被申请人提出证据证明仲裁裁决有下列情形之一的，经人民法院组成合议庭审查核实，裁定不予执行：①当事人在合同中没有订有仲裁条款或者事后没有达成书面仲裁协议的；②被申请人没有得到指定仲裁员或者进行仲裁程序的通知，或者由于其他不属于被申请人负责的原因未能陈述意见的；③仲裁庭的组成或者仲裁的程序与仲裁规则不符的；④裁决的事项不属于仲裁协议的范围或者仲裁机构无权仲裁的。人民法院认定执行该裁决违背社会公共利益的，裁定不予执行。”因此，A、B、C、D 项正确。

8. **答案**:AC

**提示**:本题考查的是涉外仲裁的法律规则

**解析**:《仲裁法》第 3 条规定：“下列纠纷不能仲裁：①婚姻、收养、监护、扶养、继承纠纷；②依法应当由行政机关处理的行政争议。”因此，A 项不正确，应选。《仲裁法》第 39 条规定：“仲裁应当开庭进行。当事人协议不开庭的，仲裁庭可以根据仲裁申请书、答辩书以及其他材料作出裁决。”当事人约定仲裁不开庭审理的，则可以不开庭审理。所以，B项正确，不选。《仲裁法》第20条第1款规定："当事人对仲裁协议的效力有异议的，可以请求仲裁委员会作出决定或者请求人民法院作出裁定。一方请求仲裁委员会作出决定，另一方请求人民法院作出裁定的，由人民法院裁定。"因此，C项不正确，应选。《仲裁法》第53条规定："裁决应当按照多数仲裁员的意见作出，少数仲裁员的不同意见可以记入笔录。仲裁庭不能形成多数意见时，裁决应当按照首席仲裁员的意见作出。"因此，如果仲裁员对案件的意见不统一并且不能形成多数意见时，应根据首席仲裁员的意见进行裁决。因此，D项正确，不选。

9. 答案：CD

提示：本题考查的是涉外仲裁的财产保全

解析：《民事诉讼法》第256条规定："当事人申请采取财产保全的，中华人民共和国的涉外仲裁机构应当将当事人的申请，提交被申请人住所地或者财产所在地的中级人民法院裁定。"因此，C、D项正确。

10. 答案：BD

提示：本题考查的是仲裁的范围

解析：《仲裁法》第3条规定："下列纠纷不能仲裁：①婚姻、收养、监护、扶养、继承纠纷；②依法应当由行政机关处理的行政争议。"因此，A、C项不属于涉外仲裁的范围，即使是订立了仲裁条款，也是不生效的。《民事诉讼法》第255条规定："涉外经济贸易、运输和海事中发生的纠纷，当事人在合同中订有仲裁条款或者事后达成书面仲裁协议，提交中华人民共和国涉外仲裁机构或者其他仲裁机构仲裁的，当事人不得向人民法院起诉。"因此，B、D项正确。

11. 答案：ABD

提示：本题考查的是涉外仲裁制度

解析：2006年9月8日起施行最高人民法院《关于适用〈中华人民共和国仲裁法〉若干问题的解释》第3条规定："仲裁协议约定的仲裁机构名称不准确，但能够确定具体的仲裁机构的，应当认定选定了仲裁机构。"因此，选项A正确。该解释第6条规定："仲裁协议约定由某地的仲裁机构仲裁且该地仅有一个仲裁机构的，该仲裁机构视为约定的仲裁机构。该地有两个以上仲裁机构的，当事人可以协议选择其中的一个仲裁机构申请仲裁；当事人不能就仲裁机构选择达成一致的，仲裁协议无效。"因此，B项正确，C项错误。该解释第4条规定："仲裁协议仅约定纠纷适用的仲裁规则的，视为未约定仲裁机构，但当事人达成补充协议或者按照约定的仲裁规则能够确定仲裁机构的除外。"因此，D项正确。本题司法部给的标准答案是A、B项。我们认为，根据最高人民法院《关于适用〈中华人民共和国仲裁法〉若干问题的解释》，本题的正确答案应该是A、B、D项。

## 三、名词解释

1. 提示：应从依法仲裁的概念和依据来回答

答案：依法仲裁，是指仲裁员或仲裁庭依照法律作出仲裁裁决。仲裁庭在审理实体问题时，首先适用当事人选择的准据法，如果当事人未选择，则根据仲裁地所属国的冲突规范确定合同的准据法，或者在当事人授权的情况下由仲裁庭决定应适用的法律，总之，根据国际私法规则所指引的实体法审理案件，作出裁决。

2. 提示：应从友好仲裁的概念和条件等方面来回答

答案：友好仲裁，是指在国际商事仲裁中，不适用任何法律，而允许仲裁员或仲裁庭根据善意原则、公平交易原则和诚实信用原则对争议实质问题作出裁决。是否进行友好仲裁，取决于两个因素：①当事人的意愿。如果未经双方当事人的授权，仲裁庭就不能进行友好仲裁。②仲裁地法的许可。如果仲裁地法不允许友好仲裁，则友好仲裁也不能进行。

3. 提示：参见本章"基础知识图解"中"仲裁协议"的相关内容，从其概念、种类和内容等方面回答

## 四、简答题

1. 提示：参见本章"基础知识图解"中"仲裁协议"的相关内容，从其概念、内容、有效要件及法律效力等方面回答

2. 提示：参见本章"基础知识图解"中"仲裁裁决的承认与执行"的相关内容，从承认与执行外国仲裁裁决的概念和理由等方面来回答

3. 提示：参见本章"基础知识图解"中"我国有关国际商事仲裁裁决的承认与执行制度"的相关内容，从《民事诉讼法》的有关规定、适用《纽约公约》的情况、签订双边条约的情况，非《纽约公约》成员国也无双边条约的情况等四个方面回答

## 五、论述题

提示：应从《纽约公约》的主要内容和在我国的

运用来回答

**答案**:(1)《纽约公约》主要内容参见本章“重点知识讲解”中“1958 年《承认和执行外国仲裁裁决公约》的所有内容。

(2)我国 1986 年加入《纽约公约》。

第一,对于在缔约国境内作出的裁决,如果符合公约的规定,没有公约中列举的可以拒绝承认和执行的情况者,我国法院可以裁定承认其效力,并给予执行;反之则裁定驳回申请,拒绝承认和执行。

第二,我国在加入时作出了两项保留:①互惠保留,即我国只承认和执行在缔约国领土内做出的仲裁裁决;②商事保留,即我国只承认和执行属于契约性和非契约性商事法律关系引起的争议所做出的裁决。

# 第二十章　中国区际法律冲突与区际私法

## 内容提示

本章主要阐述区际法律冲突和区际冲突法的概念、区际法律冲突的解决途径等，并着重对我国区际法律冲突的解决以及区际司法协助的现状进行介绍。通过本章的学习，应理解我国区际法律冲突的特殊性；掌握我国现有的解决区际法律冲突以及区际司法协助问题的相关理论与实践。

## 基础知识图解

### 一、区际法律冲突概述

<table>
<tr><td rowspan="7">区际法律冲突概述</td><td rowspan="5">区际法律冲突</td><td rowspan="2">法域</td><td>概念</td><td>一国内各个具有独特法律制度的区域被称为“法域”，其内部具有数个法域的国家被称为复合法域国家，或者多法域国家</td></tr>
<tr><td>特点</td><td>主要包括：①法律制度的独特性；②法制实施的区域性；③法律制度的平等性；④法律制度非主权性</td></tr>
<tr><td rowspan="2">区际法律冲突</td><td>概念</td><td>区际法律冲突是多法域国家的产物，即指在一个国家内部不同地区的法律制度之间的冲突。概念本身包含以下三方面含义：①国内各法域间的冲突；②国内各法域间民商事法律制度的冲突；③国内各法域间民商事法律适用上的冲突</td></tr>
<tr><td>特点</td><td>主要包括：①主要是不同区域间的民商事的法律冲突；②主权国家内不同法域之间的内部法律冲突；③空间上划分的法律冲突，具有属地性，即一个主权国家内部的不同区域形成不同法域导致的法律冲突；④在横向上的法律冲突，而非纵向的，即一个主权国家内的各个法域之间的法律具有平等的效力，不存在哪个法域的法律优先的问题</td></tr>
<tr><td>产生条件</td><td colspan="2">在一国内部，区际法律冲突产生的条件有：①前提条件，在一国内部存在数个具有不同法律制度的法域，即该国为复合法域国家；②可能条件，各法域互相承认外法域自然人和法人在内法域的民事法律地位，并因此导致跨区域的民商事关系的大量产生；③现实条件，各法域互相承认外法域的法律在内法域的域外效力</td></tr>
<tr><td rowspan="2">区际冲突法</td><td>概念</td><td colspan="2">用于解决主权国家内部不同法域之间的民商事法律冲突的法律适用法，也成为区际私法</td></tr>
<tr><td>特点</td><td colspan="2">区际私法是为了解决一国内部各法域之间的民商事冲突的需要而产生，其特点包括：①区际私法的根本任务决定其属于国内法；②区际私法是民商事法律适用法；③与国际私法既有联系又有区别</td></tr>
</table>

| | | | |
|---|---|---|---|
| 区际法律冲突概述 | 区际冲突法 | 与国际私法的联系与区别 | (1)联系:①国际私法本身就是在区际私法的基础上发展起来的,都以解决民商事法律在空间效力上的冲突为目的;②两者调整对象都是民商事关系,调整方式都包含间接调整方法;③在特定条件下,国际私法中的冲突规范的适用往往有赖于区际私法的适用<br>(2)区别:①调整对象不同,区际私法调整一国内部不同法域间的民商事关系,国际私法调整国际性的民商事关系;②渊源不同,区际私法的渊源只能是国内法,国际私法的渊源除国内法还包括国际条约和国际惯例;③具体规则与制度也有所不同,例如属人法、公共秩序保留 |
| | | 解决途径 | (1)区际冲突法解决途径,即多法域国家通过制定区际冲突规范确定各种区际民商事法律关系应适用的法律,从而解决区际法律冲突<br>一般而言,通过区际冲突法的途径解决区际法律冲突的具体方式有:①制定全国统一的区际冲突法来解决区际法律冲突;②各法域分别制定各自的区际冲突法,来解决自己的法律与其他法域法律之间的冲突;③类推适用国际私法解决区际法律冲突;④对区际法律冲突和国际法律冲突不加区分,适用与解决国际法律冲突基本相同的规则解决区际法律冲突<br>(2)统一实体法解决途径,即由多法域国家制定或由多法域国家的法域联合起来采用统一的民商事实体法,直接适用于有关跨地区的民商事法律关系,从而避免不同法域的法律选择,最终消除区际法律冲突<br>采用统一实体法解决区际法律冲突的方式主要有:①制定全国统一的实体法解决区际法律冲突;②制定仅适用于部分法域的统一实体法来解决有关法域之间的区际法律冲突;③各法域采用相同或类似的实体法以求得统一,从而解决其相互间的区际法律冲突;④一些多法域国家的最高审判机关在审判实践中积极发挥作用,推动了实体法的统一,从而促进了其国内区际法律冲突的解决;⑤将在一个法域适用的实体法扩大适用于另一个法域,从而取得法制的统一,消除区际法律冲突 |

## 二、中国的区际法律冲突问题

| | | |
|---|---|---|
| 中国的区际法律冲突 | 产生原因 | 我国区际法律冲突的产生主要有以下两项原因和条件:①领土回归和国家统一;②一国两制方针政策的实施,即在一个主权国家根据宪法和有关法律规定,设立特别的行政区实行不同于主要地区的政治、经济、社会制度 |
| | 特点 | 主要包括:①是一种特殊的单一制国家内的区际法律冲突;②既有属于同一社会制度的法域之间的法律冲突,又有社会制度根本不同的法域之间的法律冲突;③既有属于同一个法系的法域之间的法律冲突,如台湾和澳门同属于大陆法系,同时又有分属不同法系的法域之间的法律冲突;④不仅表现为各地区本地法之间的冲突,而且有时表现为各地区的本地法和其他地区适用的国际条约之间,以及各地区适用的国际条约相互之间的冲突;⑤由于各法域都有自己的终审法院,而在各法域之上无最高司法机关,因此在解决区际法律冲突方面,无最高司法机关加以协调;⑥在立法管辖权方面,无中央立法管辖权和各法域立法管辖权的划分。实际上,在民商事领域,各法域享有完全的立法管辖权 |
| | 解决原则以及途径 | 在制定和实施中国区际冲突法的过程中,需要贯彻下列相互依存、相互制约的四个原则:①促进和维护国家统一原则,这既是我国解决香港、澳门和台湾问题的出发点,也是终极目的。②一国两制原则,应将其作为指导性原则,不宜草率、简单、操之过急地采用统一实体法的做法,而应多利用区际冲突法来解决区际法律冲突。③平等互利原则,主要体现在以下两个方面:其一要求中国内地、香港、澳门和台湾的民商事法律处于平等地位,各地区在一定条件下承认其他地区的法律在本地区的域外效力;其二对当事人而言,意味着进行区际民商事交往的各地区的自然人和法人在法律上互相平等且彼此获利。④促进和保障正常的区际民商事交往原则,即对于区际法律冲突的解决应当有利于促进和保障正常的民商事交往 |
| | | 中国区际法律冲突的解决,应通过如下三个步骤进行:①各法域类推适用各自的国际私法;②在各地区充分协商和协调的基础上,制定全国统一的区际冲突法或通过共同加入某些冲突法公约来解决区际法律冲突;③利用实体法来避免和消除区际法律冲突 |

## 三、中国的区际司法协助

| | | |
|---|---|---|
| 中国的区际司法协助 | 概念 | 同一主权国家内部不同法域在司法领域的合作与互助，具体是指某一法域的法院应另一法域法院的请求，代为进行某些诉讼行为。与国际司法协助相比具有显著区别，主要表现在：①是主权国家内部不同地区法院之间的司法协助关系，其法律依据不同于国际司法协助；②是一国内不同法域之间的司法协助；③一般具有一定的强制性 |
| | 产生 | 主权国家内区际司法协助的产生，一般应具备以下条件：①该国为复合法域国家；②任何法域的法院在审理有关跨法域民商事案件时，需要获得其他法域法院的协助；③各法域法院基于有关法律的规定，或法域间的协议，或互惠原则，为对方提供司法协助 |
| | 特点 | 主要包括：①建立在一国两制基础上的司法协助，而其他多法域国家的司法协助都是建立在一国一制基础上；②不同法系并存下的司法协助，而其他多法域国家的司法协助一般是同一法系间的；③单一制国家的区际司法协助，但各法域都拥有独立的立法权、司法权和终审权，各法域之间没有最高的司法机关来协调区际司法协助关系；④区际司法协助关系的最终形成是一个长期的过程 |
| | 中国的区际私法协助的理论 | 区际司法协助方式：①准国际私法方式，即各法域进行司法协助时，可比照各法域民事诉讼中有关国际司法协助的规定；②借助国际条约的方式，即法域之间可依照有关条约的规定进行；③区际协议方式，即根据内地与港澳台及其相互间签订的司法协助协议进行；④中心机关方式，即由专门设立的中心机关处理司法协助事务，具体包括分片设立中心机关、总括设立中心机关以及设立全国统一的司法协助协调中心三种方式；⑤多边协议方式，即在司法部下设立一个由各法域组成的区际司法委员会，由该委员会在中国国际私法协会协助下，制定实施司法协助协议 |
| | | 区际司法协助内容：①送达；②取证；③法院判决的相互承认与执行；④仲裁裁决的相互承认与执行 |
| | 实践 | 1998 年《关于人民法院认可台湾地区有关法院民事判决的规定》，1999 年《关于内地与香港特别行政区法院相互委托送达民商事司法文书的安排》、《关于内地与香港特别行政区相互执行仲裁裁决的安排》，2001 年《关于内地与澳门特别行政区法院就民商事案件相互委托送达司法文书和调取证据的安排》，2006 年《内地与澳门特别行政区关于相互认可和执行民商事判决的安排》，2008 年《关于内地与澳门特别行政区相互认可和执行仲裁裁决的安排》 |

## 配套习题

### 一、单项选择题

1. 根据我国法律规定，依法应当适用的外国法律，如果该外国不同地区实施不同的法律的，则（　）

A. 适用最密切联系的地区的法律

B. 适用该外国调整国内法律冲突的冲突规范

C. 适用法院地法

D. 适用当事人选择的法律

2. 根据我国法律规定，如果内地的司法文书要向香港特别行政区的当事人送达，一般通过（　）和香港特别行政区高等法院进行

A. 高级人民法院　　B. 中级人民法院

C. 基层人民法院　　D. 最高人民法院

3. 根据我国内地和香港达成的司法协助安排，送达司法文书，应当依照（　）

A. 重叠适用委托方和受委托方所在地法律规定的程序

B. 可以选择委托方或者受委托方所在地法律规定的程序

C. 委托方所在地法律规定的程序

D. 受委托方所在地法律规定的程序

4. 根据内地与澳门就民商事案件相互委托送达司法文书和调取证据所达成的安排，下列(　)不属于代为调取证据的范围

A. 代为询问当事人、证人和鉴定人

B. 代为送达诉讼文书

C. 代为进行鉴定和司法勘验

D. 调取与诉讼有关的证据

5. 在香港特别行政区作出的仲裁裁决，一方当事人不履行仲裁裁决的，另一方当事人可以向内地(　)申请执行

A. 被申请人住所地的基层人民法院

B. 财产所在地的基层人民法院

C. 被申请人住所地或者财产所在地的中级人民法院

D. 被申请人住所地或者财产所在地的基层人民法院

6. 李某在内地某法院取得一项涉及王某的具有给付内容的生效民事判决。王某的主要财产在澳门，在内地也有少量可供执行的财产。根据最高人民法院《关于内地与澳门特别行政区相互认可和执行民商事判决的安排》，下列(　)选项是正确的(司考 2007 年卷一，单选第 36 题)

A. 李某有权同时向内地与澳门有管辖权的法院申请执行

B. 李某向澳门法院提出执行申请的同时，可以向内地法院申请查封、扣押或者冻结王某的财产

C. 如澳门法院受理执行申请，它不能仅执行该判决中的部分请求

D. 该判决的执行应适用内地法律

7. 在一个涉外民事案件中，我国某法院根据我国的冲突规则确定应适用外方当事人的本国法处理该争议，但该外国的不同地区实施着不同的法律。在此情况下，下列(　)选项是正确的(司考 2007 年卷一，单选第 40 题)

A. 应以该国首都所在地的法律为外方当事人的本国法

B. 应以外方当事人的住所地法代替其本国法

C. 应直接以与该民事关系有最密切联系的法律为外国当事人的本国法

D. 应先依据该国的区际冲突规则加以确定；如该国法律未作规定，再以与该民事关系有最密切联系的法律为外国当事人的本国法

## 二、多项选择题

1. 下列关于内地与香港法院相互委托送达民商事司法文书的说法中，正确的是(　)

A. 委托送达司法文书费用互免

B. 委托书应当以中文文本提出

C. 司法文书可以为英文，也可以为中文

D. 如果司法文书中确定的出庭日期或者期限已过，受委托方就无须再送达

2. 下列各项中，(　)表明了国际私法和区际私法之间的联系

A. 在特定条件下，国际私法中的冲突规范的适用往往有赖于区际私法的适用

B. 国际私法是在区际私法的基础上发展起来的

C. 两者调整对象都是民商事关系

D. 两者所包含的法律规范主要都是法律适用规范

3. 利用统一实体法解决途径来解决区际法律冲突，具体可采用(　)方式

A. 各法域采用相同或类似的实体法求得统一

B. 制定仅适用于部分法域的统一实体法

C. 制定全国统一的实体法解决区际法律冲突

D. 将在一个法域适用的实体法扩大适用于另一个法域

4. 位于厦门的甲公司与位于台北的乙公司因货物买卖产生纠纷，双方在台湾地区的有关法院就该纠纷进行诉讼，该法院作出终审判决。根据最高人民法院《关于人民法院认可台湾地区有关法院民事判决的规定》，下列哪些选项是正确的？(　)(司考 2005 年卷一，多选第 80 题)

A. 当事人可在该判决生效后两年内向人民法院提出对该判决的认可申请

B. 当事人对台湾地区有关法院的判决未申请认可，而是就同一案件事实另行向人民法院提起诉讼的，人民法院应予受理

C. 乙公司向人民法院提出认可申请后，甲公司向人民法院就同一案件事实提起诉讼的，人民法院应予受理

D. 当事人提出的认可申请被驳回后，再就同一案件事实向人民法院起诉的，人民法院仍可受理

5. 下列有关内地与澳门相互认可和执行仲裁裁决的说法中，正确的是(　)

A. 一方当事人不履行，另一方当事人可以向被申请人经常居住地法院申请认可和执行

B. 内地有权受理认可和执行仲裁裁决申请的法院为中级人民法院

C. 澳门有权受理认可和执行仲裁裁决申请的法院为中级法院

D. 被申请人的住所地、经常居住地或者财产所在地分别在内地和澳门特别行政区的，申请人不能分别向两地法院提出申请

6. 澳门仲裁机构作出的仲裁裁决要得到内地法院认可和执行的，申请人应当提交下列哪些文件？(　)

A. 申请书

B. 申请人身份证明

C. 仲裁协议

D. 仲裁裁决书或者仲裁调解书

## 三、简答题

1. 简答中国区际法律冲突的特点。(考研中南财经政法大学2003年)

2. 简述国际私法和区际私法的异同。

3. 简述区际法律冲突的解决途径。

# 参考答案

## 一、单项选择题

1. 答案：B

提示：本题考查的是区际法律冲突的法律适用

解析：《民通意见》第192条规定："依法应当适用的外国法律，如果该外国不同地区实施不同的法律的，依据该国法律关于调整国内法律冲突的规定，确定应适用的法律。该国法律未作规定的，直接适用与该民事关系有最密切联系的地区的法律。"因此，B项正确。

2. 答案：A

提示：本题考查的是内地与香港法院相互委托送达民商事司法文书的安排

解析：最高人民法院《关于内地与香港特别行政区法院相互委托送达民商事司法文书的安排》第2条规定："双方委托送达司法文书，均须通过各高级人民法院和香港特别行政区高等法院进行。最高人民法院司法文书可以直接委托香港特别行政区高等法院送达。"因此，一般是通过内地各高级人民法院和香港特别行政区高等法院进行司法文书的送达，但最高人民法院的司法文书可以直接委托香港特别行政区高等法院送达。因此，A项正确。

3. 答案：D

提示：本题考查的是内地与香港法院相互委托送达民商事司法文书的安排

解析：最高人民法院《关于内地与香港特别行政区法院相互委托送达民商事司法文书的安排》第6条规定："送达司法文书，应当依照受委托方所在地法律规定的程序进行。"因此，D项正确。

4. 答案：B

提示：本题考查的是内地与澳门的司法协助

解析：最高人民法院《关于内地与澳门特别行政区法院就民商事案件相互委托送达司法文书和调取证据的安排》第17条规定："代为调取证据的范围包括：代为询问当事人、证人和鉴定人，代为进行鉴定和司法勘验，调取其他与诉讼有关的证据。"因此，A、C、D项都属于《安排》中规定的代为调取证据的范围，但B项不正确。

5. 答案：C

提示：本题考查的是内地和香港相互承认和执行仲裁裁决的安排

解析：最高人民法院《关于内地与香港特别行政区相互执行仲裁裁决的安排》第1条规定："在内地或者香港特区作出的仲裁裁决，一方当事人不履行仲裁裁决的，另一方当事人可以向被申请人住所地或者财产所在地的有关法院申请执行。"第2条规定："上条所述的有关法院，在内地指被申请人住所地或者财产所在地的中级人民法院，在香港特区指香港特别行政区高等法院。被申请人住所地或者财产所在地在内地不同的中级人民法院辖区内的，申

请人可以选择其中一个人民法院申请执行裁决，不得分别向两个或者两个以上人民法院提出申请。被申请人的住所地或者财产所在地，既在内地又在香港特区的，申请人不得同时分别向两地有关法院提出申请。只有一地法院执行不足以偿还其债务时，才可就不足部分向另一地法院申请执行。两地法院先后执行仲裁裁决的总额，不得超过裁决数额。”因此，C 项正确。

6. **答案**：B

**提示**：本题考查的是最高人民法院《关于内地与澳门特别行政区相互认可和执行民商事判决的安排》的内容

**解析**：最高人民法院《关于内地与澳门特别行政区相互认可和执行民商事判决的安排》第 5 条规定："被申请人在内地和澳门特别行政区均有可供执行财产的，申请人可以向一地法院提出执行申请。申请人向一地法院提出执行申请的同时，可以向另一地法院申请查封、扣押或者冻结被执行人的财产。待一地法院执行完毕后，可以根据该地法院出具的执行情况证明，就不足部分向另一地法院申请采取处分财产的执行措施。两地法院执行财产的总额，不得超过依据判决和法律规定所确定的数额。”因此，B 项正确，A、C 项错误。该《安排》第 20 条规定："对民商事判决的认可和执行，除本安排有规定的以外，适用被请求方的法律规定。”因此，D 项错误。

7. **答案**：D

**提示**：本题考查的是区际法律冲突

**解析**：《关于贯彻执行〈中华人民共和国民法通则〉若干问题的意见（试行）》第 192 条规定："依法应当适用的外国法律，如果该外国不同地区实施不同的法律的，依据该国法律关于调整国内法律冲突的规定，确定应适用的法律。该国法律未作规定的，直接适用与该民事关系有最密切联系的地区的法律。”因此，该题中 D 项正确。

## 二、多项选择题

1. **答案**：AB

**提示**：本题考查的是内地与香港法院相互委托送达民商事司法文书的安排

**解析**：最高人民法院《关于内地与香港特别行政区法院相互委托送达民商事司法文书的安排》第 8 条规定："委托送达司法文书费用互免。但委托方在委托书中请求以特定送达方式送达所产生的费用，由委托方负担。”因此，A 项正确。第 3 条第 2 款规定："委托书应当以中文文本提出。所附司法文书没有中文文本的，应当提供中文译本。以上文件一式两份。受送达人为两人以上的，每人一式两份。”因此，B 项正确，C 项不正确。第 4 条规定："不论司法文书中确定的出庭日期或者期限是否已过，受委托方均应送达。委托方应当尽量在合理期限内提出委托请求。”因此，D 项不正确。

2. **答案**：ABCD

**提示**：本题考查的是国际私法和区际私法之间的联系

**解析**：二者的联系表现在：①国际私法本身就是在区际私法的基础上发展起来，都以解决民商事法律在空间效力上的冲突为目的。因此，两者所包含的法律规范主要都是法律适用规范。规范结构以及其适用的有关制度（如识别、反致、公共秩序保留、法律规避等）相同或相似。②两者的调整对象都是民商事关系，调整方式都包含间接调整方法。③在特定条件下，国际私法中的冲突规范的适用往往有赖于区际私法的适用。例如，当法院地的冲突规则指向一个多法域国家的法律时，往往还需要借助该国的区际私法才能最终确定准据法。因此，A、B、C、D 项都正确。

3. **答案**：ABCD

**提示**：本题考查的是区际法律冲突的解决途径

**解析**：采用统一实体法解决区际法律冲突的方式主要有：①制定全国统一的实体法解决区际法律冲突；②制定仅适用于部分法域的统一实体法来解决有关法域之间的区际法律冲突；③各法域采用相同或类似的实体法以求得统一，从而解决其相互间的区际法律冲突；④一些多法域国家的最高审判机关在审判实践中积极发挥作用，推动实体法的统一，从而促进其国内区际法律冲突的解决；⑤将在一个法域适用的实体法扩大适用于另一个法域，从而取得法制的统一，消除区际法律冲突。因此，A、B、C、D 项都正确。

4. **答案**：BD

**提示**：本题考查的是区际间民事判决的承认与执行

**解析**：最高人民法院《关于人民法院认可台湾地区有关法院民事判决的规定》第 17 条规定："申请认可台湾地区有关法院民事判决的，应当在该判决发生效力后一年内提出。”故 A 项错误。第 13 条规定：

"案件虽经台湾地区有关法院判决,但当事人未申请认可,而是就同一案件事实向人民法院提起诉讼的,应予受理。"故B项正确。第12条规定:"人民法院受理认可台湾地区有关法院民事判决的申请后,对当事人就同一案件事实起诉的,不予受理。"故C项错误。第15条规定:"对人民法院不予认可的民事判决,申请人不得再提出申请,但可以就同一案件事实向人民法院提起诉讼。"故D项正确。

5. **答案**:AB

**提示**:本题考查的是《关于内地与澳门特别行政区相互认可和执行仲裁裁决的安排》的有关规定

**解析**:《关于内地与澳门特别行政区相互认可和执行仲裁裁决的安排》第2条规定:"在内地或者澳门特别行政区作出的仲裁裁决,一方当事人不履行的,另一方当事人可以向被申请人住所地、经常居住地或者财产所在地的有关法院申请认可和执行。内地有权受理认可和执行仲裁裁决申请的法院为中级人民法院。两个或者两个以上中级人民法院均有管辖权的,当事人应当选择向其中一个中级人民法院提出申请。澳门特别行政区有权受理认可仲裁裁决申请的法院为中级法院,有权执行的法院为初级法院。"故A、B项正确,C项错误。该安排第3条规定:"被申请人的住所地、经常居住地或者财产所在地分别在内地和澳门特别行政区的,申请人可以向一地法院提出认可和执行申请,也可以分别向两地法院提出申请。当事人分别向两地法院提出申请的,两地法院都应当依法进行审查。予以认可的,采取查封、扣押或者冻结被执行人财产等执行措施。仲裁地法院应当先进行执行清偿;另一地法院在收到仲裁地法院关于经执行债权未获清偿情况的证明后,可以对申请人未获清偿的部分进行执行清偿。两地法院执行财产的总额,不得超过依据裁决和法律规定所确定的数额。"所以,D项错误。

6. **答案**:ABCD

**提示**:本题考查的是《关于内地与澳门特别行政区相互认可和执行仲裁裁决的安排》的有关规定

**解析**:《关于内地与澳门特别行政区相互认可和执行仲裁裁决的安排》第4条规定:"申请人向有关法院申请认可和执行仲裁裁决的,应当提交以下文件或者经公证的副本:①申请书;②申请人身份证明;③仲裁协议;④仲裁裁决书或者仲裁调解书。上述文件没有中文文本的,申请人应当提交经正式证明的中文译本。"所以正确答案为A、B、C、D项。

## 三、简答题

1. **提示**:应从区际法律冲突的概念、产生原因和特点等方面来回答

**答案**:(1)区际法律冲突是多法域国家的产物,即指在一个国家内部不同地区的法律制度之间的冲突。概念本身包含以下三方面含义:①国内各法域间的冲突;②国内各法域间民商事法律制度的冲突;③国内各法域间民商事法律适用上的冲突。

(2)我国区际法律冲突的产生主要有以下两项原因:①领土回归和国家统一;②一国两制方针政策的实施,即在一个主权国家根据宪法和有关法律的规定,设立特别的行政区实行不同于主要地区的政治、经济、社会制度。

(3)中国的区际法律冲突具有以下特点:①是一种特殊的单一制国家内的区际法律冲突;②既有属于同一社会制度的法域之间的法律冲突,又有社会制度根本不同的法域之间的法律冲突;③既有属于同一个法系的法域之间的法律冲突,如台湾和澳门同属于大陆法系;同时又有分属不同法系的法域之间的法律冲突;④不仅表现为各地区本地法之间的冲突,而且有时表现为各地区的本地法和其他地区适用的国际条约之间,以及各地区适用的国际条约相互之间的冲突;⑤由于各法域都有自己的终审法院,而在各法域之上无最高司法机关,因此在解决区际法律冲突方面,无最高司法机关加以协调;⑥在立法管辖权方面,无中央立法管辖权和各法域立法管辖权的划分。实际上,在民商事领域,各法域享有完全的立法管辖权。

2. **提示**:参见本章"基础知识图解"中"区际私法与国际私法的联系与区别"的相关内容,从两者的概念、联系和区别等方面回答

3. **提示**:参见本章"基础知识图解"中"区际法律冲突"的相关内容,从其概念和解决途径两方面回答

## 综合测试题

### 一、单项选择题

1. 提倡“规则选择”或“结果选择”方法，以取代传统的“管辖权选择”方法的学者是（ ）

A. 库克　　B. 卡弗斯

C. 艾伦·茨威格　　D. 里斯

2. 甲公司在德国注册成立，在中国进行商业活动时与中国的乙公司发生商务纠纷并诉诸中国法院。法院经审理查明：甲公司的控股股东为英国人，甲公司在德国、英国和中国均有营业所。依照我国有关法律及司法解释，法院应如何选择确定本案甲公司营业所？（ ）（司考2006年卷一，单选第35题）

A. 以其德国营业所为准

B. 以其英国营业所为准

C. 以其中国营业所为准

D. 以当事人共同选择的营业所为准

3. 塞纳具有甲国国籍，住所在乙国，于1988年死亡。塞纳的亲属要求继承其遗留在丙国的不动产并诉至丙国法院。丙国法院按照本国的冲突规范应适用塞纳的本国法即甲国法；但依甲国冲突规范规定又应适用塞纳的住所地法即乙国法；而乙国冲突规范规定应适用不动产所在地法律即丙国法律。此时，丙国法院适用自己本国法律的行为属于下列（ ）（司考2002年卷一，单选第21题）

A. 直接反致　　B. 间接反致

C. 转致　　D. 双重反致

4. 某国公民杰克逊18岁，在上海某商店购买一款手机，价值4 000元人民币。三天之后，杰克逊在另一商店发现该款手机的价格便宜许多，便到前一商店要求退货，被拒绝。杰克逊遂向上海某法院起诉，理由是根据其本国法，男子满20岁为成年人，自己未届成年，购买手机行为应属无效。对此，下列哪些说法是正确的？（ ）（司考2005年卷一，单选第37题）

A. 认定杰克逊的行为无效，手机可以退货

B. 认定杰克逊的行为有效，手机不能退货

C. 认定杰克逊为限制行为能力人，但因本案所涉金额不大，判购买行为有效

D. 法院应根据1980年《联合国国际货物销售合同公约》处理该案

5. 动产与不动产的识别，一般应适用（ ）

A. 法院地法　　B. 物之所在地法

C. 当事人约定的法　　D. 当事人的属人法

6. 根据我国最高人民法院的司法解释，外国法人的本国法是指（ ）

A. 住所地所在国法

B. 营业地所在国法

C. 注册登记地国法

D. 主要办事机构所在地国法

7. 用于解决一国内部不同种族的人之间的法律冲突的规范称为（ ）

A. 时际冲突规范　　B. 人际冲突规范

C. 区际冲突规范　　D. 国际统一实体规范

8. 根据我国法律规定，不动产租赁应适用（ ）

A. 当事人选择的法律

B. 最密切联系的法律

C. 不动产所在地的法律

D. 租赁合同签订地的法律

9. 审理涉外民商事案件时，如果根据外国的冲突规范援引指向我国法律时，则应适用我国的（ ）

A. 程序法　　B. 实体法

C. 冲突法　　D. 冲突法和实体法

10. 中国公司与新加坡公司协议将其货物买卖纠纷提交设在中国某直辖市的仲裁委员会仲裁。经审理，仲裁庭裁决中国公司败诉。中国公司试图通过法院撤销该仲裁裁决。据此，下列选项中哪一项是正确的？（ ）（司考2005

年卷一，单选第36题）

A. 中国公司可以向该市高级人民法院提出撤销仲裁裁决的申请

B. 人民法院可依“裁决所根据的证据不充分”这一理由撤销该裁决

C. 如有权受理该撤销仲裁裁决请求的法院作出了驳回该请求的裁定，中国公司可以对该裁定提起上诉

D. 受理该请求的法院在裁定撤销该仲裁裁决前须报上一级人民法院审查

## 二、多项选择题

1. 依我国《民法通则》第142条和第150条的规定，人民法院援引国际惯例作为处理合同争议的法律依据时，必须同时符合的条件是（　）（考研中国政法大学2005年）

A. 中国法没有解决该合同争议的相应规定

B. 中国参加的国际条约也没有相应的规定

C. 该合同应该适用中国法作为准据法

D. 适用国际惯例不损害我国的公共程序

2. 在下列冲突规范的类型中，有两个或者两个以上连结点的冲突规范是（　）（考研西南政法大学2003年）

A. 单边冲突规范

B. 双边冲突规范

C. 重叠型的冲突规范

D. 无条件的选择性的冲突规范

3. 中国甲公司与德国乙公司签订了进口一批仪器的国际货物买卖合同，合同约定有关合同的一切争议适用中国法。此批货物由新加坡籍货轮“比西”号承运，并投保了一切险。“比西”号在印度洋公海航行时与巴拿马籍货轮“丽莎”号相撞。“比西”号船长为了避免该轮沉没采取了船舶搁浅的措施。“比西”号在救助人的帮助下进入避难港，经修理继续航行到达中国目的港。但在途中曾突遇特大暴风雨，使部分仪器湿损。上述各方当事人如发生诉讼，下列关于法律适用问题的选项哪些是正确的？（　）（考研中国政法大学2006年）

A. 如果该船舶碰撞案在中国法院审理，应适用中国法

B. 如果该船舶碰撞案在中国法院审理，应适用侵权行为地法

C. 如果有关该国际货物买卖合同的争议在中国法院审理，应适用中国法

D. 如果有关该国际货物买卖合同的争议在中国法院审理，应适用德国法

4. 依《民法通则》第148条的有关规定，与被扶养人有最密切联系的国家的法律，包括（　）（考研中国政法大学2006年）

A. 被扶养人的本国法

B. 被扶养人的住所地法

C. 扶养人与被扶养人约定的法律

D. 供养被扶养人的财产所在地法

5. 朴某为韩国人，现在我国某市中级人民法院因民事纠纷涉诉。可以成为朴某诉讼代理人的有（　）（司考2002年卷一，多选第65题）

A. 韩国公民

B. 以律师身份接受朴某委托的韩国律师

C. 中国律师

D. 中国公民

6. 下列在我国法院提起的诉讼中，构成涉外民事法律关系的有（　）

A. 发生在英国的犯罪行为因在我国发生结果而对犯罪嫌疑人追究刑事责任

B. 中国公民和韩国公民之间的婚姻关系

C. 中国公民和日本公民之间的合同关系

D. 因发生在俄罗斯的交通事故而产生的侵权行为

7. 甲和乙是堂兄妹，居住在广州，为逃避我国法律禁止近亲结婚的有关规定，便去另一国结婚，然后又回到广州居住。关于甲和乙前往另一国结婚的行为，下列说法哪项是正确的？（　）

A. 该行为构成法律规避

B. 该行为通过改变婚姻缔结地的方式达到规避法律的目的

C. 该行为规避的是我国的禁止性规定

D. 该行为发生适用外国法的效力

8. 英国“明光号”货轮在我国大连港与另一艘英国货轮相撞，两船损失都十分严重，如果“明光号”向我国海事法院起诉，关于法院应适用的法律，下列说法中正确的是（　）

A. 中国法　　　　B. 英国法

C. 船旗国法　　　　D. 侵权行为地法

9. 英国学生甲和日本学生乙都在中国留学，某日，两人发生争吵，乙打伤甲，甲向中国法院起诉要求损害赔偿，法院应适用(　)

A. 侵权行为地法　　　　B. 日本法

C. 中国法　　　　D. 英国法

10. 中国涉外仲裁机构作出的裁决，当事人(　)

A. 可以向人民法院起诉

B. 不得向人民法院起诉

C. 一方不履行裁决的，对方可以申请该仲裁机构所在地的中级人民法院执行

D. 一方不履行裁决的，对方可以申请被申请人住所地的中级人民法院执行

## 三、不定项选择题

1. 下列选项中哪些法律规定属于冲突规范？(　)(律考1999年卷一，不定项选第78题)

A. 不动产的所有权，适用不动产所在地法律

B. 中华人民共和国民法调整平等主体的公民之间、法人之间、公民和法人之间的财产关系和人身关系

C. 扶养适用与被扶养人有最密切联系的国家的法律

D. 中国已婚的公民，夫妻双方在国外但未定居，一方向人民法院起诉离婚的，应由原告或被告原住所地人民法院管辖

2. 中国公民王某在甲国逗留期间，驾车正常行驶时被该国某公司雇员驾驶的卡车撞翻，身受重伤。王某回国后，向该公司在中国的分支机构所在地法院起诉，要求该公司赔偿其损失。我国《民法通则》规定，侵权行为的损害赔偿适用侵权行为地法。依此，关于如何查明应当适用的甲国法，下列(　)是正确的(司考2006年卷一，多选第81题)

A. 可由中外法律专家向法院提供甲国有关交通肇事损害赔偿方面的法律规定

B. 只有我国驻甲国使领馆才能提供甲国有关交通肇事损害赔偿方面的法律规定

C. 王某自己可以向法院提供甲国有关交通肇事损害赔偿方面的法律规定

D. 经各种途径仍不能查明甲国有关法律时，法院应当依照公平原则裁判

3. 依照我国法律的规定，下列合同必须适用我国法律(　)(司考2002年卷一，多选第63题)

A. 德国甲公司与法国乙公司依照《中华人民共和国外资企业法》，为共同投资在中国设立企业丙而订立的合同

B. 美国甲公司与我国乙公司依照《中华人民共和国中外合资经营企业法》，为共同投资在中国设立企业丙而订立的合同

C. 日本国甲公司与意大利国乙公司及中国丁公司依照《中华人民共和国中外合作经营企业法》，为共同投资在中国设立企业丙而订立的合同

D. 中国甲公司与新加坡乙公司签订的在中国境内履行的中外合作勘探开发自然资源合同

4. 美国人马丁和英国人安娜夫妇是来华工作的外国专家。来华之前，两人长期在印度工作，并在那里有惯常居所。在中国工作期间，马丁向我国人民法院提起离婚的诉讼请求。对于马丁和安娜的离婚纠纷，我国法院应该适用下列(　)加以解决(司考2003年卷一，单选第23题)

A. 美国法　　　　B. 英国法

C. 中国法　　　　D. 印度法

5. 王某系已取得美国国籍且在纽约有住所的华人，1996年2月回中国探亲期间病故于上海，未留遗嘱。王某在上海遗有1栋别墅和200万元人民币的存款，在美国纽约遗有1套公寓房、2家商店、3辆汽车、若干存款。王某在纽约没有亲属，其在上海的亲属因继承王某遗产发生争议，诉至上海某人民法院。根据国际私法规则，我国法院应适用下列(　)法律审理这一案件(司考2003年卷一，多选第62题)

A. 在纽约州的财产适用纽约州法律

B. 在上海的财产适用中国法律

C. 遗产中的动产适用纽约州法律

D. 遗产中的不动产适用不动产所在地法律

6. 根据我国的司法解释，我国法院在依法应适用外国法律时，如果该外国的不同地区实施不同的法律，应如何确定准据法？(　)(司考2004年卷一，多选第70题)

A. 依据该国的区际冲突规则确定准据法

B. 可以直接选择适用该国任一地区的实体法

C. 在无法根据该国的区际冲突规则确定时，依据最密切联系原则确定准据法

D. 依当事人的住所地确定准据法

7. 根据我国《票据法》的规定，下列有关法律适用的说法中，正确的是(　)

A. 汇票、本票出票时的记载事项，适用出票地法律，也可以适用付款地法律

B. 票据的背书、承兑、付款和保证行为，适用行为地法律

C. 票据追索权的行使期限，适用出票地法律

D. 票据的提示期限适用付款地法律

8. 根据我国法律规定，“扶养适用与被扶养人有最密切联系的国家的法律”，这里的扶养应包括(　)

A. 父母对子女的抚养

B. 子女对父母的赡养

C. 夫妻相互之间的扶养

D. 其他有扶养关系的人之间的扶养

9. 汤姆是甲国人，其住所在甲国。2000 年来北京考察投资环境，并决定在中国投资设厂，但不幸突然病故，没有留下遗嘱，其遗产包括在北京的一幢房屋、若干存款，以及在甲国的多家工厂、一幢住房和一笔存款。其继承人在北京法院起诉，要求继承汤姆的财产，法院应适用(　)

A. 甲国法

B. 在甲国的工厂和住房适用甲国法

C. 在北京的房屋适用中国法

D. 存款应适用甲国法

10. 根据我国法律规定，对于因合同纠纷，原告在中国起诉，并且被告在中国领域内没有住所的，下列(　)法院可以行使管辖权

A. 可供扣押财产所在地

B. 合同签订地

C. 代表机构住所地

D. 诉讼标的物所在地

## 四、名词解释

1. 冲突规范(考研中国人民大学 2005 年、西北政法学院 2003 年)

2. Proper Law of Contract(考研中南财经政法大学 2003 年)

3. 仲裁条款的独立性

4. 1961 年《遗嘱处分方式法律适用公约》

5. 识别(考研中国人民大学 2003 年、武汉大学 2003 年)

## 五、简答题

1. 请说明国民待遇与最惠国待遇的异同。(考研中国政法大学 2002 年)

2. 简述物之所在地法适用的例外。(考研武汉大学 2005 年)

3. 试述连结点的软化处理。

## 六、论述题

1. 试述 1988 年《死者遗产继承法律适用公约》的主要内容。

2. 评述我国关于一般涉外侵权行为法律适用的立法规定。

## 七、案例分析题

中国 A 公司和营业地在甲国的 B 公司于 1998 年 5 月 30 日在 C 国签订了一项货物买卖合同，合同规定 A 公司向 B 公司出口 1 万台电视机。后发生纠纷诉之中国法院。

(1)假设 1：甲国是《联合国国际货物销售合同公约》的成员国，A 公司和 B 公司对该合同的法律适用已经合意选择 C 国法。

问：我国法院应适用什么法律作为审理该合同纠纷的准据法？为什么？

(2)假设 2：甲国是《联合国国际货物销售合同公约》的成员国，A 公司和 B 公司对该合同的法律适用没有作出选择。

问：我国法院应适用什么法律作为审理该合同纠纷的准据法？为什么？

(3)假设 3：甲国不是《联合国国际货物销售合同公约》的成员国，A 公司和 B 公司对该合同的法律适用没有作出选择。

问：我国法院适用什么法律作为审理该合同纠纷的准据法？为什么？

# 参考答案

## 一、单项选择题

1. 答案:B

提示:本题考查的是卡弗斯的优先选择原则

解析:卡弗斯于1933年在《哈佛法律评论》上发表一篇题名《法律选择过程批判》的文章,指责传统的冲突法制度只作"管辖权选择",而不问所选法律的具体内容是否符合案件的实际情况与公正合理的解决,因而是很难选择到更好的法律的。他主张改变这种只作"管辖权选择"的传统制度,代之以"规则选择"或"结果选择"的方法。因此,B项正确。

2. 答案:C

提示:本题考查的是法人营业所的确定

解析:法人的营业所即法人从事经营活动的场所。在实践中,一个法人有可能有两个或两个以上的营业所,从而导致营业所的积极冲突,因此,我国《民通意见》第185条规定:"当事人有两个以上营业所的,应以与产生纠纷的民事关系有最密切联系的营业所为准;当事人没有营业所的,以其住所或者经常居住地为准。"本题中,甲公司在德国注册,并在德国、英国、中国都有营业所,但甲公司是在中国境内与中国的乙公司进行商事活动时发生纠纷而诉至中国法院,因此与该纠纷具有最密切联系的国家是中国。根据最高人民法院的司法解释,应以在中国的营业所作为本案中甲公司的营业所,所以,C项正确。

3. 答案:B

提示:本题考查的是间接反致的概念

解析:直接反致,是指甲国法院按照其本国的冲突规范,应适用乙国法律,而乙国的冲突规范规定,应适用甲国的法律,结果甲国法院最后适用本国的实体法。转致是指甲国法院按照其本国的冲突规范,应适用乙国法律,而乙国的冲突规范规定,应适用丙国的法律,结果甲国法院最后适用丙国的实体法。间接反致是指甲国法院按照其本国的冲突规范,应适用乙国法律,而乙国的冲突规范规定,应适用丙国的法律,丙国的冲突规范又规定应该适用甲国法,结果甲国法院最后适用本国的实体法。双重反致又称"完全反致",是英国冲突法中的一种独特的做法,其含义为英国法院法官在处理某一案件时,如果依英国法而适用外国法,应假定将自己置身于该外国法律体系,像该外国法官依据自己的法律来裁判案件一样,再依该外国法对反致所持态度,最后决定应适用的法律。本题中,丙国法院对法律的适用可表示如下:丙国冲突规范→甲国冲突规范→乙国冲突规范→丙国实体法,所以丙国法院适用自己本国法律的行为属于间接反致,B项正确。

4. 答案:B

提示:本题考查的是外国人民事行为能力的确定

解析:《民通意见》第180条规定:"外国人在我国领域内进行民事活动,如依其本国法律为无民事行为能力,而依我国法律为有民事行为能力,应当认定为有民事行为能力。"尽管杰克逊依据其本国法并不具有民事行为能力,但我国《民法通则》第11条规定:"18周岁以上的公民是成年人,具有完全民事行为能力,可以独立进行民事活动,是完全民事行为能力人。"所以,杰克逊根据我国法律规定,具有民事行为能力,其在我国领域内进行的民事行为有效,所以B项正确。

5. 答案:B

提示:本题考查的是物之所在地法的适用范围

解析:物之所在地法的适用范围包括以下方面:①动产与不动产的区分;②物权客体的范围;③物权的种类和内容;④物权的取得、转移、变更和消灭的方式及条件;⑤物权的保护方法。因此,B项正确。

6. 答案:C

提示:本题考查的是外国法人国籍的确定

解析:我国《民通意见》第184条第1款规定:"外国法人以其注册登记地国家的法律为其本国法,法人的民事行为能力依其本国法确定。"可见,我国在外国法人的国籍确定问题上,采用的是法人登记地原则。因此,C项正确。

7. 答案:B

提示:本题考查的是人际冲突规范

解析:人际冲突规范,是指同一国家内,适用于不同宗教、种族、甚至不同阶级的人的法律之间的冲突的规范,它是用来解决人际法律冲突的规范,因此,B 项正确。

8. 答案:C

提示:本题考查的是不动产租赁的法律适用

解析:《民通意见》第 186 条规定:“土地、附着于土地的建筑物及其他定着物、建筑物的固定附属设备为不动产。不动产的所有权、买卖、租赁、抵押、使用等民事关系,均应适用不动产所在地法律。”因此,C 项正确。

9. 答案:B

提示:本题考查的是我国是否承认反致

解析:根据《民通意见》第 178 条第 2 款规定:“人民法院在审理涉外民事关系的案件时,应当按照民法通则第八章的规定来确定应适用的实体法。”一般认为,该条规定应理解为我国法院在审理涉外民事案件时,是不采用反致和转致的,即如果外国的冲突规范指向我国法律,则应适用我国的实体法。所以,B 项正确。

10. 答案:D

提示:本题考查的是涉外仲裁裁决的撤销

解析:《仲裁法》第 58 条规定:“当事人提出证据证明裁决有下列情形之一的,可以向仲裁委员会所在地的中级人民法院申请撤销裁决:①没有仲裁协议的;②裁决的事项不属于仲裁协议的范围或者仲裁委员会无权仲裁的;③仲裁庭的组成或者仲裁的程序违反法定程序的;④裁决所根据的证据是伪造的;⑤对方当事人隐瞒了足以影响公正裁决的证据的;⑥仲裁员在仲裁该案时有索贿受贿,徇私舞弊,枉法裁决行为的。人民法院经组成合议庭审查核实裁决有前款规定情形之一的,应当裁定撤销。”因而,A 项错误,中国公司应该向仲裁委员会所在地的中级人民法院申请撤销裁决。

最高人民法院《关于适用〈中华人民共和国仲裁法〉若干问题的解释》第 17 条规定:“当事人以不属于《仲裁法》第 58 条或者《民事诉讼法》第 258 条规定的事由申请撤销仲裁裁决的,人民法院不予支持。”因此,B 项也错误,因为“裁决所根据的证据不充分”不是撤销仲裁裁决的法定理由。

最高人民法院《关于人民法院裁定撤销仲裁裁决或驳回当事人申请后当事人能否上诉问题给广西壮族自治区高级人民法院的批复》规定:“对人民法院依法作出的撤销仲裁裁决或驳回当事人申请的裁定,当事人无权上诉。人民法院依法裁定撤销仲裁裁决的,当事人可以根据双方重新达成的仲裁协议申请仲裁,也可以向人民法院起诉。”所以,C 项错误。

最高人民法院《关于人民法院撤销涉外仲裁裁决有关事项的通知》第 1 条规定:“凡一方当事人按照仲裁法的规定向人民法院申请撤销我国涉外仲裁裁决,如果人民法院经审查认为涉外仲裁裁决具有《民事诉讼法》第 258 条第 1 款规定的情形之一的,在裁定撤销裁决或通知仲裁委员会重新仲裁之前,须报请本辖区所属高级人民法院进行审查。如果高级人民法院同意撤销裁决或通知仲裁庭重新仲裁,应将其审查意见报最高人民法院。待最高人民法院答复后,方可裁定撤销裁决或通知仲裁庭重新仲裁。”因此,我国对人民法院撤销我国涉外仲裁裁决实行报告制度,D 项说法正确。

## 二、多项选择题

1. 答案:ABD

提示:本题考查的是在我国关于国际惯例的适用条件

解析:我国《民法通则》第 142 条第 3 款规定:“中华人民共和国法律和中华人民共和国缔结或者参加的国际条约没有规定的,可以适用国际惯例。”可见,在我国,只有在国内立法和条约没有规定时,才可以适用国际惯例处理涉外民事法律关系,所以,A、B 项正确。但国际惯例的适用应受到一定的限制,即不得违反我国的公共秩序。《民法通则》第 150 条规定:“依照本章规定适用外国法律或者国际惯例的,不得违背中华人民共和国的社会公共利益。”因此,D 项正确。我国法律允许当事人在涉外民事关系中选择适用国际惯例,国际惯例本身就是我国国际私法的渊源之一,它属于国际统一实体规范,不需要经过冲突规范的指引,所以,C 项不是适用国际惯例的条件,不正确。

2. 答案:CD

提示:本题考查的是冲突规范的类型

解析:冲突规范可以分为单边冲突规范、双边冲突规范、重叠适用的冲突规范、选择适用的冲突规范。单边冲突规范的系属中只有一个连结点,是以一个特定国家的国名为标志或直接指明适用某一具体的外国法的冲突规范,故 A 项不正确。双边冲突规范的系属中也只有一个连结点。它是以一个抽象的地点作为标志的,适用这类冲突规范必须结合具体的案情来推定适用外国法还是内国法,故 B 项不正确。重叠适用的冲突规范,即其系属中有两个或两个以上的连结点,它们分别连接着不同国家的实体法,法院必须同时适用这两个或两个以上国家的法律,故C项正确。选择适用的冲突规范,就是其系属中有两个或两个以上的连结点,分别连接着不同国家的实体法,但法院仅选择其中之一来调整有关的涉外民事法律关系的冲突规范,故D项也正确。

3. 答案:AC

提示:本题考查的是船舶碰撞的法律适用和合同的法律适用

解析:我国《海商法》第273条规定:"船舶碰撞的损害赔偿,适用侵权行为地法律。船舶在公海上发生碰撞的损害赔偿,适用受理案件的法院所在地法律。同一国籍的船舶,不论碰撞发生于何地,碰撞船舶之间的损害赔偿适用船旗国法律。""比西"号和"丽莎"号不属于同一国籍,它们在公海上发生的碰撞,应当适用受理案件的法院所在地法,所以如果该船舶碰撞案在中国法院审理,应适用中国法,所以,A项正确,B项不正确。《合同法》第126条第1款规定:"涉外合同的当事人可以选择处理合同争议所适用的法律,但法律另有规定的除外。涉外合同的当事人没有选择的,适用与合同有最密切联系的国家的法律。"由于,甲公司与乙公司约定有关合同的一切争议适用中国法,因此,如果有关该国际货物买卖合同的争议在中国法院审理,应适用中国法,因此,C项正确,D项不正确。

4. 答案:ABD

提示:本题考查的是涉外扶养的法律适用

解析:《民法通则》第148条规定:"扶养适用与被扶养人有最密切联系的国家的法律。"《民通意见》第189条规定:"父母子女相互之间的扶养、夫妻相互之间的扶养以及其他有扶养关系的人之间的扶养,应当适用与被扶养人有最密切联系国家的法律。扶养人和被扶养人的国籍、住所以及供养被扶养人的财产所在地,均可视为与被扶养人有最密切的联系。"因此,A、B、D项正确。

5. 答案:ACD

提示:本题考查的是国际民事诉讼中的诉讼代理

解析:我国《民事诉讼法》第239条规定:"外国人、无国籍人、外国企业和组织在人民法院起诉、应诉,需要委托律师代理诉讼的,必须委托中华人民共和国的律师。"《民诉意见》第308条规定:"涉外民事诉讼中的外籍当事人,可以委托本国人为诉讼代理人,也可以委托本国律师以非律师身份担任诉讼代理人;外国驻华使、领馆官员,受本国公民的委托,可以以个人名义担任诉讼代理人,但在诉讼中不享有外交特权和豁免权。"可见,外国人在我国法院参加诉讼,可以亲自进行,也可以委托中国律师、中国其他公民、其本国人以及其本国律师以非律师身份进行,但目前不允许外国律师以律师身份在我国法院代理诉讼,因此,B项错误,A、C、D项正确。

6. 答案:BCD

提示:本题考查的是国际私法的调整对象

解析:国际私法的调整对象是涉外民商事法律关系。涉外民事关系是指民事关系的主体、客体或法律事实方面含有一个或一个以上的涉外因素的民商事法律关系。其范围非常广泛,既包括物权、债权、知识产权、继承权等财产关系外,也包括婚姻、家庭、监护等人身财产关系,还包括公司、保险、破产、代理等商事关系,以及有关的国际民事诉讼和仲裁程序关系。因此,B、C、D项都构成涉外民事法律关系,正确,但追究刑事责任不属于民事范畴,所以,A项不正确。

7. 答案:ABC

提示:本题考查的是法律规避

解析:法律规避,是指当事人故意制造一些连结因素以避免本应适用的对其不利的本国或外国实体法,从而适用对其有利的另一国实体法的行为。构成法律规避的行为应包括以下条件:①从主观上看,当事人是有目的、有意识地规避法律;②从规避的对象上看,被规避的法律必须是依冲突规范本应适用的强制性或禁止性法律;③从行为方式上看,当事人是通过人为地制造或改变一个或几个连结点来实现;④从客观结果上看,当事人规避法律的目的已经达到,即适用了对当事人有利的法律。因此,甲和乙的行为构成了法律规避,A、B、C项都正确。《民通意见》第194条规定:"当事人规避我国强制性或禁止性法律规范的行为,不发生适用外国法律的效力。"因此本题中,甲和乙规避我国禁止性法律规范的行为,不发生适用外国法律的效力,所以,D项错误。

8. 答案:BC

提示:本题考查的是海事侵权的法律适用

解析:《海商法》第273条规定:"船舶碰撞的损害赔偿,适用侵权行为地法律。船舶在公海上发生碰撞的损害赔偿,适用受理案件的法院所在地法律。

同一国籍的船舶,不论碰撞发生于何地,碰撞船舶之间的损害赔偿适用船旗国法律。”因此,本案中,法院应适用碰撞船舶的船旗国法,即英国法,B、C项正确。

9. 答案:AC

提示:本题考查的是涉外侵权的法律适用

解析:我国《民法通则》第146条规定:“侵权行为的损害赔偿,适用侵权行为地法律。当事人双方国籍相同或者在同一国家有住所的,也可以适用当事人本国法律或者住所地法律。中华人民共和国法律不认为在中华人民共和国领域外发生的行为是侵权行为的,不作为侵权行为处理。”本题中,侵权行为地在中国,因此,应适用中国法,A、C项正确。

10. 答案:BD

提示:本题考查的是涉外仲裁的承认执行

解析:《民事诉讼法》第257条规定:“经中华人民共和国涉外仲裁机构裁决的,当事人不得向人民法院起诉。一方当事人不履行仲裁裁决的,对方当事人可以向被申请人住所地或者财产所在地的中级人民法院申请执行。”因此,B、D项正确。

## 三、不定项选择题

1. 答案:AC

提示:本题考查的是冲突规范的概念和结构

解析:冲突规范即指明某一涉外民商事法律关系应适用何国实体法的规范,又称为法律适用规范或法律选择规范。它是一种特殊的法律规范,其结构不同于一般的法律规范,由范围和系属两部分组成,前者指该冲突规范所要调整的法律关系的类型,后者指调整这一法律关系所应适用的某种法律。所以,A、C项都是冲突规范,正确。而B、D项则是我国法律对民法概念的表述和关于涉外民事诉讼管辖的普通法律规范,不正确。

2. 答案:AC

提示:本题考查的是外国法的查明

解析:《民通意见》第193条规定:“对于应当适用的外国法律,可通过下列途径查明:①由当事人提供;②由与我国订立司法协助协定的缔约对方的中央机关提供;③由我国驻该国使领馆提供;④由该国驻我国使馆提供;⑤由中外法律专家提供。通过以上途径仍不能查明的,适用中华人民共和国法律。”因此,A、C项正确。而B项不正确,因为由我国驻甲国使领馆提供需要查询的甲国法律并不是唯一的途径。D项涉及外国法不能查明时的解决方法。根据法律规定,如果通过以上途径外国法仍不能查明的,应适用中华人民共和国法律。所以,D项错误。

3. 答案:BCD

提示:本题考查的是我国对合同准据法的强制适用

解析:《合同法》第126条第2款规定:“在中华人民共和国境内履行的中外合资经营企业合同、中外合作经营企业合同、中外合作勘探开发自然资源合同,适用中华人民共和国法律。”A项中,德国甲公司与法国乙公司共同投资在中国设立企业丙,丙属于外资企业,因而该合同为外商投资企业合同,不属于第126条规定的必须适用中国法律的三类合同之一;而B项中订立的合同为中外合资经营企业合同,C项中订立的是中外合作经营企业合同,D项中订立的合同是中外合作勘探开发自然资源合同,根据《合同法》第126条的规定,都必须适用我国法律,因此,B、C、D项正确。

4. 答案:C

提示:本题考查的是涉外离婚问题的法律适用

解析:《民通意见》第188条规定:“我国法院受理的涉外离婚案件,离婚以及因离婚而引起的财产分割,适用我国法律。认定其婚姻是否有效,适用婚姻缔结地法律。”本题中,美国人马丁和英国人安娜都是外国人,其纠纷属于涉外离婚案件,马丁向我国人民法院提起离婚诉讼请求,应当适用的法律为我国法。所以,C项正确。需要注意的是,《民法通则》第147条规定:“中华人民共和国公民和外国人结婚适用婚姻缔结地法律,离婚适用受理案件的法院所在地法律。”但这条规定并不适用于本题中的情况,因为本题中并不是一个中国人和一个外国人的离婚问题,而是两个外国人的离婚问题。因此,应适用上述《民通意见》的规定。

5. 答案:CD

提示:本题考查的是涉外继承的法律适用

解析:王某是一个美籍华人,其死亡时没有留下遗嘱,因此本案属于涉外法定继承关系。《继承法》第36条规定:“中国公民继承在中华人民共和国境外的遗产或者继承在中华人民共和国境内的外国人的遗产,动产适用被继承人住所地法律,不动产适用不动产所在地法律。”《民法通则》第149条也规定:“遗产的法定继承,动产适用被继承人死亡时住所地法律,不动产适用不动产所在地法律。”所以,D项正确。本题中,被继承人王某死亡时的住所地在纽约,因此,遗产中的动产应适用纽约州法律,C项正确。王某尽管在上海有别墅,但别墅并不一定是法律意义上的住所,因为法律意义上的住所不但要有居住的事实而且要有久居的意思,所以上海的别墅只能归入法律上的不动产的范畴,而不能视为住所。我国的法定继承实行区别制,是指将遗产区分为动产和不动产,分别适用不同的法律,而不是指将位于不同地区的遗产适用不同的法律,所以,A、B项错误。

6. **答案**:AC

**提示**:本题考查的是区际法律冲突

**解析**:《民通意见》第192条规定:“依法应当适用的外国法律,如果该外国不同地区实施不同的法律的,依据该国法律关于调整国内法律冲突的规定,确定应适用的法律。该国法律未作规定的,直接适用与该民事关系有最密切联系的地区的法律。”因此,A、C项正确。

7. **答案**:BCD

**提示**:本题考查的是票据的法律适用

**解析**:我国《票据法》第97条规定:“汇票、本票出票时的记载事项,适用出票地法律。支票出票时的记载事项,适用出票地法律,经当事人协议,也可以适用付款地法律。”所以,A项不正确。第98条规定:“票据的背书、承兑、付款和保证行为,适用行为地法律。”所以,B项正确。第99条规定:“票据追索权的行使期限,适用出票地法律。”所以,C项正确。第100条规定:“票据的提示期限、有关拒绝证明的方式、出具拒绝证明的期限,适用付款地法律。”所以,D项正确。

8. **答案**:ABCD

**提示**:本题考查的是扶养的法律适用

**解析**:《民通意见》第189条规定:“父母子女相互之间的扶养、夫妻相互之间的扶养以及其他有扶养关系的人之间的扶养,应当适用与被扶养人有最密切联系国家的法律。扶养人和被扶养人的国籍、住所以及供养被扶养人的财产所在地,均可视为与被扶养人有最密切的联系。”因此,A、B、C、D项都正确。

9. **答案**:BCD

**提示**:本题考查的是法定继承的法律适用

**解析**:《民法通则》第149条规定:“遗产的法定继承,动产适用被继承人死亡时住所地法律,不动产适用不动产所在地法律。”因此,本题中,存款应适用被继承人死亡时住所地法律,即甲国法。在北京的房屋适用不动产所在地法,即中国法。在甲国的工厂和住房则适用甲国法。所以,B、C、D项正确。

10. **答案**:ABCD

**提示**:本题考查的是法院对涉外案件的管辖权

**解析**:《民事诉讼法》第241条规定:“因合同纠纷或者其他财产权益纠纷,对在中华人民共和国领域内没有住所的被告提起的诉讼,如果合同在中华人民共和国领域内签订或者履行,或者诉讼标的物在中华人民共和国领域内,或者被告在中华人民共和国领域内有可供扣押的财产,或者被告在中华人民共和国领域内设有代表机构,可以由合同签订地、合同履行地、诉讼标的物所在地、可供扣押财产所在地、侵权行为地或者代表机构住所地人民法院管辖。”因此,A、B、C、D项都正确。

## 四、名词解释

1. **提示**:应从冲突规范的概念、结构、特点和种类等方面回答

**答案**:冲突规范,即指明某一涉外民商事法律关系应适用何国实体法的规范,又称为法律适用规范或法律选择规范,但冲突规范本身并不直接规定当事人的权利义务。其特点在于,它是:①法律适用规范,不同于一般的实体法规范;②法律选择规范,不同于一般的诉讼法规范;③间接规范,不同于实体法规范;④特殊的法律规范,其结构不同于一般的法律规范,由范围和系属两部分构成。根据系属中连结点的不同数量和性质,可以将冲突规范分为以下四类:①单边冲突规范;②双边冲突规范;③重叠适用的冲突规范;④选择适用的冲突规范。

2. **提示**:应从合同自体法的地位和含义等方面来回答

**答案**:Proper Law of Contract 通常译为合同自体法,它是英国用来确立合同准据法的学说。合同自体法是指合同当事人明示选择或默示选择的法律;在当事人既无明示选择,又不能推定当事人默示选择法律的意图时,合同自体法是指与合同有着最密切联系的法律。

3. **提示**:应从仲裁条款独立性的概念和理论依据等方面来回答

**答案**:仲裁条款独立性,即指仲裁条款独立于合同其他条款而存在,主合同的变更、解除、终止、无效或失效等情形并不影响仲裁条款的效力,其理论依

据在于:①仲裁条款与合同是两个不同的协议。一个是主合同,规定了当事人在实体方面的权利义务;另一个是次合同,即仲裁协议,规定了当事人在实体方面的权利义务如果不能如约实现时的救济措施。②仲裁条款的效力独立于合同的效力,即合同的有效与否不影响仲裁条款的效力,因为合同是否有效取决于合同的形式和实质要件是否符合该合同准据法的规定。如果因为主合同无效而使仲裁条款也无效的话,则仲裁条款就没有存在的必要了。③尊重当事人意思自治的要求。当事人在合同中约定仲裁条款,他们的真实意愿就是在争议发生后,通过仲裁而非其他途径解决相关争议。

4. **提示**:应从公约的制定机构、指导原则和法律适用等方面来回答

**答案**:为了统一各国关于遗嘱方式的法律适用规则,海牙国际私法会议于 1961 年制定《遗嘱处分方式法律适用公约》,公约于 1964 年生效。公约遵循以下三项指导原则:①有利于立遗嘱的原则,目的在于增强遗嘱的有效性以便切实实现立遗嘱人的意愿;②全部遗产一个遗嘱的原则,即立遗嘱人对自己全部遗产只须立一个遗嘱;③判决一致原则,即期望当事人无论在何国法院起诉均能得到一致的判决。公约规定遗嘱方式只要符合下列法律之一的即为有效:①立遗嘱人立遗嘱地法;②立遗嘱人做出遗嘱处分时或死亡时的本国法;③立遗嘱人做出遗嘱处分时或死亡时的住所地法;④立遗嘱人做出遗嘱处分时或死亡时的惯常居所地法;⑤关于不动产的遗嘱,适用该不动产所在地法。公约还进一步说明其规定不影响各缔约国任何现有的或将来的法律规则,对依照其他法律方式要求做出的遗嘱处分予以承认,即使得遗嘱方式有效的可能性进一步扩大。

5. **提示**:应从识别的概念和确定识别的主要依据来回答

**答案**:识别也称为定性或分类,是指法院在适用冲突规范时,依据一定的法律观念,对有关的事实构成作出定性或分类,将其归入特定的法律范畴,从而确定所要适用的冲突规范。关于识别的依据,目前采用最多的是法院地法说。该说主张以法院地国家的实体法作为识别的标准,理论根据是冲突规范是国内法,且法官熟悉本国法律概念,在解决识别冲突之前,外国法还没有得到适用,因此,不可能采用外国法进行识别。其他用来确定识别依据的学说主要有准据法说、分析法学与比较法说、个案识别说和二级识别说。

## 五、简答题

1. **提示**:应从国民待遇与最惠国待遇的概念、相同点和不同点等方面来回答

**答案**:(1)国民待遇是各国赋予外国人民事法律地位的最主要的原则,即在民事法律地位方面,内国给予外国人与内国人相同的待遇,实质是保证外国人与内国人之间民事法律地位的平等,又被称为平等待遇。

(2)最惠国待遇,是指施惠国根据条约的规定给予受惠国的自然人或法人的待遇,不低于该缔约国已经给予或将要给予任何第三国的自然人或法人的待遇,实质是使不同国籍的外国人之间的民事法律地位平等。

(3)二者的相同点。①国民待遇和最惠国待遇都是规定外国人民事法律地位的制度;②当前的国民待遇和最惠国待遇都是互惠的,即内国给予外国人国民待遇,必须以该外国给予内国人国民待遇为条件;③当今各国都对国民待遇和最惠国待遇的适用范围实行一定的限制,在国民待遇的适用范围上,各国采用的具体限制方式主要有两种:规定就某项特定的民事权利给予外国人国民待遇;规定就一般民事权利给予外国人国民待遇,但同时附加一定的限制。在最惠国待遇的适用范围上,目前各国一般实行的也是有限制的最惠国待遇。

(4)二者的区别。①参照标准不同:国民待遇是以本国公民所享有的待遇作为参照标准的;而最惠国待遇是以施惠国给予第三国的自然人或法人的待遇为参照标准。②目的不同:国民待遇的实质是为了保证外国人与内国人之间民事法律地位的平等;而最惠国待遇的实质是为了使不同国籍的外国人之间的民事法律地位平等。③内容不同:国民待遇由于给予外国人的法律地位和本国人相同,因此不存在比本国人更优惠的问题;而最惠国待遇有可能比施惠国本国公民享有的待遇更好。

2. **提示**:应从物之所在地法的概念和适用的例外情形等方面来回答

**答案**:(1)物之所在地法是指物权关系客体物所在地的法律。以物之所在地法作为涉外物权关系的准据法,是当今各国解决物权法律冲突采用的基本原则。

(2)但物之所在地法不适用于以下情形:①运送

途中的物的物权关系。运送中的物品一般适用送达地法或发送地法,或适用提单或其他权利证书转让所适用的准据法。②船舶、飞行器等运输工具的物权关系。船舶、飞行器等运输工具一般适用登记注册地法或旗国法。③法人消灭后的财产归属。外国法人终止或解散时,有关物权关系一般适用法人属人法。④外国国家财产。外国国家财产适用财产所属国的法律。⑤与人身关系密切的动产。与人身关系密切的动产一般适用有关的属人法。

3. 提示:应从连结点软化处理的含义和具体方法等方面来回答

答案:(1)连结点,又称为连结因素,即冲突规范借以确定涉外民事法律关系应当适用什么法律的根据。所谓连结点的软化处理就是通过在冲突规范中规定多个可供选择的连结点或规定具有弹性或灵活性的连结点,来克服传统冲突规范的僵化和呆板的缺点。

(2)连结点软化处理的方法:①用灵活的、开放性的连结点替代传统冲突规范中僵固的连结点。例如,在确定合同准据法方面,以意思自治和最密切联系原则取代合同缔结地法和合同履行地法这些直接硬性规定合同准据法的冲突规范。②规定多个连结点以提高法律选择的灵活性。如在冲突规范中规定两个或两个以上可供选择适用的连结点,以增加冲突规范的弹性。③对同类法律关系依不同的性质加以区分,规定不同的连结点。传统的国际私法立法对同一类法律关系一般只规定一个连结点。但现在,不仅新的法律关系大量产生,就是同一法律关系内部也开始分化,因此,应加以区分,并规定不同的连结点。④对同一法律关系的不同方面进行分割,对不同的部分或不同的环节规定不同的连结点。

## 六、论述题

1. 提示:应从《死者遗产继承法律适用公约》的适用范围、适用法律以及继承准据法的适用范围等方面来回答

答案:《死者遗产继承法律适用公约》由海牙国际私法会议于1988年10月制定,是海牙国际私法会议统一涉外继承的重要成果。公约对公约适用范围、适用法律以及继承准据法的适用范围等方面做了规定。公约主要内容如下:

(1)公约适用的事项范围和空间范围。公约只解决遗产继承的法律适用,下列事项不属于公约的适用范围:继承案件的管辖权问题、遗嘱方式、遗嘱人能力、夫妻财产制以及非因继承方式获得的财产权益。公约规定即使准据法为非缔约国法律,公约仍应适用,即受理案件的法院地国参加了公约,该法院就要适用公约,而不问准据法所属国是否参加了公约。

(2)公约采用继承准据法的同一制。公约规定,依据公约规则确定的准据法,适用于死者的全部遗产,即把死者的遗产看成一个不可分割的整体,统一适用一个准据法。按照公约的规定,原则上遗产的继承适用被继承人死亡时的惯常居住地国家的法律,只要被继承人死亡时具有该国国籍,或者在该国居住至其死亡时至少已有5年时间。但如果被继承人在死亡时与其本国有更密切的联系,则应适用该被继承人本国法。在其他情况下适用被继承人死亡时的本国法,但如果被继承人死亡时与另一国有更为密切的联系,则应适用该另一国的法律。公约的上述规定,确定了4个连结因素,即死者死亡时的惯常居所地国、死者国籍国、死者死亡时的国籍国和与死者有最密切联系的国家。

(3)公约采用有限制的意思自治原则。公约允许被继承人生前指定适用于其遗产继承的法律,即明确承认涉外继承领域的当事人意思自治原则。但这种意思自治是有严格限制的,即要求形式上必须是明示的,并且其范围仅限于被继承人死亡时的国籍国法或惯常居所地法。

(4)公约对准据法的适用范围做了限定。按照公约的规定,准据法适用于死者的全部遗产,无论这些财产在何处。准据法的适用范围包括:①确定继承人及其继承份额与义务以及因死亡而引起的其他继承权;②因行为而引起的继承权的剥夺和丧失;③在确定继承人份额时,任何返还或说明赠与物品、特留份或遗物的义务;④对于遗嘱的限制;⑤遗嘱处分的实质有效性。公约还规定,准据法还可适用于法院地国法律认为属于继承法调整范围的其他事项。

(5)公约排除了反致,但在适用非缔约国法律时允许转致,即如果应适用的法律为某一非缔约国法律,而该国的冲突规则指向适用另一非缔约国法律,且该另一国也适用自己的法律时,则另一非缔约国法律应予适用。

(6)公约还规定了公共秩序保留制度,即根据公约规定应予适用的任何法律,只有在其适用将明显

违反公共秩序时方可被拒绝。

此外,公约还对继承协议、区际法律冲突和人际法律冲突等问题做了规定。

2. **提示**:应从我国的立法规定和规定中所体现的法律适用原则两方面来回答

**答案**:我国关于一般涉外侵权行为法律适用的立法规定主要有:《民法通则》第146条规定:“侵权行为的损害赔偿,适用侵权行为地法律。当事人双方国籍相同或者在同一国家有住所的,也可以适用当事人本国法律或者住所地法律。中华人民共和国法律不认为在中华人民共和国领域外发生的行为是侵权行为的,不作为侵权行为处理。”《民通意见》第187条规定:“侵权行为地的法律包括侵权行为实施地法律和侵权结果发生地法律。如果两者不一致时,人民法院可以选择适用。”其主要的法律适用原则可归纳如下:

(1)适用侵权行为地法原则。侵权行为的损害赔偿,首先应该适用侵权行为地法律。这是我国解决涉外侵权行为法律适用的一般原则。依我国法律,侵权行为地的法律包括侵权行为实施地法律和侵权结果发生地法律。如果两者不一致时,人民法院可以选择适用。

(2)选择适用当事人的共同属人法。如果当事人双方国籍相同或者在同一个国家有住所的,也可以适用当事人本国法律或者住所地法律,这是我国处理涉外侵权行为法律适用的补充原则。当然,人民法院也只是“可以”适用当事人的共同本国法或住所地法,而非一定适用他们的共同属人法。

(3)双重可诉原则。对于发生在中国境外的侵权行为,我国法律不认为是侵权行为的,不作为侵权行为处理。这表明,我国对发生在境外的侵权行为的识别上,采取的是重叠适用侵权行为地法和法院地法的原则。

(4)目前我国涉外侵权行为的法律适用立法的主要缺陷是:①没有引入国际上关于侵权法律适用的最新成果——最密切联系原则。②只规定侵权行为损害赔偿的法律适用,对于其他侵权实质问题,例如过失的认定、因果关系的标准、免责范围及效力等问题的法律适用未涉及。③双重可诉原则在实践中不利于保护我国公民的利益。④关于共同属人法原则只规定了国籍和住所,缺乏对惯常居所的规定。⑤关于侵权行为地的确定,我国法律缺乏明确的选择标准。

## 七、案例分析题

**答案**:(1)适用C国法。因为《联合国国际货物销售合同公约》对缔约国当事人不具有强制性,如果合同当事人选择准据法的,则首先适用当事人选择的法律。

(2)适用《联合国国际货物销售合同公约》。因为公约规定,在当事人对合同法律适用没有约定时,营业地在不同缔约国境内的当事人签订的货物买卖合同自动适用公约的规定。

(3)适用与该合同有最密切联系的国家的法律。因为甲国不是公约成员国,该合同不能适用《公约》,而我国法律规定,当事人没有选择的,适用与合同有最密切联系国家的法律。

**解析**:(1)本题考查《联合国国际货物销售合同公约》适用的非强制性。中国是公约的成员国,根据题目(1),甲国也是该公约的成员国,根据《联合国国际货物销售合同公约》第1条第1款的规定,“本公约适用于营业地在不同国家的当事人之间所订立的货物销售合同:①如果这些国家是缔约国;②如果国际私法规则导致适用某一缔约国的法律”。即双方营业地位于不同成员国的当事人之间的国际货物买卖合同适用该公约,但这种适用不具有强制性,因为《公约》第6条规定:“双方当事人可以不适用本公约,或在第12条的条件下,减损本公约的任何规定或改变其效力。”即当事人可以通过明示选择某个国家的法律来全部或部分排除公约的适用。本题中,A公司和B公司对该合同的法律适用已经合意选择C国法,因此,法院应当适用C国法。

(2)本题考查《联合国国际货物销售合同公约》的适用根据。根据《联合国国际货物销售合同公约》第1条第1款的规定,“本公约适用于营业地在不同国家的当事人之间所订立的货物销售合同:①如果这些国家是缔约国;②如果国际私法规则导致适用某一缔约国的法律”。由于中国和甲国都是《联合国国际货物销售合同公约》的成员国,A公司和B公司的营业地分别位于上述两个成员国内,而且A公司和B公司对该合同的法律适用没有作出选择。因此公约就当然适用于他们之间订立的买卖合同。法院应当适用《联合国国际货物销售合同公约》。

(3)本题考查《联合国国际货物销售合同公约》的适用根据和中国对合同准据法的规定。根据题意,甲国不是《联合国国际货物销售合同公约》的成员国,A 公司和 B 公司对该合同的法律适用也没有作出选择。因此,公约不能适用于该合同,同时,我国《合同法》第 126 条规定:“涉外合同的当事人可以选择处理合同争议所适用的法律,但法律另有规定的除外。涉外合同的当事人没有选择的,适用与合同有最密切联系的国家的法律”。因此,该合同应适用与其有最密切联系的国家的法律。

**图书在版编目（CIP）数据**

国际私法学习指导 / 《高等政法院校必修课程学习指导丛书》编写组编. —北京:
中国政法大学出版社，2007.6
(高等政法院校必修课程学习指导丛书)
ISBN 978-7-5620-2985-4
Ⅰ.国... Ⅱ.高... Ⅲ.国际私法 - 高等学校 - 教学参考资料 Ⅳ.D997
中国版本图书馆CIP数据核字(2007)第076984号

---

**出版发行** 中国政法大学出版社
**经　　销** 全国各地新华书店
**承　　印** 固安华明印刷厂

---

787×1092　16开本　14.25印张　340千字
2007年6月第1版　2008年12月第2版　2008年12月第1次印刷
ISBN 978-7-5620-2985-4/D•2945
印　数: 3001-6000　定　价: 22.00元

---

**社　　址** 北京市海淀区西土城路25号
**电　　话** (010)58908325（发行部） 58908285(总编室） 58908334(邮购部)
**通信地址** 北京100088信箱8034分箱　邮政编码 100088
**电子信箱** zf5620@263.net
**网　　址** http://www.cuplpress.com （网络实名：中国政法大学出版社)

**本社法律顾问** 北京地平线律师事务所

# 反馈意见表

<table>
<tr><td rowspan="2">读者情况</td><td>姓　名</td><td></td><td>所在学校</td><td></td></tr>
<tr><td>电子邮箱<br>（非常重要）</td><td colspan="3"></td></tr>
<tr><td rowspan="6">图书情况调查</td><td rowspan="2">本书在哪一方面需要改进（可多选）</td><td colspan="3">内容提示☐　基础知识图解☐　重点内容讲解☐<br>配套习题☐　参考答案☐　综合测试题☐</td></tr>
<tr><td colspan="3">具体建议：</td></tr>
<tr><td>本书在内容上还欠缺哪些知识</td><td colspan="3"></td></tr>
<tr><td>使用本书过程中遇到的问题</td><td colspan="3"></td></tr>
<tr><td>本书习题答案值得商榷之处（请标明页码和建议）</td><td colspan="3"></td></tr>
<tr><td>除十六门主干课外，您还需要哪门课程的学习指导</td><td colspan="3"></td></tr>
</table>

您可以通过两种方式将表格内容传达给我们：①将此表格寄至北京市海淀区西土城路25号中国政法大学出版社总编室（邮编：100088）；②将表格要求填写的全部或部分内容e－mail至 xuexizhidao@ yahoo. com. cn

中国政法大学出版社感谢您对本套丛书的支持，希望您继续关注本社其他图书的出版动态，我们将积极听取您的意见和建议，不断追求高质量精品图书！